열녀전

일러두기

1. 이 책은 四部叢刊本 『古列女傳』과 왕조원王照圓의 『列女傳補注』8권(臺灣商務印書館, 1968)을 저본으로 『古列女傳』을 완역한 것이다.
2. 참조한 주석본은 양단梁端의 『列女傳校注』, 야마자키 준이치山崎純一의 『列女傳』(明治書院, 1996), 장징張敬의 『列女傳今註今譯』(1994), 이숙인의 『열녀전』(예문서원, 1996), 임동석의 『열녀전』(동서문화사, 2009) 등이다. 연구서로는 시모미 다카오下見隆雄의 『劉向 『列女傳』の研究』(東海大學出版會, 1989), 이화중국여성문학연구회의 『동아시아 여성의 기원』(이화여대출판부, 2002) 등을 참고했다.
3. 삽도는 明代 『仇畫列女傳』에 실려 있는 仇英實甫繪圖를 사용했다.
4. 부록의 관련 문헌 도표는 下見隆雄의 위 책을 참고하여 작성했다.
5. 책 제목은 '고열녀전'으로 해야 정확하나 여러 측면을 고려하여 독자들에게 친숙한 '열녀전'으로 붙였음을 밝혀둔다.

비범한 여인들은 어떻게 살았을까

열녀전

유향 지음 | 이숙인 옮김

글항아리

　기원전 마지막 세기에 나온 『열녀전』은 동아시아 2000년 역사에서 고전의 권위를 충분히 누려왔다. 『열녀전』이 세상에 나오자 유사 『열녀전』이 줄을 이었고, 동아시아 여러 나라는 이를 수입하여 다각도로 소비했다. 『열녀전』은 『소학』이나 행실도류의 교훈서에서 지식의 원형으로 역할했고, 지식인들의 서재에서 새로운 지식을 창출하는 데 활용되었다. 『열녀전』은 역사서로도 문학서로도 널리 읽혀왔다.

　1세기의 반소班昭에서 시작된 『열녀전』 주석은 19세기 말에 이르기까지 그 시대를 대표하는 학자들, 특히 여성학자들에 의해 이뤄졌다. 교감학이나 훈고학적인 작업이었던 전통시대의 주석본은 기록으로 전해오는 것만 해도 10종이 넘는다. 근대 동아시아 100여 년의 역사에서도 『열녀전』은 1960년대 일본을 시작으로 각 나라의 현대어 역주본으로 새롭게 태어났다. 『열녀전』 역주의 2000년 역사가 말해주듯, 그것은 인간 및 남녀관계의 재구성을 요청하는 각 시대정신의 반영이었다.

　20년 전 박사학위 논문을 준비하면서 만나게 된 『열녀전』과의 인

연은 나에게 축복이었다. 중국 고대의 여성사상을 주제로 한 학위 논문과 『열녀전』은 시대적으로 딱 겹쳤다. 유교 경전과 제자백가의 문헌을 섭렵하면서 만나게 된 사람들. 권력이나 덕성이 유별난 인물이나 역사의 흐름을 좌지우지한 인물이라면 어김없이 『열녀전』의 주인공이었다. 크게는 '그 남자를 키운 여자' 아니면 '그 남자를 망친 여자'의 틀이지만 그 사이에는 다양한 변주가 일어나고 있었다. 공식 역사의 뒤편에서 또 다른 역사를 만들어온 『열녀전』의 인물들은 저마다의 매력을 발산하고 있었던 것이다. 이에 그 생동감 넘치는 활동을 우리 글로 살려내고 싶다는 바람이 생겼다.

학계에 첫발을 내디디면서 나의 첫 작품 『열녀전』이 나오자 지도교수 이운구李雲九(1933~2007) 선생님은 추천의 글로써 제자를 응원하는 메시지를 보내주셨다. "이제 여성은 남성에게 의존해야 빛을 내는 '창백한 얼굴의 달'일 수 없다. 가려 있던 태양의 자리를 돌려받아 참인간이 되어야겠다는 자아 표출의 방식을 취하기에 이르렀다." 살아 계시다면 올해로 여든이 넘었을 선생님은 학덕을 모두 갖춘, 우리 시대 보기 드문 참다운 학자이셨다. 편견과 관습의 장벽을 뚫고 전진하라던 선생님의 가르침은 학문함의 원동력이 되었다.

이번에 내는 『열녀전』은 기존 번역의 한계를 보완하여 좀 더 완전한 형태를 갖추고 싶다는 열망에서 시작되었다. 중국과 일본에서 나온 새 역주들과 한국과 미국에서 나온 『열녀전』 관련 연구물들은 새로운 작업을 부채질했다. 그래서 이번 작업에서는 기존 번역의 오류를 바로잡는 데 힘썼고, 풍부하고 상세한 역주로 정보의 질과 양을 높이고자 노력했다. 이렇게 해서 나온 이 책은 크게 네 가지 특징을 지닌다.

첫째, 사부총간본四部叢刊本과 『열녀전보주』 8권(왕조원)을 저본으로 삼았다. 이것은 『열녀전』의 다양한 판본 및 주석본을 비교한 결과 나름의 기준으로 선택한 것이다. 둘째, 「속열녀전」을 포함시켜 『고열녀전』 8권의 완역을 지향했다. 유향의 『열녀전』은 7권이지만 송대 이후에는 「속열녀전」을 포함한 『고열녀전』 8권으로 통용되었다는 점과 주요 판본 및 주석본도 이것을 따르고 있다는 점에서 「속열녀전」을 배제할 이유가 없었다. 게다가 「속열녀전」 20편에는 역사적 사실에 기초한 흥미로운 이야기가 많이 실려 있다. 셋째, 『고열녀전』의 해제를 따로 편성해 넣었다. 해제에서는 책의 성립 및 저자 유향에 대한 논의와 총 8권으로 이루어진 각 권의 주제 및 내용을 다루었다. 그리고 1세기부터 시작된 『열녀전』 주석의 역사를 정리하고 의미화하는 데 상당한 지면을 할애했다. 넷째, 그림의 위상을 높였다. 각 전기에서 풀어내는 이야기의 중요한 장면을 묘사해낸 그림은 전기 속의 상황을 효과적으로 재현해준다는 점에서 중시되었다. 이에 저본인 사부총간본의 그림보다는 전달력이 강하고 예술성이 높은 명나라 화가 구영仇英이 그린 『열녀도』를 편집하여 넣었다.

해제에서도 밝힌바, 『열녀전』은 저자 유향 등이 기존 문헌 속의 인물을 선별하여 단순히 편집한 것이 아니라 시대의 요청과 저자의 의도에 들어맞도록 이야기를 변형시킨 것이다. 여기에는 역사와 서사, 사실과 허구가 혼재되어 있다. 예컨대 우리에게 당연한 역사적 사실처럼 되어버린 맹모孟母의 '삼천지교三遷之敎'는 『열녀전』에서 처음으로 나온 이야기다. 맹자 관련 어떤 기록에서도 그 모친의 교육열을 증거해줄 만한 내용은 보이지 않는다. 다만 『맹자』에는 그가 어머니의 상례를 아버지보다 더 크게 치른 것에 대한 사람들의 질문을 받고 그것을 해명하는 내용이 실려 있다. 맹모의 사례처럼 『열녀전』 대부분의 기사는 역사적 사건이나 인물에서 키워드 하나를 뽑아내고 거기에 상상력을 불어넣어 그럴듯한 이야기로 만들어낸 것이다. 그 이야기의 메시지 속에는 저자 유향이 인식한 시대정신이 들어 있을 것이다.

『열녀전』에서 창조된 맹모의 교육열은 과거科擧를 통한 중국의 관료제 국가체제에 조응하는 이데올로기로 활용되었다. 교육과 출세의 인과관계가 어머니의 욕망을 자극하고 어머니의 능력을 부채질하게 된 것이다. '맹자 문명권'에 속한 우리 사회도 조선시대 현모에서 오늘날 교육 환경이 좋다는 곳으로 철새처럼 옮겨 다니는 맹모의 후예들로 넘쳐난다. 이제 자녀의 미래는 어머니의 교육에 달려 있다는 것이 상식처럼 되어버렸다. 이러한 상식을 정당화하는 근거로 맹자와 그 어머니가 활용되는 것이다. 『열녀전』의 맹모와 그 이후 어머니들의 대활약. 그 사이에 고전 읽기의 비밀이 있다.

고전은 무엇이며, 어떻게 읽을 것인가? 분명한 것은 주체는 고전이 아니라 우리 자신이라는 점이다. 그렇다면 우리 시대 어머니의 교육열은 맹모로부터 흘러온 것이기보다 우리 욕망과 우리 신념을 맹모를 통해 투사하는 방식일 것이다. 『열녀전』 124편을 통해 소개된 다양한 유형의 수많은 여성. 그들의 삶이란 여성과 남성 그리고 그 관계에 대한 동아시아의 사상이자 역사인 셈이다. 이왕이면 『열녀전』을 통해 우리 각자의 원형을 찾아가는 여행이 되었으면 좋겠다. 오늘 우리 속 어딘가에서 살아 숨쉬는.

2013년 6월

이숙인

차 례

1. 『고열녀전』과 저자 유향

　『고열녀전』은 여성을 정면으로 다룬 유교문화권 최초의 저작으로 모두 8권 124편으로 구성되어 있다. 전한前漢(기원전 202~기원후 8)의 사상가 유향劉向(기원전 77~기원전 6)이 지은 이 책은 『열녀전』 또는 『유향 열녀전』으로 불려왔다. 『열녀전』의 존재가 최초로 언급된 곳은 『한서漢書』 「예문지藝文志」로 '열녀전송도列女傳頌圖'라 했다.[1] 『열녀전』에 첨부된 송頌과 도圖를 중시한 것이다. 유향의 『열녀전』은 『고열녀전』으로 불렀는데 '고古'라는 명칭은 '현재今'의 시점이 반영된 것으로 후대에 붙여진 것임을 알 수 있다.

　처음에 유향은 경사經史의 기존 문헌에 등장한 여성 인물을 선별하고 재구성하여 『열녀전』 7권 104편을 만들었다. 편당 한 인물씩 배치했는데, 서너 편의 예외가 있어 수록된 인물의 숫자는 110명 남짓하다. 이 『열녀전』의 주인공은 거의 모두가 유향의 앞 시대인 선진先秦시대의 인물들이다. 이어서 유향의 시대인 전한前漢과 뒤따른 후한後漢에서 특출한 이름을 남긴 여성을 뽑아 20편의 후속편이 나왔다. 「속열녀전」이라고 하는 이것은 유향이 아닌 후대 사람이 만든 것이지만 그 구성과 서술은 유향의 『열녀전』과 유사하다. 유향의 『열녀전』과 「속열녀전」을 합본하면 상고上古에서 한대(기원전 220~기원전 202)까지, 중국 고대의 여성 전기집이 갖춰지는 셈이다.

유향의 『열녀전』은 여러 차례 전사傳寫되다가 송대에 이르러 고본古本이 없어졌는데, 여기서 재편집이 이루어졌다.[2] 이때 유향의 『열녀전』 7권에 「속열녀전」을 합쳐서 『고열녀전』 8권이 만들어졌다. 즉 『고열녀전』 제8권이 「속열녀전」인 것이다. 이때 이루어진 것이 현존하는 여러 판본의 근간이 되었다. 유향의 『열녀전』은 곧 『고열녀전』과 동의어가 되었다.

『고열녀전』에 소개된 대부분의 여성은 역사 또는 신화에 나오는 인물들이지만 유향이 만들어낸 가공의 인물도 있다. 또한 역사에 그 이름을 남긴 여성이라도 한 줄 기사로 잠깐 등장했던 인물이 많다. 유향은 이들에게 살을 붙이고 혼을 불어넣어 하나의 이야기로 빚어내 『열녀전』 7권으로 완성한 것이다. 이에 비해 「속열녀전」에 수록된 한대의 여성들은 역사적 기록과 대체로 부합한다. 『고열녀전』으로 새롭게 태어난 역사 및 신화 속 여성들은 동아시아 유교문화권 여성상의 방향 정립에 적극 활용되었다. 그리고 이 『열녀전』은 여성 전기를 역사 서술의 한 장르로 정착시킨 계기가 되었다.

『열녀전』의 '열녀列女'는 줄지어 있듯 '많은 여성'이라는 뜻이다. 다시 말해 정절을 위해 목숨을 걸었던 그 열녀烈女와는 뜻이 다르다. 다만 많은 여성, 열녀列女 중에는 정절을 위해 목숨을 건 열녀烈女도 있다. 그런데 유향이 생각한 여성은 다양한 조건 하에서 다양한 형태의 삶을 산 여성들이지 정절이나 순결을 필생의 의무처럼 여긴 그런 존재들은 아니었다. 그러던 중 가부장제가 심화되는 역사적 전개를 따라 다양한 유형의 여성 '열녀列女'는 정절을 지킨 여성 '열녀烈女'로 축소되었다. 다시 말해 여성 전기라 함은 중국의 역대 사서史書는 물론 조선에서도 정절을 지킨 '열녀烈女'들로 채워졌던 것이다. 그런 점에서 여성의 행적이나 유형을 다양하게 모색한 『고열녀전』은 고전으로서의 규모를 갖추었다고 할 수 있다.

『고열녀전』의 저자 유향은 전한을 대표하는 학자로 한 고조 유방劉邦(기원전 247~기원전 195)의 후예다. 본명은 경생更生이고 자字는 자정子政이다. 그는 황실 종친으로서 30여 년간 관직생활을 했는데, 황궁의 장서고藏書庫였던 석거각石渠閣에서 수많은 서적을 정리·분류·해제하는 사업을 행한 것이 그의 중요한 업적이다. 또 오경五經의 강론과 찬술에 온 힘을 쏟아 경학·사학·문학·목록학 등 각 방면에 걸쳐 많은 업적을 남기기도 했다.

그런 유향을 가리켜 반고班固(32~92)는 "순하고 담백하며 도를 즐기는 성품으로 세속과 어울리는 것을 좋아하지 않았고, 오로지 학문에 몰두하며 낮에는 독서하고 밤에는 도리를 탐구하여 날 새는 줄 몰랐다"(『한서』)고 평가했다. 타고난 학구파 유향은 역대 문헌들을 정리하고 목록화하면서 얻어낸 정보와 아이디어로 역대 여성들의 전기집을 기획했던 것 같다. 여기에는 분류를 통해 하나의 일관된 의미체계를 갖추려고 한 저자의 의도와 목적의식이 강하게 반영되었다. 열녀列女라는 여성 유형학은 여성을 좀 더 철저히, 정확하게 파악해보려고 했던 유향 나름의 방법이었을 것이다.

유향이 여성들에 대한 이야기를 쓰게 된 데에는 이유가 있었다.

그가 본격적인 정치활동을 하게 된 원제元帝(재위 기원전 49~기원전 33) 및 성제成帝(재위 기원전 33~기원전 7)의 치세기에는 외척과 후궁의 득세가 유난히 두드러졌다. 실제로 원제 때는 외척이 등장하여 횡포를 부리자 유향이 그들을 몰아내려고 상서上書를 썼다가 발각되어 하옥되기도 했다. 그는 원제의 외척 왕봉王鳳을 비롯한 왕씨들의 전횡을 경계하기 위해 역대의 상서祥瑞와 재이災異의 사실들을 정리하여 『홍범오행전洪範五行傳』을 짓기도 했다. 그로부터 10여 년 후 성제가 즉위하자 유향은 중랑中郞의 직책으로 복직되었다. 그런데 다시 성제의 후궁 조비연 자매의 횡포에 직면했고, 이에 황제를 정점으로 한 유씨 권력의 회복을 기획하게 되었다.

고대 문헌을 꿰뚫고 있던 유향은 과거 역사 속 여성들의 역할과 미덕을 재확인하고, 권력 측근의 여자들이 어떻게 처신해야 하는지 등을 선악善惡, 미추美醜의 틀로 분류했다. 후세의 사가들은 "한나라 성제 때 유향이 처음으로 삼대三代의 현비와 숙녀, 음녀와 악녀를 흥망성쇠의 원인으로 보아 그 유형을 분류하여 열녀전이라 한 것"이라고 했다. 유향은 『열녀전』의 송頌·도圖를 병풍으로 만들어 성제에게 헌납하여 늘 볼 수 있도록 했다.[3]

유향은 사상적으로 유교적 이념과 가치에 경도되어 있었던 듯하다. 그의 시대는 한 무제漢武帝(기원전 156~기원전 87)에서 약 5세대가 지난 시점이다. 그가 자질과 덕성을 갖춘 여성상을 추구하면서 그 존재론적이고 당위론적인 모델을 제시한 것은 유교적 통치의 맥락에서 나온 것이라 할 수 있다.

유향이 기원전 26년에 아들 유흠劉歆(기원전 53~기원후 25)과 함께 시작한 조정의 서적을 교감하는 작업은 그의 사후에도 이어졌다.

이것은 고대 문헌의 상태를 전하는 『한서』「예문지」의 기초가 되었다. 아들 유흠은 중국 최초의 체계적인 서적 목록 『칠략七略』을 완성하기도 했다. 현재까지 전하는 유향의 저작으로는 『열녀전』외에 그의 정론을 담은 『신서新序』와 교훈적 이야기를 담은 『설원說苑』등이 있다.

2. 『고열녀전』 8권의 구성과 내용

『고열녀전』 8권은 중국 고대의 역사·신화에 등장한 여성을 그 행적이나 역할에 따라 일곱 유형으로 나누었다. 그것은 '훌륭한 어머니' '현명한 아내' '지혜로운 여성' '예와 신의를 지킨 여성' '도리를 실천한 여성' '지식과 논리를 갖춘 여성' '나라와 가문을 망친 여성'이다. 제1권에서 제7권까지는 각 권의 주제 아래 약 15명씩 배치했다. 제8권의 20편은 주제 없이 나열식으로 구성되었는데, 각 편에 실린 인물은 앞의 일곱 유형 중 하나에 해당된다. 후인이 지었다고 하는 제8권도 유향의 분류의식을 그대로 반영하고 있는 것이다.[4]

각 권의 구성을 보면 제1권에서 제7권까지는 각 편이 시작되는 부분에 그림이 있고, 역사 인물의 전기를 산문 형식으로 서술한 본문이 있으며, 말미에는 주인공의 핵심적인 행위를 짤막하게 요약한 운문 형식의 송頌과 찬贊이 있다. 즉 군자의 논평을 인용하고 『시경詩經』을 논거로 삼아 자신의 이야기를 객관화시키고 있는 것이다. 여기서 사용된 "군자왈君子曰"의 논법은 『좌전』이나 『국어』등에서 흔히 사용했던 서술 방식이고, 『시경』을 논거로 삼은 것은 『논어』나

『회남자』 등에서 사용되던 서술 습관이다. 그런데 제7권 「얼폐전」은 송은 있으나 찬이 없고, 제8권 「속열녀전」은 송과 찬 모두 없다.

그러면 『고열녀전』 각 권의 내용을 좀 더 자세히 살펴보자.

제1권 「모의전母儀傳」(14편)은 어머니 역할을 훌륭하게 수행한 인물들의 전기다. 상고시대 각 부족의 시조나 고대 왕국의 창설자를 낳아 기른 어머니들, 그리고 춘추전국시대에 활약한 역사 인물들의 어머니를 소개하고 있다. 이 「모의전」은 요임금의 두 딸 아황과 여영이 순임금에게 시집가 백성의 부모가 된 이야기 '유우이비有虞二妃'로 시작된다. 이에 따르면 그녀들은 천자의 딸임에도 교만하지 않았고 근검과 지혜로써 미천한 신분의 남편을 잘 보좌하여 천자의 자리에 오르게 한 인물이다. 여성 서술의 역사, 그 서막을 연 순임금의 두 아내는 미천한 신분의 남편을 내조하여 성공시킨 여성 유형으로 우리 전래동화 『평강공주와 바보온달』의 원형이라 할 수 있다.

이어지는 주족周族(제2장)과 은족殷族(제3장), 하족夏族(제4장) 각 시조의 탄생과 성장 이야기는 모두 그 어머니의 신이한 잉태와 적극적인 교육을 부각시키는 방식으로 구성되었다.[5] 여기서 시조는 모두 남자다. 하지만 그에게는 어머니만 있고 아버지는 없다. 이 '아버지 없음無父'이란 다양한 의미로 해석될 수 있다. 이것은 시조의 잉태를 자연교감과 연결시켜 시조에게 절대 권력을 부여하기 위한 장치일 수 있다. 시조의 시대는 아버지가 누구인지 알 수 없는 모계씨족 사회였음을 말해주는 것일 수도 있다.

다음으로 은 왕조와 주 왕조 창설에 절대적인 공헌을 한 여성들과 맹자를 비롯한 춘추전국시대에 활동한 역사 인물들의 어머니가 소개되었다. 여기서 소개된 주나라 왕실의 세 어머니 태강·태임·태사는 이후 동아시아 유교문화권 여성의 최고 모델이 되어온 인물들이다. 한국의 역사 인물 신사임당이나 성리학자 임윤지당은 모두 문왕의 어머니 태임을 자신들의 호號에 반영함으로써 그녀의 존재감을 확인시켜주었다. 어머니의 모범을 다루는 「모의전」의 취지는 성공한 사람들 뒤에는 훌륭한 어머니가 있다는 것을 암시한다.

제2권 「현명전賢明傳」(15편)에는 아내로서 모범을 보인 인물들이 실렸다. 춘추시대를 주름잡았던 이른바 춘추오패春秋五霸의 아내들, 미천한 남편을 사회적 성공의 길로 이끈 아내들이 주를 이룬다. 여기에 소개된 대부분의 현처賢妻는 남편에게 맹목적으로 순종하는 유형이기보다 남편에 대해 비판과 격려를 아끼지 않았던 진정한 의미의 파트너십을 이룬 여성들이다. 특히 가난한 가운데 서로를 존중하고 자기 충족적인 삶을 실천한 아내들의 이야기가 흥미롭다.

의로운 선비는 예가 아니면 행동하지 않습니다. 가난하다고 하여 지조를 버리지 않습니다. 또 천하다고 하여 늘 행하던 것을 바꾸지 않습니다. 저는 선생과 더불어 살며 몸소 농사지어 먹고, 직접 베를 짜서 입었습니다. 만약 다른 사람의 많은 녹을 받고, 다른 사람의 좋은 수레를 타고, 다른 사람이 보내온 살찐 고기를 먹는다면 장차 무엇으로 그것을 보답하겠습니까?

(초접여처楚接輿妻)

사두마차에 화려한 행렬은 무릎을 편안하게 할 뿐이요, 먹을 것이 앞에 가득할 것이라 하나 그 맛은 고기 한 점에 불과합니다. 지금 무릎만을 편안하게 하는 것과 한 점 고기의 맛으로 초나라의 근심을 품는다면 진정 즐겁겠습니까?(초오릉처楚於陵妻)

여기 소개된 초나라 접여나 오릉은 유명한 고사를 남긴, 제자백가에 의해 회자되던 은일자隱逸者들이다. 세속의 부와 권력에 연연하지 않은 자유로운 영혼들이었다. 「현명전」은 이들에게 있던 삶의 지식과 논리가 그 아내와의 합의를 통해 이루어진 것임을 보여준다. 특히 「현명전」은 남편에 대한 순종이나 동일화를 지향하는 내조의 개념을 좀 더 다양한 유형으로 확장시켜주는 의미가 있다.

제3권 「인지전仁智傳」(15편)은 덕과 지혜를 갖추고 사물과 사건의 관계를 풀어간 여성들의 이야기다. 어떤 이는 천도天道의 운행에 근거하여 인간사회의 잘못된 관행이나 사고를 비판했다. 초나라 무왕의 부인 등만鄧曼은 "만물이 융성하여 극에 달하면 반드시 쇠퇴의 길을 향하게 되고 해가 중천에 떠 있다가도 점점 옮겨 서쪽으로 가듯이 가득 차면 기우는 것이 자연의 도"(초무등만楚武鄧曼)라고 하며 부귀와 권력으로 인한 인간의 오만과 교만을 경고했다. 또 초나라 장왕의 장관으로 선정善政을 행한 정치가 손숙오는 "황천은 사사롭지 않으며, 오로지 덕 있는 자를 돕는다"고 한 어머니의 가르침으로 성장했다.(손숙오모孫叔敖母)

유향이 평가한 여성의 능력에는 사태나 사건을 객관화시켜 합리적인 판단을 행하는 것도 포함되었다. '조나라 장수 괄의 어머니趙將括母'는 아들이 대장군에 임명되자 왕을 찾아가 그 인사의 부당함을 낱낱이 제시했다. 아들 괄은 명장이었던 아버지와는 달리 권위를 내세워 교만과 독선을 일삼고 재물 불리기에 급급하다는 것이

었다. 따라서 전투를 이끌 수장의 자격을 갖추지 못한 아들은 패망
할 것인바, 이 사실을 미리 알렸으니 패망한 장수의 가족에게 부과
된 연좌제를 없애달라고 했다.

「인지전」의 여성 지혜는 대개 어머니나 아내의 역할에 활용되거
나 국가의 부강에 기여했다. 특히 어머니, 아내, 딸을 가족 내적 존
재로서보다 국가의 구성원으로 호명한 것은 유향의 여성 인식이 보
여주는 중요한 특징이다. 여성도 국가의 일원으로 '충忠'의 주체가
될 수 있다는 설정은 여성에 대한 존재론적인 확장이라 할 수 있다.
하지만 유교적 이념이 심화되는 역사적 전개에서는 여성의 존재와
가치를 가족의 범주로 한정했는데, 이는 여성의 활동을 축소시켰다
는 측면에서 『열녀전』보다 퇴보한 것이다.

제4권 「정순전貞順傳」(15편)은 예를 실천하고 정절과 신의를 지킨
여성들을 실었는데, 그 일부는 열녀烈女에 가까운 유형들이다. 그들
은 남녀관계에서 요구된 예를 목숨보다 귀하게 여겼고, 한 남자에
대한 신의를 지키기 위해 자신의 신체를 훼손하거나 죽음도 마다하
지 않았다. '정절과 순종'을 함축하는 「정순전」의 여성들은 이후 남
성들의 역사에 적극적으로 인용되었다. 예컨대 조선 세종 때 제작된
『삼강행실도』에는 『고열녀전』의 「정순전」 여성들이 대거 들어갔다.
「열녀도烈女圖」 33편의 제1편 '백희체화伯姬逮火'는 "여자는 밤에 혼
자 나다닐 수 없다"는 유교적 예를 고집하다 불에 타 죽은 '송나라
공공의 부인 백희宋恭伯姬'의 이야기다. 또 "남편의 시신을 성城 아
래에 뉘이고 곡을 열흘 남짓 하자 성이 무너져내렸다"는 '제나라 대
부 기량의 처齊杞梁妻' 이야기가 '식처곡부殖妻哭夫'라는 제목으로 실
렸다. 그리고 남편에 대한 정절과 신의를 지키기 위해 자신의 코를

베어 개가의 권유를 물리친 '양나라 과부 고행梁寡高行'이 '고행할비高行割鼻'라는 제목으로 실렸다. 조선 전역에 유교적 강상윤리를 유포하고자 제작된 『삼강행실도』「정순전」의 여성들은 시대를 초월한 이데올로그였던 셈이다.

제5권 「절의전節義傳」(15편)은 다양한 관계 속에서 인간의 도리를 실천한 여성들을 실었다. 이들은 신하된 자격으로 충忠을 실천했고, 숙모, 고모, 계모, 누이, 첩, 시녀, 유모, 보모로서 사랑과 의리를 몸소 보여줬다. 절녀節女의 유형 또한 다양하다. 남편과 아버지 사이에서 고민하다 자신을 희생시키고 두 남성을 살린 '서울의 절녀京師節女'가 있다. 또 전쟁에서 패했는데도 죽지 않고 살아 돌아온 남편에게, "장군의 절개는 용감하여 죽기를 각오한다"고 하고 치욕스런 삶을 마감하자고 권유하여 결국 둘이 함께 자살한 '갑나라 장수의 처蓋將之妻'가 있다. "내 자식은 사사로운 사랑이고, 오빠의 아이는 공적인 책임감"이라며 아들 대신 조카를 선택한 '노나라의 의로운 고모魯義姑姊'가 있다. 또 주인을 위해 자신을 희생한 '주나라 대부의 충직한 시녀周主忠妾'가 있는데, 이들에 대해 군자들은 "이름이 작다고 해서 소문이 나지 않는 것이 아니며, 행실을 감춘다고 해서 드러나지 않는 것이 아니다"라고 평가했다.

제6권 「변통전辯通傳」(15편)에는 지식과 사리에 밝아 현실 대처능력이 뛰어났던 여성들이 실렸다. 이들은 뛰어난 논변으로 군주 정치에서 소홀히 취급된 부분을 일깨워주는가 하면 위기에 처한 아버지나 남편을 구출했다. 또한 자신을 지키기 위해 외부의 다양한 폭력을 물리친 사례들을 만날 수 있다. "지금 왕께서 여자의 배를 탈 수 없다고 하시니 도대체 무슨 까닭입니까?" 조나라 뱃사공의 딸 여연은 위기에 처한 아버지를 기지와 언변으로 구해내고 아버지를 대신하여 노를 잡았다. 이에 권력자 조간자가 혁명을 앞두고 여자의 배를 탈 수 없다고 한 것이다. 여연은 암말을 사용하여 혁명에 성공한 역사적 예를 열거하며 조간자를 설득했다.(조진여연趙津女娟)

「변통전」에 소개된 여성들의 지혜와 논리 또한 주로 가부장들을 위해 사용되었다. 아버지를 구한 딸이거나 남편을 지킨 아내, 아들을 변호한 어머니 등이다. 특히 위기에 처한 아버지를 구해낸 딸의 이야기는 이후 교훈서에서 자주 등장하는 효녀 서사의 원형이 되었다. 한편 제나라의 국정 운영에 참여하게 된 세 명의 추녀 이야기는 여자의 지혜나 덕은 그 외모와 무관함을 주장하기 위한 것으로 보인다. 이것은 미녀를 악의 근원으로 설정한 「얼폐전」의 논법과 상통한다. 이외에도 모반죄에 걸린 아들로 인해 사형을 받게 된 어머니의 변론(조필힐모趙佛肹母)과 소통 및 나눔의 원리를 일깨워준 가난한 여자 서오의 논리(제녀서오齊女徐吾)가 돋보인다.

제7권 「얼폐전孼嬖傳」(15편)은 음란하고 방자하여 나라와 집안을 망친 여성들의 명단이다. 즉 하夏·은殷·주周 고대 왕국을 멸망으로 이끈 왕비들과 춘추전국시대를 뒤흔든 '악녀'와 '탕녀'의 계보를 보여준다. 말희末喜와 달기妲己, 포사褒姒는 왕조 멸망의 주역들이다. "저 태양이 없어지지 않는 한 나 또한 망하지 않는다"고 한 하나라 걸왕桀王은 왕비 말희가 부추긴 사치와 방탕으로 멸망했다. 또 은나라의 마지막 왕 주紂는 웃지 않는 왕비 달기를 기쁘게 해주려고 구리 기둥에 기름을 바르고 불을 달구어 죄를 지은 사람에게 그 기둥을 타고 올라가게 했다. 사람이 타고 올라가다가 미끄러져 불기둥에서 떨어지면 달기가 깔깔거리고 웃었기 때문이다. 서주의 마지막 왕

유왕은 "암탉이 새벽에 울면 집안이 망한다"는 고사의 주인공 왕비 포사褒姒로 인해 망국의 군주가 되었다.

「얼폐전」의 주인공들은 대개 일정한 권력을 행사할 수 있는 왕이나 제후의 부인들이다. 망국의 여성 주역들은 한결같이 아름다운 외모에 사치와 방탕을 일삼는 성격으로 묘사된다. 또 그녀들은 강한 성욕의 소유자로 남자를 현혹하는 여우로 그려졌다. 남자를 유혹한 여자와 여자에 빠진 남자의 조합은 반드시 망하게 되어 있다는 서술이 교훈서의 조건을 만족시킬지는 모르나 역사적 사실로 받아들이기에는 문제가 있다. 고대 국가 흥망의 역사를 보면 이른바 '경국지색傾國之色'은 이후 역사에서 만들어낸 결과론적 해석일 수 있다. 즉 망국의 여주인공들은 정치권력과 젠더 권력의 희생자라는 생각이 든다.

제8권 「속열녀전續列女傳」(20편)은 분류 없이 나열되어 있지만 각 편의 주제는 앞서 예를 든 일곱 유형 중 하나에 해당된다. 제1편에서 제15편까지는 전한 초기부터 성제 때까지의 인물들이고, 제16편 '효평왕후'에서 제20편 '양부인예'까지는 성제 이후이자 유향 사후인 후한시대 사람들이다. 이들 20편의 이야기는 역사적 기록과 대체로 부합한다. 이 가운데 제3편 '섭정지자聶政之姉'는 자신에게 닥칠 위험에도 불구하고 동생에 대한 의리를 지킨 누이의 이야기로 의리정신을 중시했던 조선에서 종종 인용되었다. 『사기史記』 「자객열전刺客列傳」에도 나오는 섭정의 누이가 보인 용기와 기절을 정조正祖(재위 1776~1800)는 "생사를 초월하여 기절氣節을 숭상한 점"을 들어 칭송했다. 정조는 당시 자신을 음해했다는 이유로 이웃 여인을 잔인하게 살해한 김은애[6]의 무죄를 선포하면서 "섭정의 누이와 같은 용기와 의리를 본다"고 했다.

　죄를 지은 백성을 혹독하게 다루기로 유명해 '사람 잡는 백정'이라는 별호를 얻은 엄연년. 그 어머니는 아들을 위해 무엇을 했는가. 후한의 개국공신 마원馬援(기원전 14~기원후 49)의 딸이자 후한 제2대 황제 명제의 황후인 명덕마후明德馬后의 내정內政은 어떤 것인가. 또 유향이 『열녀전』을 쓰게 된 중요한 계기를 마련해주었던 전한 성제의 황후 조비연趙飛燕 자매는 어떤 사람이었는가. 신新의 황제 왕망王莽(기원전 45~기원후 23)이 자신의 권력을 확보하는 방법으로 장녀를 전한 평제平帝의 황후(기원전 4~기원후 23)로 들여보낸 이야기, '거안제미擧案齊眉'의 고사를 낳은 양홍의 아내 맹강에 대한 이야기 등 우리에게 익숙한 고사성어의 주인공들을 만날 수 있다.

3. 『고열녀전』의 수용 및 주석의 역사

　『고열녀전』은 동아시아 유교문화권에서 여성교훈서로 널리 읽혀온 고전이다. 『고열녀전』이 나온 뒤, 『후한서後漢書』를 시작으로 각 시대의 정사正史에서 여성열전이라는 독립적인 장르를 두게 되었다.[7] 또 『고열녀전』은 여성을 유형화하고 계열화한 여성 서사의 방식을 유포하면서 여성들의 생각과 행동에 적극적으로 개입하게 되었다. 예컨대 과부가 된 젊은 여성이 개가를 거절하는 방법으로 '열녀전' 식의 행위를 전범으로 택하는 것이다. 또 근대 이전의 한국과 중국 사회에서 유사한 패턴을 보이는 열녀의 행위에서 그 원형은 기원전 마지막 세기에 마련된 『고열녀전』에서 찾아진다. 한편 『고열녀전』은 여성을 일곱 유형으로 나눠 생동감 있게 묘사한 덕분에 역사 인물들이 마치 살아서 우리 곁에 함께 있는 듯한 기분이 들도록 한다. 이는 시대를 초월해 형성된 인간적인 연대감 같은 것일 수도 있고, '공식적인' 역사의 뒤편에서 역사를 움직인 어떤 힘들에 대한 공감일 수도 있다. 이런 이유로 『고열녀전』은 역사서이자 문학서로, 그리고 교훈서로 2000년의 역사 속에서 계속 회자해왔다.

『고열녀전』은 후한(25~220)에서 청대(1616~1911)에 이르기까지 다수의 주석가에 의해 해석되면서 지속적으로 담론화되었다. 『열녀전』에 대한 최초의 주석가는 후한의 반소班昭(45~117)다. 후한의 마융馬融(79~166)도 『열녀전』을 주석했다는 기록이 있다. 『수서隋書』「경적지經籍志」잡전류雜傳類에는 "유향 찬撰·조대고曹大家 주注 『열녀전』15권"이라고 했다. 반소는 후한의 역사학자 반표班彪(3~54)의 딸이자 『후한서』를 쓴 반고의 여동생이다. 조씨 집안으로 시집가 조대고曹大家라고도 불린다. 또한 그녀는 여성교훈서 『여계女誡』의 저자이기도 하다.[8] 오빠 반고가 『한서』를 채 완성하지 못하고 죽자 그녀는 황제의 명을 받고 「천문지天文志」와 「표表」를 지어 『한서』를 마무리했다. 『고열녀전』에 대한 반소의 주석본은 북송대까지 통용되었다.

『수서』「경적지」에는 조모주趙母注 『열녀전』7권, 고씨高氏 『열녀전』8권, 황보밀皇甫謐(215~282) 『열녀전』6권, 기무수綦毋邃 『열녀전』7권, 조식曹植(192~232) 『열녀전송列女傳頌』1권, 무습繆襲(186~245) 『열녀찬列女讚』1권이 있다고 했다. 이 속에는 『고열녀전』에 대한 주석본도 있고, 이와 무관하게 독자적으로 저술된 열녀전 유의 책도 있다. 왕조원王照圓(1763~1851)이나 마서진馬瑞辰(1782~1853)과 같은 청대 학자들은 "『유향열녀전』 8권의 주석으로는 조대고曹大家·기무수綦母燧·우정절虞貞節의 삼가주三家注가 있다"고 했다.[9] 그리고 청대의 주석본으로는 왕조원의 『열녀전보주列女傳補注』(1882)를 비롯하여 양단梁端(?~1825)의 『열녀전교주列女傳校注』가 있고, 왕소란王紹蘭(1760~1835)의 『열녀전보주정위列女傳補注正位』, 소도관蕭道管(1855~1907)의 『열녀전집주列女傳集注』 등이 있다.

한편 명나라 때 해진解縉(1369~1415)은 이 『고열녀전』에 『후한서』 이후 역대 사서史書의 「열녀전」에서 발췌한 인물들을 합하여 『고금열녀전』을 편찬했다. 해진의 『고금열녀전』은 『고열녀전』의 내용을 거의 그대로 싣되 부정적으로 평가된 「얼폐전」은 삭제했다. 1403년(영락 원년)에 초간初刊된 『고금열녀전』은 1404년(태종 4)에 우리나라에 수입되었다. 태종 4년의 실록 기사에는 명나라에서 수입한 『열녀전』을 나누다보니 원하는 사람들에게 제대로 돌아가지 않아 500부를 다시 수입하겠다는 내용이 나온다. 『고열녀전』과 『고금열녀전』이 전혀 다른 책인데도 조선에서는 『열녀전』으로 통용되었던 것 같다. 『고열녀전』의 한국으로의 유입과 그 시기에 대해서는 아직 밝혀진 바가 없다.

다시 정리해보면 기원전 유향이 지은 『고열녀전』은 1세기경 후한의 반소에 의해 첫 주석본이 나왔고, 이어 경전학자 마융이 주석을 했다. 이후 삼국(220~280)과 서진西晉(265~316)에서도 몇 종류의 주석본이 나왔다. 반소의 주석본은 북송(960~1127) 때까지 통용되다가 그 후 일실逸失되었는데, 그녀의 주석본을 인용한 다른 문헌들을 통해 그 존재가 확인될 뿐이다. 청대에 이르면 다시 『고열녀전』에 대한 주석의 열기가 일어나 왕조원, 왕소란, 양단, 소도관 등이 『고열녀전』에 대해 주석했다. 한편 '여성 전기'라서 그런지 후한에서 청대까지 『고열녀전』의 주석가 대부분은 여성이었다. 왕조원은 부부 학자로 청대 학술계에 이름을 날린 사람이다. 양단은 『고금인표고古今人表考』를 지은 청대 학자 양옥승梁玉繩의 손녀이자 『시고보유詩考補遺』를 지은 왕원손汪遠孫(1789~1835)의 아내다. 또 복주 출신의 소도관[10]은 학부주사學部主事 천옌陳衍의 아내다.

여기서 『열녀전』 주석으로 그 이름이 드러난 청대 학술계의 여성학자들에 대한 호기심이 생길 법도 하다. 근대 이전, 유교적인 전통사회에서 여성의 지식활동이 어떻게 가능했을까? 또 여성 학자들이 『열녀전』 주석에 특별한 관심을 보인 이유라든가, 여성 학자에 대한 청대 학술계의 태도 등도 궁금하다. 그러면 필자의 이번 역주 작업에서 기본서로 활용한 『열녀전보주』의 저자 왕조원王照圓(1763~1851)을 통해 이러한 궁금증을 풀어보도록 하자.

왕조원은 서문의 첫머리에서 자신의 주석본에 '보주補注'라고 이름 붙인 이유를 이렇게 말한다.

> 『열녀전보주』는 조대고의 주를 보완한다는 의미에서 붙여진 이름이다. 옛날 열녀전에 주석을 한 사람으로 『수서』에서는 조모趙母와 고씨라고 했고, 『문선文選』에서는 우정절이라고 했다. 조대고의 주석만이 북송 때까지 남아 있어 『사기정의史記正義』에는 이 주석을 여러 군데에서 인용했다. 이러한 이유로 지금 내가 하는 작업을 '주'라고 감히 하지 못하고 '보주'라고 하는 것이다.(왕조원, 「열녀전보주 서列女傳補注序」)

왕조원은 자신의 주석 작업을 선배 여성 학자가 수행한 업적의 계승임을 강조했다. 왕조원의 주석본은 『고열녀전』원본의 글자 하나마다 기존 문헌과 대조하며 그 정오正誤를 바로잡는 데 주력한 훈고학적인 작업이다. 여기서 그녀는 『문선』에 인용된 반소의 주석을 중요하게 채택하고 있는 것이다. 무엇보다 왕조원은 1700여 년 전에 살았던 반소에게서 여성으로서의 동질성을 느꼈던 것으로 보인다.

왕조원은 산동 성 복산 출신으로 대대로 학문하는 집안에서 태어난 청말 시인이자 훈고학자다. 어려서부터 경전과 시를 공부했고 20세에 『파경소기葩經小記』를 지었다. 1788년에 학의행郝懿行[11]과 결혼했는데, 서로 뜻이 통하고 도가 맞아 항상 시사詩詞로 대화했고 공동으로 경사經史 훈고訓詁의 학문을 연구했다. 청대 학술계에는 학의행·왕조원 부부의 탁월한 연구를 평가하는 맥락에서 "고우왕부자高郵王父子, 서하학 부부栖霞郝夫婦"란 말이 유행했다. 즉 강소 고우高郵에 살던 왕염손王念孫(1744~1832)·왕인지王引之(1766~1834) 부자와 산동 서하栖霞에 살던 학의행(1757~1825)·왕조원(1763~1851) 부부를 가리키는 말이다.

왕조원이 『열녀전보주』를 내게 된 것은 어릴 때 자신에게 투사된 어머니의 꿈이 있었기 때문이다. 그녀가 쓴 서문에 따르면 6세 때 아버지를 잃자 어머니 임林 부인은 딸의 양육과 교육에 온 정성을 쏟았다. 한가롭게 놀고 있던 어느 날 어머니가 자신을 돌아보며 "옛날 반씨가 『열녀전』 15권을 주석했는데, 그 책이 지금은 없어져버렸다는구나. 반씨의 주석을 보충하여 새로운 주석본을 네가 냈으면 한다" 했다. 왕조원은 어머니의 꿈을 가슴속 깊이 간직하고 있다가 나이 마흔이 넘어 비로소 수행하게 되었다. 원고가 마무리되자 남편이 교정을 도와 『열녀전보주』 8권으로 완성했고 1805년(가경嘉慶 10) 8월에는 그 서문을 썼다. 왕조원의 학문활동은 친가와 시가의 정신적인 지원 속에서 가능했던 것이다.

　그녀는 『열녀전』 외에도 1783년에는 주희의 『시경』에 대한 주석 작업을 했고, 1803년에는 남편과 문답 형식으로 쓴 『시경』의 새로운 해석을 내놓았는데 『시문詩問』 7권이 그것이다. 1799년 학의행이 호부강남주사戶部江南主事가 되자 그녀는 남편을 따라 북경으로 올라와 문인 학자들과 널리 교류했는데 그들의 존중을 받았다고 한다. 학의행은 늘 말하기를 "나의 저작 중에서 중요한 주장들은 내 아내 조원의 말이다"라고 했다. 1825년 학의행이 세상을 떠나자 왕조원은 고향으로 내려와 남편의 유고를 정리하며 여생을 보냈다. 저서에는 『열녀전보주』『열선전교정列仙傳校正』『몽서夢書』『쇄서당규중문존晒書堂閨中文存』『파경소기葩經小記』 등이 있다. 장용將庸(1766~1834)은 1811년에, 마서진馬瑞辰(1782~1853)은 1812년에 왕조원의 주석본에 대한 서문을 썼다. 장용은 왕조원의 주석본을 약간 교정한 「열녀전보주교정」을 써 『열녀전보주』 뒤에 첨부했다. 장용은 왕조원을 평하기를 "설명이 논리적이고 문장이 간결하되 뜻은 풍부하며, 문자를 교정한 것이 정확하여 고칠 곳이 없다. 경전을 꿰뚫어 마음으로 깨달은 바가 많았다"고 했다. 『열녀전보주』의 간행은 저술된 지 80여 년이 지난 1882년에야 이루어졌다.

　『고열녀전』에 대한 주석 작업은 근대 이후에도 계속되었다. 현대 중화권에서 나온 대표적인 주석서로는 장타오張濤의 『列女傳譯注』(山東大學出版社, 1990), 장징張敬의 『列女傳今註今譯』(商務印書館, 1994), 황칭취안黃淸泉의 『新譯列女傳』(三民書局, 1996) 등이 있는데 모두 1990년대에 나왔다. 그리고 열녀전 유의 중요한 판본들을 한 데 모아 엮은 정샤오샤·린자위鄭曉霞·林佳鬱 편, 『列女傳彙編』 10권(北京圖書館出版社, 2007)으로 판본의 비교 연구가 용이해졌다.

일본에서 나온 주석서로는 아라시로荒城孝臣의 『列女傳』(明德出版社, 1969), 야마자키 준이치山崎純一의 『列女傳』上·中·下(明治書院, 1996), 시모미 다카오下見隆雄의 『劉向『列女傳』の硏究』(東海大學出版會, 1989) 등이 있다. 일본의 경우는 주석서뿐 아니라 『열녀전』 관련 연구가 상당히 축적되어 있다.

한국에서도 중화권처럼 1990년대 들어 주석서가 나오기 시작했다. 박양숙 편역의 『열녀전』(자유문고, 1994), 이숙인이 옮긴 『열녀전』(예문서원, 1996), 임동석이 옮긴 『열녀전』(동서문화사, 2009)이 있다. 한 편 주석본은 아니지만 『고열녀전』을 집중적으로 조명한 중요한 연구서로 리사 라팔스Lisa Raphals(1951~)가 지은 *Sharing the Light : Representation of Women and Virtue in Early China*(State University of New York Press, 1998)가 있다. 그녀는 고대 중국과 고대 그리스의 비교 연구를 통해 중국과 그리스의 고전 전통에서 지혜와 기술에 관한 연구를 수행해온 고전학자다. 제목 '빛의 나눔Sharing the Light'은 「변통전」의 '제녀서오齊女徐吾'의 지혜에 착안한 것이다. 『열녀전』에 대한 관심과 연구는 과거 2000년의 역사가 말해주듯 인종이 바뀌지 않는 한 언제까지나 지속될 것으로 보인다.

---

1 『한서』「예문지」 유가류儒家類에는 유향劉向의 저작으로 『신서新序』 『설원說

苑』『세설世說』『열녀전송도列女傳頌圖』등 67편이 있다고 했다.

2 『수서』「경적지·잡전류」

3 쉬싱우徐興無, 『유향평전』, 南京大學出版社, 2005, 387~388쪽.

4 「속열녀전」의 제1편 주교부인周郊婦人은 인지, 제2편 진국변녀陳國辯女는 변통, 제3편 섭정지자聶政之姊 절의, 제15편 조비연자매趙飛燕姊娣는 얼폐에 해당되는 것 등이다.

5 하족의 경우는 시조 우禹가 아닌 그 아들 계啓의 어머니 도산이 나오는데, 그녀는 부자 계승父子繼承을 관철시킨 '어머니'라는 점에서 선택된 것 같다. 즉 요에서 순으로 이어진 천자 계승은 부자관계가 아니라 유덕자에게 제위를 물려주는 선양禪讓의 형식이었다. 우禹는 처음에 전통적인 선양의 방식에 따라 권력을 이양했지만, 아들 계의 대활약으로 부자 계승에 성공한 것이다. 우에서 계로의 계승은 권력이 선양의 방식에서 부자로 바뀌는 그 역사적 전환기를 말해주는 것이다.

6 『심리록』제21권, 1790년 1월, '강진康津 김조이옥金召史獄'

7 范曄, 『後漢書』「列傳」74, 列女 ; 房玄齡, 『晋書』「列傳」66, 列女 ; 魏收, 『魏書』「列傳」80, 列女 ; 魏徵, 『隋書』「列傳」45, 列女 ; 李延壽, 『北史』「列傳」79, 列女 ; 劉昫, 『舊唐書』「列傳」143 列女 ; 歐陽脩, 『新唐書』「列傳」130, 列女 ; 脫脫, 『宋史』「列傳」219, 列女 ; 『遼史』「列傳」37, 列女 ; 『金史』「列傳」68, 列女 ; 宋濂, 『元史』「列傳」87·88, 列女 ; 張廷玉, 『明史』「列傳」189~191「列女」등이 있다.

8 이숙인 역주, 『여사서』, 도서출판 여이연, 2003.

9 마서진馬瑞辰, 「열녀전보주서列女傳補注序」(王照圓, 『列女傳補注』)

10 『열녀전집주列女傳集注』를 쓴 소도관蕭道管(1855~1907)은 시인이면서 만년에는 철학을 탐구했다. 관리였던 남편 천옌陳衍(1856~1937)을 따라 대만·무한·북경 등을 옮겨다니며 그 지역 명승고적을 유람하면서 남편과 학문적 토론을 했다. 8명의 자녀를 두었고 『열녀전집주』와 『소한당차기蕭閑堂箚記』등 저서 여러 권을 남겼다. 『청사고淸史稿』에 그녀의 전기가 실려 있다. 한편 그녀의 남편 진연은 1882년(광서光緖 8년)에 향시에 합격하여 거인擧人이 되었고, 무술변법 시기에는 유신을 제창했으며 장빙린 등과 국학운동을 벌이기도 했다. 아내 소도관보다 30년을 더 살았다.

11 왕조원의 남편 학의행(1757~1825)은 청의 경학자이자 훈구학자이다. 평생 책을 좋아했는데, "책을 읽고讀書 책을 모으고藏書 책을 쓰고著書 책을 교감校書"하는 데서 행복을 느꼈다고 한다. 수많은 저서를 남겼는데 『이아의소爾雅義疏』『산해경전소山海經箋疏』『역설易說』『서설書說』『죽서기년교정竹書紀年校正』등이 있다.

【 1편 】

순임금의 두 부인 有虞二妃

모
의
전
─
36

　유우有虞의 두 비妃는 요堯임금의 두 딸이다. 장녀는 아황娥皇이고 차녀는 여영女英이다. 순舜의 아버지 고수瞽叟는 사람됨이 미련했고, 어머니는 진실성이 없었다. 순의 동생 상象은 오만하게 굴며 기분 내키는 대로 행동하는 사람이었다. 그럼에도 순은 그들을 잘 감싸주었고, 더구나 아버지 고수는 효를 다해 모셨다. 어머니는 순을 미워하고 상만 좋아하는데도 순은 오히려 집안일에 열심일 뿐, 그들에게 나쁜 감정을 갖지 않았다. 이러한 사실이 세상에 알려지자 요임금을 보좌하던 중신重臣 사악四嶽이 요임금에게 순을 추천했다. 이에 요임금은 두 딸을 순에게 시집보내 그 집안에서의 사람됨을 살펴보게 했다. 요임금의 두 딸은 순이 살고 있는 시골로 내려가 순을 내조했는데, 천자의 딸이라는 이유로 교만하거나 태만하지 않았다. 그녀들은 오히려 더 겸손하고 공손하며 검소했고, 부도婦道를 다하려고 노력했다.

　그런데도 고수와 상은 순을 죽이려는 음모를 꾸며 순에게 곳간 수리를 맡겼다. 이에 순이 돌아와 두 부인에게 의논하여 말했다. "부모님께서 나더러 곳간 수리를 하라 하시니 거기로 가봐야겠소." 두 부인은 "그렇다면 다녀오시지요"라고 대답했다. 순이 곳간 위에 올라가 수리를 다하고 내려오려 하자 고수는 사다리를 치워버리고 곳간에 불을 질렀다. 이에 순은 나는 듯 급히 뛰어내렸다. 상은 다시 부모와 음모를 꾸며 순을 우물에 처넣으려 했다. 순은 또 두 부인과 의논했다. "할 수 없지요, 가서야지요"라는 두 부인의 대답을 듣고 순은 우물 속으로 들어갔다. 그러자 고수와 상은 우물 입구를 막고 순이 나오지 못하게 흙으로 덮어버렸다. 그런데 순이 몰래 빠져나오는 바람에 순을 죽이려던 고수와 상의 계획은 실패로 돌아갔다.

고수는 또 순에게 술을 마시도록 재촉했는데, 취하면 죽이려 한 것이다. 순은 또 이 사실을 두 부인에게 알렸다. 두 부인은 그에게 술에 취하지 않는 약을 주었다. 순은 아버지의 요구대로 종일 술을 마셨지만 취하지 않았다. 순의 여동생 계繫는 이러한 일들을 보고 순을 불쌍히 여겨 두 올케와 화해했다. 부모가 순을 죽이려 했음에도 순은 그들을 원망하지 않았다. 하지만 그들의 분노는 식을 줄을 몰랐다. 이에 순은 들판으로 달려가 대성통곡하면서 하늘을 올려다보며 울부짖고, 또 부모를 부르짖었다. 부모가 이처럼 그를 해치려고 했음에도 부모를 생각하는 그의 마음은 한결같았다. 동생 상을 원망하기는커녕 그 두텁고 독실한 정이 예전과 다르지 않았다.

마침내 순은 백관百官의 장관에 추대되어 사방의 제후들에게 후한 대접을 받게 되었다. 산림에서 선발된 순이 마침내 국가의 중책을 맡게 된 것이다. 요임금은 순에게 천자의 자질이 있는지를 여러 방면으로 시험했는데, 매사를 언제나 두 부인과 상의했다. 마침내 순은 요임금을 이어 천자의 자리에 올랐다. 이에 요임금의 두 딸 중

아황은 순임금의 후后가 되고 여영은 비妃가 되었다. 순은 동생 상을 유비有庳의 땅에 봉封했고, 아버지 고수를 섬기는 것은 예전과 똑같았다. 세상 사람들은 두 비를 총명하고 정숙하다고 칭송했다. 천자가 된 순은 지방을 순행하던 중 창오蒼梧라는 곳에서 세상을 떠났는데, 사람들은 그를 중화重華라고 불렀다. 두 비는 양자강과 상수 사이에서 세상을 떠났는데, 세간에서는 그녀들을 상군湘君이라 했다.

군자는 말한다. "두 비는 덕이 순수하고 행동이 신실했다." 『시경』에서 "그 큰 덕을 제후들이 본받나니"라고 한 것은 이를 두고 한 말이다.

송을 지어 칭송하다.
최초의 두 비는 요임금의 딸들이네.
나란히 순임금의 빈이 되어 낮은 곳에서 남편을 내조했네.
존귀한 신분으로 비천한 집안 섬기면서 그 노고 심했도다.
시아버지 고수와도 화목하니 마침내 복을 누리게 되었네.

有虞[1]二妃者, 帝堯之二女也. 長娥皇, 次女英. 舜父頑母嚚,[2] 父號瞽叟.[3] 弟曰象, 敖遊於嫚. 舜能諧柔之, 承事瞽叟以孝. 母憎舜而愛象, 舜猶內治, 靡有姦意. 四嶽[4]薦之於堯. 堯乃妻以二女, 以觀厥內. 二女承事舜於畎畝之中, 不以天子之女故, 而驕盈怠嫚, 猶謙謙恭儉, 思盡婦道. 瞽叟與象, 謀殺舜, 使塗廩. 舜歸告二女曰, "父母使我塗廩, 我其往." 二女曰, "往哉." 舜既治廩, 乃捐階, 瞽叟焚廩. 舜往飛出. 象復與父母謀, 使舜浚井. 舜乃告二女, 二女曰, "兪, 往哉." 舜往浚井, 格其出入, 從掩. 舜潛出, 時既不能殺舜. 瞽

叟又速舜飲酒, 醉將殺之. 舜告二女, 二女乃與舜藥浴汪. 遂往. 舜終日飲
酒不醉. 舜之女弟繫憐之, 與二嫂諧. 父母欲殺舜, 舜猶不怨, 怒之不已. 舜
往于田號泣, 日呼旻天, 呼父母. 惟害若茲, 思慕不已. 不怨其弟, 篤厚不怠.
旣納于百揆, 賓于四門. 選于林木, 入于大麓. 堯試之百方, 每事常謀于二
女. 舜旣嗣位, 升爲天子. 娥皇爲后, 女英爲妃. 封象于有庳,[5] 事瞽叟猶若焉.
天下稱二妃聰明貞仁. 舜陟方死于蒼梧,[6] 號曰重華. 二妃死于江湘[7]之間,
俗謂之湘君.[8] 君子曰, "二妃德純而行篤." 詩云, "不顯惟德, 百辟其刑之."[9]
此之謂也.

　　頌曰, "元始二妃, 帝堯之女. 嬪列有虞, 承舜於下. 以尊事卑, 終能勞苦.
瞽叟和寧, 卒亨福祜."

──────────

1　有虞(유우): 虞는 나라 이름이고, 有는 국호나 그 밖의 것에 붙이는 접두어
다. 유우는 그 임금 순의 별칭이기도 하다. 순은 성姓이 요姚이고 재위 기간은 대
략 기원전 2257~기원전 2208년으로 보고 있다. 오제五帝의 한 사람이면서 요堯
와 더불어 최고의 성군聖君으로 일컬어져왔다. 순과 아황·여영에 대한 기사는『열
녀전』의 선행 문헌인『서경書經』「우서虞書」,『사기史記』「오제본기五帝本紀」,
『맹자孟子』「만장 상萬章上」,『초사楚辭』「천간天間」 등에도 나온다.

2　父頑母嚚(부완모은):『사기』「오제본기」에 따르면 순의 아버지 고수는 맹인인데,
순의 생모가 죽자 후처를 맞이해 상을 낳았다. 미련한 아버지는 간사한 후처에 빠
져 전처 자식인 순을 죽이려고 한 것이다. 순의 생모는 이름이 악등握登이라고 한
다. 자신의 생명을 위협하는 부모에게 자식됨의 도리를 다한 순舜의 고사는 효행
의 대표적 사례로 역사 속에서 재생산되었다. 순의 효행은 24효(원元의 곽수정
편)의 첫 번째 항목에 편성되었고, 우리나라의『삼강행실도』에는 '순제대효舜帝大
孝'라는 제목으로 그림과 함께 실려 있다.

3　瞽叟(고수): 왕조원王照圓은 고수를 눈이 없거나 혹은 눈은 있지만 선악을 분별
할 능력이 없는 사람을 지칭하는 용어라고 보았다.

4　四嶽(사악): 요堯의 핵심 신하 네 사람으로 희중羲仲·희숙羲叔·화중和仲·화
숙和叔을 가리킨다. 사방을 나누어 맡았으므로 사악이라 했다.

5　有庳(유비): 지금의 후난 성湖南省 다오道에 위치한 고대의 지명으로, 그곳에는
상을 제사지내는 사당이 있다고 한다. 유비有庳는 유비有鼻와도 통한다.

6　蒼梧(창오):『사기』「오제본기」에는 순이 천자가 된 지 39년 만에 창오의 들에서

붕어했고, 강남 구의산九嶷山에 장사지냈는데, 능은 영릉零陵이라고 했다. 지금의 후난 성에 위치.

7 江湘(강상): 양자강揚子江과 상수湘水를 가리킨다.『사기정의史記正義』에는 이 문장 뒤에 '인장언因葬焉'이라는 세 글자가 더 있다.

8 湘君(상군):『후한서』에는 상군 다음에 '상부인湘夫人'이라는 세 글자가 더 있다.

9 『시경詩經』「주송周頌」 '열문烈文'에 나오는 구절이다.

【 2편 】

기의 어머니 강원 棄母姜嫄

기棄의 어머니 강원姜嫄은 태邰나라 제후諸侯의 딸이다. 때는 요
임금의 시대로, 어느 날 강원이 길을 가다가 거인의 발자국을 발견
하고 호기심으로 발자국을 밟으며 따라갔다. 그리고 집으로 돌아온
후 곧 임신을 하게 되었다. 점점 배가 부르고 속이 메스꺼워 복서卜
筮로 점을 치고 하늘에 제사지내며, 제발 임신이 아니기를 빌었다.
그러나 결국 아들을 낳았다. 이에 상서롭지 못하다고 여겨 그 아기
를 더러운 길가에 버렸더니 소나 말이 피해가며 밟지 않았다. 다시
숲속에 갖다 버렸더니, 벌목하는 사람들이 번갈아가며 그 아기를
보살펴주었다. 다시 데려다가 차가운 얼음 위에 버렸더니, 새가 와서
날개로 감싸주었다. 강원은 이상하게 여겨 아기를 다시 데리고 왔
다. 그녀는 이러한 여러 일을 생각하여 아기 이름을 '버리다'라는 뜻
의 기棄라고 지었다.

강원은 깔끔하고 조용하며 한가지 일에 전념하는 성품을 지닌 사
람이었다. 특히 무언가를 심고 거두는 농사일을 좋아했다. 기가 자
라자 어머니 강원은 뽕나무와 삼나무 심는 법을 가르쳤다. 기의 성

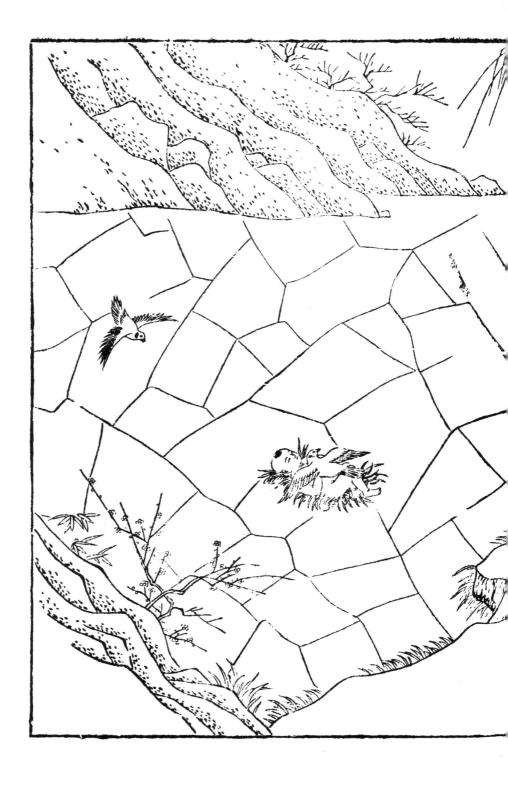

품은 총명하며 인자했고, 어머니의 가르침으로 성장하자 마침내 명성을 얻었다. 요임금은 기를 농업을 관장하는 직관稷官에 임명했고, 다시 태 땅에 한 나라를 만들어 그곳에 기를 봉하여 후직后稷이라 했다. 요임금이 죽고 순임금이 즉위하자, 순은 "기여! 백성이 굶주리지 않도록 후직이 되어 온갖 곡식을 파종하라"고 했다. 그 후세 대대로 직稷의 관직을 맡았는데, 후손인 주나라 문왕文王과 무왕武王에 이르러 천자가 나왔다.

군자가 말하기를 "강원은 조용하면서 사람을 감화시키는 힘을 지니고 있었다"고 했다. 『시경』에서는 "빛나도다. 강원이여! 그 덕에 어긋남이 없었으니 상제가 그에게 의지했네" 하였고, 또 "문덕文德을 사모한 후직이여! 저 하늘과 짝하여 우리 백성을 살게 했네"라고 했는데 이를 두고 한 말이다.

송을 지어 칭송하다.
기의 어머니 강원이여, 맑고 고요한 성품 한결같도다.
발자국 따라간 뒤에 잉태하니,
두려운 마음에 그 아이 들판에 버렸더니
날짐승과 길짐승이 감싸주고 덮어주어 다시 데려와 길렀다네.
마침내 제요帝堯를 보좌하게 되었으니,
그 어머니의 도리를 완수했도다.

棄[1] 母姜嫄[2] 者, 邰[3] 侯之女也. 當堯之時, 行見巨人跡, 好而履之. 歸而有娠. 浸以益益大, 心怪惡之. 卜筮禋祀, 以求無子, 終生子.[4] 以爲不祥, 而棄之隘巷, 牛羊避而不踐. 乃送之平林之中, 後伐平林者, 咸薦之覆之. 乃

取置寒氷之上, 飛鳥傴翼之. 姜嫄以爲異, 乃收以歸. 因命曰棄. 姜嫄之性,
淸淨專一. 好種稼穡, 及棄長而敎之種樹桑麻. 棄之性, 明而仁. 能育其敎,
卒致其名. 堯使棄居稷官, 更國邰地, 遂封棄于邰, 號曰后稷. 及堯崩, 舜卽
位. 乃命之曰, 棄黎民阻飢, 汝后稷, 播時百穀. 其後, 世世居稷, 至周文武
而興爲天子. 君子謂, "姜嫄靜而有化." 詩云, "赫赫姜嫄, 其德不回, 上帝是
依."5 又曰, "思文后稷 克配彼天, 立我烝民."6 此之謂也.

頌曰, "棄母姜嫄, 淸靜專一. 履跡而孕, 懼棄於野. 鳥獸履翼, 乃復收恤.
卒爲帝佐, 母道旣畢."

---

1 棄(기): 후직의 이름으로 주족周族의 시조다. 주족 기원 신화이기도 한 이 이야
기는 아버지 없이 어머니가 자연의 신비로운 존재와 감응하여 아이를 잉태했다는,
이른바 '감천탄생설感天誕生說'로 구성되어 있다.
2 姜嫄(강원): 『사기』「주본기周本紀」에는 기의 어머니 강원은 유태씨有邰氏의
딸이자 제곡帝嚳의 원비元妃라고 했다. 그러면 기는 제곡의 아들이 되는 셈이다.
제곡에게는 4명의 비가 있었는데, 원비가 강원이고 제2비가 설契을 낳은 간적簡狄
이고, 제3비가 요堯를 낳은 경도慶都이다. 하지만 기의 아버지 이름이 『열녀전』에
는 나오지 않는다. 강원이 기를 임신한 시점도 제곡이 아닌 제곡의 아들 요堯의 시
대다. 그래서 강원을 제곡의 뒷세대의 비로 보기도 한다. 『사기』의 설명대로라면
「모의전」의 인물 배열은 강원이 맨 먼저 나오고, 그다음이 간적, 요임금의 두 비 순
서로 나와야 시대 순이 될 것이다.
3 邰(태): 고대 나라 이름으로 지금의 산시 성陝西省 우궁武功에 위치했고, 강성
姜姓의 봉국이다.
4 강원의 잉태와 출산 그리고 양육은 『시경』「대아大雅」'생민生民'에서도 서술했
다. 강원이 잉태하게 된 것에 대해 『사기』에서는 그녀가 들에서 거인의 발자국을
보고 '기분이 매우 좋았다心忻然說'고 했는데, 이는 야합을 암시하는 것이다.
5 『시경』「노송魯頌」'민궁閟宮'에 나오는 구절이다.
6 『시경』「주송周頌」'사문思文'에 나오는 구절이다.

3편

설의 어머니 간적 契母簡狄

설契의 어머니 간적簡狄은 유융有娀씨의 장녀다. 요임금 시대의 일로. 간적이 여동생과 함께 현구玄丘의 냇가에서 목욕을 하고 있었다. 그때 제비가 알을 물고 날아가다가 떨어뜨렸는데 오색이 찬란했다. 간적과 그 여동생은 서로 먼저 주우려고 달려갔다. 결국 간적이 먼저 그 알을 집었는데 실수로 삼켜버렸다. 그 알을 삼켜버린 까닭에 간적은 임신을 했고. 마침내 설을 낳게 되었다.

간적은 원래 인간사회의 일들에 관심이 많았다. 이에 위로는 하늘의 이치를 알아 은혜 베풀기를 좋아했다. 설이 성장하자 간적은 사람의 도리를 순서대로 가르쳤다. 설의 성품은 총명하고 어질어 어머니의 가르침대로 자라나 마침내 명성을 얻었다. 요임금이 그를 사도司徒로 임명하여 박亳 땅에 봉했다. 요임금이 세상을 떠나고. 순임금이 즉위하면서 칙명을 내렸다. "설아. 백성이 서로 친하지 못하고. 인류의 관계도 순조롭지 못하구나. 네가 사도가 되어 경건하게 오교五敎를 베풀되 관용이 있어야 하느니라." 그의 후손은 대대로 박 땅에 살았는데 은殷나라의 탕湯임금에 이르러 천자가 나왔다.

군자가 말하기를 "간적은 인자하며 모든 사람에게 예를 갖춰 대했다"고 했다. 『시경』에서 "유융씨의 딸이 장성하니 하늘이 자식을 내려 은나라 조상을 낳게 했네"라고 했고, 또 "하늘이 제비에게 명하니, 내려와 은나라 조상을 낳게 했다"고 한 것은 이를 두고 한 말이다.

송을 지어 칭송하다.
설의 어머니 간적은 인자한 마음에 남을 돕길 잘 했네.
알을 삼켜 아들을 낳으니 스스로 행동을 신중히 했고
사리에 맞게 자식을 가르치고 은혜를 넓혀 덕을 쌓았네.
설이 제요帝堯를 보좌하게 되었는데, 그 어머니의 힘이 컸도다.

契¹母簡狄²者 有娀³氏之長女也. 當堯之時, 與其妹娣,⁴ 浴於玄丘之水. 有玄鳥銜卵, 過而墜之, 五色甚好. 簡狄與其妹娣, 競往取之. 簡狄得而含之, 誤而吞之. 遂生契焉. 簡狄性好人事之治, 上知天文, 樂於施惠. 及契長而教之理順之序. 契之性, 聰明而仁, 能育其教, 卒致其名. 堯使爲司徒⁵封之於亳.⁶ 及堯崩舜卽位, 乃勅之曰, 契百姓不親, 五品不遜.⁷ 汝作司徒, 而敬敷五教在寬.⁸ 其後世世居亳, 至殷湯興爲天子. 君子謂, "簡狄仁而有禮." 詩云, "有娀方將, 立子生商."⁹ 又曰, "天命玄鳥, 降而生商."¹⁰ 此之謂也.

頌曰, "契母簡狄, 敦仁勵翼. 吞卵産子, 遂自脩飾. 教以事理, 推恩有德. 契爲帝輔, 蓋母有力."

1 契(설): 은족殷族의 시조이며, 순임금의 다섯 신하 중 한 사람이다.

2 簡狄(간적): 제곡帝嚳 고신씨高辛氏의 차비次妃라고도 하고(『사기』「은본기殷本紀」), 제곡보다 더 후대의 고신씨 부인일 것(야마자키 준이치)이라고도 했다.

3 有娀(유융): 고대의 국명 또는 부족명이다. 『회남자淮南子』「추형훈墜形訓」에 따르면 곤륜산崑崙山 서쪽에 위치한 부주산不周山 북쪽 지역에 근거지를 두었다.

4 妹娣(매제): 간적이 유융씨의 장녀라면 함께 간 사람은 매제妹娣, 즉 여동생이다. 『회남자』「추형훈」에서는 이 자매의 이름을 건자建疵라고 했다. 『사기』「은본기」와 『회남자』 등에는 '세 사람'("三人行浴")이라고 했는데, 전승의 계통에 따른 차이로 보인다.

5 司徒(사도): 관직 이름으로 백성을 도덕적으로 교화시키는 일을 관장했다.

6 亳(박): 설의 자손인 은나라 탕왕이 도읍으로 정한 곳으로 허난 성 상추商丘 지역이다.

7 五品不遜(오품불손): 오품五品은 부자父子·군신君臣·부부夫婦·장유長幼·붕우朋友의 다섯 관계를 가리킨다.

8 五敎(오교): 인륜을 가르치는 다섯 가르침으로, 부의父義·모자母慈·형우兄友·제공弟恭·자효子孝(『좌전』 문공 18년)라는 설이 있고, 부자유친父子有親·군신유의君臣有義·부부유별夫婦有別·장유유서長幼有序·붕우유신朋友有信(『맹자』「등문공 상藤文公上」)이라는 설이 있다.

9 『시경』「상송商頌」'장발長發'에 나오는 구절이다.

10 『시경』「상송」'현조玄鳥'에 나오는 구절이다.

【4편】

계의 어머니 도산 啓母塗山

　계啓의 어머니는 도산씨塗山氏의 장녀다. 하夏나라 우禹임금이 도산에게 장가들어 비妃로 삼았다. 혼인하자 곧 계를 낳아. 신辛·임壬·계癸·갑일甲日의 나흘을 보냈다. 계는 앙앙 울어댔지만 아버지 우는 치수治水를 위해 집을 떠나 오로지 토목공사에만 전념했다. 세 차례나 집 앞을 지나면서도 정작 집에는 들르지 않았다. 도산은 혼자 자식을 맡아 기르며 가르쳐서 훌륭하게 키웠다. 계가 자라 그 덕을 펴는 데 어머니의 가르침대로 하여 명성을 얻었다. 우가 천자가 되고 계가 그 뒤를 이어. 아버지 우의 공을 지키는 데 아무런 손색이 없었다.

　군자가 말하기를 "도산은 자식 교육에 정성을 다했다"고 했다. 『시경』에서 "네게 덕 있는 여자를 내려 또 그 자손을 낳게 했네"라고 했는데. 이를 두고 한 말이다.

　송을 지어 칭송하다.
　계의 어머니 도산이여. 우임금의 배우가 되었네.

결혼 나흘 뒤 우는 치수하러 나가고

계는 앙앙 울어대는데 어머니 홀로 일을 다 했네.

선함으로 가르쳐 마침내 그 아버지의 일을 이었도다.

啓母者, 塗山氏[1]長女也. 夏禹[2]娶以爲妃. 旣生啓. 辛壬癸甲.[3] 啓呱呱泣,
禹去而治水, 惟荒度土功. 三過其家, 不入其門. 塗山獨明敎訓,[4] 而致其化
焉. 及啓長, 化其德, 而從其敎, 致令名. 禹爲天子, 而啓爲嗣, 持禹之功而
不殞. 君子謂, "塗山彊於敎誨." 詩云, "釐爾士女[5] 從以孫子."[6] 此之謂也.

頌曰, "啓母塗山, 維配帝禹, 辛壬癸甲, 禹往敷土, 啓呱呱泣, 母獨論序,
敎訓以善, 卒繼其父."

---

1 塗山氏(도산씨): 나라 이름 혹은 부족명이다. 하족夏族의 시조신이며 우禹의 부
인이다. 지금 한족漢族 가운데 도씨涂氏는 도산씨족의 직계 후예라고 한다.
2 夏(하): 치수治水에 성공한 우는 순임금의 제위를 선양받아 하夏 왕조를 세웠
다. 성은 사姒인데, 어머니 수기修己가 의이薏苡라는 풀을 먹고 우를 낳았기 때문
에 그 근원에 충실하여 사성姒姓이 된 것이다.(『논형論衡』「기괴奇怪」) 재위는 기
원전 2207~기원전 2198년의 10년 남짓한 기간이다. 우의 아버지 곤鯀은 요임금에
게 등용되어 치수 사업을 맡았으나 실패하여 주살되었다. 사형당한 아버지 곤과
천자가 된 아들 우의 사례는 이후 역사에서 연좌제의 불합리성을 논증하는 역사적
사례로 적극 활용되어왔다.
3 辛(신)·壬(임)·癸(계)·甲(갑): 신일辛日에서 갑일甲日까지는 나흘이다. 『사기』
에는 우가 신·임일에 도산과 혼인했는데 계·갑일에 계啓가 태어났다고 하고, 그래
서 우는 계를 자신의 아들로 여기지 않았다고 했다.("禹曰, '予(辛壬)娶塗山, 癸甲,
生啓. 予不子, 以故能成水土功.'", 『사기』「하본기夏本紀」) 따라서 우는 계의 생물
학적 아버지가 아닐 가능성이라든가 우의 왕위 계승 문제 등이 논의되어왔다.(이숙
인, 『동아시아 고대의 여성사상』 참조)
4 獨明敎訓(독명교훈): 도산씨는 집에 남아 아이를 양육하고 남편 우는 치수 사업
에 몰두한 이 이야기는 "남자는 안을 간여하지 않고, 여자는 밖을 간여하지 않는
다"(『예기禮記』「내칙內則」)는 유가의 남녀분업의 원칙을 철저히 실천한 사례로 활
용되어왔다.
5 士女(사녀): 덕행을 구비한 훌륭한 여성을 가리키는데, 여사女士라고도 한다.

6 『시경』「대아」'기취旣醉'에 나오는 구절이다.

【 5편 】
탕임금의 비 유신 湯妃有㜪

탕湯임금의 비妃 유신有㜪은 유신씨有㜪氏의 딸이다. 은나라 탕왕이 그녀를 취하여 비로 삼았다. 아들 셋을 낳았는데, 태정太丁과 외병外丙과 중임仲壬이다. 유신 역시 자식 교육에 힘써 그 공을 이루었다. 태정은 일찍 죽고 외병外丙과 중임이 탕의 뒤를 이어 차례로 천자의 자리에 올랐다. 유신이 탕임금의 비가 되어 구빈九嬪을 통솔하자 후궁後宮에 질서가 잡혔다. 이에 질투하거나 이치를 거스르는 자가 아무도 없었다. 이윤伊尹은 그녀의 잉신媵臣으로 함께 은나라로 왔으니 마침내 탕왕은 왕업을 이룰 수 있었다.

군자가 말하기를 "탕임금의 비는 명석하면서 바른 도리를 갖추고 있었다"고 했다. 『시경』에서 "요조한 숙녀는 군자의 좋은 짝이로다"라고 했는데, 현명한 여자는 군자를 위해 여러 첩과 화목해야 함을 말한 것이다. 이는 곧 유신을 두고 한 말이다.

송을 지어 칭송하다.
탕의 비 유신은 원래부터 총명했으니

잉신 이윤을 데리고 하夏에서 상商으로 시집가

성실히 안을 다스려 후궁들의 모범이 되었네.

안팎을 화합하도록 가르쳤으니 허물과 재앙 있을 수 없었도다.

湯¹妃有㜪者, 有㜪氏²之女也. 殷湯娶以爲妃. 生三子. 太丁外丙仲壬. 亦明教訓, 致其功. 太丁早卒, 丙壬嗣登大位. 有㜪氏之妃湯也, 統領九嬪,³ 後宮有序. 咸無妬媢逆理之人. 伊尹⁴爲之媵⁵臣 與之入殷, 卒致王功. 君子謂, "妃明而有序." 詩云, "窈窕淑女 君子好逑."⁶ 言賢女能爲君子和好衆妾. 其有㜪之謂也.

頌曰, "湯妃有㜪, 質行聰明. 媵從伊尹, 自夏適殷. 勤㥁治中, 九嬪有行. 化訓內外, 亦無愆殃."

1 湯(탕): 은殷(상商) 왕조를 창설한 제왕이다. 3편 '설모간적契母簡狄'에 나온 설의 14세손이다. 재위는 기원전 1765~기원전 1760년 또는 기원전 1783~기원전 1754년으로 보는 두 가지 설이 있다.

2 有㜪氏(유신씨): 나라 이름 또는 부족 이름으로 사성姒姓이다. 『사기』「은본기」 등에는 그 근거지를 변주汴州 진류현陳留縣(지금의 허난 성 카이펑開封 부근)이라고 했다. 신㜪은 신莘, 신优과도 통한다.

3 九嬪(구빈): 천자를 모시는 부관婦官이다. 『예기禮記』「혼의昏義」에 "古者天子后立六宮, 三夫人, 九嬪, 二十七世婦, 八十一御妻, 以聽天子之內治"라 하여 구빈의 지위가 세 부인 아래에 있는 서열로 되어 있지만, 유향은 그 서열을 구별하기보다 천자의 첩을 통칭한 용어로 사용한 것 같다.

4 伊尹(이윤): 처음에는 유신有㜪씨 나라에서 농사를 짓고 사는 평범한 사람이었으나 유신씨의 딸이 시집을 가자 잉신으로 따라가 은탕殷湯의 재상이 되었다. 유가의 계보에서는 명재상名宰相의 대명사로 일컬어진다.

5 媵(잉): 고대 혼인제도의 하나로 제후의 딸이 시집갈 때 함께 가는 사람들을 말한다. 신부의 여동생이나 질녀, 동성同姓 제후국의 딸과 그 밖의 신하들을 데리고 갔는데, 여자는 잉첩이라 했고 남자는 잉신이라 했다. 잉첩은 일부일처제가 확립되기 전에 있었던 군혼제群婚制의 유습으로 보이는데, 잉첩은 일반적인 첩과는 달리 그 지위가 높았고 처의 유고시 처가 될 수 있는 존재였다. 『춘추春秋』에 그 기록이

많이 나오고, 전국戰國 시기 이후에는 없어진 제도다.
6 『시경』「주남周南」'관저關雎'에 나오는 구절이다.

【 6편 】

주나라 왕실의 세 어머니 周室三母

세 분의 어머니란 태강太姜, 태임太妊, 태사太姒를 말한다.

태강은 왕계王季의 어머니로 유태씨有台氏의 딸이다. 태왕太王이
그녀에게 장가들어 아내로 삼았다. 태강은 태백太伯과 중옹仲雍, 왕
계王季를 낳았다. 그녀는 아름다운 외모에 정숙했다. 여러 자식을
도로써 이끌어 길러내니, 과실이 있을 수 없었다. 태왕이 일을 계획
할 때나 자리를 옮길 때는 꼭 태강과 의논하여 행했다. 군자가 말하
기를 "태강은 덕으로 가르침을 넓혀나갔다"고 했다. 『시경』에서 "고
공단보께서 일찍이 말을 달려, 서쪽 칠수漆水가에서 기산岐山 아래
로 오셨으니, 이때 태강과 함께 와 사셨네"라고 한 것은 이를 두고
한 말이다.

태임은 문왕의 어머니이며 지임씨摯任氏의 둘째 딸이다. 왕계가
그녀에게 장가들어 아내로 삼았다. 태임의 성품은 곧고 성실하여
오로지 덕으로써 행동했다. 태임이 문왕을 임신했을 때 눈으로는
나쁜 것을 보지 않았고 귀로는 음란한 음악을 듣지 않았으며, 입으

로는 오만한 말을 하지 않았다. 이처럼 그녀는 태교胎教를 잘했다. 측간에서 소변을 보고서 문왕을 낳았다. 문왕은 태어나면서부터 비범하여, 어머니 태임이 하나를 가르치면 백을 알았다. 마침내 주 왕조의 주인이 되었다.

군자가 말했다. "태임은 태교를 잘했다. 옛날에는 부인이 아기를 잉태하면 모로 눕지 않았고, 모서리나 자리 끝에 앉지도 않았으며, 외다리로 서지 않았고 거친 음식을 먹지 않았다. 자른 것이 바르지 않으면 먹지 않았으며 자리가 바르지 않으면 앉지 않았다. 현란한 것은 보지 않았고, 음란한 음악은 듣지 않았다. 밤에는 눈먼 악관樂官에게 시를 읊게 했고, 올바른 이야기만 하게 했다. 이와 같이 하여 자식을 낳으면 모습이 반듯하고 재덕이 남보다 뛰어난 법이다. 그러므로 아이를 가졌을 때 반드시 감정을 신중히 해야 한다. 선하게 느끼면 아이도 선하게 되고 나쁘게 느끼면 아이도 악하게 된다. 사람이 태어나 부모를 닮는 것은 모두 그 어머니가 밖에서 느끼는 것이 태아에게 전해진 까닭이다. 그러므로 아이의 모습과 마음이 부모를 닮게 되는 것이다. 문왕의 어머니는 자식이 부모를 닮게 되는 이치를 알았다고 할 수 있다."

태사는 무왕의 어머니이며 우임금의 후예인 유신有莘 사씨姒氏의 딸이다. 그녀는 어질고 도리에 밝았다. 문왕은 이런 점을 좋게 여겨 위수渭水에서 친영례를 하기 위해 배를 대 다리를 만들었다. 주 왕실의 일원이 된 태사는 시할머니 태강과 시어머니 태임을 공경했고, 아침저녁으로 힘써 부도를 다했다. 태사는 문덕을 갖춘 어머니라는 뜻에서 문모文母라 불렸다. 문왕은 밖을 다스리고 문모는 안을 다스렸다. 태사는 열 명의 아들을 낳았다. 장남 백읍고伯邑考에서 무왕 발武王發, 주공단周公旦, 관숙선管叔鮮, 채숙도蔡叔度, 조숙진탁曹叔 振鐸, 성숙무成叔武, 곽숙처霍叔處, 강숙봉康叔封, 담계재聃季載가 그 들이다. 태사는 이들이 어려서부터 성장할 때까지 가르쳐 깨우치게 했다. 아들들이 장성해서는 문왕이 자식 가르치는 일을 이어받았 다. 마침내 무왕과 주공이 그 덕을 이루었다.

군자가 말하기를 "태사는 인자하고 명석했으며, 또한 덕을 갖추 고 있었다"고 했다. 『시경』에서 "큰 나라에 따님이 계셨으니 하늘이 내린 소녀라고 할까. 길일을 정하여 위수에서 친영례를 행했네. 배 를 대 다리를 만드시니 그 빛이 환하도다"라고 하고 또 "태사께서 아름다운 영예를 이으니 많은 아들 낳으시겠네"라고 했는데, 이를 두고 한 말이다.

송을 지어 칭송하다.
주 왕실의 세 어머니 태강, 태임, 태사는
문왕과 무왕이 나라를 세울 때 함께했네.
태사가 가장 훌륭하여 문모文母라 했지만
두 분 시어른의 덕 또한 매우 크도다.

三母者, 太姜太任太姒. 太姜者, 王季[1]之母, 有台氏[2]之女. 大王[3]娶以爲妃. 生太伯仲雍[4]王季. 太姜有色而貞順, 率道諸子, 至於成童,[5] 靡有過失. 太王謀 事, 必於太姜, 遷徒, 必與太姜. 君子謂. 太姜廣於德教. 詩云, "古公亶父, 來朝 走馬, 率西水滸, 至於岐下, 爰及姜女 聿來胥宇."[6] 此之謂也.

太任者,[7] 文王[8]之母, 摯任氏[9]中女也. 王季娶爲妃. 太任之性, 端一誠莊, 惟

德之行. 及其有娠, 目不視惡色, 耳不聽淫聲, 口不出敖言. 能以胎敎. 溲于豕
牢, 而生文王. 文王生而明聖, 太任敎之以一而識百. 卒爲周宗. 君子謂, 太任爲
能胎敎. 古者, 婦人妊子, 寢不側, 坐不邊, 立不蹕. 不食邪味. 割不正不食, 席
不正不坐. 目不視于邪色, 耳不聽于淫聲. 夜則令瞽誦詩, 道正事. 如此則生子,
形容端正, 才德必過人矣. 故妊子之時, 必愼所感. 感于善則善, 感于惡則惡.
人生而肖萬物者, 皆其母感于物. 故形音肖之. 文王母, 可謂知肖化矣.

太姒者, 武王[10]之母. 禹後有莘姒氏[11]之女. 仁而明道, 文王嘉之, 親迎[12]于
渭,[13] 造舟爲梁. 及入, 太姒思媚太姜太任, 旦夕勤勞, 以進婦道. 太姒號曰文
母. 文王治外, 文母治內. 太姒生十男. 長伯邑考,[14] 次武王發, 次周公旦,[15] 次
管叔鮮,[16] 次蔡叔度,[17] 次曹叔振鐸,[18] 次霍叔處,[19] 次成叔武,[20] 次康叔封,[21]
次聃季載.[22] 太姒敎誨十子, 自少及長, 未嘗見邪僻之事. 及其長, 文王繼而敎
之, 卒成武王周公之德. 君子謂, "太姒, 仁明而有德." 詩曰, "大邦有子,[23] 俔天
之妹. 文定厥祥,[24] 親迎于渭. 造舟爲梁, 不顯其光."[25] 又曰, "太姒嗣徽音, 則
百斯男."[26] 此之謂也.

頌曰, "周室三母, 太姜任姒. 文武之興, 蓋由斯起. 太姒最賢, 號曰文母. 二
姑之德, 亦甚大矣."

1 王季(왕계): 태왕의 아들이자 문왕의 아버지이고, 무왕의 할아버지다. 원래 이
름은 계력季歷이었는데, 무왕 때 왕계王季로 추존되었다.

2 台(태): 태邰와 통하는 글자다. 주족의 시조모 강원도 유태有邰 부족 출신이
었다.

3 古公亶父(고공단보): 주족周族의 시조인 후직의 12대손으로 무왕 때 추존되어
태왕이 되었다. 적인狄人의 난을 피해 주족周族의 근거지를 빈豳 땅에서 기산岐山
기슭으로 이동시켰다. 태왕은 이 중요한 사업을 부인 태강과 공동으로 완수했는데,
『시경』「대아」'면綿' 편은 이들의 성스런 행적을 칭송한 내용이다.

4 太伯(태백)·仲雍(중옹): 두 사람은 태왕의 장자長子와 차자次子다. 아버지 태왕이 막내인 계력季歷에게 뜻이 있음을 알고 이들 형제는 동생에게 왕위를 양보하기 위해 형만荊蠻으로 떠났다고 한다.

5 成童(성동): 15세의 아이를 가리킨다. 이 나이에 치르는 성동례成童禮는 유년에 고별하면서 길러주신 부모에게 감사하는 의미를 담은 의식이다.

6 『시경』「대아」'면'에 나오는 구절이다.

7 太任(태임): 임성任姓의 지摯나라 출신으로 훌륭한 자식을 얻기 위해 태교를 개발하여 실천한 유가적 여성상을 대표하는 고대 성인이다. 조선의 여성 성리학자 임윤지당任允摯堂은 태임과 동성이라는 점에 착안하여 '윤지允摯'라는 호를 썼다. 즉 태임을 자신의 역할 모델로 삼겠다는 뜻이다.

8 文王(문왕): 왕계와 태임이 낳은 아들이다. 풍읍豐邑(지금 산시 성陝西省 시안西安 부근)에 도읍을 정하여 서방을 대표하는 큰 세력을 형성하자 서백西伯으로 불렸다. 그는 아들 무왕이 동정東征하여 새로운 왕조를 창설하도록 기틀을 마련했다.

9 摯(지): 고대 나라 이름 혹은 부족 이름으로 임성任姓의 나라다. 은나라 탕왕의 재상 중훼仲虺의 후예다. 근거지는 지금의 허난 성 루난汝南 부근에 있었다고 한다.

10 武王(무왕): 희성姬姓으로 이름은 발發이다. 기원전 1024년 목야牧野(허난 성 치 현淇縣 부근)의 전투를 통해 은 왕조를 멸망시켰다. 주 왕조를 세운 그는 아버지 문왕과 더불어 성군聖君으로 존숭되며, 역사에서는 언필칭 '문무文武'로 통했다.

11 有莘(유신): 국명 혹은 부족명으로 사성姒姓이다. 앞의 '탕비유신'에서 탕왕의 비도 유신족 출신이다. 신莘은 신薁과 통한다.

12 親迎(친영): 혼인 육례六禮의 하나로 신랑이 직접 신부의 집에 가서 신부를 맞이하는 의식이면서 유교적 혼인을 대표하는 용어다. 혼인이 완성되기까지의 여섯 단계 절차인 육례는 납채納采·문명問名·납길納吉·납폐納幣·청기請期·친영으로 구성된다. 『시경』「대아」'대명大明'에는 문왕이 태사를 맞이해오는 친영 장면이 화려하게 묘사되어 있다. 친영은 또한 여자가 남자 집으로 시집가는 형태의 혼인 '여귀남가혼女歸男家婚'을 의미하는 용어이기도 하다. 유교를 국가 이념으로 채택한 조선에서는 당시 풍속이던 남자가 여자 집으로 장가가는 형태의 '남귀여가혼男歸女家婚'을 여자가 시집가는 형태의 친영으로 바꾸기 위해 제도 및 이념적인 방안을 모색했다.

13 渭(위): 위수渭水는 간쑤 성甘肅省 웨이위안渭源 냐오수 산鳥鼠山에서 발원한 황하의 지류로 간쑤·닝샤寧夏·산시陝西 세 지역을 거쳐 황하로 들어가는데, 그 길이는 787킬로미터다.

14 伯邑考(백읍고): 문왕과 태사의 장남으로 문왕이 13세 때 백읍고를 낳았고, 2년 뒤에 무왕을 낳았다고 한다. 상商과 전쟁을 벌였던 때 주왕紂王의 인질이 되어 삶겨져 죽었다는 게 정설이지만, 왕궈웨이王國維 등은 문왕이 차남을 태자로 삼기 위해 장남 백읍고와 그 아들을 버렸다고 보았다.

15 周公旦(주공단): 문왕의 3남 주공 희단姬旦은 무왕의 뒤를 이은 어린 조카 성왕成王 희송姬誦을 보좌하여 주 왕조 발전의 기반을 구축한 인물이다. 아들 백금伯禽이 노魯나라의 개국 군주가 되어 노나라는 주공의 세가世家가 되었다. 그는

유가적 정치 이상을 실현한 인물로 문무와 병칭되어왔다.

16 管叔鮮(관숙선): 문왕의 4남으로 서주西周 관국管國(지금의 허난 성 정저우鄭州)의 개국 군주다. 형 무왕이 죽자 은의 유민을 규합하여 은왕 주紂의 아들 무경武庚을 도와 반란을 일으킨 죄로 형인 주공에게 죽임을 당했다.

17 蔡叔度(채숙도): 문왕의 5남으로 서주 채국蔡國(지금의 허난 성 상차이上蔡)의 개국 군주다. 관숙선과 무경을 옹호했다가 추방당했다.

18 曹叔振鐸(조숙진탁): 서주 조국曹國(지금의 산둥 성山東省 딩타오定陶)의 개국 군주다.

19 霍叔處(곽숙처): 문왕의 8남으로 서주 곽국霍國(지금의 산시 성 훠저우霍州)에 봉해졌다. 은나라 감시의 역할을 하는 삼감三監에 임명되었으나 관숙의 회유로 반란에 가담했다가 주공 단에 의해 나라 밖으로 추방되었다.

20 成叔武(성숙무): 문왕의 7남으로 성국郕國(지금의 산둥 성 닝양寧陽)의 개국 군주다.

21 康叔封(강숙봉): 무왕 형제들의 분봉 당시 어려서 봉지封地가 없었다. 주공은 무경의 난을 평정한 뒤 강숙을 위군衛君에 봉했다. 강숙은 처음에 강국康國(지금의 허난 성 위저우禹州)에 봉해졌으나 국호를 위衛로 고쳤다.

22 聃季載(담계재): 강숙봉과 마찬가지로 분봉 당시 어려서 봉지가 없었다. 나중에 담국聃國(지금의 후베이 성湖北省 징먼荊門)의 개국 군주다. 주周의 사공司空에 임명되어 조카 성왕을 보좌했다.

23 大邦(대방): 우임금의 후예인 유신국有莘國인데 태사의 친정 나라다.

24 文定厥祥(문정궐상): 혼인 육례의 하나인 문명問名을 행하고 복서卜筮로 혼인의 길흉 여부를 점친 뒤 길하다는 점괘를 얻으면 예禮로써 혼인을 정하는 것이다.

25 『시경』「대아」'대명'에 나오는 구절이다.

26 『시경』「대아」'사제思齊'에 나오는 구절이다. 백百은 '많다'는 뜻으로 태사 자신도 많은 아들을 낳았지만, 무엇보다 질투심이 없어 남편인 문왕이 많은 첩을 얻어 아들을 많이 낳도록 했다는 것이다.

【 7편 】

위나라의 시어머니 정강 衛姑定姜

위衛나라의 시어머니 정강定姜은 위 정공衛定公의 부인이며 공자公子의 어머니다. 공자가 장가를 들고 얼마 뒤 세상을 떠났는데, 며느리에게는 아직 자식이 없었다. 삼년상을 마치자 정강은 며느리를 그 친정으로 돌려보내기로 하고 전송을 위해 교외까지 나갔다. 부모된 마음으로 슬프고 비통한 마음을 이루 헤아릴 수 없었다. 점점 멀어져가는 며느리의 뒷모습을 서서 바라보면서, 몹시 슬퍼 아무리 눈물을 훔쳐도 그냥 줄줄 흘러내렸다. 이에 시를 지어 읊었다.

제비들은 펄펄 앞서거니 뒤서거니,

며느리 돌아가는데 멀리 들녘에서 전송하고,

바라보아도 보이지 않고 눈물만 비 오듯 하네.

돌아가는 모습을 울면서 바라보다가 또 시를 지었다.

망부亡夫를 생각하여 내게 효를 다했네.

군자가 말하기를 "정강은 자애로운 시어머니로 며느리를 대하는 것이 매우 극진했다"고 했다.

정공이 손림보孫林父를 미워하자 손림보는 진晉으로 떠나버렸다. 진후晉侯가 극주郤犨를 보내 손림보를 다시 받아들일 것을 청했지만 정공은 허락하지 않았다. 이에 정강이 말했다. "안 될 일입니다. 그 사람은 선군先君의 공신功臣 아들이기도 하지만, 대국 진晉나라가 요청하는 것이니 그를 허락하지 않는다면 우리는 망하게 될 것입니다. 비록 손림보가 밉더라도 나라가 망하는 것보다는 낫지 않겠습니까. 주군께서는 감정을 절제하십시오. 백성을 편하게 하려면 나라에 중신重臣을 두는 것이 또한 옳지 않겠습니까?" 그리하여 정공은 마침내 손림보를 다시 불러들였다.

군자가 말하기를 "정강으로 인해 환난을 멀리할 수 있었다"고 했다. 『시경』에서 "언행이 어긋나지 않으니 온 세상이 본받으리라"고 한 것은 이를 두고 한 말이다.

정공이 세상을 떠나자, 정공의 측실 경사敬姒가 낳은 간衎이 군주 자리에 올랐다. 이 사람이 바로 헌공獻公이다. 헌공은 자기 부친의 상喪에 임하는 태도가 오만했다. 정강이 곡哭을 끝내고 쉬고 있는 중에 헌공의 자세가 성실치 못함을 보고는 식음을 전폐하고 탄식했다. "이 사람이 위나라를 망하게 할 것이다. 반드시 좋은 사람을 먼저 해칠 것이다. 위나라가 화를 입을 것인가! 내가 왜 전鱄에게 나라를 맡기지 않았던가!" 이 말을 듣고 대부들이 모두 두려워했다. 손문자孫文子는 위나라의 위기를 느껴서인지 이때부터 중요한 보배를 위나라에 두지 않았다. 전은 헌공의 동생 자선子鮮이다. 현명하여 정강이 그를 임금 자리에 올리려 했으나 여의치 않았다. 뒷날 과연 헌공은 난폭하게 굴며 정강을 무시했다. 헌공은 결국 축출되어 도망갔는데, 국경에 이르자 신관神官을 시켜 조상의 사당에 가서 자신이 쫓겨났으며 또 죄가 없다는 것을 아뢰게 했다. 이 사실을 안 정강은 말했다. "불가하다. 죄가 없다고 하는 것은 신을 속이는 일이다. 죄가 있는데도 어찌 죄가 없다고 아뢸 수 있겠는가? 공의 행위를 보면, 훌륭한 신하를 배제하고 간사한 신하와 모의를 꾸민 것이 첫 번째 죄이다. 선군이 스승으로 삼았던 수석 대신을 멸시했으니 두 번째 죄가 된다. 또 나는 정부인으로서 선군을 모셨거늘 나를 첩 대하듯 함부로 했으니 세 번째 죄다. 쫓겨났다고 보고할 것이지 죄가 없다고 보고할 수는 없다." 이 일이 있고 난 뒤, 헌공은 전轉의 힘을 업고 다시 위나라로 돌아오게 되었다.

군자가 말하기를 "정강은 말로써 가르쳤다"고 했다. 『시경』에서 "내 말을 잘 들어야 될 것이네"라고 한 것은 이를 두고 한 말이다.

정鄭나라 황이皇耳가 군사를 이끌고 위나라를 침범했다. 손문자가 어떻게 해야 할지 점을 쳤다. 정강에게 그 점의 결과를 올리며 "거북점의 모양이 수풀처럼 무성합니다. 이것은 누구든 정벌에 나서면 그 장수를 잃는 것을 뜻합니다"라고 했다. 이에 정강은 "정벌하는 자가 장수를 잃는다는 것은 적을 막는 측에서는 이로운 것입니다. 대부께선 막는 일을 계획하십시오"라고 했다. 위나라는 정강의 말을 따라 수비를 철저히 하여 황이를 견구犬丘라는 곳에서 사로잡을 수 있었다.

군자가 말하기를 "정강은 일의 실정에 통달했다"고 했다. 『시경』에서 "왼쪽 일을 해야 하면, 왼쪽 일을 하는 것으로 군자가 거기에 맞추네"라고 했는데, 이를 두고 한 말이다.

송을 지어 칭송하다.
위나라 시어머니 정강은 며느리를 보내며 시를 지었네.
그윽한 사랑과 자애로운 은혜로 울면서 바라만 보았네.
번번이 헌공에게 간언하여 그 죄가 심함을 깨우쳤으니
총명하고 깊은 식견, 문장 또한 뛰어났다네.

衛[1]姑定姜者, 衛定公[2]之夫人, 公子之母也. 公子旣娶而死, 其婦無子. 畢三年之喪,[3] 定姜歸其婦. 自送之至於野. 恩愛哀思, 悲心感慟. 立而望之, 揮泣垂涕. 及賦詩曰, "燕燕于飛, 差池其羽. 子之于歸, 遠送于野. 瞻望不及, 泣涕如雨."[4] 送去歸, 泣而望之. 又作詩曰, "先君[5]之思 以畜寡人."[6] 君子謂, "定姜爲慈姑, 過而之厚."

定公惡孫林父,[7] 孫林父奔晉. 晉侯使郤犨[8]爲請還, 定公欲辭. 定姜曰, "不可. 是先君宗卿之嗣也.[9] 大國又以爲請. 而弗許將亡. 雖惡之, 不猶愈于亡乎. 君其忍之. 夫安民而有宗卿, 不亦可乎." 定公遂復之. 君子謂, "定姜能遠患難." 詩曰, "其儀不忒 正是四國."[10] 此之謂也.

定公卒, 立敬姒之子衎爲君, 是爲獻公.[11] 獻公居喪而慢. 定姜旣哭而息, 見獻公之不哀也, 不內食飮. 嘆曰, "是將敗衛國. 必先害善人. 夫禍衛國也夫. 吾不獲鱄也使主社稷." 大夫聞之皆懼. 孫文子自是不敢舍重器于衛. 鱄者, 獻公弟子鮮也. 賢而定姜欲立之而不得. 後獻公暴虐, 慢侮定姜. 卒見逐走出亡, 至境使祝宗告亡, 且告無罪於廟. 定姜曰, "不可. 若令無罪, 神不可誣. 有罪, 若何告無罪也. 且公之行, 舍大臣而與小臣謀, 一罪也. 先君有家卿[12]以爲師保而蔑之, 二罪也. 余以巾櫛[13]事先君, 而暴妾使余, 三罪也. 告亡而已. 無告無罪."

其後賴轉力, 獻公復得反國. 君子謂, "定姜能以辭教." 詩云, "我言惟服."[14] 此之謂也.

鄭皇耳,[15] 率師侵衛. 孫文子卜追之, 獻兆于定姜. 曰, "兆如山林. 有夫出征. 而喪其雄." 定姜曰, "征者喪雄, 禦寇之利也. 大夫圖之." 衛人追之, 獲皇耳于犬丘. 君子謂, "定姜達於事情." 詩云, "左之左之, 君子宜之."[16] 此之謂也.

頌曰, "衛姑定姜, 送婦作詩. 恩愛慈惠, 泣而望之. 數數諫獻公, 得其罪尤. 聰明遠識, 麗于文辭."

---

1 衛(위): 위나라는 문왕과 태사의 9남 강숙봉이 은의 유민을 모아 만든 희성姬姓의 나라다.

2 定公(정공): 위의 제20대 제후로 재위는 기원전 589~기원전 577년이다. 이름은 희장姬臧이다.

3 三年之喪(삼년지상): 예禮에 따르면, 아내의 남편상은 3년이다. 반대로 남편의 아내상은 1년이었다.

4 『시경』「패풍邶風」 '연연燕燕'의 구절이다.

5 先君(선군): 정강의 죽은 남편 정공定公으로 며느리에게는 시아버지가 된다.

6 『시경』「패풍」 '연연'의 구절이다.

7 孫林父(손림보): 춘추시대 위의 대부大夫로 문자文子라고도 하며, 봉읍은 척戚(허난 성 푸양濮陽 부근)이다. 위 정공과 손림보에 관한 일은 『춘추좌전』성공成公7~15년과 양공襄公 2~27년에 나와 있다.

8 郤犨(극주): 진晉의 대부로 봉읍은 고苦(산시 성山西省 윈청運城 부근)이고, 기원전 583년에 죽었다.

9 宗卿(종경): 중요한 신하로 여기서는 손림보의 아버지 손양보孫良父를 가리킨다.

10 『시경』「조풍曹風」 '시구鳲鳩'에 나오는 구절이다.

11 獻公(헌공): 춘추시대 위나라의 제21, 23대 국군으로 기원전 577~기원전 559년, 기원전 547~기원전 544년 동안 재위했다.

12 冢卿(총경): 우두머리 가로家老로 손림보와 영혜자甯惠子를 가리킨다.

13 巾櫛(건즐): 수건과 빗을 대령하는 사람, 즉 가장 가까이서 남편을 보좌하는 부인을 달리 부르는 이름이다.

14 『시경』「대아」 '판板'에 나오는 구절이다.

15 皇耳(황이): 정鄭나라 황이가 위나라를 침입한 사건은 『좌전』 양공 10년 6월에
보인다.
16 『시경』「소아小雅」'상상자화裳裳者華'에 나오는 구절이다.

【 8편 】

제나라 딸의 부모 齊女傅母

부모傅母란 제나라 제후의 딸을 돌보는 사람이었다. 그 딸이란 위衛나라 장공莊公의 부인으로 장강莊姜으로 불렸다. 장강은 미모가 빼어났다. 처음 시집왔을 때 품행이 방정하지 못했는데, 용모를 다듬고 음란한 마음을 갖고 있었다. 부모는 장강의 태도가 바르지 못한 것을 보고 깨우쳐주기 위해 이렇게 말했다. "당신의 친정 제나라는 대대로 존귀하여 백성의 모범이 되어왔습니다. 또 당신의 성품은 총명하여 일에 두루 통달합니다. 마땅히 다른 사람의 모범이 되어야 합니다. 외모 또한 수려하시고 훌륭하지만 스스로 잘 가꾸지 않을 수 없습니다. 비단옷을 입고 무늬가 잘 드러나도록 그 아래에 또 홑 치마를 걸치고, 잔뜩 꾸미고서 수레나 말을 타는 것은 덕德을 귀하게 여기지 않는 것입니다." 이어서 시를 지었다.

훌륭한 사람이 멋진 외모에 비단옷과 얇은 홑치마를 입으셨네.
그녀는 제나라 제후의 딸이며 위나라 제후의 아내라네.
제나라 태자의 누이이며 형刑나라 제후의 처제도 된다네.

또 담공譚公은 형부라네.

　부모는 장강으로 하여금 마음을 수양하여 품위를 높이도록 했다. 제후의 자제이며 군주의 부인된 몸으로 좋지 않은 행동은 더욱 있을 수 없는 일이기 때문이다. 이에 장강이 감동하여 스스로의 품행을 닦았다.

　군자가 말하기를 "부모는 좋지 않은 일이 일어나기 전에 잘 방지했다"고 했다.

　장강은 제나라 태자 득신得臣의 누이다. 장강에게는 자식이 없었다. 그래서 대규戴嬀의 아들 환공桓公을 아들로 삼았다. 공자 주우州吁는 천첩 소생의 아들이었다. 그러나 주우가 장공에게 총애를 받으면서 교만해졌고, 또 전쟁하는 것을 좋아했다. 그런데도 장공은 주우의 행동을 제지하지 않았다. 뒷날 주우는 과연 환공을 죽였다. 『시경』에서 "원숭이에게 나무에 오르는 법을 가르치지 말라"고 했는데 이를 두고 한 말이다.

　송을 지어 칭송하다.
　제나라 딸의 행동을 부모傅母가 미연에 막아주었네.
　선조의 영화로 높고 화려하지 않음이 없었네.
　시를 지어 가르치는 뜻은 조상을 욕되지 않게 한 것이니
　부모의 가르침으로 장강은 마침내 스스로를 갈고닦았네.

傅母者,[1] 齊女[2]之傅母也. 女爲衛莊公[3]夫人, 號曰, 莊姜. 美交好. 始往, 操行衰惰, 有冶容之行 淫佚之心. 傅母見其婦道不正, 諭之云 "子之家, 世世尊榮, 當爲民法則. 子之質, 聰達于事. 當爲人表式. 儀貌壯麗, 不可不自脩整. 衣錦絅裳, 飾在興馬, 是不貴德也." 乃作詩曰,[4] "碩人其頎, 衣錦絅衣. 齊侯之子, 衛侯之妻. 東宮之妹,[5] 刑侯之姨.[6] 譚公維私,"[7] 砥厲女之心, 以高節. 以爲人君之子弟, 爲國君之夫人, 尤不可有邪僻之行焉. 女遂感而自脩. 君子謂, "傅母之防未然也."

莊姜者, 東宮得臣之妹也. 無子. 母戴嬀之子桓公,[8] 公子州吁,[9] 嬖人之子也. 有寵, 驕而好兵. 莊公弗禁. 後州吁果殺桓公. 詩云, "母教猱升木"[10] 此之謂也.

頌曰, "齊女傅母, 防女未然. 稱列先祖, 莫不尊榮. 作詩明指, 使無辱先. 莊姜姆教, 卒能修身."

---

1 傅母(부모): 왕족 및 귀족 여성들을 보살피고 가르치는 직책의 여성을 말한다.

2 齊女(제녀): 제나라 제12대 군주 장공(기원전 795~기원전 731)의 딸이다. 그녀에 대한 사적은 『사기』 「위강숙세가衛康叔世家」 『좌전』 은공隱公 3년에 보인다.

3 衛莊公(위 장공): 위나라 제12대 국군(재위 기원전 758~기원전 735년) 희양姬揚이다.

4 『시경』 「위풍衛風」 '석인碩人'에 나오는 구절이다.

5 東宮(동궁): 태자의 거처가 동쪽 궁이었다는 것에서 유래한 태자의 다른 말이다.

6 刑侯之姨(형후지이): 형은 고대 국명이고, 이는 처의 자매를 가리킨다.

7 譚公維私(담공유사): 담은 고대 국명이고, 사는 자매의 남편을 말한다.

8 桓公(환공): 위나라 제13대 국군(기원전 735~기원전 719) 희완姬完이다. 동생인 공자 주우가 보낸 사람에게 죽임을 당하고 그에게 왕위를 찬탈당했다.

9 州吁(주우): 위나라 장공의 아들로 환공의 이복동생이다. 기원전 719년에 형을 시해하고 왕위에 올라 위나라 제13대 국군이 되었다. 재위 기간은 채 1년도 못 되지만, 춘추 시기 군주를 시해하여 왕위를 찬탈한 오직 한 사람의 성공한 공자로 기록되었다.

10 『시경』 「소아」 '각궁角弓'에 나오는 구절이다.

9편

맹자의 어머니 鄒孟軻母

추鄒나라 맹가孟軻의 어머니를 맹모孟母라 한다. 처음에는 집이 묘지 근처에 있었다. 맹자가 어려서 즐기는 놀이란 묘지에서 일어나는 일을 흉내 내는 것이었다. 죽음을 슬퍼하며 발을 구르는 의식과 시체를 매장하는 일을 흉내 냈다. 맹모는 "여기는 우리 자식이 있을 만한 곳이 못 되는구나" 하고는 시장 근처로 이사를 갔다. 그랬더니 거기에서 맹자는 물건 파는 상인들의 일을 흉내 내며 놀았다. 맹모는 "이곳 역시 우리 자식을 키울 만한 곳이 못 된다"고 하고서 학교 근처로 다시 이사갔다. 그곳에서 맹자는 제기祭器를 배열하고 예를 갖추어 나아가고 물러나는 의식을 흉내 내며 놀았다. 맹모는 "여기야말로 우리 아들을 키울 만한 곳이구나" 하고 그곳에 눌러살았다. 맹자는 성장하여 군자가 갖춰야 할 육예六藝를 익혀 마침내 대학자의 영예를 얻었다.

군자가 말하기를 "맹모는 사는 곳을 옮기면서까지 자식을 잘 가르쳤다"고 했다. 『시경』에서 "저 착한 양반에게 무엇을 줄 것인가?"라고 한 것은 이를 두고 한 말이다.

맹자는 젊은 시절 배움을 그만두고 집으로 돌아왔다. 베를 짜고 있던 맹모가 물었다. "배움이 어디까지 이르렀느냐?" 맹자는 "그저 그렇습니다"라고 대답했다. 맹모는 짜고 있던 베를 칼로 잘라버렸다. 맹자가 두려워하며 그 까닭을 물었다. 어머니가 말했다. "네가 학문을 그만둔 것은 바로 내가 이 베를 중간에서 잘라버린 것과 다를 바 없다. 군자란 배워서 바른 이름을 세우고, 물어서 지식을 넓혀야 한다. 그렇게 하면 가만히 있어도 편안하고 또 어떤 일이 닥치더라도 피해를 멀리할 수 있는 것이다. 지금 배움을 그만둔다면 노예 상태에서 벗어날 수 없고 환란에서 떨어질 수 없다. 베 짜는 일을 그만둔다면 어찌 남편과 자식을 입히고 오래도록 양식이 떨어지지 않게 할 수 있겠느냐? 여자가 생업을 포기하고, 남자가 덕 닦기를 게을리한다면, 도둑이 되지 않으면 남의 심부름을 하는 수밖에 다른 도리가 없다." 이에 맹자가 두렵게 여겨 아침저녁으로 학문에 힘써 쉼이 없었다. 맹자는 자사子思에게 배웠으며, 마침내 천하에서 이름 난 학자가 되었다.

군자가 말하기를 "맹모는 어머니가 되는 도리를 알았다"고 했다. 『시경』에서 "저 착한 양반에게 무엇을 가르칠 것인가?"라고 한 것은 이를 두고 한 말이다.

맹자가 장가를 든 뒤의 일이다. 맹자가 방에 들어가는데, 부인이 방 안에서 웃옷을 벗고 있었다. 맹자가 이를 불쾌하게 여겨 돌아서며 다시 들어가지 않았다. 부인은 시어머니에게 이 사실을 알리고 자신을 친정으로 돌려보내주기를 청했다. "저는 '부부의 도리를 행함에 방 안에서는 문제가 되지 않는다'고 들었습니다. 제가 방 안에 혼자 있으면서 그 예를 갖추고 있지 않았습니다. 그것을 그가 보고

화를 내며 불쾌하게 생각한 것은 저를 손님으로 대했기 때문입니다. 여자의 도리는 손님 방에는 머무르지 않는 것이오니, 저를 저의 부모가 계신 곳으로 돌려보내주십시오." 그러자 맹모는 맹자를 불러서 타일렀다. "예에 의하면 문 안으로 들어가려 할 때 누가 있는가를 묻는 것은 경의를 표시하기 위해서다. 또 마루에 올라갈 때 인기척을 내는 것은 안에 있는 사람에게 누군가 왔음을 알리기 위해서다. 그리고 방을 들어갈 때 눈길을 반드시 아래로 내리는 것은 거기 있는 사람의 허물을 보게 될까 조심해서다. 지금 네가 예를 잘 살피지 못하고, 오히려 남에게 예를 갖추지 않았다고 책망하는 것이 얼마나 잘못된 일이냐?" 어머니의 말씀을 듣고 맹자는 자신의 잘못을 인정하여 부인에게 사과하고 떠나지 않게 했다.

군자가 말하기를 "맹모는 예를 알뿐더러 시어머니가 갖추어야 할 도리에도 밝았다"고 했다.

맹자가 제나라에 있을 때 얼굴에 근심스러워하는 기색이 있었다. 맹모가 아들의 그런 모습을 보고 물었다. "네 얼굴에 근심이 있는 것 같은데 무슨 일이냐?" 그러자 맹자는 "아무것도 아닙니다"라고 대답했다. 그런 뒤 어느 날 집에서 쉬고 있던 맹자가 기둥을 안고 탄식했다. 맹모가 그 모습을 보고 다시 물었다. "전에 네 얼굴에 근심이 있는 것 같았는데 아무것도 아니라고 했다. 지금 또 기둥을 안고 탄식하는 까닭은 무엇이냐?" 맹자가 대답했다. "제가 듣기로는 '군자는 자신의 능력에 맞는 자리에 나아가고 구차하게 분수에 넘치는 지위를 얻지 않는다. 그리고 상을 받았다고 해서 높은 자리를 탐내지 않는다. 또 제후가 들을 자세가 되어 있지 않으면 자신의 의견을 말하지 않고, 듣긴 듣는데 그 의견을 운용하지 않으면 더구나 그 조정에서는 벼슬하지 않는다'고 합니다. 지금 제나라에 도道가 행해지지 않아 떠나기를 원하지만 어머니께서 연로하시니 이 때문에 괴롭습니다." 그러자 맹모가 말했다.

"대저 부인의 예는 하루 다섯 번의 먹거리에 신경 쓴다거나 술이나 장 담그는 일을 한다거나, 시부모를 봉양하고 의복을 짓는 일을 할 따름이다. 그러므로 집 안에서의 일을 열심히 할 뿐 집 밖에서의 일에 마음 쓰지 않는다. 『주역』에 '집안의 음식을 장만하는 일이지 달리 이루어야 할 일이 있지 않다'고 했고, 『시경』에 '나쁠 것도 없고 좋을 것도 없네. 오로지 술과 음식을 준비하는 일을 맡을 것이로다'라고 했다. 이는 부인이란 자신의 뜻대로 하지 않으며 삼종三從의 도가 있을 뿐이라는 말이다. 그러므로 어려서는 부모를 따르고, 출가해서는 남편을 따르고, 남편이 죽으면 자식을 따르는 것이 예다. 지금 너는 어른이 되었고, 나는 늙었다. 너는 너의 뜻대로 행해야 하고, 나는 나의 예禮대로 행할 것이니라."

군자가 말하기를 "맹모는 부인됨의 도리를 알았다"고 했다. 『시경』에서 "얼굴은 온화하고 웃음 띠며 화내는 일 없이 잘 가르치시네"라고 한 것은 이를 두고 한 말이다.

송을 지어 칭송하다.
맹모는 사는 곳을 옮겨가며 자식을 가르쳤네.
자식에게 육예를 선택하여 대도大道를 따르게 했으니.
아들의 배움이 진척되지 않자
짜던 베를 끊어 그 원리를 보여주었네.
그 아들이 드디어 덕을 이루며 당대의 명예를 얻었도다.

鄒[1]孟軻[2]之母也, 號孟母.[3] 其舍近墓. 孟子之少也, 嬉遊爲墓間之事,[4] 踴躍築埋. 孟母曰, "此非吾所以居處子也." 乃去舍市傍. 其嬉戲爲賈人衒賣之事. 孟母又曰, "此非吾所以居處子也." 復徙舍學宮之傍. 其嬉遊乃設俎豆,[5] 揖讓[6]進退. 孟母曰, "眞可以居吾子矣." 遂居之. 及孟子長, 學六藝,[7] 卒成大儒之名. 君子謂, "孟母善以漸化." 詩云, "彼姝者子 何以予之."[8] 此之謂也.

孟子之少也, 旣學而歸. 孟母方績. 問曰, "學何所至矣." 孟子曰, "自若也." 孟母以刀斷其織. 孟子懼而問其故. 孟母曰, "子之廢學, 若吾斷斯織也. 夫君子學以立名, 問則廣知. 是以居則安寧, 動則遠害. 今而廢之, 是不免於廝役, 而無以離於禍患也. 何以異於織績而食, 中道廢而不爲. 寧能衣其夫子, 而長不乏糧食哉. 女則廢其所食, 男則墮於脩德, 不爲竊盜, 則爲虜役矣." 孟子懼, 旦夕勤學不息. 師事子思, 遂成天下之名儒. 君子謂, "孟母知爲人母之道矣." 詩云, "彼姝者子, 何以告之."[9] 此之謂也.

孟子旣娶, 將入私室. 其婦[10]袒而在內. 孟子不悅, 遂去不入. 婦辭孟母而求去. 曰, "妾聞, '夫婦之道, 私室不與焉.' 今者, 妾竊墮在室, 而夫子見妾, 勃然不悅. 是客妾也. 婦人之義, 蓋不客宿. 請歸父母." 於是, 孟母召孟子, 而謂之曰, "夫禮將入門, 問孰存, 所以致敬也. 將上堂, 聲必揚,[11] 所以戒人也. 將入戶, 視必下, 恐見人過也. 今子不察於禮, 而責禮於人, 不亦遠乎." 孟子謝, 遂留其婦. 君子謂, "孟母知禮, 而明於姑母之道."

孟子處齊而有憂色. 孟母見之曰, "子若有憂色, 何也." 孟子曰, "不也." 異日閒居, 擁楹而歎. 孟母見之曰, "鄉見子有憂色, 曰, 不也. 今擁楹而歎, 何也." 孟子對曰, "軻聞之, '君子稱身而就位, 不爲苟得. 而受賞, 不貪榮祿. 諸侯不聽, 則不達其上. 聽而不用, 則不踐其朝.' 今道不用於齊, 願行而母老. 是以憂也." 孟母曰, "夫婦人之禮, 精五飯, 羃酒漿, 養舅姑, 縫衣

裳而已矣. 故有閨內之修, 而無境外之志." 易曰, "在中饋, 無攸遂."[12] 詩曰,
"無非無儀, 惟酒食是儀."[13] 以言婦人無擅制之義, 而有三從之道也.[14] 故
年少, 則從乎父母, 出嫁, 則從乎夫, 夫死, 則從乎子, 禮也. 今子成人也, 而
我老矣. 子行乎子義, 吾行乎吾禮."

君子謂, "孟母知婦道." 詩云, "載色載笑, 匪怒匪教."[15] 此之謂也.

頌曰, "孟子之母, 教化列分. 處子擇藝, 使從大倫. 子學不進, 斷機示焉.
子遂成德, 爲當世冠."

1 鄒(추): 전국 시기의 국명으로 맹자가 태어난 나라다. 춘추시대의 국명은 주邾
였다. 기원전 369~기원전 340년 초나라에 의해 멸망했다.
2 孟軻(맹가): 성姓이 맹孟, 이름은 가軻로 존칭하여 맹자孟子라고 한다. 생몰연
대는 기원전 385~기원전 303년이다. 공자를 계승하여 인의仁義를 제창하고 왕도
정치王道政治를 강조했다. 자신의 학설을 실현하기 위해 여러 나라를 돌아다니며
제후들에게 유세했다. 한때 제나라에서 경卿의 벼슬에 있었는데 그의 이상주의 정
치가 수용되지 않자 그만두고 공자처럼 교육가로 활동했다. 성인에 버금간다는 뜻
에서 아성亞聖이라고 한다.
3 孟母(맹모): 장씨仉라는 설과 이李씨라는 설 두 가지가 있다. 맹모 고사가 처음
나오는 곳은 바로 『열녀전』이다. 『열녀전』의 성격에 비춰볼 때, 이 책에 나오는 맹
모의 고사가 역사적 사실인지의 여부는 확신할 수 없다.
4 墓間之事(묘간지사): 묘지에서 행해지는 일과 의식을 가리킨다.
5 俎豆(저두): 제사지낼 때 사용하는 제기의 일종이다.
6 揖讓(읍양): 팔을 모아 나아가고 물러가는 예의 동작을 말한다.
7 六藝(육예): 사士가 배우는 여섯 종류의 기예로 예禮·악樂·사射·어御·서書·
수數를 말하기도 하고, 육경으로 시·서·예·악·역易·춘추春秋를 말하기도 한다.
여기서는 후자를 뜻한다.
8 『시경』 「용풍鄘風」 '간정干旄'에 나오는 구절이다.
9 『시경』 「용풍」 '간정'에 나오는 구절이다.
10 其婦(기부): 맹자의 부인은 유由씨라는 설과 전田씨라는 설이 있다.
11 『예기』 「곡례상曲禮上」에 나오는 구절이다.
12 『역경易經』 가인괘家人卦 62의 효사에 나오는 구절이다.
13 『시경』 「소아」 '사간斯干'에 나오는 구절이다.

14　三從之道(삼종지도): 『예기』「교특생郊特牲」, 『대대례기大戴禮記』「본명해本命解」, 『공자가어孔子家語』에 나온다.

15　『시경』「노송魯頌」'반수泮水'에 나오는 구절이다.

【 10편 】
노나라 계손씨 집안의 경강 魯季敬姜

노魯나라 계손씨季孫氏 집안의 경강敬姜은 거莒나라의 딸이다. 이름은 대기戴己다. 노나라 대부大夫 공보목백公父穆伯의 처이자 문백文伯의 어머니이며 계강자季康子의 종조숙모從祖叔母다. 사리에 밝았으며 예를 잘 알았다. 목백이 먼저 죽었으나 경강은 절개를 지켰다. 문백이 공부하러 나갔다가 마치고 돌아왔다. 경강이 곁눈으로 살펴보니 문백이 당堂을 오를 때 그 벗이 뒤따라 오르고, 내려올 때는 그 벗이 먼저 칼을 들고 신발을 바로 놓아주는 것이 마치 부형父兄을 섬기는 듯했다. 문백은 자신을 성인으로 여기는 것 같았다. 이런 모습을 본 경강은 아들을 불러 꾸짖었다.

"옛날 무왕은 조회를 파하고 버선을 묶으려고 좌우를 둘러보아도 아무도 시킬 만한 사람이 없자 허리를 굽혀 스스로 버선끈을 묶었다. 그러한 마음가짐으로 무왕은 왕도王道를 이룰 수 있었다. 또 제나라 환공桓公은 좌우에서 조언해주는 벗 세 사람이 있었고 잘못을 충고해주는 다섯 신하가 있었다. 거기에 매일 잘못을 지적해주는 사람이 서른 명이나 있었다. 그리하여 환공은 패업覇業을 이룰 수 있었다. 주공周公은 한 차례의 식사를 하는 동안 세 번이나 입안의 음식물을 뱉어내야 했고, 한 차례의 목욕을 하는 동안 세 번이나 머리를 움켜쥐고 나와 찾아온 사람을 만나는 정성이 있었다. 예물을 들고 시골 구석구석에까지 찾아가 만난 사람이 70여 명이나 되었다. 그러므로 주 왕실을 튼튼하게 지킬 수 있었다. 저 두 분의 성인과 한 분의 현인은 모두 왕도와 패도를 이룬 분이다. 그분들이 아랫사람을 대하는 자세가 이와 같았기에 그런 일을 이룰 수 있었다. 사귀는 사람이 다 자기보다 나은 사람들이었기에 날마다 발전하는 것을 자신은 알지 못했다. 지금 너는 어린 나이에 지위도 낮고 사귀는 자는 다 별 볼 일 없는 사람들이다. 너에게 도움이 안 될 것이 분명하다." 문백이 곧 어머니께 사죄하고 엄한 스승과 현명한 벗으로 가려서 섬겼다. 사귀는 자는 자기보다 나이가 많은 사람들이었다. 문백은 옷깃을 여미고 소매를 걷어올려 몸소 음식을 대접했다. 경강은 "너는 이제 어른이네"라고 말했다. 군자가 말하기를 "경강은 엄하게 가르쳐 깨우쳐주었다"고 했다. 『시경』에 "여러 신하 많이 있으니 문왕께서는 편안하시리"라고 한 것은 이를 두고 한 말이다.

문백이 노나라 재상이 되었다. 어머니 경강이 문백에게 말했다. "내가 자네에게 할 말이 있다. 치국의 요체는 베를 짜는 것에 비유할 수 있다. 폭幅은 비뚤어지고 굽은 것을 바로잡는 것이니 중요하지 않을 수 없다. 그러므로 폭은 장수에 비유될 수 있다. 획劃은 고르지 않는 것을 고르게 하고, 빗나간 것을 잡아준다. 그렇다면 획은 장관에 비유된다. 물物은 어지럽고 거스른 것을 다스리니 도읍의 대부大夫 역할에 해당된다. 서로 교차시키되 어긋나지 않게 하고, 나가고 들어오는 것을 끊지 않게 하는 것은 곤梱이다. 곤은 대행大行에 비유될 수 있다. 밀어서 보내고 끌어당겨오게 하는 것은 종綜이다. 종은 경내의 군사를 관장하는 사람과 같다. 많은 숫자를 주관하는 것은 균均이다. 균은 내사內史에 해당된다. 중요한 임무를 맡아 먼 길을 가기 때문에 정직하고 변함이 없어야 하는 것이 축軸이다. 축은 재상에 해당된다. 펴주면서 막힘이 없게 하는 것은 적摘이다. 적은 삼공三公에 비유할 수 있다." 이에 문백이 정중하게 그 가르침을 받았다.

문백이 조정에서 퇴청하여 어머니 경강에게 들렀다. 그때 경강은 방적 일을 하고 있었다. 문백이 말했다. "우리 집의 주인이신 어머니께서 여전히 방적 일을 하십니다. 계손씨의 노여움을 살까 두렵습니다. 제가 어머니를 모실 수는 없겠습니까?" 경강이 탄식하여 말했다. "노나라는 망할 것인가? 우리 아이에게 관직을 주다니! 아직 들어보지 못한 게로구나. 거기 앉거라. 내가 네게 말해주겠노라. 옛날 성왕聖王은 백성이 척박한 땅을 가려서 살게 하며, 백성의 힘으로 그것을 개간하게 했다. 그렇게 했기 때문에 오래도록 천하의 왕 노릇을 할 수 있었다. 백성은 노동을 하면 생각하게 되고, 생각하게 되면 착한 마음이 생긴다. 편안하면 게으르게 되고, 게으르면 선善을 향한 의지가 없어진다. 선을 잊으면 나쁜 마음이 생기는 것이다. 기름진 땅에 사는 백성은 일이 별로 없어 게으르게 된다. 그러나 척박한 땅의 백성이 의롭게 살려는 것은 노동의 원리를 알기 때문이다. 이런 이유로 천자는 춘분날 아침에 예복을 갖추고, 해에게 제사를 지내며 삼공구경三公九卿과 더불어 백성에게 덕을 베풀었다. 한

낮에는 정사政事를 연구하며 백관에게 크고 작은 일을 주어 모든 정관대부와 또 여러 대부, 지방 장관에게 민정 사무를 신중히 하게 한다. 추분날 저녁에는 좀 간편한 예복을 갖추고, 달에게 제사를 지내며 태사太史와 사재司載에게 천형天刑을 신중히 살피게 한다. 해가 지면 아홉 명의 부관婦官에게 경계하여 제사 음식을 신중히 하도록 한 뒤에야 안심할 수 있었다. 제후는 아침에 천자의 명령을 점검하고, 낮에는 자기가 다스리는 나라를 살피며, 저녁에는 법령을 살피고, 밤에는 백공百工에게 경계하여 방자한 마음이 없도록 한 뒤에야 안심할 수 있었다. 경대부卿大夫는 아침에 자신이 할 일을 점검하고, 낮에는 여러 정무를 연구하고, 저녁에는 자신이 한 업무를 정리하고, 밤에는 가정 일을 다스린 뒤에야 편안해질 수 있었다. 사는 아침에 업무를 받아 낮에는 열심히 익혀, 저녁에는 복습하고 밤에는 반성하여 걸리는 게 없어진 뒤에야 편안했다. 서인庶人 이하의 모든 백성은 날이 새면 일하고, 날이 어두워지면 쉬면서 스스로를 게으르게 내버려두지 않았다. 부녀자의 경우 왕후王后는 관冠에 달 검은 끈을 짜고, 제후의 부인은 왕후의 일에 더해 관에 얹을 검은 판을 짠다. 경의 정처正妻는 큰 허리띠를, 대부의 처 명부命婦는 제사지낼 제복을 짓는다. 좀 격이 높은 사의 처는 제복과 조정에 들어갈 때 입는 조복朝服까지 짓는다. 보통 사 이하의 아내는 자신의 남편이 입을 옷을 짓는다. 춘분날 토지신에 제사지낼 때는 그해에 해야 할 농사일과 양잠일을 보고하고, 겨울 제사에서는 그해 거둬들인 오곡과 포백布帛을 올린다. 남자와 여자가 모두 자신이 맡는 일에 힘써야 하고, 그렇지 않으면 죄가 되는 것은 예부터 행해온 관습이다. 군자는 마음에 힘쓰고, 소인은 힘으로 노력하는 것이 선왕의 가르침이

다. 위에서 아래까지 누구라고 감히 방자한 마음으로 노력을 그만
둘 수 있을 것인가? 지금 어미인 나는 과부이고 또 너는 지위가 낮
다. 아침저녁으로 일에 임한다 해도 오히려 선인의 일을 잊을까 걱
정되는구나. 하물며 나태해서야 어찌 그 죄를 피할 수 있겠느냐? 내
가 바라는 것은 아침저녁으로 갈고닦는 것이다. 나는 '기필코 돌아
가신 분의 뜻을 헛되이 하지 않을 것'이라 하고, 너는 지금 '나는 스
스로 편안하지 못하다'고 한다. 그런 마음가짐으로 관직에 나가 있
으니, 나는 너의 아버지 목백의 뒤가 끊어질까 두렵구나."

공자가 이 이야기를 듣고 "너희는 계씨 부인의 올바름을 기억하
라"고 했다. 『시경』에서 "부인이 공적公的으로 하는 일이 없는데도
양잠과 방적 일을 그만두었구나"라고 한 것은, 부인은 방적 일을
공공의 일로 삼아야 한다는 말이다. 그것을 그만두는 것은 예가
아니다.

문백이 남궁경숙南宮敬叔에게 술을 대접하는데 노도보露堵父를
상객으로 모셨다. 자라 고기를 내놓았는데 노도보에게 작은 것을
주었더니 도보가 화를 냈다. 다들 자라를 권하면서 먹으라고 했지
만 도보는 사양하고 자리에서 일어나며 "자라가 커지면 먹겠소" 하
고는 나가버렸다. 경강이 이 사실을 알고는 화를 냈다. "내가 돌아
가신 너의 할아버지께 들은 것이 있는데, 제사에서는 시尸를 잘 모
셔야 하고, 잔치에서는 제일 중요한 손님을 잘 모셔야 한다고 하셨
다. 그런데 자라를 가지고 사람에게 그럴 수 있느냐? 그 사람을 화
나게 하다니!" 그러고는 문백을 쫓아내버렸다. 문백은 닷새가 지나
서야 어머니로부터 용서를 받고 돌아올 수 있었다.

군자가 말하기를 "경강은 신중하고 세심했다"고 했다. 『시경』에서 "내게 맛있는 술이 있어, 좋은 손님 잔치하며 즐기시네"라고 한 것은 손님은 존중함을 말한 것이다.

문백이 죽었다. 그 어머니 경강은 첩들에게 경계하여 말했다. "내가 듣기로 '색을 좋아하다 죽으면 그 여자들이 함께 죽고, 어진 이를 좋아하다 죽으면 사가 따라 죽는다'고 했다. 지금 내 아들이 죽었다. 나는 아들이 여자를 좋아했다는 말을 듣고 싶지 않다. 너희가 남편을 위해 함께 제사를 지내고 싶다면 피로한 기색을 보이지 말라. 또 눈물을 흘리지도 가슴을 치면서 울지도 말 것이며, 슬픈 모습을 하지도 말라. 복服을 함에 있어서는 보통의 것을 해야지 지나치게 심한 것을 해서는 안 된다. 예에 맞게 조용히 해야 한다. 이것이야말로 내 아들의 덕을 드러내는 것이 될 것이다." 공자가 이 이야기를 듣고 말했다. "여자의 지혜는 부인만 한 것이 없고, 남자의 앎은 남편만 한 것이 없다. 목백의 부인은 지혜로웠다. 자기 자식의 훌륭한 덕을 밝히고자 한 것이다." 『시경』에서 "군자님은 녹이 있으니 그것을 자손에게 물리시네"라고 했는데, 이것을 두고 말한 것이다."

경강이 상喪에 임하는데, 아침에는 남편 목백을 곡하고, 저녁에는 아들 문백을 곡했다. 공자가 이 이야기를 듣고 말했다. "계씨의 부인은 예를 알았다. 사랑함에는 사사로움이 없었으니 아래위를 잘 구별했다."

경강이 계씨季氏에게 간 적이 있었다. 계강자가 외조外朝에 있으면서 종조숙모인 경강에게 의논하려 하자 경강은 응하지 않았다. 계강자는 또 내문內門으로 들어가는 경강을 따라 들어가서 의논하려 했지만 역시 경강은 응하지 않았다. 계강자가 조정에서 물러나와 안에 들어와서 경강을 보고 말했다. "저는 아무 말씀을 듣지 못했습니다. 혹 제게 잘못은 없었습니까?" 그러자 경강이 대답했다. "자네는 듣지 못했는가? 천자와 제후는 민사民事를 외조外朝에서 의논하고, 제사 일에 관한 것은 내조內朝에서 본다고 했다. 경대부 이하는 관직일은 외조에서, 가정일은 내조에서 보는데, 내문內門 안에서의 일은 부인이 담당한다고 한다. 그렇게 하는 것은 지위가 낮든 높든 똑같다고 한다. 외조는 자네가 군주의 관직을 수행하는 곳이다. 내조는 자네가 계씨 집안의 정무를 다스리는 곳이다. 그러니 내가 감히 말할 성질의 것이 아니었을 뿐이다."

계강자가 경강에게 간 적이 있다. 문지방을 사이에 두고 함께 얘기를 나누었다. 둘 다 문지방을 넘지는 않았다. 또 경강의 시아버지인 도자悼子의 제사를 지내는데 계강자와 함께 지냈다. 경강은 손님 계강자가 돌리는 잔을 받지 않았다. 제사가 끝나고 잔치를 벌이지도 않았다. 제사를 주관하는 중신重臣이 오지 않으면 다음 날 지내는 제사를 지내지 않았다. 제사 다음 날 지내는 제사를 지내더라도 술잔을 다 비우지 않고 물러났다. 공자가 말하기를 "경강은 남녀 간에 지켜야 할 예를 잘 구별했다"고 했다. 『시경』에서 "여자는 잘못이 없도다"라고 했는데 이것을 말한 것이다.

송을 지어 칭송하다.
문백의 어머니 경강은,
지혜와 예에 두루 통하여 그 덕행이 환히 빛났네.
자식의 잘못을 바로잡고, 이치대로 가르치니
공자가 현명하다 하여 자모慈母의 반열에 세웠도다.

魯季[1]敬姜者, 莒[2]女也. 號戴己. 魯大夫公父穆伯之妻, 文伯之母, 季康子之從祖叔母也.[3] 博達知禮. 穆伯先死, 敬姜守養.[4] 文伯出學而還歸. 敬姜側目而盼之. 見其友上堂, 從後, 階降而邵行, 奉劍而正履, 若事父兄, 文伯自以爲成人矣. 敬姜召而數之曰, "昔者, 武王罷朝, 而結絲袜絕, 左右顧無可使結之者. 俯而自申之. 故能成王道. 桓公[5]坐友三人, 諫臣五人. 日日擧過者三十人. 故能成伯業. 周公一食而三吐哺, 一沐而三握髮.[6] 所執贄而見於窮閭隘巷者, 七十餘人. 故能存周室. 彼二聖一賢者, 皆伯王之君也. 而下人如此. 其所與遊者, 皆過己者也. 是以日日益而不自知也. 今以子年之少, 而位之卑, 所與遊者, 皆爲服役. 子之不益, 亦以明矣." 文伯乃謝罪. 於是, 乃擇嚴師賢友而事之. 所與遊處者, 皆黃耄倪齒也. 文伯引袵攘捲, 而親饋之. 敬姜曰, "子成人矣." 君子謂, "敬姜備教于化." 詩云, "濟濟多士, 文王以寧."[7] 此之謂也.

文伯相魯. 敬姜謂之曰, "吾語汝. 治國之要, 盡在經[8]矣. 夫幅者, 所以正曲枉也. 不可不彊. 故幅可以爲將. 畫者, 所以均不均, 服不服也. 故畫可以爲正. 物者, 所以治蕪與莫也. 故物可以爲都大夫. 持交而不失, 出入不絕者梱也. 梱可以爲大行人也.[9] 推而往, 引而來者綜也. 綜可以爲關內之師. 主多少之數者均也. 均可以爲內史.[10] 服重任, 行遠道, 正直而固者軸也. 軸可以爲相. 舒而無窮者摘也. 摘可以爲三公." 文伯再拜受教.

文伯退朝, 朝敬姜. 敬姜方績. 文伯曰, "以歜[11]之家, 而主猶績. 懼干季孫之怒, 其以歜爲不能事主乎?" 敬姜嘆曰, "魯其亡乎. 使吾子備官. 而未之聞耶. 居. 吾語女. 昔聖王之處民也, 擇瘠土而處之, 勞其民而用之. 故長王天下. 夫民勞則思, 思則善心生. 逸則淫, 淫則忘善, 忘善則惡心生. 沃土之民不材, 逸也. 瘠土之民嚮義, 勞也. 是故天子大采[12]朝日, 與三公九卿, 組織施德. 日中考政, 與百官之政事, 使師尹維旅牧, 宣敬民事. 少采[13]夕月, 與太史司載糾虔天刑. 日入監九御,[14] 使潔奉禘郊之粢盛, 而後卽安. 諸侯朝脩天子之業令, 晝考其國, 夕省其典刑, 夜徼百工, 使無慆淫, 而後卽安. 卿大夫, 朝考其職, 晝講其庶政, 夕序其業, 夜庀其家事, 而後卽安. 士朝而受業, 晝而講肄, 夕而習復, 夜而討過無憾, 而後卽安. 自庶人以下, 明而動, 晦而休, 無自以怠. 王后親織玄紞, 公侯之夫人加之以紘綖, 卿之內子爲大帶, 命婦成祭服, 列士[15]之妻加之以朝服. 自庶士以下, 皆衣其夫. 社而賦事, 烝而獻功. 男女效績, 否則有辟, 古之制也. 君子勞心, 小人勞力, 先王之訓也. 自上以下, 誰敢淫心舍力. 今我寡也, 爾又在下位. 朝夕處事, 猶恐忘先人之業. 況有怠惰, 其何以避辟. 吾冀而朝夕修. 我曰, '必無廢先人.' 爾今也曰, '吾不自安.' 以是承君之官. 余懼穆伯之絕嗣也." 仲尼聞之曰, "弟子記之, 季氏之婦不淫矣." 詩曰, "婦無公事, 休其蠶織."[16] 言婦人以織績爲公事者也. 休之非禮也.

文伯飲南宮敬叔[17]酒. 以露堵父[18]爲客. 羞鼈焉小. 堵父怒. 相延食鼈. 堵父辭曰, "將使鼈長而食之." 遂出. 敬姜聞之, 怒曰, "吾聞之先子.[19] 曰, '祭養尸,[20] 饗養上賓.' 鼈於人何有." 而使夫人怒. 遂逐文伯. 五日, 魯大夫辭而復之. 君子謂, "敬姜爲愼微." 詩曰, "我有旨酒. 嘉賓式讌以樂."[21] 言尊賓也.

文伯卒. 敬姜戒止妾曰, "吾聞之, '好內女死之, 好外士死之.' 今吾子夭死. 吾惡其以好內聞也. 二三婦之辱共祀先祀者, 請毋瘠色. 毋揮涕, 毋陷膺, 毋憂容. 有降服, 毋加服. 從禮而靜. 是昭吾子." 仲尼聞之曰, "'女知莫如婦, 男知莫如夫.'[22] 公父氏之婦知矣. 欲明其子之令德." 詩曰, "君子有穀, 貽厥孫子."[23] 此之謂也. 敬姜之處喪也, 朝哭穆伯,[24] 暮哭文伯. 仲尼聞

之曰,"季氏之婦, 可謂知禮矣. 愛而無私, 上下有章."

　敬姜嘗如季氏. 康子在朝, 與之言. 不應. 從之及寢門. 不應而入. 康子辭于朝而入見. 曰,"肥也不得聞命. 毋乃罪耶." 敬姜對曰,"子不聞耶. 天子及諸侯, 合民事于外朝,[25] 合神事于內朝. 自卿大夫以下, 合官職于外朝, 合家事于內朝. 寢門之內, 婦人治其職焉. 上下同之. 夫外朝, 子將業君之官職焉. 內朝, 子將庀季氏之政焉. 皆非吾所敢言也." 康子嘗至敬姜. 闔門而與之言, 皆不踰閾. 祭悼子,[26] 康子與焉. 酢不受. 徹俎不讌. 宗不具不繹.[27] 繹不盡飲則退. 仲尼謂,"敬姜別于男女之禮矣." 詩曰,"女也不爽."[28] 此之謂也.

　頌曰,"文伯之母, 號曰敬姜. 通達知禮, 德行光明. 匡子過失, 敎以法理. 仲尼賢焉, 列爲慈母."

1　魯季(노계): 노나라 삼환三桓의 하나인 계(손)씨를 말한다.

2　莒(거): 주대의 국명으로 지금의 산동 성 쥐 현莒縣에 위치했다.

3　從祖叔母(종조숙모): 조부 형제의 처를 가리킨다.(『국어國語』 위소韋昭 주注)

4　守養(수양): 양養은 의義가 되어야 한다.(양단梁端) 여기서는 수절을 의미한다.

5　桓公(환공): 춘추시대 제나라의 제15대 국군으로 기원전 685~기원전 643년의 42년간 재위했다. 춘추오패 중 한 사람이다. 관중을 재상으로 맞이하여 부국강병책을 추진했고, 기원전 651년 계구葵丘의 회맹에서 제후국의 맹장이 되었다. 그의 사후 후계자를 놓고 극심한 쟁탈이 일어났는데, 평소 음벽淫僻이 심해 수많은 첩을 거느린 결과다.

6　一食而三吐哺, 一沐而三握髮(일식이삼토포, 일목이삼악발): 주공은 식사 중에 손님이 오면 몇 번이라도 음식물을 뱉어내고 손님은 맞이했으며, 목욕 중에 손님이 오면 목욕을 미처 마치지도 않고 머리를 묶고 나와 즉시 손님을 맞이했다고 한다. 현인을 찾기 위해 노력하는 것을 '토포악발吐哺握髮'이라고 하는데 주공의 일화에서 유래했다.

7　『시경』 「대아」 '문왕文王'에 나오는 구절이다.

8　經(경): 방직 일 전체를 포괄하는 의미로 쓰였다.(추경형鄒景衡, 「열녀전직구고列女傳織具考」; 『대륙잡지大陸雜誌』 제45권, 제5기). 『설문說文』에도 '經, 織也'

라 했다. 경강이 정치에 비유하여 설명한 방적기구는 중국과학기술사에서 고대 노나라의 기계를 복원하는 데 중요한 자료로 활용되었다.

9 大行人(대행인): 『주례周禮』에 나오는, 빈객을 응접하는 외교관의 직책이다.

10 內史(내사): 나라의 법전을 관장하는 관직이다.

11 歜(촉): 일인칭에 사용하는 문백의 이름이다.

12 大采(대채): 천자의 예복으로 현玄·황黃·주朱·백白·창蒼의 오색五色으로 되어있다.

13 少采(소채): 천자의 대채에서 현·황의 두 색을 뺀, 주·백·창의 세 가지 색으로 된 예복이다.

14 九御(구어): 천자를 모시는 부관으로 제물을 준비하고 의복을 짓는 일을 담당했다. 『예기』「혼의昏義」에는 "三夫人·九嬪·二十七世婦·八十一御妻"라고 했는데, 어御는 천자의 비빈 중에서도 하위에 속함을 알 수 있다.

15 列士(열사): 사 중에서 격이 높은 원사元士를 가리킨다.(『국어』위소 주)

16 『시경』「대아」'첨앙瞻卬'에 나오는 구절이다.

17 南宮敬叔(남궁경숙): 노나라 남궁南宮으로 희성姬姓이다. 맹희자孟僖子의 아들이고 맹의자孟懿子의 동생이다. 공자의 72제자 중 한 사람인 남궁괄南宮适이라는 설이 있다.

18 露堵父(노도보): 노나라 대부大夫다.

19 先子(선자): 선구先舅, 즉 경강의 시아버지이자 문백의 조부 계탁자季卓子를 가리킨다.

20 尸(시): 죽은 사람을 대신한 신神으로 제사를 받는 사람.

21 『시경』「소아」'녹명鹿鳴'에 나오는 구절이다.

22 女知莫如婦, 男知莫如夫(여지막여부, 남지막여부): 처녀의 지혜는 부인만 못하고, 젊은 남자의 지혜는 남편만 못하다는 뜻이다.(위소 주)

23 『시경』「노송魯頌」'유필有駜'에 나오는 구절이다.

24 朝哭穆伯(조곡목백): 예에 과부는 죽은 남편을 위해 밤에 소리 내어 울지 않는다고 한 것은 정욕 때문이라는 오해를 피하기 위해서라고 한다. 따라서 남편을 위한 곡은 아침에 하는 것이다.

25 外朝(외조): 여기서는 공적인 사무를 보는 곳을 외조, 가정일 등 사적인 사무를 보는 곳을 내조라고 했다.

26 悼子(도자): 공보목백의 아버지이자 경강의 시아버지다. 계강자에게는 증조부가 된다.

27 繹(역): 제사 다음 날 지내는 제사의 이름이다.

28 『시경』「위풍衛風」'맹氓'에 나오는 구절이다.

母儀傳
—
IOI

11편

초나라 자발의 어머니 楚子發母

　　초楚나라의 장수將帥인 자발子發의 어머니에 관한 이야기다. 자발이 진秦나라를 공격하던 중에 군량軍糧이 떨어졌다. 사람을 보내 왕에게 구원을 청하게 하고, 돌아오는 길에 자신의 어머니에게 안부를 드리게 했다. 자발의 어머니가 문안 온 심부름꾼에게 물었다. "병사들은 무엇을 먹고 지내는가?" 심부름꾼은 "병사들은 콩과 거친 현미밥을 나누어 먹고 있습니다"라고 대답했다. "그러면 장군은 무엇을 먹고 있는가?"라고 묻자 "장군께선 아침저녁으로 고기와 도정된 쌀밥으로 잘 지내고 계십니다"라고 대답했다.

　　자발은 진나라를 격파하고 돌아왔다. 그러나 자발의 어머니는 문을 굳게 닫아걸고 아들을 집 안으로 들이지 않았다. 그러고는 사람을 시켜 꾸짖었다. "너는 듣지도 못했느냐? 월왕越王 구천句踐이 오吳나라를 칠 때 손님이 진한 술 한 병을 주자, 사람을 시켜 강의 상류에 붓게 하고 하류에서 병사들이 마시게 했다. 비록 그 맛은 없었지만 병사들이 전장에서 싸우는 데 힘이 다섯 배나 불어났다. 또다른 어느 날에 말린 양식 한 자루를 받게 되자, 왕은 또 군사에게 주며 나누어 먹게 했다. 감미로운 맛이 목구멍도 채우지 못하는 적은 양이었지만. 전쟁터의 병사에게 열 배의 효과를 발휘했다는 이야기를 말이다. 지금 너는 장수이면서 병사들에게는 콩과 거친 밥을 나누어 먹게 하고, 너만 아침저녁으로 고기와 쌀밥을 먹었다니 어찌된 일이냐?『시경』에서 말하지 않았느냐? '악樂을 즐기는 데 도를 넘지 않는다면 어진 사람들이 편안하다'라고. 이것은 화합을 잃지 말라는 말이다. 다른 사람은 죽음으로 몰아넣고, 자신은 그 위에서 편안히 즐겼다는 것은 비록 승리를 거두었다 하나 그 방법에서는 틀린 것이다. 너는 내 자식이 아니니 내 집에 들어올 수 없다." 결국 자발은 어머니께 사죄한 뒤에야 집 안으로 들어갈 수 있었다.

군자가 말하기를 "자발의 어머니는 가르쳐 깨우치게 했다"고 했다.『시경』에서 "자식들을 가르치고 깨우쳐서 그처럼 선하게 만들어야지"라고 한 것은 이를 두고 한 말이다.

송을 지어 칭송하다.
자발의 어머니 자식의 교만을 나무랐네.
장군은 도정한 곡식, 병사는 콩과 거친 밥을 먹었으니.
예가 없고서는 사람을 얻을 수 없음을 책망했네.
군자가 이를 아름답게 여겨 모덕母德에 배열시키도다.

楚將子發[1]之母也. 子發攻秦絕糧.[2] 使人請于王, 因歸問其母. 母問使者曰, "士卒得無恙[3]乎." 對曰, "士卒幷分菽粒[4]而食之." 又問, "將軍得無恙乎." 對曰, "將軍朝夕芻豢黍粱."[5] 子發破秦而歸. 其母閉門而不乃. 使人數之曰, "子不聞越王句踐之伐吳. 客有獻醇酒一器者. 王使人注江之上流,

使士卒飲其下流. 味不及加美, 而士卒戰自五也. 異日, 有獻一囊糗糒者. 王又以賜軍士, 分而食之. 甘不踰嗌, 而戰自十也. 今子爲將, 士卒幷分菽粒而食之, 子獨朝夕芻豢黍粱何也. 詩不云乎, '好樂無荒, 良士休休.'[6] 言不失和也. 夫使人入于死地, 而自康樂于其上, 雖有以得勝, 非其術也. 子非吾子也. 無入吾門." 子發於是謝其母, 然後內之. 君子謂, "子發母, 能以敎誨." 詩云, "敎誨爾子, 式穀似之."[7] 此之謂也.

頌曰, "子發之母, 刺子驕泰. 將軍稻粱, 士卒菽粒. 責以無禮, 不得人力. 君子嘉焉, 編于母德."

1 子發(자발): 초나라 영윤令尹이라는 설과 초나라 선왕宣王 때의 장수라는 설이 있다. 한편 자발의 이름은 경사景舍고 초나라 제34대 선왕과 제35대 위왕威王 시대에 활약한 명장이라고 한다.(山崎純一)

2 糧(양): 양량糧과 같은 뜻으로 군량을 말한다.

3 無恙(무양): 별일 없이 잘 지내느냐는 뜻이다. 여기서는 무엇을 먹고 지내냐는 의미로 쓰였다.

4 菽粒(숙립): 콩과 도정하지 않은 현미로 보잘것없고 거친 음식을 뜻한다.

5 芻豢黍粱(추환서량): 추추芻는 초식동물인 소나 양을 말하고, 환豢은 잡식동물인 개나 돼지를 말한다. 서량黍粱은 기장과 조다. 즉 다양한 종류의 육고기와 질 좋은 곡물로 요리한 음식을 뜻한다.

6 『시경』「당풍唐風」'실솔蟋蟀'에 나오는 구절이다.

7 『시경』「소아」'소완小宛'에 나오는 구절이다.

【 12편 】
노나라의 훌륭한 어머니 모사 魯之母師

모사母師는 노魯나라에서 아홉 아들을 거느리고 산 홀어머니입니다. 해마다 납제일臘祭日이 되면 일을 쉬고 제사를 지냈다. 한번은 제사가 끝나자 어머니가 아들들을 불러놓고 말했다. "여자의 도리는 친정 부모의 상을 당하지 않으면 시가媤家를 나갈 수 없다. 그러나 내 친정 부모는 집안에 아이들이 어려서 계절마다 지내는 제사를 못 하고 있다. 나는 너희의 의견을 따르겠지만 가서 제사지내는 것을 돌볼 수 있게 해주었으면 좋겠구나." 모든 아들이 공손하게 허락했다. 이어서 여러 며느리를 불러놓고 말했다. "여자에게는 삼종三從의 도가 있어 무슨 일이든 독단으로 생각하여 처리해서는 안 된다. 어려서는 부모를, 시집가서는 남편을, 늙어서는 자식을 따라야 한다. 지금 아들들은 내가 친정으로 가서 제사에 참석하는 것을 허락했다. 비록 정식의 예를 넘어선 것이긴 하지만, 막내와 함께 가서 부인의 출입에 필요한 법도를 갖추고 싶구나. 그동안 너희는 방문 단속을 신중히 해야 할 것이니라. 나는 저녁에 돌아올 것이다." 그리고 막내아들을 데리고 친정으로 가서 일을 보았다. 날씨가 흐려 서둘

러 돌아오다보니 예상보다 빨리 돌아오게 되었다. 어머니는 동구 밖까지 와 머물렀다가 저녁을 기다려 집으로 들어갔다."

노나라 대부가 누대 위에서 그 장면을 보고는 이상하게 생각했다. 그래서 사람을 시켜 어머니가 사는 곳을 엿보게 하니 예절이 잘 갖추어져 있고 가정이 잘 다스려지고 있었다. 심부름꾼이 돌아와 본 대로 대답했다. 그러자 대부는 그 어머니를 불러 물었다. "하루 만에 북방에서 급히 와서 마을 어귀에 이르렀는데, 한참 지체하다가 저녁이 되어서야 들어갔습니다. 나는 그 까닭을 알 수 없을뿐더러 매우 이상하게 여겨집니다. 그래서 묻는 것입니다." 그 어머니가 대답했다. "저는 불행하게도 일찍 남편을 여의고 혼자 아홉 아들을 거느리며 살고 있습니다. 납제일에 제사가 끝나고 짬을 내어 여러 아들에게 사가私家에 다녀올 것을 청했습니다. 여러 며느리와 어린 손자들에게는 저녁에 돌아올 것을 약속했습니다. 제가 걱정했던 것은 술을 차려놓고 마시다보면 취하는 것이 사람의 자연스런 정인데, 제가 너무 일찍 들어간다면 아들과 며느리들이 술자리를 치울 겨를이 없을 것입니다. 그래서 동구 밖에서 머물다가 다 치우기를 기다려 들어간 것입니다." 대부가 그 말을 듣고 훌륭하다고 여겨서 노나라의 목공穆公에게 말했다. 목공은 그 어머니에게 존호를 내려 모사라고 했다. 또 조정의 부인들을 만나게 했다. 많은 부인이 그를 스승으로 삼았다.

군자가 말했다. "모사는 직접 실천함으로써 가르쳤다. 예에 의하면 부인은 출가 전에 부모를 하늘로 삼고, 출가한 후에는 남편을 하늘로 삼는다. 출가한 부인이 친정 부모의 상을 당하면 상복을 한 단계 낮추었던 것은 두 개의 하늘이 없다는 뜻에서다." 『시경』에서

"제수濟水가에서 묵고 예수禰水가에서 작별했었지. 여자 시집가면 부모 형제와도 멀어지는 것"이라 한 말은 이것을 일컫는 것이다.

송을 지어 칭송하다.
아홉 아들의 어머니 진실로 예의 근본을 알았도다.
사가에 다녀올까 청하여
다시 돌아옴에 인정을 무시하지 않았구나.
덕행이 이미 갖추어지니 마침내 그 영광을 입었네.
노나라 군주가 현명하게 여겨 모사라는 존호를 내렸도다.

母師者,[1] 魯九子之寡母也. 臘日,[2] 休作者歲祀. 禮事畢, 悉召諸子謂曰, "婦人之義, 非有大故,[3] 不出夫家. 然吾父母家多幼稚, 歲時禮不理. 吾從汝, 謁往監之." 諸子皆頓首許諾. 又召諸婦曰, "婦人有三從之義, 而無專制之行. 少繫於父母, 長繫于夫, 老繫于子. 今諸子許我歸視私家. 雖踰正禮, 願與少子[4]俱, 以備婦人出入之制. 諸婦其愼房戶之守. 吾夕而反." 於是, 使少子僕歸辨家事. 天陰, 還失早. 至閭外而止, 夕而入. 魯大夫從臺上見而怪之, 使人閒視其居處. 禮節甚脩, 家事甚理. 使者還以狀對. 於是大夫召母而問之曰, "一日從北方來, 至閭而止. 良久夕乃入. 吾不知其故, 甚怪之. 是以問也." 母對曰, "妾不幸早失夫, 獨與九子居. 臘月禮畢事閒. 從諸子謁歸視私家. 與諸婦孺子期夕而反, 妾恐其醳醵醉飽, 人情所有也. 妾反太早, 不敢復反. 故止閭外, 期盡而入." 大夫美之, 言于穆公.[5] 穆公賜母尊號曰母師. 使朝謁夫人. 夫人諸姬, 皆師之. 君子謂, "母師能以身教. 夫禮, 婦人未嫁則以父母爲天, 旣嫁則以夫爲天. 其喪父母則降服一等, 無二天之義也." 詩云, "出宿于濟, 飮餞于禰. 女子有行, 遠父母兄弟."[6] 此之謂也.

頌曰, "九子之母, 誠知禮經. 謁歸還返, 不掩人情, 德行旣備, 卒蒙其榮. 魯君賢之, 號以尊名."

---

1 母師(모사): 어머니로서의 모범이라는 뜻인데, 여기서는 고유명사로 쓰였다.

2 臘日(납일): 동지 후 세 번째 술일戌日에 선조와 백신百神에 제사, 납제臘祭를 올리는 날이다.

3 大故(대고): 부모의 상을 말한다.

4 少子(소자): 막내아들을 말한다.

5 穆公(목공): 전국시대 노나라 제29대 군주(재위 기원전 410~기원전 377) 희현 姬顯이다. 재위 기간에 삼대 동안 문제가 되었던 삼환三桓의 전정專政을 해결하여 노 공실의 권위를 확립했고 이웃 제나라와 수차례 전쟁을 치르기도 했다.

6 『시경詩經』「패풍」'천수泉水'에 나오는 구절이다.

【 13편 】

위나라의 자애로운 어머니 衛芒慈母

위衛나라 망자모芒慈母는 맹양孟陽씨 딸로 망묘芒卯의 후처다. 자모에게는 자신이 낳은 세 아들과 전처의 자식이 다섯 있었다. 전처의 자식들은 새어머니를 따르지 않았다. 그래서 다섯 아이를 대할 때 자신이 낳은 아이들과는 달리 특별히 잘 대해주었지만 여전히 어머니를 좋게 여기지 않았다. 이에 자모는 세 아들에게 부탁하여 전처 자식과 의복, 음식, 잠자리, 행동을 달리하도록 했다. 그렇게 전처 자식들을 자신이 낳은 아들들보다 잘 대해주었지만 전처 자식들은 여전히 그를 좋아하지 않았다.

그런 와중에 전처의 가운데 아들이 위나라 왕의 명령을 어기는 죄를 지었다. 그 죄에 주어진 벌은 사형이었다. 자모의 근심과 슬픔은 몸이 수척할 정도로 컸다. 아침저녁으로 힘쓰며 그 아들의 죄를 용서받고자 했다. 사람들이 자모에게 말했다. "어찌 애쓰고 근심함이 이다지도 심합니까?" 자모가 대답했다. "만일 나의 친자식이 나를 사랑하지 않는다 하더라도 나는 그를 재앙으로부터 구해내고 해를 없애려 할 것입니다. 유독 친자식이 아니라는 이유만으로 그렇게

母儀傳 ─ 113

하지 않는다면 무엇으로 보통 어미와 구별을 하겠습니까? 그들의 아버지가 홀로되어 나를 그들의 계모가 되게 했습니다. 계모 역시 어머니입니다. 어미된 몸으로서 그 자식들을 사랑하지 않는다면 어찌 자애롭다고 할 수가 있으며, 친자식만 사랑하고 계자들을 돌보지 않는다면 어찌 의롭다고 할 수 있겠습니까? 또 자애롭지 못하고 의롭지 못하다면 무슨 명분으로 세상을 살겠습니까? 그들이 비록 나를 사랑하진 않지만 내가 어찌 그들을 저버릴 수 있겠습니까?"

계모는 청원을 올렸다. 위나라 안리安釐왕이 그 이야기를 듣고 그녀의 의로운 정신을 높이 사 "자모가 이와 같으니 그 자식을 용서하지 않을 수 있겠는가?"라고 말하고 그 자식을 사면했다. 그 아들은 다시 집으로 돌아오게 되었다. 이때부터 다섯 아들이 계모를 존경하고 잘 지내어 한결같았다. 자모가 바른 도리로써 차례로 여덟 명을 모두 잘 이끌어 모두 위나라의 대부와 경사卿士가 되었다. 그들은 제각각 예의의 모범을 이루었다.

군자가 말하기를 "자모는 마음이 한결같았다"고 했다. 『시경』에 "뻐꾸기가 뽕나무에 앉았는데 새끼가 일곱 마리. 훌륭한 군자님 그 언행이 한결같네"라고 했다. 이것은 마음이 한결같음을 말한 것이다. 뻐꾸기는 한결같은 마음으로 일곱 자식을 기르고, 군자는 한결같은 법도로 만물을 기른다. 한결같은 마음으로 100명의 군주를 섬길 수는 있으나 100가지 마음으로는 한 군주를 섬길 수 없는 것이 곧 이를 두고 한 말이다.

송을 지어 칭송하다.

망묘의 처가 다섯 아들의 계모 되어

사랑과 바른 도리로 계자들을 길렀다네.

비록 나를 따르지 않으나 한결같이 친자식으로 대했네.

계모가 이와 같으니 진실로 존경할 만했도다.

魏[1]芒慈母者, 魏孟陽氏之女, 芒卯[2]之後妻也. 有三子. 前妻之子, 有五人. 皆不愛慈母. 遇之甚異, 猶不愛. 慈母乃命其三子, 不得與前妻子, 齊依服飲食, 起居進退, 甚相遠, 前妻之子, 猶不愛. 於是前妻中子, 犯魏王令當死. 慈母憂戚悲哀, 帶圍減尺, 朝夕勤勞, 以救其罪. 人有謂慈母曰, "何如勤勞憂懼如此." 慈母曰, "如妾親子, 雖不愛妾, 猶救其禍, 而除其害. 獨於假子而不爲, 何以異於凡母. 其父爲其孤也, 而使妾爲其繼母. 繼母如母. 爲人母, 而不能愛其者, 可謂慈乎. 親其親而偏其假, 可謂義乎. 不慈且無義, 何以立於世. 彼雖不愛, 妾安可以忘義乎." 遂訟之, 魏安釐王[3]聞之, 高其義曰, "慈母如此, 可不赦其子乎." 乃赦其子, 復其家. 自此五子親附慈母, 雍雍若一. 慈母以禮義之漸, 率導八子, 咸爲魏大夫卿士, 各成於禮義. 君子謂, "慈母一心." 詩云, "尸鳩在桑, 其子七兮. 淑人君子, 其儀一兮. 其儀一兮, 心如結兮."[4] 言心之均一也. 尸鳩以一心養七子 君子以一儀 養萬物. 一心可以事百君 百心不可以事一君. 此之謂也.

頌曰, "芒卯之妻, 五子後母. 慈惠仁義, 扶養假子. 雖不吾愛, 拳拳若親. 繼母若斯, 亦誠可尊."

1 魏(위): 진晉나라에서 분리되어 기원전 403년에 제후국의 대열에 서게 되었다.

2 芒卯(망묘): 제나라 사람으로 위魏나라 재상이 되었는데, 지모가 뛰어났다고 한다.

3 安釐王(안리왕): 위나라 제4대 왕으로 기원전 277~기원전 243년에 재위했다.

4 『시경』「조풍曹風」'시구鳲鳩'에 나오는 구절이다.

【 14편 】
제나라 전직자의 어머니 齊田稷母

　제齊나라 전직자田稷子의 어머니에 관한 이야기다. 전직자는 제나라의 재상이었는데, 하급관리에게 뇌물 100일鎰을 받아 어머니께 보내드렸다. 어머니가 말했다. "네가 재상이 된 지 3년이 되었구나. 예전엔 월급이 이처럼 많지 않았다. 어찌 사대부가 이만한 돈을 만질 수 있겠느냐? 어찌하여 이것을 받았느냐?" 이에 전직자는 "사실은 아랫사람에게서 받은 것입니다"라고 대답했다.

　그러자 그 어머니가 다시 말했다. "나는 '사士는 자신을 잘 닦아 행동을 깨끗이 하여 구차하게 얻기를 원하지 않는다. 진실만을 행하며 거짓된 짓은 하지 않는다. 의롭지 않은 일은 마음에서 멀리한다. 그리고 이치에 어긋난 이익은 집 안으로 들여놓지 않는다. 언행이 한결같아야 명실이 상부한 것이다'라고 들었다. 지금 군주는 자네에게 관직을 맡겼고, 자네에게 후한 봉록을 주었다. 자네는 말과 행동을 통해서만 군주에게 보답할 수 있다. 신하가 임금을 섬기는 것은 자식이 그 어버이를 섬기는 것과 같다. 힘과 정열을 다하고 진실하여 속이지 않으며, 진심으로 모셔야 할 것이다. 죽을 각오로 명

을 받들어 깨끗하고 공정히 행해야 우환 없이 일을 수행할 수 있다. 그런데 지금 자네는 도리어 충忠을 멀리하고 있다. 신하가 불충한 것은 자식이 불효하는 것과 같다. 의롭지 못한 재물은 내 것이 아니다. 또 불효하는 자식은 내 자식이 아니다. 냉큼 나가거라."

전직자는 부끄럽게 여기고 나가서 그 돈을 돌려주고 스스로 선왕宣王에게 죄를 고하고 벌을 받고자 했다. 선왕이 그 까닭을 듣고 전직자 어머니의 의로움을 크게 표창했다. 또 전직자의 죄를 용서하여 다시 재상의 자리에 앉혔으며 공금으로 어머니에게 하사했다.

군자가 "직의 어머니는 청렴함으로 자식을 교화했다"고 말했다. 『시경』에서 "저 군자여! 헛된 녹을 먹지 않는구나"라고 했는데. 이것은 하는 일 없이 그저 녹을 얻지 않는다는 것이다. 하물며 뇌물을 받겠는가.

송을 지어 칭송하다.
전직자의 어머니 청렴하고 정직했네.
자식이 받은 뇌물 부덕하다 꾸짖으며
충과 효로 섬긴다는 것은 자신의 재능을 다 쓰는 것.
군자가 받는 녹은 헛되이 받는 것이 아니로구나.

齊田稷[1]子母也. 田稷子相齊. 受下吏之貨金百鎰,[2] 以遺其母. 母曰, "子爲相三年矣. 祿未嘗多若此也. 豈脩士大夫之費哉. 安所得此." 對曰, "誠受之于下." 其母曰, "吾聞, '士脩身潔行, 不爲苟得. 竭情盡實, 不行詐僞. 非義之事, 不計於心. 非理之利, 不入于家. 言行若一, 情貌相副.'" 今君設官以待子, 厚祿以奉子. 言行則可以報君. 夫爲人臣, 而事其君, 猶爲人子,

而事其父也. 盡力竭能, 忠臣不欺, 務在效忠. 必死奉命, 廉潔公正, 故遂而

無患. 今子反是遠忠矣. 夫爲人臣不忠, 是爲人子不孝也. 不義之財, 非吾有

也. 不孝之子, 非吾子也. 子起.' 田稷子慙而出, 反其金, 自歸罪於宣王,³ 請

就誅焉. 宣王聞之, 大賞其母之義, 遂舍稷子之罪, 復其相位, 而以公金賜

母. 君子謂, 稷母廉而有化. 詩曰, "彼君子兮, 不素飧兮."⁴ 無功而食祿, 不爲

也. 況於受金乎.

　　頌曰, "田稷之母, 廉潔正直. 責子受金, 以爲不德. 忠孝之事, 盡財竭力.

君子受祿, 終不素食."

────────

1　田稷(전직): 전국시대 제나라 선왕의 재상이었다. 생몰연대 미상.

2　鎰(일): 금화를 재는 단위로 1일鎰은 20냥兩, 혹은 24냥, 30냥이라는 설이 있
다. 전국시대의 1냥兩은 약 15그램이다. 그렇다면 1일을 20냥으로 볼 경우 황금
100일은 30킬로그램이다.

3　宣王(선왕): 전국시대 제나라 제5대 왕 전벽강田辟彊이다. 기원전 319~기원전
301년까지 18년간 재위했다. 「변통전」의 '제종리춘齊鍾離春'은 선왕이 왕후를 맞
이한 이야기를 담고 있고, 「절의전」 '제의계모齊義繼母'는 선왕 시대를 배경으로
한 이야기다.

4　『시경』 「위풍魏風」 '벌단伐檀'에 나오는 구절이다.

2부 | 현명전

賢明傳

1편

주나라 선왕의 비 강후 周宣姜后

주周나라 선왕宣王의 왕후王后인 강후姜后는 제齊나라 제후의 딸이다. 그는 어질며 덕을 갖추었다. 어떤 일이든 예가 아니면 말하지 않았고 예가 아니면 행동하지 않았다. 선왕에게는 일찍 자리에 들고 늦게 일어나는 버릇이 있었다. 그래서 후부인后夫人도 방을 나올 수가 없었다. 자신이 부덕不德했기 때문이라고 여긴 강후는 몸에 지닌 모든 패물을 빼놓고 영항永巷에서 죄를 받고자 청했다. 그리고 그의 부모傅母를 통해 왕에게 전하여 말했다.

"첩이 모자라 음탕한 마음이 드러난 것입니다. 군왕으로 하여금 예를 잃고 늦게 조정으로 나가게 했습니다. 그 결과 군왕께서 색을 즐겨 덕을 잊는 데까지 이른 것입니다. 대체로 색을 즐기게 되면 반드시 호사스럽고, 끝없이 욕망을 추구하게 되어 어지러움이 생깁니다. 군왕에게 어지러운 행동이 일어나게 된 원인은 제게 있으니 저에게 벌을 내려주십시오."

그러자 왕은 "과인이 부덕한 탓이니 잘못은 내게 있소. 부인의 죄가 아닙니다"라고 했다. 선왕은 강후를 제자리로 돌려보내고, 이 이후 정사政事를 성실히 했다. 일찍 조정에 나가고 늦게 퇴근하여 마침 내 중흥中興의 군주라는 이름을 얻었다.

군자가 말했다. "강후는 행동거지를 잘했고 덕행을 갖추었다. 예 에는 이렇게 말한다. '후 부인이 임금을 모시게 되면 촛불을 밝히고 임금의 처소에 나아갔다. 불을 끄고 방 안으로 들어가면 정사에 임 할 때 입었던 예복을 벗기고 평상복으로 갈아입힌다. 그런 뒤 임금 을 모신다. 새벽닭이 울고 악사樂師가 북을 쳐서 새벽을 알리면 후 부인은 패옥을 울리며 물러간다.'" 『시경』에는 "행동에 빈틈없으시 고, 하시는 말씀 항상 질서 있으시네"라고 했고, 또 "진펄에 자란 뽕 나무 아름답고 그 잎이 무성하다. 덕 있는 군자를 뵈니 그 말씀 변 함없도다"라고 했다. 저 부인은 색色으로 친해지고 덕德으로 왕과의 관계를 견고히 했다. 강씨의 덕행은 아주 단단하다고 할 수 있다.

송을 지어 칭송하다.
아름다운 저 강후 그 덕이 아주 훌륭하네.
예로써 행동하니 주 선왕의 좋은 배필이었네.
왕의 잘못을 끌어다 자신을 꾸짖으니 선왕이 뉘우쳐
아침부터 저녁까지 도道에 힘써 중흥의 군주 되었다네.

周宣¹姜后者, 齊侯之女也. 賢而有德. 事非禮不言, 行非禮不動. 宣王常 早臥晏起, 后夫人²不出房. 姜后脫簪珥,³ 待罪於永巷.⁴ 使其傅母通言于王 曰, "妾不才. 妾之淫心見矣. 至使君王失禮而晏朝, 以見君王樂色而忘德也. 夫苟樂色, 必好奢窮欲. 亂之所興也. 原亂之興, 從婢子起. 敢請婢子之 罪." 王曰, "寡人不德. 實自有過. 非夫人之罪也." 遂復姜后, 而勤于政事.

早朝晏退, 卒成中興之名. 君子謂, "姜后善于威儀, 而有德行. 夫禮, 后夫人御于君, 以燭進至于君所, 滅燭適房中, 脫朝服, 衣褻服. 然後進御于君. 鷄鳴, 樂師擊鼓以告旦, 后夫人鳴佩而去." 詩曰, "威儀抑抑, 德音秩秩."[5] 又曰, "隰桑有阿, 其葉有幽. 旣見君子, 德音孔膠."[6] 夫婦人, 以色親, 以德固. 姜氏之德行, 可謂孔膠也.

頌曰, "嘉玆姜后, 厥德孔賢. 由禮動作, 匡配周宣. 引過推讓, 宣王悟焉. 夙夜崇道, 爲中興君."

---

1 宣王(선왕): 주나라 제11대 왕 희정姬靜이다. 기원전 828~기원전 782년까지 46년간 재위했다.

2 后夫人(후부인): 后后는 왕후를 가리키고 부인夫人은 왕후 다음 서열인 첩을 가리킨다.

3 簪珥(잠이): 머리와 귀에 다는 장식품인데, 이것을 벗는 것은 벌을 청한다는 뜻이다.

4 永巷(영항): 궁중에 있는 긴 복도로 죄를 지은 궁녀를 유폐시키는 곳이다.

5 『시경』「대아」'가락假樂'에 나오는 구절이다.

6 『시경』「소아」'습상隰桑'에 나오는 구절이다.

【 2편 】

제나라 환공의 부인 위희 齊桓衛姬

위희衛姬는 위衛나라 군주의 딸이며, 제齊나라 환공桓公의 부인이다. 환공은 난잡한 풍의 음악을 좋아했다. 위희는 환공을 위해 음풍이 짙은 정鄭나라와 위나라의 음악을 듣지 않았다. 환공은 관중管仲과 영척甯戚을 기용하여 패도覇道를 행했다. 이때 제후들이 모두 조회를 왔지만 위나라는 오지 않았다. 환공은 관중과 함께 위나라를 정벌할 계획을 세웠다. 그런 뒤 조회를 파하고 내실에 들어갔다. 환공을 바라보던 위희는 곧 귀걸이와 패물을 풀고 당을 내려가 재배한 후 말했다. "위나라의 죄를 용서하십시오." 환공은 "나와 위나라 사이에는 아무 일도 없는데, 당신은 무엇을 청하는 겁니까?"라고 말했다. 이에 위희는 다음과 같이 말했다. "제가 듣기로, 인군에게는 세 가지 얼굴빛이 있다고 했습니다. '아주 기뻐하며 얼굴이 음란한 빛을 띠면 음악과 주색에 탐닉하는 기미이고, 조용하고 고요하여 기분이 가라앉은 것은 죽을 화를 당할 기미이며, 노함이 가득하여 수족이 떨리는 것은 공벌하려는 기미다'라고 했습니다. 지금 제가 주군을 뵈오니 움직이는 동작이 크고 안색과 소리가 들떠 있는데,

그것은 바로 위나라를 염두에 두고 있다는 것입니다. 그래서 부탁을 드리는 것입니다." 환공은 인정했다. 다음 날 조회에 들어가니 관중이 달려나와 말했다. "주군께서 조회에 나오시는 걸 보니 조심스러우면서 기분이 처져 있습니다. 말씀도 천천히 하시니 다른 나라를 칠 뜻이 없는 듯합니다. 위나라 정벌을 그만두시겠다는 것이지요?" 환공은 맞다고 했다. 그리고 위희를 부인의 지위에 올리고 관중을 중부仲父라 칭하며 말했다. "부인은 안에서 힘쓰고 관중은 밖에서 다스린다면 과인이 비록 어리석더라도 충분히 세상을 일으킬 수 있을 것이다." 군자가 말하기를 "위희는 신실하면서 덕행이 있었다"고 했다. 『시경』에서 "진실로 이런 사람이 나라를 위하는 아름다운 사람이네"라고 했다.

송을 지어 칭송하다.
제 환공의 부인 위희는 진실로 정성스럽고 믿음직스럽다.
공이 음풍의 음악을 좋아하니 위희는 스스로를 갈고닦았다.
안색을 보고 죄를 청원하니 환공이 그 지혜에 놀라네.
안을 다스리게 하여 부인으로 세웠다네.

衛姬者, 衛侯之女, 齊桓公之夫人也. 桓公好淫樂. 衛姬爲之不聽, 鄭衛之音.[1] 桓公用管仲,[2] 甯戚[3]行伯道. 諸侯皆朝, 而衛獨不至. 桓公與管仲, 謀伐衛. 罷朝入閨. 衛姬望見桓公, 脫簪珥, 解環佩, 下堂再拜曰, "願請衛之罪." 桓公曰, "吾與衛無故. 姬何請邪." 對曰, "妾聞之, '人君有三色.[4] 顯然喜樂, 容貌淫樂者, 鐘鼓酒食之色. 寂然清靜, 意氣沈抑者, 喪禍之色. 忿然充滿, 手足矜動者, 功伐之色.' 今妾望君, 擧趾高, 色厲音揚, 意在衛也. 是以請也." 桓公許諾. 明日臨朝, 管仲趨進曰, "君之涖朝也, 恭而氣下. 言則徐, 無伐國之志. 是釋衛也." 桓公曰, "善." 乃立衛姬爲夫人, 號管仲爲仲父, 曰, "夫人治內, 管仲治外, 寡人雖愚足以立于世矣." 君子謂, "衛姬信而有行." 詩曰, "展如之人兮, 邦之媛也."[5]

頌曰, "齊桓衛姬, 忠款誠信. 公好淫樂, 姬爲修身. 望色請罪, 桓公加焉. 厥使治內, 立爲夫人."

---

1 鄭衛之音(정위지음): 정나라와 위나라에서 나온 음악은 인심을 방탕하고 산만하게 하는 성향이 있어 도덕군자들이 기피하는 음악으로 분류되었다. 자신의 고국음악이기도 한 이것을 환공이 즐겨 듣자 위희는 그것을 듣지 않도록 남편을 내조했다는 것이다.

2 管仲(관중): 춘추시대 제나라의 정치가 관이오管夷吾(기원전 723 또는 기원전 716~기원전 645)다. 환공의 재상이 되어 부국강병에 힘쓰고, 제후를 규합하여 환공을 오패의 으뜸이 되게 했다. 주로 관자管子라고 불리는데, 현재 전해지는 『관자』는 그의 사상을 담은 책으로 전국시대에 나온 것이다. 유명한 '관포지교管鮑之交'의 고사는 관중과 포숙아鮑叔牙의 우정에서 유래했고, 그의 사상은 『관자』에 정리되어 있다.

3 甯戚(영척): 춘추시대 제 환공의 재상으로 위나라 사람이다. 「변통전辯通傳」 '제관첩정齊管妾婧'에는 그가 관중의 소개로 환공의 정치 참모로 영입되는 과정이 소개되어 있다.

4 人君有三色(인군유삼색): 『여씨춘추呂氏春秋』 「중언重言」 편에도 유사한 내용이 나온다.

5 『시경』 「용풍」 '군자해로君子偕老'에 나오는 구절이다.

3편

진나라 문공의 부인 제강 晉文齊姜

제강齊姜은 제나라 환공桓公의 왕녀이자 진晉나라 문공文公의 부인이다. 과거에 문공의 아버지 헌공獻公은 여희驪姬의 참소를 듣고 태자인 신생申生을 죽음으로 몰았다. 나중에 문공이 된 공자公子 중이重耳는 이러한 사태를 피해 외숙外叔인 자범子犯과 함께 적狄 땅으로 달아났다가 다시 제나라로 몸을 피했다. 제나라의 환공은 왕녀를 중이의 처로 삼게 하고 잘 대우해주었다. 말 20승을 가지게 된 중이는 제나라에 정착해서 살려고 했다. 그러고는 "인생이란 편안하면 그만이지 그 외에 또 무엇이 있겠는가?"라고 했다. 문공이 제나라에서 안주할 것이라 여긴 자범은 그를 진나라로 데려가고 싶었지만 한편으로는 두려웠다. 그래서 자범은 은밀히 종자從者들과 뽕나무밭에서 문공을 진나라로 데려갈 모의를 했다. 이때 뽕나무밭에서 일하던 여자가 엿들었다. 그 여자는 제강에게 이 사실을 알렸다. 그러자 제강은 그녀를 죽여버렸다. 그러고는 공자 중이에게 말했다.

"종자들이 당신을 데려가려 합니다. 그 계획을 엿들은 자는 내가 이미 없애버렸습니다. 공자께선 반드시 그들을 따라야 하니 주저하지 마십시오. 주저한다면 천명을 이룰 수 없습니다. 당신이 진晉을 떠나온 뒤로 진나라가 평온하지 못했습니다. 하늘이 진을 망하게 하지 않는다면 진나라를 소유할 사람이 당신이 아니고 누구겠습니까. 당신은 힘을 다해야 할 것입니다. 상제上帝가 당신을 내려보냈는데 그를 배반한다면 반드시 좋지 않은 일이 생길 것입니다." 중이가 "나는 가지 않습니다. 기필코 이 땅에서 죽을 것입니다"라고 하자, 제강은 다음과 같이 말했다. "안 됩니다. 주周나라 시詩에 '길 떠난 사람은 급히 말을 몰면서도 언제나 미치지 못할까 걱정하네'라고 했습니다. 밤을 새워 급히 가더라도 오히려 도착하지 못할까 걱정인데, 하물며 여기서 편안하려 한다면 어찌 이르겠습니까? 사람이 할 수 있는 것을 구하지 않는다면 무엇을 이룰 수 있겠습니까? 진나라의 난은 오래가지 않을 것이며, 공자께선 반드시 진나라를 소유하게 될 것입니다." 그래도 중이는 듣지 않았다. 이에 제강은 자범과 모의하여 술을 취하도록 먹여서 수레에 태워 떠나게 했다. 술에서 깨자 중이는 자범에게 창을 들이대며 말했다. "만약 일이 잘되면 모르거니와 잘되지 않는다면 내가 당신의 고기를 씹어먹는 것을 어찌 마다하겠소?" 마침내 길을 떠났다.

중이는 조曹나라, 주邾나라, 정鄭나라, 초楚나라를 거쳐 진秦나라로 들어갔다. 진秦의 목공穆公이 군사를 내주며 진晉나라로 들어가게 했다. 진나라 사람들은 군주 회공懷公을 죽이고 공자 중이를 왕위에 세웠다. 이 사람이 바로 문공文公이다. 그는 제강을 맞이하여 부인으로 삼고, 드디어 천하의 패자이자 모든 제후의 맹주가 되었다.

군자가 "제강은 순수하고 깔끔했다. 군자를 격려하여 선善을 이루게 했다"고 말했다. 『시경』에 "저 아름다운 제강이여 함께 더불어 대화할 만하구나"라고 했는데 바로 이러한 사실을 말한 것이다.

송을 지어 칭송하다.
제강은 공정한 데다 언행 또한 방정했네.
진 문공을 설득하여 귀국을 강권했지만
공자가 이를 듣지 않으니 자범과 모의하여
술을 먹여 수레에 태워 보냈으니 패업의 기틀을 만들었도다.

齊姜, 齊桓公之宗女, 晉文公[1]之夫人也. 初文公父獻公,[2] 納驪姬讒, 殺太子申生. 文公號公子重耳. 與舅犯[3]奔狄,[4] 適齊. 齊桓公以宗女妻之, 遇之甚善. 有馬二十乘. 將死于齊. 曰, "人生安樂而已. 誰知其他." 子犯知文公之安齊也. 欲行而患之, 與從者[5]謀于桑下. 蠶妾在焉. 妾告姜氏. 姜殺之. 而言于公子曰, "從者將以子行. 聞者, 吾已除之矣. 公子必從, 不可以貳. 貳無成命. 自子去晉, 晉無寧歲. 天未亡晉, 有晉國者, 非子而誰. 子其勉之. 上帝臨子, 貳必有咎." 公子曰, "吾不動. 必死於此矣." 姜曰, "不可. 周詩曰, '莘莘征夫, 每懷靡及.'[6] 夙夜征行, 猶恐無及. 況欲懷安, 將何及矣. 人不求及, 其能及乎. 亂不長世. 公子必有晉." 公子不聽. 姜與舅犯謀. 醉載之以行. 酒醒. 公子以戈逐舅犯曰, "若事有濟則可. 無所濟, 吾食舅氏之肉, 豈有饜哉." 遂行. 過曹邾鄭楚而入秦. 秦穆公[7]乃以兵內之于晉. 晉人殺懷公,[8] 而立公子重耳. 是爲文公. 迎齊姜以爲夫人. 遂伯天下, 爲諸侯盟主. 君子謂, "齊姜, 潔而不瀆. 能育君子于善." 詩曰, "彼美孟姜, 可與寤言."[9] 此之謂也.

頌曰, "齊姜公正, 言行不怠. 勤勉晉文, 反國無疑. 公子不聽, 姜與犯謀. 醉而載之, 卒成伯基."

1 文公(문공): 춘추시대 진晉나라 제24대 국군(재위 기원전 637~기원전 628년) 희중이姬重耳(기원전 697(671)~기원전 628)다. 부왕 헌공獻公이 태자 신생을 폐하고 여희의 아들 해제奚齊를 태자로 세우는 과정에서 태자는 자살했고 공자 중이와 이오夷吾는 국외로 망명했다. 망명중이던 두 공자 중에서 동생 이오가 먼저 왕위에 올라 혜공이 되었고, 중이는 다음으로 왕위에 올라 문공이 되었다.

2 獻公(헌공): 춘추시대 진나라 제19대 국군(기원전 677~기원전 651) 희궤제姬詭諸다.

3 舅犯(구범): 문공의 외숙 자범으로 진나라의 대부다.

4 狄(적): 중이 어머니의 나라로 적적翟이라고도 한다. 즉 중이가 도망하여 외가로 들어간 것이다.

5 從者(종자): 중이를 따라간 사람은 조쇠趙衰다.(『국어』 위소 주)

6 『시경』 「소아」 '황황거화皇皇車華'에 나오는 구절이다.

7 秦穆公(진 목공): 춘추시대 진秦나라 군주(재위 기원전 660~기원전 621)로 춘추오패 중 한 사람이다. 바로 뒤에 나오는 '진목공회秦穆公姬'에 자세하게 소개된다.

8 懷公(회공): 춘추시대 진晉나라 제23대 국군(재위 기원전 637)으로 재위 5개월만에 중이에게 피살되었다. 혜공 이오의 아들이다. 「절의전」 '진어회영晉圉懷嬴'에 나온다.

9 『시경』 「진풍陳風」 '동문지지東門之池'에 나오는 구절이다.

4편

진나라 목공의 부인 秦穆公姬

목희穆姬는 진秦나라 목공穆公의 부인이며 진晉나라 헌공獻公의 딸이다. 태자 신생과 같은 어머니에게서 난 누님이다. 그리고 혜공惠公과는 어머니가 다른 누이다. 목희는 어질고 법도가 있었다. 헌공이 태자 신생을 죽이고 여러 공자公子를 나라 밖으로 추방했다. 이때 공자 이오였던 혜공은 양梁나라로 달아났다가 헌공이 세상을 떠나자 진秦나라의 도움으로 즉위하였다. 혜공의 누이 목희는 추방되었던 여러 공자를 받아주기 바라는 마음으로 "친척들이 바로 군君의 힘이 된다"고 했지만 그는 듣지 않았다. 거기에다 진秦나라의 도움마저 배반했다. 진晉나라가 흉년이 들어 진秦에 식량 원조를 요청했을 때 진秦은 도와주었다. 그러나 진秦나라가 흉년이 들어 진晉에 도움을 요청했을 때 응하지 않았다. 그러자 진秦은 군사를 일으켜 진晉과 전쟁을 벌였다. 그러고는 진晉의 군주인 혜공을 사로잡아 데리고 왔다. 진秦 나라 목공이 신하들에게 "선조의 사당을 청소하라. 나는 진晉 왕을 제물로 바치리라"라고 말했다. 이 소식을 들은 목희는 태자 영罃과 공자 굉宏, 공녀 간벽簡璧과 함께 상복을 갖추고 짚신을 신고서 목공을 맞이했다. 그리고 목공에게 말했다. "하늘이 재앙을 내려 두 나라의 군주가 정식 예로는 만나지 못하고 군사를 일으키게 한 것입니다. 저의 형제들이 서로 이끌어주지 못하여 군명君命을 욕되게 한 것입니다. 진晉나라 군주가 아침에 도착한다면 저는 저녁에는 죽어 있을 것입니다. 군께서는 숙지하시기 바랍니다." 목공이 두려워 진晉나라 군주를 영대靈臺에 머무르게 했다. 대부들이 혜공을 잡아들이라고 하자 목공이 말했다. "진晉나라 군주를 잡아들인 것은 공功을 이루고 돌아온 것이었소. 그러나 지금은 상황이 달라 초상을 치르기 위해 돌아오는 것이 되니 어찌 그럴 수 있겠소?" 이윽고 마음을 바꾸어 진晉의 군주를 손님으로 객관客館에 모시고 후한 음식을 보내어 혜공을 대접했다. 목희가 세상을 떠나고, 목희의 또 다른 동생인 중이重耳가 진秦나라로 들어오니, 진秦에서는 그가 진晉으로 돌아갈 수 있게 군사를 원조해주었다. 그렇게 해서 왕위에 오른 사람이 바로 진晉의 문공文公이다. 태자 영은 어머니의 은혜를 생각하여 그의 외삼촌을 고국으로 보내드리고 시를 지었다.

내가 외숙을 보내드리니
위수渭水 북쪽으로 가야 한다고 하시네.
무엇을 드릴까? 누런 말이 이끄는
고급 사두마차를 드려야지.

군자가 말하기를 "자애로운 어머니는 효자를 낳는다"고 했다. 『시경』에서 "행동을 신중히 하니 오로지 백성의 모범이로다"라고 한 것

은 목회를 두고 한 말이다.

송을 지어 칭송하다.
진秦 목공의 부인은 진晉 혜공의 누님이네
진秦이 진晉의 군주를 잡아오니 부인이 눈물을 흘리며
해결할 수 없음을 애통해하며 죽기를 각오하네.
목공이 부인을 의롭다 여겨 드디어 그 동생을 풀어주었네.

穆姬[1]者, 秦穆公[2]之夫人, 晉獻公[3]之女. 太子申生[4]之同母姉. 與惠公[5]異母. 賢而有義. 獻公殺太子申生, 逐群公子. 惠公號公子夷吾, 奔梁, 及獻公卒, 得因秦立始卽位. 穆姬使納群公子曰, "公族者, 君之根本." 惠公不用. 又背秦賂. 晉饑請粟于秦, 秦與之. 秦饑請粟于晉, 晉不與. 秦遂興兵與晉戰,[6] 獲晉君以歸. 秦穆公曰, "掃除先人之廟. 寡人將以晉君見." 穆姬聞之, 乃與太子罃[7]公子宏與女簡璧, 衰絰履薪以迎. 且告穆公曰, "上天降災, 使兩君匪以玉帛相見,[8] 乃以興戎. 婢子娣姒, 不能相救以辱君命. 晉君朝以入, 婢子夕以死. 惟君其圖之." 公懼, 乃舍諸靈臺.[9] 大夫請以入. 公曰, "獲晉君以功歸. 今以喪歸將焉用." 遂改館, 晉君饋以七牢而遣之. 穆姬死. 穆姬之弟重耳[10]入秦. 秦送之晉. 是爲晉文公. 太子罃思母之恩, 而送其舅氏也, 作詩曰, "我送舅氏, 曰至渭陽.[11] 何以贈之. 路車[12]乘黃."[13] 君子曰, "慈母生孝子." 詩云, "敬愼威儀. 維民之則."[14] 穆姬之謂也.

頌曰, "秦穆夫人, 晉惠之姉. 秦執晉君, 夫人流涕. 痛不能救, 乃將赴死. 穆公義之, 遂釋其弟."

1 穆姬(목희): 목공 4년(기원전 656)에 진晉에서 맞이한 부인이다. 태자 신생의 동복누이며 이들은 아버지 헌공이 사통하여 낳은 자식이다. 목희의 아버지 헌공은 아버지의 첩 제강과 증음하여 자식을 낳았다.

2 秦穆公(진 목공): 춘추시대 진나라 제9대 국군. 덕공德公의 아들이자 성공成公의 동생으로 기원전 660~기원전 621년까지 38년간 재위했다. 현인 백리해百里奚를 기용하여 국정을 맡겼고, 기원전 623년에는 서융을 정벌하여 영토를 확장, 서융의 패자가 되었다. 자기 비판서「진서秦誓」(『서경書經』에 실림)를 공포했다.

3 晉獻公(진 헌공): 춘추시대 진나라 제19대 국군(재위 기원전 677~기원전 651)이다. '진문제강'에도 나왔다.

4 申生(신생): 헌공은 여희의 참언을 듣고 태자 신생을 죽이려고 했다. 이에 이복동생 공자 중이가 그에게 품고 있는 뜻을 아버지에게 말하라고 권유했다. 그러자 태자 신생은 그럴 수 없다고 했다. 아버지가 여희로 인해 편안해하시는데, 그 마음을 상하게 할 것이라는 이유에서였다.(『예기』「단궁상檀弓上」 참조) 이후의 역사에서 신생의 효 행위에 대한 논의가 다양하게 전개되었다.

5 惠公(혜공): 진晉나라의 제20대 군주로 헌공의 아들 이오다. 기원전 651~기원전 637년에 재위했다. 재위 6년(645)에 진秦나라의 공격을 받아 사로잡혔다가 누이 목희의 도움으로 살아났다. 이때 하동河東 땅을 잃어 국인國人들이 돌아서는 계기가 되었다.

6 秦與晉戰(진여진전): 기원전 645년에 발발했던 전쟁을 말한다.

7 太子罃(태자영): 진秦나라의 강공康公으로 기원전 621~기원전 609년까지 12년간 재위했다. 목공과 목희의 아들이고 진 문공의 외생外甥이다.

8 玉帛相見(옥백상견): 고대 국가들의 회맹 때 옥玉이나 베를 예물로 교환했는데, 이것은 평화적인 외교관계를 의미한다.

9 靈臺(영대): 문왕의 정원에 있었던 대臺 이름이다. 춘추시대에는 대는 없어지고 지명地名이 되었다.

10 重耳(중이): '진문제강晉文齊姜'에서 소개했다.

11 『시경』「진풍秦風」 '위양渭陽'에 나오는 구절이다.

12 渭陽(위양): 산남수북山南水北을 양양이라 하므로 위수의 북쪽이 된다.

13 路車(노거): 군주나 귀족이 타는 공식 수레를 말한다.

14 『시경』「대아」 '억抑'에 나오는 구절이다.

5편

초나라 장왕의 부인 번희 楚莊樊姬

번희樊姬는 초楚나라 장왕莊王의 부인이다. 왕위에 오른 장왕은 사냥하는 것을 좋아했다. 번희가 그만둘 것을 간청했지만 소용없었다. 이에 번희는 짐승의 고기를 먹지 않았다. 그러자 왕은 잘못을 바로잡아 정사政事에 힘썼다. 한번은 왕이 일찍 조정에 나가 일을 보고는 밤늦게 돌아왔다. 번희는 당하堂下로 내려가 왕을 맞이하며 말했다. "어찌 돌아오는 것이 이렇게 늦습니까? 시장하고 피로하지 않으신지요?" 왕은 "현자와 같이 있다보니 배고픈 줄도 피로한 줄도 모르겠소"라고 했다. 번희는 "왕께서 말씀하시는 현자란 누구신지요?"라고 물었다. 왕은 "우구자虞丘子요"라고 했다. 그러자 번희는 웃음을 참지 못했다. 왕은 번희에게 웃는 까닭을 물었다. 번희가 말하기를 "우구자가 어진 사람임에는 틀림없습니다. 그러나 충성스럽지는 못합니다"라고 했다. 왕은 그게 무슨 뜻인지를 물었다. 번희가 말했다. "제가 왕을 모신 지 11년이 되었습니다. 정나라와 위나라에 사람을 보내 미인을 구해서 왕에게 바쳤습니다. 지금 저보다 나은 사람이 두 명 있고, 저와 비슷한 사람이 일곱 명 있습니다. 저라고 왕의 총애를 독점하고 싶지 않겠습니까마는 '당상堂上에 여자를 몇 사람 두는 것은 사람의 능력을 관찰하기 위한 것'이라는 말을 들었습니다. 저는 사사로운 감정으로 공사公事를 그르쳐서는 안 된다고 봅니다. 왕께서 그 사람의 능력을 잘 파악하셨으면 하는 것입니다. 제가 듣기로 우구자는 초나라의 재상이 된 지 10여 년이 되었습니다. 그가 추천하는 사람은 자신의 자제子弟가 아니면 친척, 형제들이었습니다. 현인을 추천했다는 말도, 능력 없는 이를 물리쳤다는 말도 듣지 못했습니다. 이것은 군주를 가리고 현인들의 길을 막는 것입니다. 현인인 줄 알면서도 천거하지 않는 것은 불충한 것이요, 현인인지를 모른다면 지혜가 없는 것입니다. 그러니 제가 웃는 것은 당연하지 않습니까?"

다음 날 왕은 우구자에게 번희가 했던 말을 들려주었다. 그러자 우구자는 대답할 말을 찾지 못하며 자리를 피했다. 그리고 자신은 물러나고 사람을 시켜 손숙오孫叔敖를 맞이하여 천거하도록 했다. 왕은 손숙오를 영윤令尹으로 삼았다. 손숙오가 초나라를 다스린 지 3년 만에 장왕은 패자가 되었다.

초나라 사서史書에서는 "장왕이 패업을 이룬 것은 번희의 힘이었다"라고 했다. 『시경』에서 "대부들은 일찍 물러나 군君을 피로하게 하지 말라"고 했는데, 이때의 군은 부인을 가리킨다. 또 말하기를 "아침저녁으로 따뜻하게 공경하여 일을 함에 신중하셨네"라고 했는데, 이를 두고 한 말이다.

송을 지어 칭송하다.
번희는 겸손히 양보하며 질투함이 없었네.

미인들을 추천하여 자신과 함께 거처했으며

우구자가 현인의 진로를 막는다고 간하자,

초 장왕이 이 말을 받아들여 공업功業을 이루고 패자가 되었네.

樊姬, 楚莊王[1]之夫人也. 莊王卽位, 好狩獵. 樊姬諫不止. 乃不食禽獸之肉. 王改過, 勤於政事. 王嘗聽朝, 罷晏. 姬下殿迎曰, "何罷晏也. 得無飢倦乎." 王曰, "與賢者俱, 不知飢倦也." 姬曰, "王之所謂賢者何也." 曰, "虞丘子[2]也." 姬掩口而笑. 王曰, "姬之所笑何也." 曰, "虞丘子, 賢則賢矣, 未忠也." 王曰, "何謂也." 對曰, "妾執巾櫛十一年. 遣人之鄭衛, 求美人進于王. 今賢于妾者二人. 同列者七人. 妾豈不欲擅王之愛寵乎. 妾聞, '堂上兼女, 所以觀人能也.' 妾不能以私蔽公. 欲王多見知人能也. 妾聞, 虞丘子, 相楚十餘年. 所薦, 非子弟則族昆弟, 未聞進賢退不肖. 是蔽君而塞賢路. 知賢不進, 是不忠. 不知其賢, 是不智也. 妾之所笑, 不亦可乎." 王悅. 明日, 王以姬言告虞丘子. 丘子避席, 不知所對. 於是避舍, 使人迎孫叔敖[3]而進之. 王以爲令尹.[4] 治楚三年, 而莊王以霸.

楚史書曰, "莊王之霸, 樊姬之力也." 詩曰, "大夫夙退, 無使君勞."[5] 其君者, 謂女君也. 又曰, "溫恭朝夕, 執事有恪."[6] 此之謂也.

頌曰, "樊姬謙讓, 靡有嫉妬. 薦進美人, 與己同處. 非刺虞丘, 蔽賢之路. 楚莊用焉, 功業遂伯."

1 楚莊王(초 장왕): 초나라의 군주로 춘추오패 중 한 사람이다. 기원전 614~기원전 591년까지 21년간 재위했다. 기원전 597년 진晉나라와 벌인 필邲 땅의 싸움에서 대승을 거둠으로써 중원의 패자가 되었다. 춘추오패 가운데 유일하게 '왕'의 칭호를 썼다. '절영지연絶纓之宴'의 고사, 주나라 왕실에 있는 구정九鼎의 크기와 무게를 물었다는 '문정경중問鼎輕重' 고사의 주인공이다. 초 장왕은 「현명전」의 '초

소월희楚昭越姬' 및 '진궁공처晉弓工妻', 「인지전」의 '손숙오모孫叔敖母', 「얼폐
전」의 '진녀하희陳女夏姬'에서도 언급되고 있다.

2 虞丘子(우구자): 춘추시대 초나라의 영윤.

3 孫叔敖(손숙오): 춘추시대 초나라 장왕 때 영윤을 지냄. 우구자虞丘子의 천거
로 정승이 되었는데, 세 번이나 정승이 되었어도 기뻐하지 않았고, 세 번 정승의 직
책을 떠났어도 괘념치 않았다 한다.(『사기』 권119) 뒤에 나오는 '손숙오모孫叔敖
母' 참조.

4 令尹(영윤): 초나라의 관직명으로 재상에 해당되는 직책이다.

5 『시경』 「위풍衛風」 '석인碩人'에 나오는 구절이다.

6 『시경』 「상송商頌」 '나那'에 나오는 구절이다.

【 6편 】

주남 대부의 처 周南之妻

주남周南의 처는 주남 땅 대부大夫의 처를 말한다. 대부가 치수 공사의 명을 받고 떠났다. 그런데 시간이 지났는데도 돌아오지 않았다. 대부의 처는 왕사王事를 게을리한 것이 아닐까 걱정되었다. 이웃 사람들에게 평소 대부와 나누었던 대화를 전해주었다. "나라에 어려움이 많을 때는 오로지 나랏일에 힘써야 합니다. 불평하면서 부모에게 근심을 남기는 일은 없어야 한답니다. 옛날 순임금은 역산歷山에서 농사짓고 뇌택雷澤에서 고기를 잡으며, 하빈河濱에서 도자기 굽는 일을 했습니다. 자신이 할 일이 아닌데도 그 일을 한 것은 부모를 봉양하기 위해서입니다. 가정 살림이 빈곤한데 부모가 늙었으면, 관직을 가리지 않고 벼슬을 했습니다. 부모가 직접 우물에서 물을 퍼 올리고 방아 찧는 일을 하시게 되면 처를 고를 겨를도 없이 장가들었습니다. 그러므로 부모가 계실 때는, 대의大義에 어긋나지 않는 범위에서 시세를 조정하여 환란과 해를 입지 않아야 합니다. 저 봉황은 새덫에 걸리지 않고, 기린은 함정에 들어가지 않으며, 교룡은 메마른 못에는 오지 않습니다. 새와 짐승의 지혜로도 해를 피할 줄

아는데 하물며 사람은 말할 나위가 있겠습니까? 어지러운 세상에
나면 도리를 얻지 못하고, 포학한 일에 몰리면 의를 행하지 못합니
다. 그럼에도 벼슬을 하는 것은 부모가 계시기 때문이지요."

이에 시를 지어 "방어 꼬리 붉고 왕실은 무너질 듯한데, 그렇다
해도 부모님 계시니 다시는 멀리가지 않겠지"라고 했다. 대개 다른
방도가 없기 때문이다. 군자가 주남 땅 대부의 처는 이 시로 남편을
바로잡았다고 했다.

송을 지어 칭송하다.
주남 땅 대부의 처, 남편이 치수하러 나가게 되니
오로지 게으르지 말고 부모 위해 힘쓰라 부탁했네.
일을 행함에 해로운 것을 멀리함은 부모가 계시기 때문이라
'방어'라는 시를 지어 남편을 경계토록 했네.

周南[1]之妻者, 周南大夫之妻也. 大夫受命, 平治水土. 過時不來. 妻恐其
懈于王事. 蓋與其隣人, 陳素所與大夫言. "國家多難, 惟勉強之. 無有譴怒,
遺父母憂. 昔舜耕于歷山,[2] 漁于雷澤,[3] 陶于河濱.[4] 非舜之事, 而舜爲之者,
爲養父母也. 家貧親老, 不擇官而仕, 親操井臼, 不擇妻而娶. 故父母在, 當
與時小同, 無虧大義, 不罹患害而已. 夫鳳凰不離于蔚羅, 麒麟不入于陷穽,
蛟龍不及于枯澤. 鳥獸之智, 猶知避害. 而況於人乎. 生于亂世, 不得道理,
而迫于暴虐, 不得行義. 然而仕者, 爲父母在故也." 乃作詩曰, "魴魚赬尾,[5]
王室如燬. 雖則如燬, 父母孔邇."[6] 蓋不得已也. 君子以是知, 周南之妻, 而
能匡夫也.

頌曰, "周大夫妻, 夫出治土. 維戒無怠, 勉爲父母. 凡事遠害, 爲親之在.

作詩魴魚 以敕君子."

---

1 周南(주남): 주공의 교화가 미친 전 지역을 가리키기도 하지만, 여기서는 시 「여분汝墳」의 무대가 된 낙양洛陽(지금의 허난 성 뤄양 일대)이다.

2 耕于歷山(경어역산): 『사기』「오제본기」에 나온다. 역산의 소재지에 대해서는 다른 의견이 많다. 그중 산둥 성 지난濟南 남쪽, 산시 성山西省 이청翼城 동남, 장쑤 성江蘇省 우시無錫 등이 거론되고 있다.

3 漁于雷澤(어우뇌택): 뇌택의 소재지에 대해서는 푸양濮陽 레이쩌雷澤라는 설과 산둥 성 윈청鄆城 서쪽 지역이라는 설이 있다.

4 陶于河濱(도우하빈): 황하의 지류로 산둥 성 윈청 근처라는 설과 산시 성山西省 융지永濟 북쪽이라는 설이 있다.

5 赬尾(정미): 물고기가 지치면 꼬리가 붉어진다는 것인데, 학정虐政에 시달리는 백성의 괴로움이나 군자의 노고를 비유한 말이다.

6 『시경』「주남周南」 '여분汝墳'에 나오는 구절이다.

7편

송나라 포소의 처 여종 宋鮑女宗

　　여종女宗은 송宋나라 포소鮑蘇의 처다. 그녀는 시부모를 아주 열심히 봉양했다. 포소는 위나라에 가서 벼슬한 지 3년이 되었는데, 다시 다른 처를 얻어 살고 있었다. 그러나 여종은 시부모 봉양을 더욱 잘했다. 포소를 만나고 온 사람에게 남편의 안부를 물으니, 포소가 새로 맞이한 처에게 재물을 다 써가면서 아주 잘해준다는 것이었다. 여종의 동서가 말하기를 "이 집을 떠나는 것이 좋겠다"고 했다. 여종은 그 까닭을 물었다. 동서는 "남편에게 좋아하는 사람이 생겼다는데 당신이 여기 머물 이유가 무엇인가?"라고 했다. 여종이 말했다. "아내된 자는 한번 혼례를 올렸으면 바꿀 수 없는 것입니다. 남편이 죽더라도 개가할 수 없는 것이지요. 또 삼과 모시풀을 가져다 실을 뽑아, 천을 짜고 옷을 만들어 남편을 섬기는 것입니다. 맑은 술을 담그고 음식을 만들어 시부모를 섬기는 것입니다. 오로지 한 마음으로 정결히 하고 잘 따르며 순종하는 것입니다. 어찌 남편의 사랑을 다 차지하는 것만을 좋게 여기겠습니까? 음탕한 뜻을 마음에 두고서 남편의 사랑을 차지하는 것이 좋은 것인지 나는 알지 못

합니다. 예에 따르면 천자天子는 열두 부인을, 대부大夫는 아홉 부인을. 경대부卿大夫는 세 부인을, 그리고 사士는 두 부인을 둘 수 있습니다. 지금 내 남편은 사이기 때문에 두 명의 처를 둔 것이니, 이는 당연하지 않습니까? 부인에게는 일곱 가지의 쫓겨날 수 있는 이유가 있습니다. 그 가운데 하나라도 의義를 벗어난 것은 없습니다. 일곱 가지 쫓겨날 수 있는 것에서 질투가 제일 큽니다. 음벽, 도적질, 말이 많은 것, 교만함, 자식을 못 낳는 것, 나쁜 병이 있는 것 이 모두는 질투보다 죄가 작습니다. 우리 동서께서는 내게 아내된 자의 예를 가르쳐주지 않고, 도리어 나를 떠나게 하려는군요. 어찌 떠날 수 있습니까?"하고 동서의 제안을 거부하며 시부모 모시는 일에 더욱 열심이었다. 송공宋公이 이 소문을 듣고 그 마을에 표식을 세우고, 그녀를 여자 가운데 으뜸이라는 뜻으로 여종이라 했다. 군자가 말하기를 "여종은 겸손하고도 예를 알았다"고 했다. 『시경』에서 "훌륭한 거동에 훌륭한 모습이요, 조심하고 공경하여 옛 교훈을 본받으며 덕행에 힘쓰네"라 한 것은 이를 두고 한 말이다.

송을 지어 칭송하다.
송나라 포소의 여종은 예를 좋아하고 이치를 잘 알았네.
남편이 다른 처를 들였지만 자신은 한결같았네.
부도에 따라 동서의 권유를 듣지 않았네.
송공이 어질다 여겨 그 마을에 기념비를 세워주었도다.

女宗[1]者, 宋鮑蘇[2]之妻也. 養姑甚謹. 鮑蘇仕衛三年, 而娶外妻. 女宗養姑愈敬. 因往來者, 請問其夫, 賂遺外妻甚厚. 女宗姒謂曰, "可以去矣." 女宗曰, "何故." 姒曰, "'夫人旣有所好. 子何留乎.'" 女宗曰, "婦人一醮不改. 夫死不嫁.[3] 執麻枲, 治絲繭, 織紝組紃, 以供衣服. 以事夫室, 澈漠酒醴, 羞饋食, 以事舅姑. 以專一爲貞, 以善從爲順. 豈以專夫室之愛爲善哉. 若其以淫意爲心, 而扼夫室之好, 吾未知其善也. 夫禮天子十二, 諸侯九, 卿大夫三, 士二. 今吾夫誠士也. 有二不亦宜乎. 且婦人有七見去方. 無一去義. 七去之道, 妬正爲首. 淫僻, 竊盜, 長舌, 驕侮, 無子, 惡病, 皆在其後. 吾姒不敎吾以居室之禮, 而反欲使吾爲見棄之行. 將安所用此.' 遂不聽, 事姑愈謹. 宋公聞之, 表其閭, 號曰女宗. 君子謂, "女宗謙而知禮." 詩云, "令儀令色, 小心翼翼. 故訓是式, 威儀是力."[4] 此之謂也.

頌曰, "宋鮑女宗, 好禮知理. 夫有外妻, 不爲變己. 稱引婦道, 不聽其姒. 宋公賢之, 表其閭里."

---

1 女宗(여종): 여자의 사표師表라는 뜻이다.
2 宋(송): 춘추 12국 중 하나로 자성子姓이며 허난 성 동부, 안후이 성 서부, 산둥성 서남부 지역에 소재했다.
3 '한번 시집가면 남편이 죽어도 개가할 수 없다'는 말은 『예기』「교특생」에 나온다.
4 『시경』「대아」 '증민烝民'에 나오는 구절이다.

8편

진나라 조쇠의 처 晉趙衰妻

　진晉나라 조쇠趙衰의 처는 진晉나라 문공文公의 딸이다. 조희趙姬라고 불렀다. 과거에 문공이 공자로 있을 때, 아버지 헌공獻公에게 추방되어 조쇠를 데리고 적狄 땅으로 도망을 갔다. 적 땅에 있을 때 적인狄人이 그의 두 딸 숙외叔隗와 계외季隗를 공자의 처로 삼게 했다. 공자는 계외를 자신의 처로 삼고, 숙외는 조쇠의 처로 삼게 했다. 그 뒤 조쇠와 숙외 사이에서 아들 돈盾이 태어났다. 나중에 다시 본국인 진晉나라로 돌아와 제후가 된 문공은 자신의 딸 조희를 조쇠에게 시집보냈다. 그리하여 조희는 원동原同과 병괄屛括, 누영樓嬰을 낳았다. 조희는 남편에게 적 땅에 있을 때 낳은 아들인 돈과 그 어미 숙외를 데려오도록 청했다. 조쇠는 사양하면서 말도 꺼내지 못하게 했다. 그러자 조희가 말했다.

　"옳지 않습니다. 은총을 얻었다고 과거를 잊는 것은 의를 저버리는 것입니다. 새로운 사람을 좋아하여 옛 사람을 무시하는 것은 은혜를 저버리는 것입니다. 곤궁한 처지에서는 그 사람과 진실했는데 부귀하게 되었다고 돌아보지 않는 것은 예가 아닙니다. 당신이 이 세 가지를 버리고 어떻게 다른 사람을 부릴 수 있겠습니까? 저 역시 당신을 모시지 않을 것입니다. 『시경』에 이런 말이 있지 않습니까? '순무와 무는 뿌리만을 위한 것이 아니라오. 언약을 어기지 않았다면 그대와 죽도록 함께하려 했어요'라고요. 모진 고생을 함께한 사이라면 비록 작은 잘못이 있더라도 그와 함께 죽어야지 떠나서는 안 됩니다. 하물며 새로운 사람에게 안주하여 옛 사람을 잊을 수 있겠습니까. 또 말하기를 '그대는 신혼 재미에 나를 거들떠보지도 않네요'라 했는데 이는 숙외의 상심을 말한 것입니다. 당신께선 그들 모자를 맞이하여 새것으로 옛것을 폐하는 일이 없도록 하소서."

마침내 조쇠가 허락하여 숙외와 돈을 맞아들였다. 돈을 만나본 조희는 돈이 현명하다고 여겨 적자嫡子로 삼자고 조쇠에게 청했다. 자신의 세 아들을 돈의 아래에 두고, 숙외를 내부內婦로 세우며 자신은 스스로 그 아래로 물러났다. 뒷날 돈이 정경正卿이 되자 조희가 자신에게 은혜를 베풀었음을 생각하여, 조희의 둘째 아들인 병괄을 공족대부公族大夫에 세울 것을 청했다. "병괄은 희씨께서 아끼는 아들입니다. 그 어머니 희씨가 아니었다면 저는 적인에 불과했을 것입니다. 어떻게 여기까지 이를 수 있었겠습니까?" 아버지 조쇠가 아들의 뜻을 허락했다. 병괄은 마침내 일족을 통솔하는 공족대부가 되었다.

군자가 말하기를 "조희는 공손하고 겸손했다." 『시경』에서 "포근하고 공손한 사람이여! 오로지 덕을 이루는 기반이 되도다"라고 했는데 이는 조희를 두고 한 말이다.

송을 지어 칭송하다.

조쇠의 부인 희씨는 행동이 분명했네.

존귀한 신분임에도 측실을 시기하지 않았으며

몸소 숙외를 섬기고 그의 아들인 돈을 적자로 삼으니

군자가 그를 찬미했고, 그의 행동 또한 진실한 것이었네.

晉趙衰[1]妻者, 晉文公[2]之女也. 號趙姬. 初文公爲公子時, 與趙衰奔狄.[3] 狄人入其二女叔隗季隗于公子. 公以叔隗妻趙衰生盾.[4] 及反國, 文公以其女趙姬妻趙衰. 生原同屛括樓嬰. 趙姬請迎盾與其母而納之. 趙衰辭而不敢. 姬曰, "不可. 夫得寵而忘舊, 舍義. 好新而嫚故, 無恩. 與人勤于隘厄, 富貴而不顧, 無禮. 君棄此三者,[5] 何以使人. 雖妾亦無以待執巾櫛. 詩不云乎, '采葑采菲, 無以下體. 德音莫違, 及爾同死.'[6] 與人同寒苦, 雖有小過, 猶與之同死而不去. 況於安新忘舊乎. 又曰, '讌爾新婚, 不我屑以.'[7] 蓋傷之也. 君其逆之, 無以新廢舊." 趙衰許諾. 乃逆叔隗與盾來. 姬以盾爲賢, 請立爲嫡子, 使三子下之. 以叔隗爲內婦, 姬親下之. 及盾爲正卿, 思趙姬之讓恩, 請以姬之中子屛括爲公族大夫[8]曰, "君姬氏之愛子也. 微君姬氏則臣狄人也. 何以至此." 成公[9]許之. 屛括遂以其族爲公族大夫. 君子謂, "趙姬恭而有讓." 詩曰, "溫溫恭人, 維德之基."[10] 趙姬之謂也.

頌曰, "趙衰姬氏, 制行分明. 身雖尊貴, 不妬偏房. 躬事叔隗, 子盾爲嗣. 君子美之, 厥行孔備."[11]

---

1 趙衰(조쇠): 진晉 문공文公의 다섯 현신賢臣 중 한 사람으로 기원전 621년에 죽었다. 문공의 사위이기도 했는데, 자손 대대로 진나라의 경卿을 지냈다.

2 晉文公(진문공): 「현명전」 '진문제강'에서 소개했다.

3 狄(적): 적적翟과 통하며 북방의 이민족이다. 문공인 중이의 어머니 고국이다.

4 趙盾(조돈): 생몰년은 알 수 없고, 나중에 조선자趙宣子로 불렸다.

5 三者(삼자): 의義와 은恩, 그리고 예禮를 가리킨다.

6 『시경』「패풍邶風」'곡풍谷風'에 나오는 구절이다. 이 시는 남편에게 버림받은 아내의 감정을 담은 것으로 보인다.

7 『시경』「패풍」'곡풍'에 나오는 구절이다.

8 公族大夫(공족대부): 공족公族의 통솔자를 말한다.

9 成公(성공): 진晉나라 제27대 국군(재위 기원전 607~기원전 600). 진 문공의 막내아들이며 진 양공의 아우다.

10 『시경』「대아」'억抑'에 나오는 구절이다.

11 이 이야기는『좌전』희공 23·24년, 선공 2년 등에 보이는 단편적 기사를 토대로 구성된 이야기다. 조희와 그의 세 아들이 적인 숙외와 그 아들 돈에게 적처 및 적자의 지위를 양보했다는 이야기는『사기』권43「조세가」에 보인다. 적서의 지위는 남편의 사업에 대한 내조 공헌도에 따라 정해질 수 있다는 것을 시사한다.

9편

도 땅의 대부 답자의 처 陶答子妻

　　도陶 땅의 대부 답자答子의 처에 관한 이야기다. 답자가 도 땅을 다스린 지 3년 사이에 명예는 높아지지 않았는데도 가정 살림은 세 배가 불어났다. 그의 처가 누차 충고했지만 답자는 받아들이지 않았다. 5년이 되어서는 집에 쉬러 오면서 수레 100승을 끌고 왔다. 친척들은 소를 잡기까지 하면서 그를 축하했다. 그러나 유독 그의 처는 아이를 안고 울었다. 시어머니가 화를 내며 말하기를 "무엇이 그리 못마땅하냐?"고 하자, 부인이 대답했다. "저이는 능력이 없으면서 직급은 높으니 이것이 해가 될 것입니다. 또 공적은 없으면서 집안 살림만 번창하니 이것은 재앙을 쌓을 뿐입니다. 옛날에 초楚나라 영윤令尹이었던 자문子文이 나라를 다스릴 때 가정은 가난하면서도 나라는 부유했고 임금은 그를 공경했으며 백성은 복종했습니다. 그래서 복이 자손에게 이어졌고 명예가 후세까지 전해졌습니다. 그런데 지금 저이는 그렇지가 못합니다. 부를 탐내는 일에는 크게 힘쓰면서 뒤에 닥칠 재앙에 대해서는 생각하지 않고 있습니다. 저는 이런 말을 들었습니다. '남산에 검은 표범이 살았는데 안개가 끼고 비가 오는 날이 이레나 계속되어도 먹이를 구하러 산에서 내려오지 않는다. 이것은 무엇 때문인가? 그 털을 아껴 좋은 무늬를 유지하기 위해서다. 그래서 몸을 숨기고 해를 멀리하는 것이다. 개나 돼지는 음식을 가리지 않아 몸이 비대해지니 가만히 앉아 죽음을 기다리는 것이다.' 지금 저이가 도 땅을 맡아 다스리면서부터, 집안 살림은 부유해졌으나 나라는 점점 가난해지고 임금은 그를 공경하지 않으며 백성도 그를 따르지 않습니다. 패망의 징조가 나타나기 시작한 것입니다. 이 아이와 함께 몸을 피하게 해주십시오." 그러자 시어머니는 화를 내며 며느리를 내쫓았다. 그 후 1년이 지나 답자의 집안은 도둑으로 몰려 벌을 받게 되었다. 오직 그의 모친만이 늙었다는 이유로 화를 면하자, 집을 나갔던 부인이 어린아이를 데리고 돌아와 시어머니를 봉양했고, 마침내 그들은 자신의 수명대로 살 수 있었다.

군자가 말했다. "답자의 처는 의로움으로 이익을 대신할 수 있었다. 비록 예를 어기고 떠났지만 결국은 몸을 보존하고 예로 돌아왔다. 멀리 내다보았다고 할 수 있겠다." 『시경』에서 "여러 대부 군자가 생각하는 것이 나의 생각만 못하도다"라고 했는데 이것을 말한 것이다.

송을 지어 칭송하다.
답자가 도 땅을 다스린 지 3년 만에 집안 살림이 세 배나 불어났네.
처가 충고해도 듣지 않아 고칠 수 없음을 알고 홀로 울었지만
되레 시어머니는 친정으로 보내버렸네.
답자가 화를 당하자 그 처 다시 돌아와 시어머니를 봉양했네.

陶[1]大夫答子之妻也. 答子治陶三年, 名譽不興, 家富三倍. 其妻數諫不用. 居五年, 從車百乘歸休. 宗人擊牛而賀之. 其妻獨抱兒而泣. 姑怒曰, "何其不祥也." 婦曰, "夫子能薄而官大. 是謂嬰害. 無功而家昌. 是謂積殃. 昔楚令尹子文[2]之治國也, 家貧國富, 君敬民戴. 故福結于子孫, 名傳于後世. 今夫子不然. 貪富務大, 不顧後害. 妾聞, '南山有玄豹,[3] 霧雨七日, 而不下食者', 何也. 欲以澤其毛, 而成文章也. 故藏而遠害. 犬彘不擇食以肥其身, 坐而須死耳. 今夫子治陶, 家富國貧, 君不敬, 民不戴. 敗亡之微見矣. 願與少子俱脫." 姑怒遂棄之. 處期年, 答子之家, 果以盜誅. 唯其母老以免. 婦乃與少子歸養姑, 終卒天年.[4] 君子謂, "答子妻能以義易利. 雖違禮求去, 終以全身復禮. 可謂遠識矣." 詩曰, "百爾所思, 不如我所之."[5] 此之謂也.

頌曰, "答子治陶, 家富三倍. 妻諫不聽, 知其不改. 獨泣姑怒, 送厥母家. 答子逢禍, 復歸養姑."

---

1 陶(도): 춘추시대에는 조나라 땅이었다가 전국시대에는 송나라 땅이었다. 진秦·한漢 이후에는 정도定陶(산둥 성 딩타오)라는 지명에 해당된다.

2 令尹子文(영윤자문): 초나라 대부 투곡어토鬪穀於菟(?~기원전 604)를 말하는데, 그의 아버지는 투백비라고 한다. 『논어』「공야장公冶長」에 "令尹子文, 三仕爲令尹, 無喜色 三已之, 無慍色"이라는 말이 나온다. 공자는 자문을 '충忠'으로 평가했다.

3 南山玄豹(남산현표): 『열녀전』에서 처음 나와 이후의 학자들이 많이 인용했다. 즉 남산현표南山玄豹 고사는 은일의 선비들에게 즐겨 인용되었는데, 최치원, 윤증, 이덕무, 황현 등이 그들이다. 주로 "조용히 수양하며 독서하는" 것으로 해석했다.

4 天年(천년): 천수天壽의 뜻이다.

5 『시경』「용풍」'재치載馳'에 나오는 구절이다.

【 10편 】

유하혜의 처 柳下惠妻

노魯나라 대부大夫 유하혜柳下惠의 처에 관한 이야기다. 유하혜가 노나라에서 세 번이나 파직당했는데도 떠나지 않고, 오히려 백성을 걱정하며 난세를 구원하려 했다. 그러자 그의 처가 말했다. "부끄럽지도 않으십니까? 군자에게는 두 가지 부끄러움이 있습니다. 나라에 옳은 도가 없는데도 귀한 자리에 있는 것이 부끄러움이요, 나라에 옳은 도가 있음에도 천하게 사는 것 또한 부끄러운 일입니다. 지금은 난세입니다. 세 번을 파직당하고도 떠나지 않는 것 역시 치욕에 가깝습니다." 이에 유하혜는 "떠도는 백성이 해악害惡으로 빠지려 하는데 내가 어찌 떠날 수 있겠소? 더구나 저들은 저들이고 나는 나인데, 저들이 비록 백성을 괴롭히지만 어찌 나까지 더럽힐 수 있겠소?"라고 했다. 그는 유유히 백성과 함께 어울려 살며 말단의 자리에서 일했다.

그러던 유하혜가 죽었다. 문인門人들이 그를 위해 조문弔文을 지으려 했다. 그의 처가 말하기를 "선생이 생전에 행했던 덕을 조사弔辭로 쓰고자 하십니까? 그렇다면 당신들은 내가 아는 만큼 그를 알

賢明傳
—
167

지 못할 것입니다"라고 했다. 그리고 자신이 직접 조문을 지었다. "선생의 겸손함이여! 선생의 끝없는 열정이여! 선생께서는 진실로 성실하고 다른 사람에게 해를 끼치지 않았습니다. 남의 의견을 부드럽게 수용하고 또 풍속을 따랐으며, 무리하게 자신을 드러내지 않으셨습니다. 치욕을 무릅쓰고 백성을 구제했으니 덕이 더욱 큽니다. 비록 세 번을 면직당했음에도 끝내 숨어들지 않으셨습니다. 훌륭한 군자이시여! 길이 분발하셨습니다. 아아! 슬프도다. 마침내 세상을 버리시다니. 오래도록 사실 것 같더니 지금 드디어 가시는군요. 오호! 슬프도다. 넋이 떠나가시는구나. 선생의 시호는 당연히 혜惠가 되어야 할 것입니다." 문인들은 그녀가 쓴 조문대로 했으며 한 글자도 고칠 수 없었다.

군자가 말하기를 "유하혜의 처는 그 남편을 빛냈도다"라고 했다. 『시경』에서 "사람들은 하나는 알지만 그 밖의 것은 알지 못하네"라고 했는데 이것을 두고 한 말이다.

송을 지어 칭송하다.
유하혜의 처는 현명하고 문장 또한 훌륭했네.
유하혜는 죽었지만 문인들은 남아 있어
선생의 조문을 지으려 하자 처가 대신 짓는다 하네.
남편의 덕행을 일일이 열거하니 한 글자도 고칠 게 없었다네.

魯大夫柳下惠¹之妻也. 柳下惠處魯, 三黜而不去, 憂民救亂. 妻曰, "無乃瀆乎. 君子有二恥. 國無道而貴, 恥也. 國有道而賤, 恥也. 今當亂世, 三黜而不去, 亦近恥也." 柳下惠曰, "油油之民, 將陷于害. 吾能以乎. 且彼爲彼, 我爲我. 彼雖裸裎, 安能汚我." 油油然與之處, 仕于下位. 柳下旣死. 門人將誄[2]之. 妻曰, "將誄夫子之德耶. 則二三子, 不如妾知之也." 乃誄曰, "夫子之不伐兮. 夫子之不竭兮, 夫子之信誠, 而與人無害兮. 屈柔從俗, 不强察兮. 蒙恥救民, 德彌彌大兮. 雖遇三黜, 終不蔽兮. 愷悌君子, 永能厲兮. 嗟呼惜哉. 乃下世兮. 庶幾遐年, 今逾逝兮. 嗚呼, 哀哉. 魂神泄兮. 夫子之諡, 宜爲惠兮." 門人從之以爲誄, 莫能竄一字. 君子謂, "柳下惠妻, 能光其夫矣." 詩曰, "人知其一, 莫知其他."[3] 此之謂也.

頌曰, "下惠之妻, 賢明有文. 柳下旣死, 門人必存. 將誄下惠, 妻爲之辭. 陳列其行, 莫能易之."

---

1 柳下惠(유하혜): 춘추시대 노나라의 공족을 통솔하는 직책의 공족대부公族大夫로 본명은 전금展禽이다. 유하柳下는 지명으로 전금이 채읍으로 받은 땅이고 혜惠는 부인이 지어준 시호다. 노 희공僖公(재위 기원전 660~기원전 627) 시대의 현신이다. 『논어』「미자微子」에 "유하혜가 사사士師가 되었다가 세 번을 쫓겨나자 어떤 이가 말하기를 "그대는 이 나라를 떠날 수 없는가?" 하니, 유하혜가 대답하기를 "도를 곧게 하여 사람을 섬기면 어디 간들 세 번 쫓겨나지 않겠으며, 도를 굽혀서 사람을 섬기려면 꼭 부모의 나라를 떠날 필요가 있겠는가" 했다. 맹자는 유하혜를 "성인으로서 화和한 사람"(『맹자』「만장하萬章下」)으로 평했다.
2 誄文(뇌문): 생전의 공덕을 기리는 글로 조사의 일종이다.
3 『시경』「소아」'소민小旻'에 나오는 구절이다.

11편

노나라 검루의 처 魯黔婁妻

노魯나라 검루黔婁 선생의 처에 관한 것이다. 선생이 돌아가시자 증자曾子가 문인들과 함께 조문을 갔다. 선생의 처가 나오자 증자는 조문을 하고, 당에 올라가 선생의 시신을 보았다. 창문 아래에 누워 있는 시신은 기왓장을 베고 있었고 아래에는 짚이 깔려 있었다. 또 솜으로 누빈 옷은 다 닳아서 안팎을 분간할 수 없었다. 덮고 있는 이불은 베 조각으로, 손발마저 온전히 감쌀 수 없었다. 머리를 덮으면 발이 드러나고, 발을 가리면 머리가 나왔다. 이에 증자가 "대각선으로 덮으면 되겠다"고 하자, 그 처가 이렇게 말했다. "대각선으로 덮으면 되겠지만, 몸을 다 덮을 수 없을망정 반듯하게 덮는 것이 낫겠습니다. 선생은 옆을 기웃거리지 않았기 때문에 이 지경에까지 이른 것입니다. 살아서도 바르지 않은 행동이라면 하지 않았는데 죽어서 바르지 않게 하는 것은 선생의 뜻이 아닐 것입니다."

이에 증자는 할 말이 없었다. 곡을 하며 "아아! 선생께서 돌아가시다니! 무엇으로 시호를 지어드릴까요?" 묻자, 그 처가 "강康으로 시호를 삼아야 합니다"라고 했다. 그러자 증자가 말했다. "선생께서 살아 계실 때는 먹을 것이 부족했고 의복도 제대로 갖추지 못했습니다. 세상을 떠나서는 손발조차 제대로 덮을 수 없고 장례에 쓸 술과 고기마저도 없습니다. 살아 계실 때는 좋은 것을 갖지 못했고 죽어서도 그 영화를 얻지 못하고 있는데, 무슨 즐거움이 있었다고 시호를 강이라 하겠습니까." 다시 그 처가 말했다. "생전에 선생께서는 임금이 정사를 맡기고 상국相國으로 삼으려 했지만 사양했습니다. 이것은 귀함이 충족되었기 때문입니다. 또 임금이 일찍이 곡식 30종鍾을 내렸으나 선생은 사양하고 받지 않았습니다. 이는 충분한 부를 갖고 있다는 뜻입니다. 저 선생은 세상의 담백한 맛을 달게 여기고, 천하의 낮은 지위를 편히 받아들였습니다. 가난에 슬퍼하지 않고 부귀에 기뻐하지 않았습니다. 인仁을 구하여 인을 얻었고, 의義를 구하여 의를 얻었습니다. 그러니 시호를 편안하다는 뜻의 강으로 하는 것이 당연하지 않겠습니까?" 이 말을 들은 증자는 "그 사람에 그 부인이구려!"라고 했다.

군자가 말하기를 "검루의 처는 가난을 즐기면서 도를 행했다"고 했다. 『시경』에서 "저 아름다운 여인이여. 더불어 대화를 나눌 만하네"라고 한 것은 이를 두고 한 말이다.

송을 지어 칭송하다.

검루가 세상을 뜨자 처 혼자서 상을 치르네.

증자가 조문 가니 베옷에 거친 조각 이불뿐.

가난을 편히 여기고 담백함을 달게 여겨

화려한 맛 구하지 않았네.

시신마저 제대로 가릴 수 없었지만 시호는 오히려 '강康'이라네.

賢明傳

171

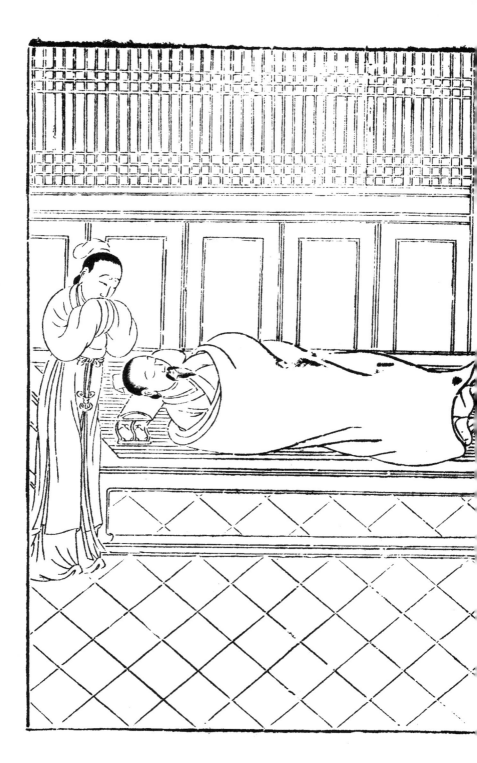

魯黔婁[1]先生之妻也. 先生死, 曾子[2]與門人往弔之. 其妻出戶, 曾子弔之, 上堂見先生之尸. 在牖下枕墼席槀. 縕袍不表. 覆以布被, 手足不盡斂. 覆頭則足見, 覆足則頭見. 曾子曰, "斜引其被則斂矣." 妻曰, "斜而有餘, 不如正而不足也. 先生以不斜之故, 能至于此. 生時不邪, 死而邪之, 非先生意也." 曾子不能應. 遂哭之曰 "嗟乎, 先生之終也. 何以爲諡." 其妻曰, "以康爲諡." 曾子曰, "先生在時, 食不充口, 衣不蓋形. 死則手足不斂, 旁無酒肉. 生不得其美, 死不得其榮, 何樂于此 而諡爲康乎." 其妻曰, "昔先生君嘗欲授之政, 以爲國相, 辭而不爲. 是有餘貴也. 君嘗賜之粟三十鍾,[3] 先生辭而不受. 是有餘富也. 彼先生者, 甘天下之淡味, 安天下之卑位. 不戚戚于貧賤, 不忻忻于富貴. 求仁而得仁, 求義而得義. 其諡爲康, 不亦宜乎." 曾子曰, "唯斯人也而有斯婦." 君子謂, "黔婁妻爲樂貧行道." 詩曰, "彼美淑姬 可與寤言."[4] 此之謂也.

頌曰, "黔婁旣死, 妻獨主喪. 曾子弔焉, 布衣褐衾. 安賤甘淡, 不求豊美. 尸不揜蔽, 猶諡爲康."

---

1 黔婁(검루): 춘추시대 제나라의 고사高士로 알려져 있지만 생몰년 미상.

2 曾子(증자): 공자의 제자 증삼曾參(기원전 505~기원전 436)을 가리킨다. 효도에 정통했고 『효경孝經』을 지은 사람으로 알려져 있다.

3 鍾(종): 춘추전국시대의 1종鍾은 4부釜이고, 1부는 64승升이며, 1승은 0.194리터이므로 30종은 약 1.5킬로리터의 소량이다. 그래서 왕이 하사할 정도의 곡식이라면 3000종일 것이라고 한다.

4 『시경』「진풍陳風」'동문지지東門之池'에 나오는 구절이다.

【 12편 】

제나라 재상의 마부 처 齊相御妻

제齊나라 재상 안자晏子의 마부 처에 관한 이야기다. 그녀는 명부命婦라 불렸다. 안자가 외출하려 하자 명부가 문틈으로 자기의 남편이 안자를 모시고 말을 끄는 모습을 엿보았다. 재상의 마부인 남편이 수레에 커다란 덮개를 치고 네 말을 다스리는데, 그 기세가 등등하며 아주 만족해하는 모습이었다. 남편이 돌아오자 그 처가 "당신은 낮고도 천한 일을 하는 것이 그렇게도 당당합니까?"라고 물었다. 마부가 "무슨 말을 하는 거요?"라고 되묻자, 그 처가 말했다. "안자는 키가 3척에도 못 미치는데 제나라 재상이 되어 그 명성이 제후들 사이에 드날리고 있습니다. 오늘 제가 문틈으로 엿보니 그 지기志氣가 신중하고, 자신을 낮추며 생각하는 것이 깊어 보였습니다. 당신은 키가 8척이나 되는 사람이 안자를 위해 말을 몰 뿐입니다. 그러나 당신은 되레 의기가 양양하며 잘난 체했습니다. 저는 당신이 이런 태도를 버려야 한다는 말을 하려는 것입니다."

이에 마부는 사과하며 "내가 고칠 테니 어떻게 해야 하오?"라고 물었다. 그 처가 다시 말했다. "안자의 지혜를 품고 거기에 8척의 키

를 더하십시오. 인의를 실천하며 현명한 주인을 섬긴다면 그 명예가 반드시 드러날 것입니다. 또 '차라리 의를 즐기며 천하게 살지언정 헛된 교만으로 귀하게 되지는 않는다'고 들었습니다." 이 말을 들은 마부는 깊이 반성하여 도道를 배우는 데 겸손하고 늘 모자라는 듯이 했다. 안자가 이상하게 여겨 그 까닭을 물으니 모든 것을 사실대로 말했다. 그러자 안자는 마부가 처의 충고를 받아들여 스스로 고쳐나간 것을 훌륭하다고 여겨 경공景公에게 그를 대부로 추천했다. 또 그의 처를 세상에 드러내 명부가 되게 했다.

군자가 말했다. "명부는 선善을 알았다. 현인을 만드는 길은 많다. 스승이나 벗이 서로 갈고닦도록 돕는 것도 중요하지만, 배우자 역시 큰 역할을 하는 것이다." 『시경』에 "높은 산 우러러보듯 훌륭한 행동 따라가네"라고 했다. 이것은 항상 선한 쪽으로 나아가야 함을 말한 것이다.

송을 지어 칭송하다.
제나라 재상의 마부 처는 남편을 도道로 이끌었네.
교만과 공손을 분명하게 구분하고 온 정성 다했네.
남편이 행동을 고치고 배우기를 쉬지 않았으니
안자가 그를 추천하여 군자의 반열에 세웠도다.

齊相晏子[1]僕御之妻也. 號曰命婦. 晏子將出. 命婦窺其夫爲相御, 擁大蓋策駟馬 意氣洋洋, 甚子得也. 旣歸, 其妻曰, "宜矣, 子之卑且賤也." 夫曰, "何也." 妻曰, "晏子長不滿三尺,[2] 身相齊國, 名顯諸侯. 今者, 吾從門閒觀, 其志氣恂恂自下, 思念深矣. 今子身長八尺, 乃爲之僕御耳. 然子之意洋洋, 若自足者. 妾是以去也." 其夫謝曰, "請自改. 何如." 妻曰, "是懷晏子 之智, 而加以八尺之長也. 夫躬仁義, 事明主其名必揚矣. 且吾聞, 寧榮于 義而賤, 不虛驕以貴." 於是, 其夫乃深自責, 學道謙遜, 常若不足. 晏子怪 而問其故. 具以實對. 於是, 晏子賢其能納善自改, 升諸景公,³ 以爲大夫. 顯其妻, 以爲命婦. 君子謂, "命婦知善. 故賢人之所以成者, 其道博矣. 非 特師傅朋友, 相與切磋也. 妃匹亦居多焉." 詩曰, "高山仰止, 景行行止."⁴ 言當常嚮爲其善也.

頌曰 "齊相御妻 匡夫以道. 明言驕恭 恂恂自效. 夫改易行 學問靡已. 晏 子升之 列于君子."

1 晏子(안자): 춘추시대 제나라 사상가이자 정치가인 안영晏嬰(기원전 500년 사
망)을 말한다. 제나라 제21대 영공靈公, 제22대 장공莊公, 제23대 경공景公을 보
좌했다. 제 환공의 재상이었던 관중과 함께 『사기』「관안열전管晏列傳」에 소개되
고 있다. 그에 관한 책으로는 『안자춘추晏子春秋』가 있다.
2 三尺(삼척): 춘추전국시대의 1척尺은 22.5센티미터이므로 3척은 67.5센티미터
가 된다. 6척으로 나와 있는 판본이 있는데, 135센티미터이므로 이것이 맞는 것 같
다. 3척은 어른의 키로 보기 어렵다. 또 마부의 키는 8척이라고 했는데 180센티미
터의 큰 키다.
3 景公(경공): 제나라 제23대 국군으로 기원전 548년부터 기원전 490년까지 58년
간 재위했다.
4 『시경』「소아」'거할車舝'에 나오는 구절이다.

13편

초나라 접여의 처 楚接輿妻

초楚나라의 광인狂人 접여接輿의 처에 관한 이야기다. 접여는 스스로 농사를 지어 먹고살았다. 초왕이 사자使者를 보내며 금 100일鎰과 수레 2대를 가지고 가 그를 초빙해오도록 했다. 사자가 접여에게 "왕께서는 선생이 회남淮南 땅을 다스려주기를 원하십니다"라고 말했다. 하지만 접여는 웃기만 할 뿐 아무런 응답이 없었다. 사자는 결국 대답을 얻지 못하고 돌아갔다. 시간이 조금 지난 뒤 시장에 갔던 처가 돌아왔다. 그리고 대문 밖에 난 수레바퀴 자국을 보고 말했다. "선생은 지금껏 의롭게 살았습니다. 그런데 어찌 늘어감에 그 의를 버리려 하는 겁니까? 대문 밖에 수레 자국이 왜 저리도 깊게 패였나요?" 접여가 대답했다. "왕은 내가 보잘것없다는 걸 모르고 있소. 내가 회남 땅을 다스려주었으면 하여 사자로 하여금 금과 수레를 가지고 와서 나를 초빙하려 했소." 접여의 처가 "허락하지 않았겠지요?"라고 묻자 접여는 "부하고 귀한 것은 사람이면 다 원하는 바인데, 당신은 내가 허락하는 것을 어찌 그렇게도 싫어합니까?"라고 되물었다. 그러자 처가 말했다.

"의로운 선비는 예가 아니면 행동하지 않습니다. 가난하다고 하여 지조를 버리지 않습니다. 또 천하다고 하여 행하던 것을 바꾸지 않습니다. 저는 선생을 모시며 몸소 농사지어 먹고, 직접 베를 짜서 입었습니다. 배부르고 따뜻한 처지에 있어도 의로움에 바탕하여 행동한다면 그 즐거움 역시 자족할 만합니다. 만약 다른 사람의 많은 녹을 받고, 다른 사람의 좋은 수레를 타고, 다른 사람이 보내온 살찐 고기를 먹는다면 장차 무엇으로 그에 보답하겠습니까?" 접여가 "나는 허락하지 않았소"라고 말했다. 이에 접여의 처는 "왕의 명을 따르지 않는 것은 불충不忠이요, 명은 따르되 또한 어긋난다면 불의不義가 됩니다. 이곳을 떠나는 것이 좋을 것 같군요"라고 말했다. 그래서 남편은 등에 솥을 지고, 처는 머리에 베틀을 이고서 이름과 성을 모두 바꾸고 아무도 모르는 곳으로 멀리 떠났다.

군자가 말했다. "접여의 처는 도를 즐기고 재앙을 멀리했다. 가난함을 편안히 여기고 도를 게을리하지 않는 것은 오로지 지극한 덕을 갖춘 자만이 할 수 있는 일이다." 『시경』에서 "얼기설기 토끼그물, 말뚝 박는 소리 쩌렁쩌렁 울리네"라고 했는데, 도를 닦는 일에 게으르지 않음을 말한 것이다.

　　송을 지어 칭송하다.
　　접여의 처 역시 가난을 편안히 여겼네.
　　벼슬자리 나가고는 싶지만 시절이 난폭한지라
　　초왕이 접여를 초빙하자 처는 숨어버리자 했네.
　　베틀 이고 성 바꿔 떠나니 난을 피할 수 있었구나.

楚狂接輿[1]之妻也. 接輿躬耕以爲食. 楚王[2]使使者持金百鎰,[3] 車二駟,[4] 往聘迎之. 曰, "王願請先生, 治淮南." 接輿笑而不應. 使者遂不得與語而去. 妻從市來曰, "先生以而爲義. 豈將老而遺之哉. 門外車跡, 何其深也." 接輿曰, "王不知吾不肖也. 欲使我治淮南, 遣使者, 持金駟來聘." 其妻曰, "得無許之乎." 接輿曰, "夫富貴者人之所欲也. 子何惡我許之矣." 妻曰, "義士非禮不動. 不爲貧而易操. 不爲賤而改行. 妾事先生, 躬耕以爲食, 親績以爲衣. 食飽衣暖, 據義而動. 其樂亦自足矣. 若受人重祿, 乘人堅良, 食人肥鮮而將何以待之." 接輿曰, "吾不許也." 妻曰, "君使不從, 非忠也. 從之又違, 非義也. 不如去之." 夫負釜甑, 妻戴紝器, 變名易姓而遠徒, 莫知所之. 君子謂, "接輿妻, 爲樂道而遠害. 夫安貧賤而不忘于道者, 唯至德者能之." 詩曰, "肅肅兎罝, 椓之丁丁."[5] 言不忘于道也.

頌曰, "接輿之妻, 亦安貧賤. 雖欲進仕, 見時暴亂. 楚聘接輿, 妻請避館. 戴紝易姓, 終不遭難."

---

1 接輿(접여): 공자에게 "지금 정치에 참여하는 것은 위태롭다"(『논어』「미자微子」) 는 경고를 했던 초나라의 은사隱士로 알려져 있다.

2 楚王(초왕): 『사기』「공자세가孔子世家」에 따르면 이때의 초왕은 소왕昭王(재위 기원전 516~기원전 489)이다.

3 百鎰(백일): 1일을 20냥으로 보고 1냥이 16그램이면 100일은 32킬로그램이 된다.

4 車二駟(거이사): 사두마차 2대를 말한다.

5 『시경』「주남周南」 '토저兎罝'에 나오는 구절이다.

14편

초나라 노래의 처 楚老萊妻

초楚나라 노래자老萊子의 처에 관한 이야기다. 노래는 세상을 등지고 몽산蒙山 자락에서 농사를 지으며 살고 있었다. 갈대로 담장을 치고 풀을 엮어서 집을 만들었다. 집 안에는 나무 침대를 들여놓고 바닥에는 짚을 깔아놓고 있었다. 초라한 의복을 걸치고 보잘것없는 음식을 먹고 살았는데, 산을 개간하고 거기에다 씨를 심어 가꾸었다. 어떤 사람이 노래의 생활을 왕에게 아뢰었다. 그러자 초나라 왕이 "노래는 현사賢士다"라고 했다. 왕은 예를 갖추어 그를 초빙해오고 싶었지만 오지 않을까 염려되었다. 그래서 초왕이 직접 수레를 타고 노래의 집 앞에 이르렀다. 노래는 마침 망태기를 짜고 있었다. 왕이 "과인은 어리석고 모자람에도 불구하고 혼자서 나랏일을 보고 있습니다. 선생께서 나와 저를 도와주셨으면 합니다" 하고 노래에게 말했다. 노래는 "저야말로 초야에 묻혀 사는 사람으로 정사를 감당하기에는 부족합니다"라고 답했다. 그러나 왕은 다시 "저는 의지할 데가 없는 사람으로 혼자서 나랏일을 보고 있으니 선생의 생각이 변하여 함께 참여해주시기를 바랍니다"라고 간청했다. 이에 노래는 "좋습니다" 하고 허락했다.

노래의 승낙을 얻고 왕이 돌아갔다. 잠시 뒤 노래의 처가 망태기에는 먹을거리를 담아 메고 겨드랑이에는 땔감을 끼고서 돌아왔다. 그러고는 남편에게 물었다. "무슨 수레바퀴 자국이 저리도 많습니까?" 노래가 "초왕이 내게 정사를 맡아주기를 바라오"라고 했다. 그의 처가 "허락했나요?"하고 묻자, 노래는 그렇다고 대답했다. 이 말을 들은 처가 다음과 같이 말했다.

"저는 '술과 고기를 먹여주는 자는 채찍으로 자신을 따르게 하고, 관직과 봉록을 주는 자는 도끼를 가지고 자신을 따라오게 한다'고 들었지요. 이제 당신은 남이 주는 술과 고기를 먹고 남이 주는 관직과 봉록을 받게 됩니다. 그것은 그 사람에게 얽매이는 것입니다. 그러니 무슨 수로 근심을 피할 수 있겠습니까? 저는 다른 사람에게 얽매이고 싶지 않아요." 말을 마친 노래의 처는 망태기를 벗어던지고 떠나가는 것이었다. 노래가 황급히 따라가며 "돌아와요! 내가 당신 말대로 생각을 바꾸겠소"라고 했지만, 처는 계속 앞으로 나아갈 뿐 돌아보지 않았다. 노래가 처의 뒤를 쫓아 따라가니 강남 땅에 이르러서야 멈춰 섰다. 멈춰 선 처가 말했다.

"털갈이하는 새나 짐승의 빠진 털을 모아서 엮어 짜면 옷을 만들어 입을 수 있고, 이삭을 주워 모으면 충분히 먹고살 수 있습니다." 노래자는 마침내 처를 따라 그곳에서 살았다. 이렇게 사는 동안 하나 둘 사람들이 따라와 가정을 이루었는데, 1년이 되고 3년이 되자 점점 그 인구가 불어나 마을 하나를 이루었다.

군자가 말하기를 "노래의 처는 좋은 것을 선택함에 과감했다"고 했다. 『시경』에서 "오막살이 집일망정 다리 뻗고 살리라. 샘물이 넘쳐흐르고 있으니 굶주림을 면할 수 있으리라"고 한 것은 이것을 두고 한 말이다.

송을 지어 칭송하다.
노래와 그 처는 세상 피해 산기슭에서
풀 엮어 집을 짓고 갈대 담장 두르며 살았다네.
초왕이 초빙하자 노래는 허락했지만
난세라고 세상 피해 처의 뜻대로 숨어 살았다네.

楚老萊子[1]之妻也. 萊子逃世耕於蒙山[2]之陽. 葭牆蓬室, 木牀蓍席. 衣縕食菽, 墾山播種. 人或言之. 楚王曰, "老萊賢士也." 王欲聘以璧帛, 恐不來. 楚王[3]駕至老萊之門. 老萊方織畚. 王曰, "寡人愚陋, 獨守宗廟. 願先生幸臨之." 老萊子曰, "僕山野之人. 不足守政." 王復曰, "守國之孤, 願變先生之志." 老萊子曰, "諾." 王去. 其妻戴畚萊, 挾薪樵而來. 曰, "何車迹之衆也." 老萊子曰, "楚王欲使吾守國之政." 妻曰, "許之乎." 曰, "然." 妻曰, "妾聞之, '可食以酒肉者, 可隨以鞭捶, 可授以官祿, 可隨以鈇鉞.' 今先生食人酒肉, 授人官祿, 爲人所制也. 能免於患乎. 妾不能爲人所制." 投其畚萊而去. 老萊子曰, "子還. 吾爲子更慮." 遂行不顧. 至江南而止曰, "鳥獸之解毛, 可績而衣之, 捃其遺粒, 足以食也." 老萊子乃隨其妻而居之. 民從而家者, 一年成落, 三年成聚. 君子謂, "老萊妻果於從善." 詩曰, "衡門之下, 可以棲遲. 泌之洋洋, 可以療飢."[4] 此之謂也.

頌曰, "老萊與妻, 逃世山陽. 蓬蒿爲室, 莞葭爲牆. 楚王聘之, 老萊將行. 妻曰世亂, 乃遂逃亡."

1 老萊子(노래자): 공자(기원전 552~기원전 479)와 동시대 인물이다.(『사기』「한비열전韓非列傳」) 나이 칠십에 색동옷을 입고, 아이 같은 재롱으로 부모를 기쁘게 했다고 하여 원나라 곽거경郭居敬의 『이십사효二十四孝』에 실려 있다.

2 蒙山(몽산): 『한서』「지리지地理志」에 따르면 쓰촨 성의 다두수大渡水 상류 계곡에 위치한 산이다.

3 楚王(초왕): 『사기』「한비열전」에 따르면 앞의 '초접여처楚接輿妻'와 마찬가지로 소왕昭王(재위 기원전 516~기원전 489)일 가능성이 크다.

4 『시경』「진풍陳風」 '형문衡門'에 나오는 구절이다.

【 15편 】

초나라 오릉의 처 楚於陵妻

초楚나라 오릉자종於陵子終의 처에 관한 이야기다. 초왕은 오릉자
종이 현명하다는 소문을 듣고 재상으로 삼으려 했다. 사자에게 명
하여 금 100일을 갖고 가서 오릉자종을 초빙해오도록 했다. 사자가
자종의 집에 와서 왕의 뜻을 전하자 오릉자종이 말하기를 "내겐 보
잘것없는 처가 있는데 들어가서 상의해보겠습니다"라고 말하고 들
어가 처에게 이 사실을 말했다. "초왕이 나를 재상으로 삼고자 하여
사자를 보내 금을 가지고 왔어요. 오늘 재상이 된다면 내일은 사두
마차에 나를 따르는 행렬이 굉장할 것이고, 진수성찬이 앞에 가득
할 것이니 좋지 않겠소?" 그러자 자종의 처가 이렇게 대답했다. "당
신은 신발을 만들어 내다 팔아서 먹고삽니다. 현실에 만족하지 않
으면 안 됩니다. 왼쪽에는 거문고가 있고, 오른쪽에는 책이 있으니
즐거움 또한 그 가운데 있습니다. 사두마차에 화려한 행렬은 무릎
을 편안하게 할 뿐이요, 먹을 것이 앞에 가득할 것이라 하나 그 맛
은 고기 한 점에 불과합니다. 지금 무릎만을 편안하게 하는 것과 한
점 고기의 맛으로 초나라의 근심을 품는다면 진정 즐겁겠습니까?

賢明傳
—
187

난세에는 해가 많은 법입니다. 당신이 수명을 제대로 보존하지 못할까 두려울 뿐입니다."

그러자 자종이 처의 방을 나와 사자에게 재상 자리를 사양하며 허락하지 않았다. 부부가 함께 세상을 피하여 남의 정원에 물 대는 일을 하며 살았다.

군자가 말하기를 "오릉의 처는 덕행을 겸비했다"고 했다. 『시경』에서 "점잖은 님의 모습. 가지가지 사랑의 말이로다"라고 한 것은 이를 두고 한 말이다.

송을 지어 칭송하다.
초나라에 살던 오릉. 왕이 초빙하고자 했네.
처와 상의하니 세상이 어지러워 두려워하네.
벼슬길은 해만 입을 뿐 몸 편안한 것만 못하다고
왼편 거문고. 오른편 책을 벗삼아 남의 뜰 가꿔주고 살았네.

楚於陵子終¹之妻也. 楚王聞於陵子終賢, 欲以爲相. 使使者持金百鎰, 往聘迎之. 於陵子終曰, "僕有箕帚之妾.² 請入與計之." 卽入謂其妻曰, "楚王欲以我爲相, 遣使者持金來. 今日爲相, 明日結駟連騎, 食方丈³于前, 可乎." 妻曰, "夫子織履以爲食. 非與物無治也. 左琴右書, 樂亦在其中矣. 夫結駟連騎, 所安不過容膝. 食方丈於前, 所甘不過一肉. 今以容膝之安, 一肉之味, 而懷楚國之憂, 其可樂乎. 亂世多害. 妾恐先生之不保命也." 於是子終出, 謝使者而不許也. 遂相與逃, 而爲人灌園. 君子謂, "於陵妻爲有德行." 詩云, "厭厭良人, 秩秩德音."⁴ 此之謂也.

頌曰, "於陵處楚, 王使聘焉. 入與妻謀, 懼世亂煩. 進往遇害, 不若身安左琴右書, 爲人灌園."

---

1 於陵子終(오릉자종): 전국시대 제나라 은사隱士 진중자陳仲子(기원전 350~기원전 265)의 다른 이름이다. 오릉於陵에 은거했기 때문에 성으로 삼아 오릉자於陵子라고도 했다. 오릉은 초나라 땅이었는데, 나중에 제나라 땅이 되었다. 맹자와 동시대 인물로『맹자』「등 문공하滕文公下」에는 오릉에 살았던 진중자의 인생철학에 대한 언급이 나온다.

2 箕帚之妾(기추지첩): 비를 들고 청소나 하는 사람이라는 뜻이지만, 자신의 처를 겸손하게 일컫는 겸양어로 쓰였다.

3 食方丈(식방장): 사방 10자의 상에 잘 차린 음식이라는 뜻으로, 호화롭게 많이 차린 음식을 가리킨다.

4 『시경』「진풍秦風」'소융小戎'에 나오는 구절이다.

3부 | 인지전
仁智傳

1편

밀나라 강공의 어머니 密康公母

밀密나라 강공康公의 어머니는 성姓이 외隗씨였다. 주周나라 공왕
共王이 경수涇水가를 유람할 때 강공이 수행했다. 강공은 성이 같은
여자 세 명을 혼례도 올리지 않고 데려와 살고 있었다. 마침 천자를
수행하러 가는 아들 강공에게 그 어머니가 타이르며 말했다.

"저 세 여인을 천자에게 바쳐야 할 것이다. 금수가 셋 이상이면
무리라 하고, 사람이 셋 이상이면 대중大衆이라 하며, 여자 셋은 찬
粲이라 한다. 천자가 사냥을 할 때도 같은 무리에서 다 취하지는 않
는다. 또 제후의 행차도 대중을 만나면 경의를 표한다. 왕을 모시는
세 여자, 즉 한 사람의 처와 두 사람의 첩도 한 가문에서는 데려오
지 않는다. 저 어여쁜 여자 셋이 너에게 와서 살고 있지만 네게 무슨
덕이 있어 그들을 감당할 것이냐? 천자라 하더라도 감히 하지 못하
거늘 한갓 너 같은 제후가 어찌 감당할 텐가?" 어머니의 말씀에도
불구하고 강공은 그 여자들을 왕에게 바치지 않았다. 이러한 일이
있고 난 후 공왕은 밀나라를 멸망시켰다.

군자가 말하기를 "밀나라 강공의 어머니는 보이지 않는 곳까지

알 수 있었다"고 했다. 『시경』에서 "즐기는 데 빠져 있지 말고 언제 나 그 근심도 생각해야지"라고 한 것은 이를 두고 한 말이다.

송을 지어 칭송하다.
밀나라 강공의 어머니는 미리 그 성쇠를 알았으니
같은 성씨의 여자 셋을 데리고 사는 강공을 꾸짖었다네.
제후의 행차에서 대중을 존중함은 오만하면 손해를 부르기 때문.
왕에게 헌상하라는 말 듣지 않으니 과연 밀나라는 멸망했도다.

密[1]康公之母, 姓隗氏.[2] 周共王[3]遊于涇上,[4] 康公從. 有三女奔之.[5] 其母曰, "必致之王. 夫獸三爲羣, 人三爲衆, 女三爲粲.[6] 王田不取羣. 公行下衆, 王御不參一族. 夫粲美之物歸汝, 而何德以堪之. 王猶不堪. 況爾小醜乎." 康公不獻. 王滅密. 君子謂, "密母爲能識微." 詩云, "無已大康, 職思其憂."[7] 此之謂也.

頌曰, "密康之母, 先識盛衰. 非刺康公, 受粲不歸. 公行下衆, 物滿則損.[8] 俾獻不聽, 密果滅殞."

1 密(밀): "康公, 密國之君, 姬姓也."(『국어』 위소 주) 밀의 고성故城은 경주涇州(지금의 간쑤 성 링타이靈台 일대) 지역에 있었고, 고성의 북쪽에서 동쪽으로 경수가 흘렀다고 한다. 문왕 희창姬昌이 길성姞姓의 밀국을 멸망시키고 희성姬姓의 봉국을 만들었다고 한다.
2 隗氏(외씨): 서주 시대의 적국狄國으로 그 지역은 지금의 산시 성山西省 뤼량呂梁 부근이다. 진 문공의 어머니도 적국 출신이다.
3 共王(공왕): 주나라 제6대 왕으로 기원전 946~기원전 935년까지 11년간 재위했다.
4 涇上(경상): 경수 부근이라는 뜻이다. 경수는 닝샤寧夏 후이족回族자치구 남단

에서 동쪽으로 흘러 간쑤 성을 지나 산시 성陝西省에서 웨이수이渭水 강과 합류하는 강이다.

5 有三女奔之(유삼여분지): 정식 혼례를 올리지 않고 사는 것을 분奔이라 한다. 즉 세 여인은 강공과 동성同姓이므로 정식 혼인이 성립되지 않는다.

6 粲(찬): 찬餐과 통하는 글자로 '많다'는 뜻도 있고, 미모라는 뜻도 있다. 즉 아름다운 여인이 많다는 뜻이다.

7 『시경』「당풍唐風」'실솔蟋蟀'에 나오는 구절이다.

8 物滿則損(물만즉손):『역경易經』「풍괘豊卦」의 "日中則仄, 月盈則食"과 같은 의미다.

2편

초나라 무왕의 부인 등만 楚武鄧曼

등만鄧曼은 초楚나라 무왕의 부인이다. 무왕이 아들 굴하屈瑕를 장수로 임명하여 나羅나라를 정벌하도록 했다. 굴하는 막오莫敖라는 직책에 있었다. 막오는 여러 장수와 초나라의 모든 군사를 동원하여 출정했다. 그러자 투백비鬪伯比가 "막오는 반드시 패할 것이다. 오만할 뿐더러 마음이 안정되어 있지 못하다"고 했다. 또 왕에게는 "반드시 군사를 더 충원해야 할 것입니다"라고 했다. 그러자 왕은 투백비의 말을 부인 등만에게 전했다. 등만이 말했다.

"대부 투백비의 말은 군사의 많고 적음을 의미하는 것이 아닙니다. 군주는 인민을 신의로 다스려야 하고, 모든 관리를 덕으로 가르쳐야 합니다. 막오를 견제하는 데는 형벌로 해야 함을 말한 것입니다. 막오는 포소蒲騷의 싸움에서 이긴 것으로 자만하고 있습니다. 따라서 나羅나라를 우습게볼 것입니다. 군께서 굴하를 견제하지 않으시겠다면 그 대비책이라도 마련해야 하지 않겠습니까?"

이에 왕이 뇌인賴人을 시켜 따라가게 했으나 놓쳐버렸다. 막오는 진중에서 "나에게 충고하는 자는 형벌에 처하겠다"고 했다. 언수鄢

水에 이르자 군사들은 무질서하게 강을 건너 나羅나라에 도착했다. 막오가 나나라와 노융盧戎을 공격했으나 크게 패했다. 막오는 황곡荒谷에서 자살하고 병사들은 야보冶父에 갇혀 패전에 따른 벌을 기다리고 있었다. 왕은 "나의 죄로다" 하고 군사들을 다 풀어주었다.

군자가 말하기를 "등만은 사람을 알았다"고 했다. 『시경』에서 "옛것을 듣지 않아서 나라의 운명이 기울어진 것이라네"라고 한 것은 이를 두고 한 말이다.

왕이 수隨나라를 정벌하려 했다. 떠나기에 앞서 등만에게 "내 마음이 흔들리는 까닭은 무엇이오?"라고 자신의 심정을 말했다. 그러자 등만이 이렇게 말했다. "왕께서는 덕은 엷은데 녹은 후하고, 베푸는 것은 적은데, 얻는 것은 많습니다. 만물이 융성하게 되면 반드시 쇠퇴하게 마련입니다. 해가 하늘 가운데 있다가도 옮겨 가듯 가득 차면 덜어지는 것이 자연의 도입니다. 선왕先王께서는 이 도를 알고 계십니다. 군사를 일으켜 대명大命을 발하려 함에 선왕께서 왕의 마음을 흔들어놓기 때문입니다. 군사들이 다치는 일 없이 왕이 중도에서 돌아가시더라도 초나라를 위해서는 오히려 다행한 일이 될 것입니다." 왕이 드디어 출정하여 도중에 만목樠木이라는 곳에서 세상을 떠났다.

군자가 말하기를 "등만은 천도天道를 알았다"고 했다. 『주역』에서 "해가 가운데 있으면 기울고, 달이 가득 차면 이지러진다. 천지가 가득 찼다가 또 텅 비는 것은 때와 더불어 운동하기 때문이다"라고 했는데, 이것을 두고 말한 것이다.

송을 지어 칭송하다.

초 무왕의 부인 등만은 일이 일어나는 원인을 알았으니

굴하의 군사가 패할 줄 알았고, 왕이 죽을 것을 예견했네.

또 성하면 반드시 쇠하게 된다는 천도의 이치도 알았다네.

마침내 그의 말처럼 되니 군자가 그의 지혜를 칭송했도다.

鄧曼[1]者, 楚武王[2]之夫人也. 王使屈瑕[3]爲將伐羅.[4] 屈瑕號莫敖. 與羣帥悉楚師以行. 鬪伯比[5]謂其御曰, "莫敖必敗. 舉趾高, 心不固矣." 見王曰, "必濟師." 王以告夫人鄧曼. 鄧曼曰, "大夫非衆之謂也. 其謂君撫小民以信, 訓諸司以德, 而威莫敖以刑也. 莫敖狃于蒲騷[6]之役, 將自用也. 必小羅. 君若不鎭撫, 其不設備乎." 於是王使賴人[7]追之, 不及. 莫敖令于軍中曰, "諫者有刑." 及鄢,[8] 師次亂濟. 至羅, 羅與盧戎[9]擊之大敗. 莫敖自經荒谷.[10] 羣帥囚于冶父以待刑. 王曰, "孤之罪也." 皆免之.

君子謂, "鄧曼爲知人." 詩云, "曾是莫聽, 大命以傾."[11] 此之謂也.

王伐隨.[12] 且行, 告鄧曼曰, "余心蕩, 何也." 鄧曼曰, "王德薄而祿厚, 施鮮而得多. 物盛必衰. 日中必移, 盈而蕩, 天之道也. 先王知之矣. 故臨武事, 將發大命, 而蕩王心焉. 若師徒毋虧, 王薨于行, 國之福也." 王遂行, 卒于樠木[13]之下.

君子謂, "鄧曼爲知天道." 易曰, "日中則昃, 月盈則虧. 天地盈虛, 與時消息."[14] 此之謂也.

頌曰, "楚武鄧曼, 見事所興. 謂瑕軍敗, 知王將薨. 識彼天道, 盛而必衰. 終如其言, 君子揚稱."

1 鄧曼(등만): 등鄧은 국명으로 지금의 허난 성 덩저우鄧州 일대다. 만曼은 등鄧의 국성國姓이다. 아들 초 문왕에 의해 모국 등이 멸망하는 비운을 겪었다.

2 武王(무왕): 춘추시대 초나라 18대 국왕. 기원전 741~기원전 690년까지 50년간 재위. 중원 제국의 혼란에 강력한 군사력으로 개입했고, 왕王이라는 칭호를 썼지만 수隨와 전쟁하러 가던 중에 죽었다.

3 屈瑕(굴하): 무왕의 아들로 막오의 직책에 있었다. 막오는 초나라에서 영윤令尹 다음의 서열이다. 굴하의 이름은 굴屈을 채읍으로 받은 데서 비롯한 것이라고 한다.

4 羅(나): 웅성熊姓의 나라로 초나라에 의해 멸망했는데, 지금의 후베이 성湖北省에 위치했다.

5 鬪伯比(투백비): 춘추 초나라의 대부. 앞의 「현명전」 '도답자처'에 잠깐 소개된 영윤자문의 아버지다.

6 蒲騒(포소): 춘추 운 땅의 포소읍을 말하는데, 지금의 후베이 성에 위치했다. 기원전 701년에 막오가 운의 군대를 포소에서 격파했다.

7 賴人(뇌인): 지금의 후베이 성 쑤이隨 북방에 있었던 초나라 읍의 사람이다.

8 鄢(언): 일명 이수夷水로, 후베이 성 이청宜城 남쪽에서 한수로 흘러들어 가는 강이다.

9 盧戎(노융): 나국羅國의 이웃에 있던 나라다.

10 荒谷(황곡): 야보와 함께 초의 도읍 영郢 부근에 있던 땅으로 후베이성 장링江陵 동쪽에 위치했다.

11 『시경』「대아」'탕蕩'에 나오는 구절이다.

12 隨(수): 주周와 같은 희성姬姓의 나라로 지금의 후베이 성 안루安陸 서북방의 땅에 위치했다.

13 檮木(만목): 후베이 성에 만목산檮木山이 있는데, 초 무왕이 죽은 곳이라 하여 무릉武陵이라고도 한다.

14 『역경』「풍괘豐卦」'단사彖辭'에 나오는 구절이다.

【 3편 】

허나라 목공의 부인 許穆夫人

허목부인許穆夫人은 위衛나라 의공懿公의 딸이자, 허許나라 목공穆公의 부인이다. 과거에 허나라에서 그녀에게 청혼을 했는데, 제나라 역시 그녀와 혼인을 맺고자 했다. 의공이 허나라로 딸을 출가시키려 하자 딸은 부모傅母를 통해 자신의 뜻을 아버지에게 말했다. "옛날부터 제후에게 딸이 있으면 뇌물이나 노리갯감으로 강대국에 시집을 보냈습니다. 이는 유사시에 원조를 받으려는 뜻에서 그리 한 것입니다. 생각건대 지금 허나라는 규모가 작은 데다 우리 위나라에서 멀리 떨어져 있고, 제나라는 큰 나라이면서 우리 가까이에 있습니다. 오늘날의 세상은 강한 자가 영웅이 됩니다. 만일 변경에 있는 오랑캐가 침입한다면 이웃의 친한 나라가 대국으로 달려가 알리고 원조를 기다립니다. 그러니 제가 대국으로 시집가는 것이 오히려 더 낫지 않겠습니까. 지금 가까이 있는 나라를 포기하고서 먼 나라를 선택하고, 대국과 떨어져 소국과 손을 잡는다면 하루아침에 침입을 당하는 일이 벌어질 것입니다. 그렇게 된다면 누구와 더불어 사직을 염려할 것인지요?"

仁智傳
—
205

그래도 위후衛候는 딸의 말을 듣지 않고 딸을 허나라로 시집보냈다. 그 후 북쪽 오랑캐인 적인翟人이 위나라에 쳐들어와 위나라를 격파시켰다. 그러나 허나라는 힘이 약해 위나라를 도울 수 없었다. 의공에 이어 위나라 군주가 된 대공戴公은 결국 수도를 버리고 황하를 건너 남쪽 초구楚丘 땅으로 도망갔다. 제나라의 환공桓公이 위나라의 사직이나마 보존하도록 초구에 성을 짓고 위후를 그곳에 머물도록 했다. 그때서야 위나라는 허목 부인의 말을 듣지 않았던 것을 후회했다. 고국 위나라가 망하자 허목 부인은 말을 급히 몰고 달려가 오빠인 위후를 위로했다. 그리고 그 아버지 의공의 죽음을 가슴 아프게 여기는 시를 지었다.

> 달리고 달려서 위나라 임금을 위문하고자
> 멀고 먼 길 말달려 조구漕 땅으로 가리라.
> 대부가 산을 넘고 강을 건너
> 소식을 알려 주니 내 마음 근심으로 가득하네.
> 나를 칭찬할 사람 없지만 내 뜻 또한 돌이킬 수 없네.
> 허나라 사람 좋아하지 않을지라도
> 내 마음 위나라를 떠날 수 없네.

군자가 부인의 지혜롭고도 멀리 내다보는 안목을 칭찬했다.

송을 지어 칭송하다.
위나라의 딸 출가 전에 허·제 두 나라가 서로 청혼했네
딸은 부모傅母를 통해

'큰 제나라에 의지하고 싶다'는 말 전했으나

위나라 군주 듣지 않더니 과연 뒤에 도망가는 신세 되었네.

위나라를 구할 수 없음에 부인은 '재치載馳'라는 시로 마음 달

래네.

許穆夫人¹者, 衛懿公²之女, 許穆公之夫人也. 初, 許求之, 齊亦求之. 懿

公將與許. 女因其傅母而言曰. "古者諸侯之有女子也. 所以苞苴玩弄, 繫援

于大國也. 意今者, 許小而遠, 齊大而近. 若今之世, 强者爲雄. 如使邊境有

寇戎之事, 維是四方之故, 赴告大國. 妾在不猶愈乎. 今舍近而就遠, 離大

而附小. 一旦有車馳之難, 孰可與慮社稷." 衛侯不聽, 而嫁之于許. 其後翟

人攻衛, 大破之. 而許不能救. 衛侯³遂奔走, 涉河而南, 至楚丘.⁴ 齊桓往而

存之, 遂城楚丘 以居衛侯. 於是悔不用其言. 當敗之時, 許夫人馳驅, 而弔

唁衛侯, 因疾之而作詩云. "載馳載馳, 歸唁衛侯. 驅馬悠悠, 言至于漕.⁵ 大

夫跋涉, 我心則憂. 旣不我嘉, 不能旋反. 視爾不臧, 我思不遠."⁶ 君子善其

慈惠而遠識也.

頌曰. "衛女未嫁, 謀許與齊. 女諷母曰, 齊大可依. 衛君不聽, 後果遁逃.

許不能救, 女作載馳."

1 許穆夫人(허목부인): 허許는 강성姜姓의 나라로 제齊와 선조가 같다. 허난 성
쉬창許昌 동쪽에 있었는데, 이웃 정나라로부터 압박을 받았던 소국이었다.

2 懿公(의공): 위衛나라의 제17대 국군이다. 아버지 선공宣公은 당시 태자의 신붓
감이던 선강宣姜을 보고 그 미모에 혹하여 자신의 부인으로 삼았다. 기원전 668~
기원전 661년 동안 재위했다.

3 衛侯(위후): 허목 부인의 오빠인 대공戴公을 가리킨다.

4 楚丘(초구): 위나라의 읍명이다.

5 漕(조): 위나라의 망명정부가 있던 곳이다.

6 『시경』「용풍」 '재치載馳'에 나오는 구절이다. 허목 부인이 고국인 위나라가 망해 가는 것을 슬퍼해 지었다고 한다.

【4편】

조나라 희씨의 처 曹僖氏妻

조曹나라의 대부大夫 희부기僖負羈의 처에 관한 이야기다. 진晉나라의 공자公子 중이重耳가 망명을 가던 도중 조나라에 들르게 되었다. 조나라의 군주 공공恭公은 중이를 예로 대우하지 않을 뿐 아니라 푸대접하기까지 했다. 그때 희부기의 처가 중이의 늑골과 겨드랑이가 붙어 있다는 소문을 듣게 되었는데, 그 모습을 보려고 중이의 숙소로 갔다. 그녀는 중이가 목욕하는 것을 엿보기 위해 엷은 휘장 뒤에 숨어서 그 일행을 관찰했다. 그리고 집으로 돌아와 남편에게 말했다.

"오늘 진晉나라의 공자를 보러 갔는데, 그를 수행하는 세 사람 모두 일국의 재상감이었습니다. 그 세 사람이 합심하여 중이를 보좌하고 있으니 반드시 진나라를 차지할 것입니다. 만약 공자가 자기 나라로 돌아가게 되면 반드시 제후의 패자가 될 것입니다. 그렇게 되면 어려웠던 시절, 자신을 무시했던 나라를 토벌할 것인데, 우리 조曹나라가 그 첫 번째 대상이 됩니다. 만일 조나라가 난을 당하면 당신도 그 난을 피할 수 없을 것입니다. 당신은 어찌하여 빨리 다른

도리를 찾지 않으시는지요? 제가 듣기로는 '그 자식을 잘 알지 못하면 그 아비를 보고, 그 임금을 잘 알지 못하면 그를 보좌하는 자를 보라'고 했습니다. 지금 진나라의 공자를 수행하는 자들은 모두 재상의 자리에 있을 사람들입니다. 그들이 모시는 사람은 임금이 될 것이고 그 임금은 반드시 패왕의 으뜸이 될 것입니다. 예로써 공자를 대우한다면 그들은 반드시 보답할 것입니다. 반면에 죄 있는 자에게는 반드시 앙갚음을 할 것입니다. 당신이 빨리 대책을 세우지 않으면 머지않아 화가 닥칠 것입니다."

아내의 얘기를 들은 부기는 병에 먹을 것을 담고 거기에 보물까지 들려보냈다. 중이는 먹을 것은 받았으나 보물은 되돌려 보냈다. 마침내 중이가 본국으로 돌아가 진晉나라의 문공이 되었고 조나라를 공격해왔다. 그러나 부기가 사는 구역에는 표시를 하여 병사들의 접근을 금지했다. 조나라 백성이 노인을 부축하고, 어린아이를 업고서 부기가 있는 마을로 밀려들어, 부기의 마을은 문전성시를 이루었다.

군자가 말하기를 "희씨의 처는 멀리 내다보는 안목이 있었다"고 했다. 『시경』에 "현명하고도 명석하니 그 몸을 보존하도다"라고 했으니 이를 두고 한 말이다.

송을 지어 칭송하다.
희씨의 처는 지혜가 아주 뛰어났다네.
진나라 공자를 보고 그가 장차 크게 일어날 줄을 미리 알았네.
남편 시켜 음식 갖다 바치게 하니 자신들을 지키려 함이었네.
진 문공이 조나라를 쳤을 때 홀로 난리에서 벗어날 수 있었다네.

曹¹大夫僖負羈之妻也. 晉公子重耳²亡, 過曹. 恭公³不禮焉. 聞其駢脅, 近其舍. 伺其將浴, 設微薄而觀之. 負羈之妻言于夫曰. "吾觀晉公子, 其從者三人, 皆國相也. 以此三人者, 皆善戮力以輔人, 必得晉國. 若得反國, 必霸諸侯. 而討無禮, 曹必爲首. 若曹有難, 子必不免. 子胡不早自貳焉. 且吾聞之, '不知其子者, 視其父. 不知其君者, 視其所使.' 今其從者, 皆卿相之僕也. 則其君必伯王之主也. 若加禮焉, 必能報施矣. 若有罪焉, 必能討過. 子不早圖, 禍至不久矣." 負羈乃遺之壺飡, 加璧其上. 公子受飡反璧. 及公子反國伐曹. 乃表負羈之閭, 令兵士無敢入. 士民之扶老携幼, 而赴其閭者, 門外成市.

君子謂, "僖氏之妻, 能遠識." 詩云, "旣明且哲, 以保其身."⁴ 此之謂也.

頌曰 "僖氏之妻, 厥知孔白. 見晉公子, 知其興作. 使夫饋飡, 且以自託. 文伐曹國, 卒獨見釋."

---

1 曹(조): 주 무왕이 은을 멸한 후 동생 숙진탁을 봉해준 소국이다. 지금의 산둥성 서남단과 산둥 성 딩타오定陶에 해당되는 곳이다.
2 重耳(중이):「현명전」 '진문제강'에는 망명 중이던 그가 어떻게 진晉의 대권을 잡게 되었는지에 대한 이야기가 나와 있다.
3 恭公(공공): 조曹의 제15대 국군 희양姬襄을 말한다. 기원전 652년부터 기원전 618년까지 34년 동안 재위했다. 『좌전』 등에는 공공共公이라고 하는데, 진 문공의 망명 시절에 무례하게 굴었다는 이유로 토벌되어 나라를 잃었다가 회복했는데, 이에 대한 내용은 『좌전』 희공 28년에 보인다.
4 『시경』「대아」 '증민烝民'에 나오는 구절이다.

5편

손숙오의 어머니 孫叔敖母

초楚나라의 영윤令尹 손숙오孫叔敖의 어머니에 관한 이야기다. 숙오가 어린아이일 때 밖에 나가 놀다가 머리가 둘 달린 뱀을 보고는 죽여서 땅에다 묻어버렸다. 그리고 집으로 돌아와 어머니를 보고 울음을 터트렸다. 어머니가 우는 까닭을 묻자, 손숙오는 "저는 '머리가 둘 달린 뱀을 본 사람은 죽는다'고 들었습니다. 제가 지금 그런 뱀을 보았습니다"라고 대답했다. 어머니는 "그 뱀은 지금 어디 있느냐?"고 물었다. 손숙오는 "다른 사람이 그 뱀을 다시 볼까봐 제가 죽여서 묻어 버렸습니다"라고 대답했다. 손숙오의 어머니는 아들에게 이렇게 말했다.

"너는 절대로 죽지 않는다. 남모르게 좋은 일을 하는 사람은 반드시 드러나 보답을 받게 되는 거란다. 덕은 불길한 것을 이기는 것이고, 인仁은 온갖 화를 없애주는 것이다. 하늘은 높지만 낮은 데서 나는 소리를 들을 수 있다. 『서경』에 이르기를 '황천은 사사롭지 않으며, 오로지 덕 있는 자를 돕는다'고 하지 않았느냐! 누구에게도 말하지 말아라. 너는 반드시 초나라에서 이름을 날릴 것이다." 과연 손숙오는 성장하여 초나라의 재상인 영윤이 되었다.

군자가 말하기를 "숙오의 어머니는 도덕의 순서를 알았다"고 했다.

『시경』에 "어머니가 성스럽고 훌륭하도다"라고 한 것은 이를 두고 한 말이다.

송을 지어 칭송하다.
숙오의 어머니는 천도의 원리를 잘 알았도다.
숙오가 뱀을 보니 머리가 둘이라
죽여 땅에 묻고 와서는 자신이 죽게 될까 두려워 울었다네.
어머니는 '음덕이 있으면 죽지 않고 오래 산다' 말씀하셨네.

仁智傳
—
217

楚令尹孫叔敖 之母也. 叔敖爲嬰兒之時, 出遊見兩頭蛇, 殺而埋之. 歸見其母而泣焉. 母問其故. 對曰, "吾聞, '見兩頭蛇者死.' 今者, 出遊見之." 其母曰, "蛇今安在." 對曰, "吾恐他人復見之, 殺而埋之矣." 其母曰, "汝不死矣. 夫有陰德子, 陽報之.¹ 德勝不祥, 仁除百禍. 天之處高而聽卑. 書不云乎, '皇天無親, 惟德是輔.'² 爾嘿矣. 必興于楚." 及叔敖長爲令尹. 君子謂, "叔敖之母, 知道德之次." 詩云, "母氏聖善"³ 此之謂也.

頌曰, "叔敖之母, 深知天道. 叔敖見蛇, 兩頭岐首. 殺而埋之, 泣恐不及. 母曰陰德, 不死必壽."

---

1 陰德者陽報之(음덕자양보지): 드러나지 않는 그윽한 덕행은 반드시 드러나는 것으로 보상을 받는다는 뜻이다. '음덕이 있는 자에게는 하늘이 복을 내려준다'는 말은 『설원』 「신서新序」, 『논형』 「신서新書」 등에도 나온다.

2 『서경書經』「주서周書」'채중지명蔡仲之命'에 나오는 구절이다.
3 『시경』「패풍邶風」'개풍凱風'에 나오는 구절이다.

【 6편 】

진나라 백종의 처 晉伯宗妻

진晉나라 대부大夫 백종伯宗의 처에 관한 이야기다. 백종은 현명했지만 마음 내키는 대로 바른말을 하여 남을 곧잘 모욕하곤 했다. 매번 조회에 나갈 때마다 그의 처가 늘 조심시켰다. "도둑의 마음을 가진 아랫사람은 주인을 미워하고, 자신의 이익만을 챙기는 사람은 윗사람을 싫어합니다. 남을 아끼고 좋아하는 사람이 있는가 하면, 남을 시기하고 미워하는 사람도 있습니다. 당신은 직언하기를 좋아하는데, 옳지 못한 짓을 하는 사람은 당신의 직언을 싫어할 것입니다. 계속 그러신다면 화가 반드시 당신에게 닥칠 것입니다."

그러나 백종은 부인의 충고를 받아들이지 않았다. 하루는 백종이 조회에 나갔다가 기쁜 얼굴로 돌아왔다. 처가 물었다. "당신의 얼굴에 희색이 만면한데 무슨 일이십니까?" 백종은 "내가 조회에서 발언을 했더니 여러 대부가 다 나를 양자陽子와 흡사하다고 하더군"이라고 대답했다. 이에 백종의 처가 말했다. "열매를 맺는 곡식의 꽃은 화려하지 않고, 훌륭한 말은 수식을 하지 않습니다. 양자의 말은 화려하지만 실속이 없었으며, 어떤 말을 할 때 깊이 생각하지도 못

했습니다. 그래서 화가 그 자신에게 미쳤는데 당신은 어째서 그걸 갖고 기뻐하십니까?" 그러자 백종이 말했다. "내가 여러 대부를 집으로 초청하여 그들과 술을 마시면서 토론을 벌일 테니 당신이 신경 써서 한번 들어보구려." 백종의 처는 그러겠다고 했다. 이에 여러 대부를 초청하여 잔치를 벌였다. 술자리가 파하자 백종은 그의 처에게 어떠했느냐고 물었다. 처는 이렇게 말했다.

"여러 대부들은 당신만 못했습니다. 그러나 사람들은 당신의 말을 높이 사려고 하지 않았습니다. 난이 곧 당신에게 닥칠 것 같습니다. 당신은 타고난 성품을 쉽게 바꿀 수 없을 테지요. 또 나라 안에는 당신과 다른 생각을 가진 사람이 많이 있습니다. 이렇게 위험이 도사리고 있는데, 당신은 어찌하여 미리 현명한 대부와 관계를 맺어 우리 아들 주리州犁의 장래나마 부탁해두지 않습니까?"

처의 말을 들은 백종은 알았다고 하고, 현사賢士인 필양畢羊과 교분을 맺어 친하게 지냈다. 그러던 가운데 난불기欒不忌가 난을 당하자, 극기郤錡·극지郤至·극주郤犨의 세 극씨는 백종이 방해된다고 모함하여 죽였다. 필양은 주리를 형荊 땅으로 대피시켜 화를 모면하게 해주었다.

군자가 말하기를 "백종의 처는 천도를 알았다"고 했다. 『시경』에 "많은 일이 불같이 일어나면 고칠 약이 없을 것이네"라고 한 것은 이를 두고 한 말이다.

송을 지어 칭송하다.
백종이 남을 멸시하니 그 처는 망할 것을 미리 알았네.
충고하고 충고하여 필양과 두터운 교분을 맺게 했으니

인지전
—
224

아들 주리를 부탁하여 재앙을 면하도록 하기 위함이었네.
백종은 화를 당했으나 주리는 형 땅으로 피할 수 있었네.

晉大夫伯宗¹之妻也. 伯宗賢而好以直辨凌人. 每朝其妻常戒之曰, "盜
憎主人, 民惡其上. 有愛好人者, 必有憎妬人者. 夫子好直言. 枉者惡之, 禍
必及身矣." 伯宗不聽. 朝而以喜色歸. 其妻曰, "子貌有喜色, 何也." 伯宗
曰, "吾言于朝, 諸大夫皆謂, 我知似陽子."² 妻曰, "實穀不華, 至言不飾. 今
陽子華而不實, 言而無謀. 是以禍及其身. 子何喜焉." 伯宗曰, "吾欲飲諸大
夫酒而與之謀. 爾試聽之." 其妻曰, "諾." 於是爲大會, 與諸大夫飮. 旣飮
而問妻曰, "何若." 對曰, "諸大夫, 莫子若也. 然而民之, 不能戴其上久矣.
難必及子. 子之性, 固不可易也. 且國家多貳. 其危可立待也. 子何不預結賢
大夫, 以託州犂³焉." 伯宗曰, "諾." 乃得畢羊而交之. 及欒不忌⁴之難, 三郤⁵
害伯宗, 譖而殺之. 畢羊乃送州犂于荊, 遂得免焉.

　君子謂, "伯宗之妻, 知天道." 詩云, "多將熇熇, 不可救藥."⁶ 此之謂也.

　頌曰, "伯宗凌人, 妻知且亡. 數數諫伯宗, 厚許畢羊. 屬以州犂, 以免咎
殃. 伯宗遇禍, 州犂奔荊."

1　伯宗(백종): 춘추시대 진晉나라의 대부다.
2　陽子(양자): 진晉의 대부 양처보陽處父를 말하는데, 태부太傅를 지냈고 기원전
621년에 죽었다. 진 문공이 재위할 때 진의 국정을 장악했던 실력자다.
3　州犂(주리): 백종 부부의 아들로 필양의 도움으로 형荊(초楚)으로 망명하여, 초
나라 강왕康王 때 태재太宰가 되었다.
4　欒不忌(난불기): 춘추시대 진晉나라의 현대부다.
5　三郤(삼극): 극기·극지·극주의 세 사람으로 진晉 경공景公 때 대부를 지냈다. 극
씨는 진 성공成公 때 경을 지낸 극결郤缺 이후 세력이 집안이 되었다.
6　『시경』「대아」'판板'에 나오는 구절이다.

7편

위나라 영공의 부인 衛靈夫人

　　위衛나라 영공靈公의 부인에 관한 이야기다. 영공과 그의 부인이 어느 날 밤에 마주 앉아 있는데 수레 달리는 소리가 요란하게 들렸다. 그런데 대궐 앞에 이르러 그 소리가 잠시 멎었다가 대궐 문을 지나면서 다시 들렸다. 영공이 부인에게 "저 수레를 타고 가는 사람이 누구인 것 같소?" 하고 물었다. 영공의 부인은 "저이는 거백옥蘧伯玉입니다"라고 대답했다. 영공은 다시 거백옥인 줄 어떻게 아느냐고 물었다. 이에 부인은 다음과 같이 대답했다. "저는 '공의 문 앞에 이르러서는 내려 공의 말에게 예를 표하는 것이 예'라고 들었습니다. 이것은 공경함이 깊다는 뜻입니다. 충신과 효자는 쉽게 변절하지도 않고 몰래 나쁜 짓을 하지도 않습니다. 거백옥은 우리 위나라의 어진 대부입니다. 어질고도 지혜가 있으며 공경으로 윗분을 섬깁니다. 이것으로 보아 그 사람이라면 누가 보지 않아도 예를 저버리지 않을 것입니다. 그래서 저이가 거백옥인 줄 안 것입니다." 이에 영공은 사람을 시켜 알아오게 하니 과연 거백옥이었다. 영공은 부인을 놀려주려고 그 사람은 거백옥이 아니었다고 말했다. 그러자 부인은 공에게 두 번 절하고 잔을 들어 권하면서 축하를 했다. 부인의 거동을 보고 궁금해진 공이 그 연유를 물었다. "당신은 무엇 때문에 나를 축하하는 겁니까?" 영공의 부인이 대답했다. "저는 위나라에는 거백옥 한 사람만이 있는 줄 알았습니다. 지금 위나라에 거백옥과 나란히 할 사람이 또 있다는 것을 알게 되었습니다. 이는 공에게 두 충신이 있다는 말입니다. 나라에 현명한 신하가 많다는 것은 곧 나라의 복입니다. 저는 이를 축하하는 것입니다." 영공이 놀라 부인의 훌륭함에 찬사를 보내며, 부인에게 사실대로 그 사람이 거백옥이었음을 실토했다.

군자가 말했다. "위나라 부인은 사람을 알아보는 도리에 밝았다. 거짓으로 속일 수 없었으니 현명하고 지혜로웠다." 『시경』에 "나는 그 소리만 듣고 그 사람은 보지 않는다"고 한 것은 이를 두고 한 말이다.

송을 지어 칭송하다.
위 영공이 밤중에 부인과 함께 앉아 있었네.
요란한 수레 소리 대궐 문 앞에서 멈추니
부인은 그 수레 주인이 거백옥임을 알아보았는데
지혜로운 자만이 어진 이를 알아보는 것.
신의가 있음으로 알았다 하네.

衛靈公之夫人也.[1] 靈公與夫人夜坐, 聞車聲轔轔. 至闕而止, 過闕復有聲. 公問夫人曰, "知此謂誰." 夫人曰, "此蘧伯玉[2]也." 公曰, "何以知之." 夫人曰, "妾聞, '禮下公門, 式路馬.'[3] 所以廣敬也. 夫忠與孝子, 不爲昭昭變

節, 不爲冥冥惰行. 蘧伯玉, 衛之賢大夫也. 仁而有智, 敬而事上. 此其人, 必不以闇昧廢禮. 是以知之." 公使視之, 果伯玉也. 公反之, 以戲夫人曰, "非也." 夫人酌觴, 再拜賀公. 公曰, "子何以賀寡人." 夫人曰, "始妾獨以衛爲有蘧伯玉爾. 今衛復有與之齊者. 是君有二賢臣也. 國多賢臣, 國之福也. 妾是以賀." 公驚曰, "善哉." 遂語夫人其實焉.

君子謂, "衛夫人明于知人道. 夫可欺而不可罔者, 其明智乎." 詩云, "我聞其聲, 不見其人."[4] 此之謂也.

頌曰. "衛靈夜坐, 夫人與存. 有車轔轔, 中止闕門. 夫人知之, 必伯玉焉. 維知識賢, 問之信然."

1 衛靈公之夫人(위 영공 부인): 위나라 군주 영공은 기원전 534~기원전 493년에 재위했다. 그는 공자를 초빙하여 정치 자문을 구하기도 했는데, 『논어』에는 「위 영공衛靈公」이라는 편명도 있다. 위 영공의 부인이라 하면 공자가 만났던 남자南子를 떠올린다. 영공의 재위 기간이 40여 년이었다는 사실에서 볼 때, 그에게는 다수의 부인이 있었을 것이다. 여기 나오는 부인은 남자南子보다 앞선 부인으로 보인다. 『논어』「옹야雍也」에 나오는 영공 부인 남자는 「얼폐전」'위란이녀衛亂二女'에 나온다.

2 蘧伯玉(거백옥): 위나라의 헌공獻公·상공殤公·양공襄公·영공靈公의 4대를 섬겼고 위나라의 현대부로 유명한 거원蘧瑗이다. 공자가 주유 중에 거백옥의 집에서 여러 번 숙식을 했다. 공자는 "군자로다. 거백옥이여. 나라에 도가 있으면 벼슬하고, 나라에 도가 없으면 거두어 숨길 수 있다君子哉 蘧伯玉 邦有道則仕 邦無道則可卷而懷之"라고 하면서 그의 덕을 칭송했다.(『논어』「위 영공」)

3 '下公門式路馬'(하공문식로마): 『예기』「곡례상曲禮上」에 보인다. '노마路馬'는 천자나 제후의 말을 가리킨다.

4 『시경』「소아」'하인사何人斯'에 나오는 구절이다.

8편

제나라 영공의 부인 중자 齊靈仲子

제영중자齊靈仲子는 송宋나라 제후의 딸이자 제齊나라 영공靈公
의 부인이다. 처음에 영공은 노魯나라에서 부인을 맞이했다. 하지만
그 부인은 자식을 낳지 못했다. 다시 부인의 질녀인 성희聲姬라는
여자를 맞이하여 아들 광光을 낳았다. 영공은 광을 태자로 삼았다.
그런데 또 다른 부인 중자仲子와 그 여동생인 융자戎子가 영공의 총
애를 받았다. 중자가 아들 아牙를 낳았다. 융자는 태자 광 대신에 자
기 언니의 아들 아를 태자로 세워줄 것을 조르니 공이 허락했다. 그
러나 중자는 반대했다. "안 됩니다. 상도常道를 어기는 것은 좋지 않
습니다. 제후끼리 한 약속을 어기는 것은 어렵다고 들었습니다. 광
이 태자가 되었다는 것은 제후의 반열에 들어간 것입니다. 지금 이
유 없이 그를 폐한다면 제후를 무시한 처사입니다. 이는 싸움이 일
어날 빌미를 제공하는 것입니다. 주군께서는 후회하실 것입니다."
영공은 "그건 내 마음이오"라며 중자의 청을 무시했다. 이에 중자는
다시 간청했다. "저 또한 양보할 수 없습니다. 진실로 화를 자초하는
것입니다." 중자가 죽음을 불사하고 다투었지만 영공은 끝내 듣지

않았다. 결국 태자 광을 축출하고 아를 태자로 세웠다. 그리고 고후 高厚를 아의 스승으로 삼았다. 영공이 병이 들자 고후가 아를 맞이하여 제후로 세우려 했다. 그런데 영공이 서거하자 최저崔杼가 광을 다시 제후의 자리에 앉히고, 고후를 죽여버렸다. 이는 중자의 말을 듣지 않아서 화가 여기에 미친 사건이다.

군자가 말하기를 "중자는 사리에 밝았다"고 했다. 『시경』에서 "내 말을 듣는다면 아마도 큰 후회가 없을 것이네"라고 한 것은 중자를 두고 한 말이다.

송을 지어 칭송하다.
제나라 영공의 부인 중자는 어질고도 지혜로웠다네.
영공이 자신의 아들 아를 태자로 세우고
성희가 낳은 광을 폐하려 하자
적자를 폐하면 상서롭지 못하다고 완강히 반대했네.
영공이 이 말 듣지 않으니 과연 재앙이 내리고 말았네.

齊靈仲子[1]者, 宋侯[2]之女, 齊靈公[3]之夫人也. 初靈公娶于魯聲姬[4]生子光.[5] 以爲太子. 夫人仲子與其娣戎子, 皆嬖于公. 仲子生子牙. 戎子請以牙爲太子代光, 公許之. 仲子曰, "不可. 夫廢常[6]不祥. 聞諸侯之難失謀. 夫光之立也, 列于諸侯矣. 今無故而廢之, 是專細諸侯, 而以難犯不祥也. 君心悔之." 公曰, "在我而已." 仲子曰, "妾非讓也. 誠禍之萌也." 以死爭之. 公終不聽. 遂逐太子光. 而立牙爲太子, 高厚[7]爲傅. 靈公疾. 高厚欲迎牙. 及公薨. 崔杼[8]立光而殺高厚. 以不用仲子之言, 禍至於此.

君子謂, "仲子明於事理." 詩云, "聽用我謀, 庶無大悔."[9] 仲子之謂也.

頌曰, "齊靈仲子, 仁智顯明. 靈公立牙, 廢姬子光. 仲子强諫, 棄嫡不祥.

公旣不聽, 果有禍殃."

---

1 仲子(중자): 중자에 대한 기사가 『좌전』과 『사기』 어디에도 보이지 않는 것으로
보아, 사람 이름이 아니라 첩의 관직명일 수 있다.(山崎純一, 『열녀전』, 358쪽)

2 宋侯(송후): 송宋은 춘추 12국 중 하나로 은주殷周 혁명 이후 주왕紂王의 서형
庶兄 미자계微子啓를 분봉한 자성子姓의 나라다. 허난 성 동부, 안후이 성 서부,
산둥 성 서남부에 걸쳐 있었다. 제 영공靈公 때 송나라는 공공共公과 평공平公의
시대였지만, 중자의 아버지가 누구인지는 알려져 있지 않다.

3 齊靈公(제 영공): 춘추시대 제나라 군주. 기원전 582~기원전 554년까지 27년
간 재위. 영공의 최대 실정失政은 후계자의 변경이라고 한다.(『좌전』 양공 19년)

4 魯聲姬(노성희):「얼폐전」 '제영성희'에도 나온다.

5 光(광): 제나라 장공莊公으로 기원전 554년에서 기원전 548년까지 5년간 재위
했다. 태자에서 폐위되었던 자신을 복위시켜 임금으로 만들어준 최저崔杼의 아름
다운 처 동곽강을 희롱하여 피 살된 암군暗君.「얼폐전」 '제동곽강齊東郭姜'에서
자세히 소개된다.

6 常(상): 제후의 적자嫡子가 대를 이어야 한다는 종법 제도의 왕위 계승 원칙의
상도常道를 뜻한다.

7 高厚(고후): 제나라 대부로 기원전 554년까지 살았다. 원래 태자 광의 태부였는
데, 광이 폐위되자 새로운 태자 아牙의 태부가 되었다. 최저에 의해 살해되었다.

8 崔杼(최저): 제나라의 대부로 기원전 547년에 죽었다. 장공莊公을 시해하고, 경
공景公을 세움으로써 자신은 재상이 되었다.「얼폐전」 '제동곽강'에 소개된다.

9 『시경』「대아」 '억'에 나오는 구절이다.

9편

노나라 장손의 어머니 魯臧孫母

　　장손臧孫의 어머니란 노魯나라 대부 장문중臧文仲의 어머니를 말한다. 문중이 노나라의 사신으로 제齊나라에 가게 되었다. 그의 어머니가 문중을 전송하며 다음과 같이 말했다. "너의 성품은 모질고 인정이 없다. 남한테 힘을 써서 네 멋대로 하길 좋아하고, 빈궁한 사람에게 위세를 부린다. 노나라에서 너를 탐탁지 않게 여겼기 때문에 제나라에 보내는 것이다. 좋지 않은 일이 일어나 반드시 네게 재앙이 닥칠 것이다. 너를 해치려는 사람은 너의 이러한 좋지 않은 점을 문제로 삼을 것이다. 너는 이것을 경계해야 한다. 노나라와 제나라는 국경을 접하고 있는 이웃 나라다. 노나라의 총애 받는 신하 가운데 너를 미워하는 사람이 많은데, 게다가 그들은 제나라의 고자高子, 국자國子와 친분이 있다. 이들은 반드시 너를 잡아 가두고 노나라를 공격해올 것이다. 그것을 피하기는 어려울 게다. 너는 꼭 은혜를 베풀어야 하는데, 그래야만 도움을 받아 나올 수 있을 것이다."

　　그러자 장문중은 은밀히 노나라의 삼가三家, 즉 맹손씨孟孫氏·숙손씨叔孫氏·계손씨季孫氏에게 뒷일을 맡기고 사대부와 두터운 관계를 맺은 후 제나라로 떠났다. 제나라는 과연 그를 잡아 가두고, 군사를 일으켜 노나라를 공격하려 했다. 장문중은 몰래 사람을 시켜 노나라 공에게 글을 보냈다. 그 글을 제나라에서 가로챌까봐 본래의 뜻을 숨기고 은어를 사용했다. "작은 그릇을 거두어 작은 단지 안에 넣으시오. 사냥개를 잘 먹이고 양가죽 옷을 만드시오. 거문고의 화음이 몹시도 그립습니다. 착한 나의 양에게는 어미가 있습니다. 저는 동어同魚를 먹고 있습니다. 갓끈은 모자라지만 허리띠는 충분합니다."

이 편지를 받은 공과 대부들은 장문중이 보낸 편지 내용이 무슨 뜻인지를 밝혀보려 했지만 도저히 알 수 없었다. 어떤 사람이 말하기를 "장손의 어미는 세록을 받는 집안의 딸이었습니다. 임금께서 시험 삼아 불러서 물어보시지 않겠습니까?"라고 했다. 그래서 노나라의 군주는 장손의 어머니를 불러서 물었다. "나는 장자臧子를 제나라에 사신으로 보냈습니다. 지금 특서가 왔는데 이게 무슨 뜻입니까?" 그러자 장손의 어머니는 편지를 읽고 눈물로 옷깃을 적시면서 말했다. "지금 제 아들이 잡혀서 감옥에 있습니다." 임금이 물었다. "그걸 어떻게 아십니까?" 장문중의 어머니가 말했다. "작은 그릇을 거두어 이것을 작은 단지 속에 넣으라는 말은 성 밖의 백성을 성안으로 데려오라는 뜻입니다. 또 사냥개를 잘 먹이고 양가죽 옷을 만들라고 하는 것은 전투에 나갈 군사들을 잘 먹이고 갑옷과 무기를 잘 정비해두라는 말입니다. 거문고의 화음이 몹시 그립다 함은 처를 생각한다는 것입니다. 착한 나의 양에게는 어미가 있다 함은 처에게 어머니를 잘 모시라고 한 것입니다. 그리고 그가 동어同魚를

먹고 있다는 말은 동同이란 착錯이고, 착은 곧 줄이며, 줄은 톱니를 가는 연장이고, 톱니는 나무를 자르는 연장입니다. 곧 나무를 다듬어 옥에 가져다 두었다는 뜻이 됩니다. 갓끈은 모자라는데 허리띠는 여유가 있다는 것은 머리칼이 산발인데도 머리를 빗을 빗이 없다는 뜻이며, 먹을 것이 없어서 배를 주리고 있다는 뜻입니다. 그래서 저는 아들이 옥에 갇혀 나무 형틀을 쓰고 있다는 사실을 알 수 있습니다."

노나라는 장문중 어머니의 말에 따라 국경에 군사를 배치했다. 과연 제나라의 군대가 노나라 국경을 습격해왔다. 그러나 노나라의 병사들이 국경에 배치되었음을 알고는 곧 군사를 거두고 장문중을 돌려보냈다.

군자가 말하기를 "장손의 어머니는 높고 멀리 내다보는 식견이 있었다"고 했다. 『시경』에서 "푸른 산에 올라 어머니 계신 곳 바라보네"라고 한 것은 이를 두고 한 말이다.

　　송을 지어 칭송하다.
　　장손의 어머니, 위세 부리는 자식을 나무라네.
　　아들에게 닥칠 재앙 미리 알고 벗어날 길 찾으라 했네.
　　세 집안과 두터운 관계 맺었는데, 과연 장손 제나라에 갇혔다네.
　　어머니가 아들 편지 풀이하니
　　그 아들 마침내 돌아오게 되었다네.

臧孫母者, 魯大夫臧文仲[1]之母也. 文仲將爲魯使至齊. 其母送之曰, "汝刻而無恩. 好盡人力, 窮人以爲威. 魯國不容子矣, 而使子之齊. 凡奸將作,必於變動. 害子者, 其於斯發事乎. 汝其戒之. 魯與齊通壁. 壁隣之國也. 魯之寵臣, 多怨汝者. 又皆通于齊高子國子. 是必使齊圖魯, 而拘汝留之. 難乎其免也. 汝必施恩布惠, 而後出以求助焉." 於是, 文仲託陰于三家,[2] 厚士大夫, 而後之齊. 齊果拘之而興兵, 欲襲魯.

文仲陰使人遺公書. 恐得其書, 乃謬其辭曰. "斂小器, 投諸臺. 食獵犬, 組羊裘. 琴之合, 甚思之. 臧我羊, 羊有母. 食我以同魚,[3] 冠纓不足, 帶有餘." 公及大夫 ___, 相與議之, 莫能知之. 人有言, "臧孫母者, 世家子也. 君何不試召而問焉." 於是, 召而語之曰, "吾使臧子之齊. 今特書來云爾何也." 臧孫母泣下襟曰, "吾子拘有木治矣." 公曰, "何以知之." 對曰, "'斂小器, 投諸臺'者, 言取郭外萌, 內之於城中也. '食獵犬, 組羊裘'者, 言趣饗戰鬪之士, 而繕甲兵也. '琴之合, 甚思之'者, 言思妻也. '臧我羊, 羊有母'者, 告妻善養母也. '食我以同魚', 同者其文錯. 錯者所以治鋸, 鋸者所以治木也. 是有木治, 保于獄矣. '冠纓不足, 帶有餘'者, 頭亂不得梳, 飢不得食也. 故知, 吾子拘而有木治矣." 於是, 以臧孫母之言, 軍于境上. 齊方遣兵, 將以襲魯. 聞兵在境上, 乃還文仲而不伐魯.

君子謂. "臧孫母, 識高見遠." 詩云, "陟彼屺兮, 瞻望母兮."[4] 此之謂也.

頌曰 "臧孫之母 刺子好威. 必且遇害 使援所危. 旣厚三家 果拘于齊. 母說其書 子遂得歸."

---

1 臧文仲(장문중): 성이 장손臧孫이며 이름이 문중文仲이다. 춘추시대 노나라 대부다. 공자는 장문중이 노나라 대부로 있으면서 유하혜를 천거하지 않았던 사실을 비판한 바 있다. 子曰, 臧文仲, 其竊位者與, 知柳下惠之賢, 而不與立也.(『논어』 「위 영공」)

2 三家(삼가): 노나라의 실력자 맹손씨孟孫氏·숙손씨叔孫氏·계손씨季孫氏를 말한다.

3 同魚(동어): 동同은 동銅과 통하는데, 동어銅魚란 관棺를 장식하는 것으로 갇혀서 굶주려 죽을 지경이라는 뜻이다.

4 『시경』「위풍魏風」'척호陟岵'에 나오는 구절이다.

10편

진나라 양설자의 처 숙희 晉羊叔姬

숙희叔姬는 양설자羊舌子의 처이며, 숙향叔向과 숙어叔魚의 어머니다. 성은 양楊씨다. 숙향의 이름은 힐肹이고, 숙어의 이름은 부鮒다. 양설자는 정직했지만 진晉나라 조정의 그렇지 못한 사람들은 그를 인정하지 않았다. 그래서 그는 진의 도읍에서 벗어나 세 가구 정도밖에 되지 않는 호수가 작은 읍으로 옮겨와서 살고 있었다. 그 읍 사람들이 길 잃은 양을 훔쳐 그에게 보내왔다. 그러나 양설자는 받지 않았다. 부인 숙희가 양설자에게 말했다.

"당신은 진晉의 조정에서 인정받지 못해서 그곳을 떠나 이 작은 마을에 이사 와 살고 있습니다. 또 이곳에서도 옳은 것만 고집하여 이 마을 사람들에게 받아들여지지 않는다면 당신은 아무 일도 하지 못하게 될 것입니다. 받아두는 것이 더 낫지 않겠습니까?" 아내의 말을 옳다고 여긴 양설자는 양고기를 받았다. 그러고는 "아이들에게나 삶아주시오"라고 하자 숙희가 말했다. "안 됩니다. 남쪽 나라에 건길乾吉이라는 새가 있었다고 합니다. 그 새는 자기 새끼까지 잡아먹을 정도로 아무 고기나 가리지 않고 닥치는 대로 먹었다고 합니다. 그러니 새끼는 클 수가 없었겠지요. 우리 아들 힐과 부는 아직 어렵습니다. 당신이 하는 것을 보고 그대로 본받아 커 갈 것입니다. 그러니 의롭지 않은 고기를 먹일 수는 없습니다. 묻어두어서 우리 아이들에게 먹이지 않았음을 분명히 하는 것이 좋을 듯합니다."

그래서 옹기에 담아 화덕 깊숙이 묻었다. 그 후로 2년이 지나자 양을 훔친 사실이 발각되어 도읍에서 관리가 조사를 나왔다. 양설자가 말하기를 "내가 받은 건 사실이지만 먹지는 않았습니다"라고 하고, 묻어두었던 양을 꺼내니 뼈가 고스란히 남아 있었다. 조사를 나왔던 관리가 "양설자는 과연 군자이십니다. 양을 훔친 일에 가담하지 않으셨군요"라고 말했다.

군자가 말하기를 "숙희는 해로운 일을 미연에 방지하고 의심을 사지 않도록 경계했다"고 했다. 『시경』에 "어두우니 아무도 나를 못 볼 것이라 말하지 말라"고 한 것은 이를 두고 한 말이다.

숙향이 신공申公 무신巫臣씨의 딸에게 장가들려고 했다. 그 여인은 하희夏姬의 딸인데 아름답고도 화려했다. 반면에 어머니 숙희는 그녀의 친정 쪽으로 아들을 장가보내려 했다. 그러자 숙향이 말했다. "어머니의 친척은 귀족이면서도 서자가 없습니다. 이것은 여자들의 질투가 심했기 때문입니다. 그래서 저는 외가를 못마땅하게 생각합니다." 이에 숙희가 이렇게 말했다.

"자령子靈의 처 하희라는 여자는 세 남편과 한 군주, 한 자식을 죽였다. 또 한 나라와 경의 지위에 있는 두 사람을 망하게 했다. 네가 그 사람을 비판하지 않고 도리어 나의 친정 쪽을 못마땅하게 여기는 이유가 무엇이냐? 또한 나는 '뜻밖의 행운을 얻은 자는 뜻밖의 화를 당하며, 매우 아름다운 것은 반드시 아주 추악함을 갖고 있다'고 들었다. 하희는 정鄭나라 목공穆公의 젊은 비妃 요자姚子의 딸이자 자학子貉의 동생이다. 자학이 일찍 죽고 동생이 없었는데 하늘이 하희와 같은 미인을 내려주신 것이다. 장차 이 아름다운 하희 때문에 큰 재앙이 있을 것이다. 옛날에 유잉有仍씨가 딸을 낳았는데 머리칼이 칠흑같이 검고 아름다웠다. 미모가 다른 이보다 뛰어났으니 사람들은 그녀를 참으로 아름답다고 여겼다. 뒤에 악정기樂正夔가 그녀에게 장가들어 백봉伯封을 낳았다. 그런데 백봉은 지나치게 욕심이 많았다. 화를 내며 달려들면 아무도 말릴 수 없었고 탐하는 것이 한이 없었다. 사람들은 그를 큰 돼지라고 불렀다. 결국 유궁有窮의 후예인 예羿가 그를 멸망시켰다. 악정기도 이 때문에 죽어서 제사도 못 받는 신세가 되고 말았다. 또 하·은·주 삼대가 망한 것과 진晉의 태자 신생申生이 물러난 것은 다 이러한 미인 때문이었다. 그런데 너는 어째서 그런 여자에게 장가들려 하느냐? 대개 미모를 가지고 있으면 충분히 사람을 움직일 수 있다. 그렇지만 진실한 덕과 의로써 행동하지 않으면 반드시 화를 자초할 것이다."

숙향이 두려워 감히 무신씨에게 장가들지 못했는데 평공平公의 강압에 의해 마지못해 혼인하게 되어 양식아楊食我를 낳았다. 식아를 백석佰碩이라고도 불렀다. 백석이 태어날 때 출산을 돕던 사람이 숙희에게 와 "맏며느리께서 사내아이를 낳았습니다"라고 알리자 숙희가 그 아이를 보러 갔다. 문 앞에서 그 울음소리를 듣고 돌아서며 "승냥이와 이리의 소리로다. 이리는 야심이 있으니 장차 양설羊舌씨를 망하게 할 자는 바로 이 아이일 것이다"라고 말했다. 숙희는 끝내 그 아이를 보려 하지 않았다. 식아가 성장하여 기승祁勝과 손을 잡고 난을 일으켰다. 진晉나라 사람이 식아를 죽였는데, 양설씨의 집

안은 결국 이 때문에 멸망했다.

군자가 말하기를 "숙희는 어떤 사실을 보고 미래를 유추할 수 있었다"고 했다. 『시경』에서 "저 흐르는 샘물처럼 다 같이 망하게 되는 일이 없기를"이라고 한 것은 이를 두고 한 말이다.

이전에 숙어가 태어날 때, 숙희가 아이를 보고는 이렇게 말하며 다시 보려하지 않았다. "호랑이 눈에 돼지 입, 솔개의 어깨에 소의 배를 닮았구나. 커다란 골짜기나 구덩이는 채울 수 있겠지만, 저 아이의 욕심은 채울 수가 없을 것이니 필시 뇌물 때문에 죽을 것이다." 숙어가 성장하여 어떤 이를 대신해 나라의 재판 일을 맡게 되었다. 당시 형후刑侯와 옹자雍子가 전답 문제로 소송을 일으켰다. 이때 옹자는 숙어에게 여자를 들여보내서 재판을 유리하게 이끌었다. 이에 형후는 숙어와 옹자를 죽였다. 진晉나라의 경卿 한선자韓宣子가 이 사건을 놓고 어떻게 처리할까 고심했다. 숙어의 형 숙향이 "세 사람이 저지른 죄는 똑같습니다. 살아 있는 자는 죽이고, 이미 죽은 자는 육시戮屍를 해야 합니다"라고 청했다. 따라서 형후씨의 일족은 처형되고 숙어와 옹자의 시체는 저잣거리에 전시되었다. 숙어는 결국 욕심 때문에 죽은 것이다.

군자가 말하기를 "숙희는 지혜롭다고 할 만하다"고 했다. 『시경』에 "탐욕이 있는 사람은 일족을 망하게 한다"고 하니, 이를 두고 한 말이다.

송을 지어 칭송하다.
숙향의 어머니는 성정性情을 살필 줄 알았네.
태어나는 것을 보고 그 운명을 궁구했으니

숙어와 식아가 탐욕스럽고 올바르지 못하니

반드시 재물로 죽을 것이라 했거늘 과연 그렇게 되었다네.

叔姬者,[1] 羊舌子[2]之妻也, 叔向叔魚之母也. 一姓楊氏,[3] 叔向名肸.[4] 叔魚
名鮒.[5] 羊舌子好正, 不容于晉. 去而之三室之邑. 三室之邑人, 相與攘羊而
遺之. 羊舌子不受. 叔姬曰, "夫子居晉不容, 去之三室之邑. 又不容于三室
之邑, 是於夫子不容也. 不如受之." 羊舌子受之曰, "爲肹與鮒亨之." 叔姬
曰, "不可. 南方有鳥, 名曰乾吉. 食其子, 不擇肉. 子常不遂. 今肹與鮒童子
也. 隨大夫而化者. 不可食以不義之肉. 不若埋之, 以明不與." 於是, 乃盛
以甕, 埋墟陰. 後二年, 攘羊之事發. 都吏至. 羊舌子曰, "吾受之, 不敢食
也." 發而視之, 則其骨存焉. 都吏曰, "君子哉, 羊舌子. 不與攘羊之事矣."
君子謂, "叔姬爲能防害遠疑." 詩曰, "無曰不顯, 莫予云覯."[6] 此之謂也.

叔向欲娶于申公巫臣氏. 夏姬之女.[7] 美而有色. 叔姬欲娶其族. 叔向曰,
"吾母之族, 貴而無庶,[8] 吾懲舅氏矣." 叔姬曰, "子靈之妻, 殺三夫一君一
子, 而亡一國兩卿矣.[9] 爾不懲此而反懲吾族, 何也. 且吾聞之, '有奇福者,
必有奇禍. 而有甚美者, 必有甚惡.' 今是鄭穆[10]少妃姚子之子, 子貉[11]之妹
也. 子貉早死無後, 而天鐘美于是. 將必以是大有敗也. 昔有仍氏生女. 髮
黑而甚美, 光可監人. 名曰玄妻. 樂正夔娶之, 生伯封. 宕有豕心. 忿惏毋期,
貪戾毋饜, 謂之封豕. 有窮后羿滅之. 夔是用不祀. 且三代之亡, 恭太子之
廢, 皆是物也. 汝何以爲哉. 夫有美物, 足以移人. 苟非德義則必有禍也."
叔向懼而不敢娶, 平公[12]强使娶之, 生楊食我.[13] 食我號曰伯碩. 伯碩生時,
侍者謁之叔姬曰, "長姒産男." 叔姬往視之. 及堂聞其號也, 而還曰, "豺狼
之聲也. 狼子野心, 今將滅羊舌氏者, 必是子也." 不遂肯見. 及長, 與祁勝
爲亂. 晉人殺食我. 羊舌氏由是遂滅. 君子謂, "叔姬爲能推類." 詩云, "如

彼泉流, 無淪胥以敗." 此之謂也.

叔姬之始生叔魚也, 而視之曰, "是虎目而豕啄, 鳶肩而牛腹. 谿壑可盈, 是不可饜也. 必以賂死." 遂不見. 及叔魚長, 爲國贊理. 邢侯與雍子爭田. 雍子入其女於叔魚, 以求直. 邢侯殺叔魚與雍子于朝. 韓宣子患之. 叔向曰 "三姦[14]同罪. 請殺其生者, 而戮其死者." 遂族邢侯氏, 而尸叔魚與雍子于市. 叔魚卒以貪死. 君子曰, "叔姬可謂智矣." 詩云, "貪人敗類."[15] 此之謂也.

頌曰, "叔向之母, 察于情性. 知人之生, 以窮其命. 叔魚食我, 皆貪不正. 必以貨死, 果卒分爭."

---

1 叔姬(숙희):『국어』「진어晉語」와『좌전』민공閔公 2년 12월에 보이는데, 그녀는 진晉 헌공獻公 때 양설대부羊舌大夫의 아들 양설직羊舌職의 처다.『좌전』양공 21년에 숙희가 한 말이 소개되어 있다.

2 羊舌(양설): 양설이란 식읍의 이름으로 보기도 하고, 훔친 양을 받지 않았던 이 고사에서 비롯된 이름으로 보기도 한다.

3 楊氏(양씨): 양楊은 숙향의 식읍에서 왔을 것이라고 했다.

4 叔向(숙향): 진晉의 평공平公과 소공昭公 때 외교와 내정에서 활약한 인물이다. 토지 소송에 휘말려 살해된 동생 양설부의 시신을 저잣거리에 내걸라고 한 사건을 두고 공자는 강한 결단력을 보였다고 칭찬한 바 있다.

5 叔魚(숙어): 아버지나 형과는 달리 지나친 탐욕으로 죽음을 자초한 인물로 기원전 528년 죽었다.

6 『시경』「대아」'억'에 나오는 구절이다.

7 申公巫臣(신공무신): 신공은 초나라에서 받은 봉호다. 그가 하희夏姬를 취하게 된 경위는「얼폐전」'진녀하희陳女夏姬'에 소개된다.

8 貴而無庶(귀이무서): 신분은 높으나 서자녀가 없다는 것은 그 집안의 부인들이 시기심이 많아 남편이 첩을 데리고 있는 것을 용납하지 않았다는 뜻이다. 따라서 숙향이 외가 쪽의 여자에게 장가들지 않겠다는 것이다.

9 三夫一君一子一國兩卿(삼부일군일자일국양경): 하희로 인해 망한 그녀의 세 남편은 자만子蠻·어숙御叔·양로襄老이고, 한 사람의 군주는 진陳 영공靈公이다. 영공은 하희의 아들 하징서를 놀리다가 살해되었다. 또 한 사람의 아들은 하징서로, 어머니로 인해 살해되었다. '일국一國'은 진陳나라이며 '양경兩卿'은 공손영孔孫寧

과 의행보儀行父를 가리킨다. 「열폐전」 '진녀하희'에 자세히 소개되어 있다.

10 穆公(목공): 춘추시대 정나라 제11대 군주로 기원전 627~기원전 606년까지 21년간 재위했다.

11 子貉(자학): 정 영공靈公의 아들이다.

12 平公(평공): 춘추시대 진晉나라 제31대 군주로 기원전 558~기원전 532년까지 26년간 재위했다. 그의 시대에 진이 조趙·한韓·위衛로 삼분되었다.

13 『시경』「소아」 '소민小旻'에 나오는 구절이다.

14 三姦(삼간): 세 명의 악한 자로 숙어·형후·옹자雍子를 말한다.

15 『시경』「대아」 '상유桑柔'에 나오는 구절이다.

11편

진나라 범씨의 어머니 晉范氏母

　　진晉나라 범씨范氏의 어머니는 범헌자范獻子의 아내다. 그의 세 아들이 조씨趙氏의 집에 놀러 갔다. 그때 마침 조간자趙簡子가 정원에서 승마를 즐기고 있었다. 정원에는 나무가 많았다. 조간자는 놀러 온 범씨의 세 아들에게 이 나무들을 어떻게 하면 좋겠냐고 물었다. 큰 아들이 말했다. "훌륭한 군주는 다른 사람의 의견을 물어보지 않고는 무슨 일을 하지 않습니다. 그러나 못난 군주는 누구의 의견을 묻지 않고 마음대로 일을 행합니다." 둘째 아들이 말했다. "말의 발을 아낀다는 것은 백성의 노고를 아끼지 않는다는 것이고, 반대로 백성의 노고를 아낀다는 것은 말의 발을 아끼지 않는다는 것입니다." 이에 막내아들은 이렇게 말했다.

　　"세 가지 덕으로 백성을 부릴 수가 있습니다. 가령 산에 있는 나무를 베라고 명령해도 백성들은 할 것입니다. 먼저 정원을 개방하여 나무를 베게 하는 것입니다. 저 산은 멀고 정원은 가까이에 있으니 이것이 백성에게 하나의 기쁨이 될 것입니다. 또 험한 산이 아닌 평지의 나무를 베게 하는 것이 두 번째 기쁨이 될 것입니다. 다 베고 나서 백성에게 싼 값으로 판다면 백성에게 세 번째 기쁨이 될 것입니다." 조간자는 범씨의 막내아들 말을 듣고서 그대로 시행했다. 과연 백성들이 기뻐했다. 막내아들은 자신이 내놓은 건의가 못내 자랑스러워 돌아와 어머니에게 이러한 일을 알렸다. 어머니는 심하게 탄식하면서 말했다. "범씨 집안을 망하게 할 자는 바로 이 아이로구나. 공로를 떠벌려 자랑하면 인을 베풀기 어려운 법이다. 거짓으로 남을 속이는 자는 오래 살지 못할 것이다." 과연 그 후 지백智伯이 범씨의 집안을 멸망시켰다.

군자가 말하기를 "범씨의 어머니는 난의 원인을 알고 있었다"고 했다. 『시경』에 "선조를 욕되게 하지 않으면 네 자손이 구원을 받으리라"고 한 것은 이것을 두고 한 말이다.

송을 지어 칭송하다.
범씨의 어머니는 덕을 귀하게 여기며 신의를 숭상했네.
막내아들이 말한 세 가지 기쁨이란 거짓으로 백성을 동원하는 것.
장차 멸망할 줄 알았던 까닭은
그것으로 인을 베풀기는 힘들기 때문.
뒤에 과연 화를 만나 자신은 죽고 나라는 나누어 지고 말았다네.

晉范氏母者, 范獻子[1]之妻也. 其三子遊于趙氏. 趙簡子[2]乘馬園中. 園中多株. 問三子曰, "奈何" 長者曰, "明君不問不爲. 亂君不問而爲." 中者曰, "愛馬足, 則無愛民力, 愛民力, 則無愛馬足." 少者曰, "可以三德使民. 設令伐株于山, 將有爲也. 已而開圍示之株. 夫山遠而圍近, 是民一悅矣. 去險阻之山, 而伐平地之株, 民二悅矣. 旣畢而賤賣, 民三悅矣." 簡子從之. 民

果三悅. 少子伐其謀, 歸以告母. 母喟然歎曰, "終滅范氏者, 必是子也. 夫伐功施勞, 鮮能布仁. 乘僞行詐, 莫能長久." 其後, 智伯[3]滅范氏. 君子謂, "范氏母爲知難本." 詩曰, "無忝皇祖, 式救爾後."[4] 此之謂也.

頌曰, "范氏之母, 貴德尙信. 小子三悅, 以詐與民. 知其必滅, 鮮能有仁. 後果逢禍, 身死國分."

———

1 范獻子(범헌자): 춘추시대 진晉나라 육경 중 한 사람으로 아버지는 범선자范宣子다.

2 趙簡子(조간자): 진나라 육경 중 한 사람으로 제후에 맞먹는 세력을 장악했다. 「변통전辨通傳」 '조진여연趙津女娟'에도 나온다.

3 智伯(지백): 진나라 육경 중 한 사람이다. 진 출공出公 17년(기원전 458)에 조·한·위와 함께 범씨와 중항中行씨를 멸하고, 진나라 땅을 분할한 주모자다. 남의 땅을 나눠 가진 사실을 출공에게 보고하지 않아 노한 출공이 제나라와 노나라에 이들 사경四卿을 토벌해줄 것을 요청했다가 도리어 축출되었다. 지백은 애공哀公을 세워 실권을 장악했으나 애공 4년에 피살되었다. 조·한·위는 나중에 전국 칠웅의 반열에 올랐다.

4 『시경』 「대아」 '첨앙瞻仰'에 나오는 구절이다.

12편

노나라 공승의 누이 魯公乘姒

노魯나라 공승公乘의 누이란 노나라 공승자피公乘子皮의 누이를 말한다. 자피의 자형이 세상을 떠나자 누이가 매우 슬퍼 통곡했다. 자피는 통곡하는 누이를 위로하며 "누님, 너무 슬퍼하지 마십시오. 제가 당장 누님의 개가를 주선하겠습니다"라고 말했다. 상기喪期가 끝났지만 자피는 누이의 개가 문제를 다시 거론하지 않았다. 훗날 노나라의 군주가 자피를 재상으로 삼으려고 하자 자피는 누이에게 의논했다. "노나라 군주가 저를 재상으로 삼으려 하는데 받아들여야 할까요?" 그런데 누이는 "안 된다"고 했다. 자피가 그 까닭을 묻자 누이가 말했다. "내가 남편의 상을 당했을 때 자네는 내게 개가시켜 주겠다고 했다. 이 하나만 보더라도 자네는 그 어떠한 예禮도 실천할 수 없을 것이다. 그 후 상기가 끝났음에도 이 문제를 다시 거론하지 않았다. 이 한 가지만 보더라도 자네는 인사人事를 잘 처리할 수 없는 사람이다. 자네는 안으로는 예를 행하지 않았고, 밖으로는 인사를 행하지 않았다. 그러니 재상이 되는 것은 가당치도 않다."

자피가 다시 물었다. "누님이 개가하실 생각이었다면 왜 진작 말하지 않았습니까?" 그러자 누이는 다시 말했다. "부인의 일이란 남이 말을 하면 거기에 그냥 따를 뿐이다. 내가 어찌 시집을 가고자 자네를 꾸짖을 수 있겠는가? 자네는 진실로 예를 실천하지 않았으며, 인사의 도리에도 통달하지 못했다. 이러한 능력으로 한 나라의 재상이 되어 정치하는 것이 어찌 이치에 맞겠는가? 비유를 하자면 눈을 가리고 흑백을 분간하려는 것과 같다. 눈을 가리고 흑백을 분간하는 것은 적어도 우환을 몰고 오지는 않을 것이다. 그런데 인간 사회의 실정에 통달하지 못한 사람이 재상이 되는 것은, 하늘이 벌을 내리지 않으면 다른 사람에게 반드시 화를 입을 것이네. 이것이 자네가 재상이 되지 말아야 할 이유라네." 자피는 누이의 말을 듣지 않았다. 결국은 재상 자리를 수락했는데, 재상이 된 지 얼마 지나지 않아서 과연 벌을 받아 죽었다.

군자가 말했다. "공승의 누이는 동생이 일을 처리하는 모습을 보고 동생이 화를 당할 것을 미리 알았다. 지혜롭다고 할 만하다. 예에 비추어 행동하되 구차히 감정에 구애되지 않았으니 정貞하다고 할 수 있다." 『시경』에 "마른 나무 잎새여, 마른 나무 잎새여! 바람이 너를 날려 보낼라. 남자들이여! 그대들이 노래하면 내 화답하리다" 라고 하고, 또 "여러분의 생각은 내가 생각한 것만 못하오"라고 한 것은 이를 두고 한 말이다.

송을 지어 칭송하다.
자피의 누나는 사리에 밝고 예를 분별할 줄 알았기에
자피가 노나라 재상이 되면 화가 일어날 줄을 미리 알았네.
누나가 자피에게 재상을 맡지 않는 게 좋겠다 충고했으나 누나의 충고를 듣지 않아 마침내 일족의 수치가 되었구나.

魯公乘姒者, 魯公乘子皮[1]之姒也. 其族人死, 姒哭之甚悲. 子皮止姒曰,
"安之. 吾今嫁姉矣." 已過時, 子皮不復言也. 魯君欲以子皮爲相. 子皮問姒
曰, "魯君欲以我爲相, 爲之乎." 姒曰, "勿爲也." 子皮曰, "何也." 姒曰, "夫
臨喪而言嫁. 一何不習禮也. 後過時不言. 一何不達人事也. 子內不習禮,
而外不達人事. 子不可以爲相." 子皮曰, "姒欲嫁, 何不早言." 姒曰, "婦人
之事, 唱而後和. 吾豈以欲嫁之故數子乎. 子誠不習於禮, 不達於人事. 以此
相一國, 據大政, 何以理之. 譬猶揜目而別黑白也. 掩目而別黑白, 猶無患
也. 不達人事而相國, 非有天咎, 必有人禍. 子其勿爲也." 子皮不聽, 卒受
爲相. 居未期年, 果誅而死.

君子謂. "公乘姒緣事而知弟之遇禍也. 可謂智矣. 待禮然後動, 不苟觸
情, 可謂貞矣." 詩云, "蘀兮蘀兮, 風其吹汝. 叔兮伯兮, 唱予和汝."[2] 又曰,
"百爾所思, 不如我所之."[3] 此之謂也.

頌曰, 子皮之姉, 明事分禮. 子皮相魯, 知其禍起. 姉諫子皮, 殆不如止.
子皮不聽, 卒爲宗恥.

---

1 公乘子皮(공승자피): 노나라 재상으로 나오는데, 『좌전』과 『국어』 등에 나오지
않아 가공의 인물로 보인다.
2 『시경』 「정풍」 '탁혜蘀兮'에 나오는 구절이다.
3 『시경』 「용풍」 '재치載馳'에 나오는 구절이다.

【 13편 】

노나라 칠실읍의 여자 魯漆室女

칠실녀漆室女란 노魯나라 칠실읍漆室邑에 사는 여자이다. 나이가 지났음에도 아직 시집을 못 가고 있었다. 목공穆公 때의 일인데, 군주는 늙었고 태자는 아직 어렸다. 어느 날 그 노처녀는 기둥을 안고 슬피 울고 있었다. 곁에 있던 사람이 들으니 매우 참담했다. 처녀의 이웃에 사는 부인이 놀러 와서 이렇게 말했다. "저번 날 아가씨가 우는 것이 어찌 그렇게 비통하오? 당신이 시집을 못 가서인 것 같으니 내가 당신의 배필을 구해주겠소." 그러자 처녀가 말했다.

"애석도 합니다. 전에 나는 당신이 뭘 좀 안다고 여겼는데 그게 아니었군요. 내가 어찌 시집을 못 가 그렇게 슬퍼했겠습니까? 제가 슬퍼하는 것은 노나라의 군주는 이미 늙었는데도 태자가 아직 어리다는 사실에 있습니다." 이웃의 부인이 비웃으며 "그런 걱정은 노나라 대부나 하는 것이지 어찌 우리 같은 여자에게 해당할 일이오?" 라 했다. 칠실의 여자는 이렇게 대답했다.

"그렇지 않아요. 당신이 뭔가 잘못 알고 있는 것 같군요. 지난날 진晉나라에서 온 손님이 우리 집에 머무르면서 말을 정원에 매어두었지요. 그런데 매어둔 고삐가 풀리면서 말이 뛰어다니는 바람에 우리 채소밭을 밟아 못쓰게 만들었어요. 저는 그해가 다 지나가도록 채소 구경을 하지 못했지요. 또 이웃 여자가 어떤 남자와 눈이 맞아 집을 나간 적이 있었어요. 그러자 그 집에서 저의 오빠에게 쫓아가 잡아달라고 부탁했어요. 그때 마침 장맛비로 물이 불어나 세차게 흐르는 바람에 제 오빠가 물에 빠져 죽었습니다. 그때 그 사건으로 제게는 평생 오빠가 없지 않습니까? '황하의 물은 9리里를 적셔주지만 진창이 300보步'라는 말이 있습니다. 지금 노나라의 임금은 늙어 힘이 없고 태자는 아직 어려 세상 물정을 알지 못하니 우매한 자들이 날이 갈수록 더 설쳐대고 있습니다. 노나라에 환란이 생기면 군신君臣과 부자父子가 모두 그 치욕을 당할 것이며, 그 화가 서민과 백성에게까지 미칠 것입니다. 여자라고 유독 그 화를 피할 수가 있겠습니까? 나는 그 점을 깊이 걱정하는 것입니다. 아주머니께서는 여자는 그런 일에 관여할 바가 아니라고 하셨는데 그렇지 않습니다."

그러자 놀러온 이웃 여자는 "아가씨가 염려하는 것을 내가 잘 이해하지 못했군요"라며 사과했다. 그런 뒤 3년이 지나자 과연 노나라에 난리가 일어났다. 제齊나라와 초楚나라가 쳐들어와 노나라는 연달아 공격을 당했다. 이렇게 되니 남자는 전투에 차출되고 부인들은 물자를 운반하는 일에 동원되어 잠시도 쉴 새가 없었다.

군자가 말하기를 "칠실읍에 사는 여자는 사려가 깊어 멀리 내다볼 줄 아는구나"라고 했다. 『시경』에서 "나를 아는 자는 내 마음의 근심을 알고 나를 알지 못하는 자는 내가 무엇을 구하는 것인가를 말하네"라고 한 것은 이를 두고 한 말이다.

송을 지어 칭송하다.

칠실의 여자는 생각함이 매우 치밀했네.

노나라가 장차 어지러워질 줄 알고 기둥을 안고 슬피 울었다네.

임금은 늙고 태자는 어리니 간사한 자들이 일어날 것이라고.

과연 노나라는 난리에 휩싸여 제나라가 그 도성을 공격했다네.

漆室女者, 魯漆室邑[1]之女也. 過時未適人. 當穆公時, 君老太子幼. 女倚柱而嘯, 旁人聞之, 莫不爲之慘者. 其隣人婦, 從之遊, 謂曰, "何嘯之悲也. 子欲嫁耶, 吾爲子求偶." 漆室女曰, "嗟乎, 始吾以子爲有知. 今無識也. 吾豈爲不嫁不樂而悲哉. 吾憂魯君老, 太子[2]幼." 隣婦笑曰, "此乃魯大夫之憂. 婦人何與焉." 漆室女曰, "不然. 非子所知也. 昔晉客舍吾家, 繫馬園中. 馬佚馳走, 踐吾葵, 使我終歲不食葵. 隣人女, 奔隨人亡. 其家倩吾兄, 行追之. 逢霖水出, 溺流而死, 令吾終身無兄. 吾聞, '河潤九里, 漸洳三百步.' 今魯君老悖, 太子少愚. 愚僞日日起. 夫魯國有患者, 君臣父子, 皆被其辱, 禍及衆庶. 婦人獨安所避乎. 吾甚憂之. 子乃曰, 婦人無與者, 何哉." 隣婦謝曰, "子之所慮, 非妾所及." 三年, 魯果亂. 齊楚攻之, 魯連有寇. 男子戰鬪, 婦人轉輸, 不得休息. 君子曰, "遠矣, 漆室女之思也." 詩云, "知我者, 謂我心憂 不知我者, 謂我何求."[3] 此之謂也.

頌曰, "漆室之女, 計慮甚妙. 維魯且亂, 倚柱而嘯. 君老嗣幼, 愚悖姦生. 魯果擾亂, 齊伐其城."

---

1 漆室(칠실): 노나라의 읍명으로 나중에 한漢의 동해東海 난릉蘭陵에 속했던 차실次室과 춘추시대 주邾나라에 속해 있던 칠(향)漆(鄉) 중 하나라고 보고 있다. (山崎純一)

2 太子(태자): 뒤의 노나라 제30대 군주 공공共公이 되었는데, 기원전 377~기원
전 355년까지 22년간 재위했다.
3 『시경』「왕풍王風」'서리黍離'에 나오는 구절이다.

【 14편 】
위나라 곡옥의 노모 魏曲沃負

　　곡옥曲沃의 노모란 위魏나라 대부 여이如耳의 어머니다. 진秦나라
가 위魏나라를 공격하여 공자公子 정政을 위魏나라의 태자로 세웠
다. 위나라의 애왕哀王은 사자를 시켜 태자비妃를 물색하게 했는데,
그 여인은 뛰어난 미인이었다. 왕이 며느릿감의 미색에 반해 그만
자신의 후궁으로 삼으려 했다. 그러자 곡옥에 사는 노모가 아들 여
이에게 다음과 같이 말했다.

　　"왕이 분별없이 난잡하구나. 너는 어찌 그런 왕을 바로잡아 주지
않느냐? 지금은 전쟁의 국면이라 강한 자는 영웅이 되고 의로운 자
는 드러나게 되는 법이다. 그런데 위나라는 강하지도 못하고 왕 또
한 의롭지 못하다. 이러고서 어떻게 나라를 지킬 수 있겠느냐? 왕은
보통 수준이라 자신의 행위가 화근이 된다는 것을 알지 못한다. 네
가 임금에게 간하지 않으면 위나라는 반드시 화를 당할 것이다. 나
라에 화가 닥치면 우리 집에도 그 화가 미칠 것이다. 너는 진심 어린
충성심으로 말해야 하고, 충성심이 있어야 화를 없앨 수 있다. 시기
를 놓칠 수 없다."

그러나 여이는 왕에게 간할 기회를 갖지 못했다. 그런데 그는 때마침 제나라에 사신으로 가게 되었다. 이에 노모는 대궐 문까지 나아가 왕에게 "곡옥에 사는 늙은 아낙입니다. 가슴속에 품은 것이 있으니 왕께서 좀 들어주십시오"라고 글을 올렸다. 이에 왕은 노모를 불렀고, 노모는 다음과 같이 아뢰었다.

"저는 '남녀를 구별하는 것은 나라의 중요한 기틀이다'라고 들었습니다. 여자들이란 뜻이 견고하지 못하고 마음이 나약합니다. 그러니 잘못된 길로 들어서는 일이 없도록 해야 합니다. 이에 나이 열다섯이 되면 계례를 올리고 스무 살이 되면 시집을 보내 그 호칭을 정해주는 것이니, 이는 부인의 길을 걷게 하려는 것입니다. 또 예로써 맞이한 여자를 처라 하고, 정식의 예를 취하지 않고 그냥 데려오는 여자를 첩이라 하는 것은 선善을 권장하고 음淫을 방지하기 위해서입니다. 예절이 갖춰진 연후에 혼인을 허락하고 친영을 행한 후에 남편을 따라가는 것이 바로 정녀貞女의 옳은 길입니다. 지금 대왕께서는 태자의 비를 구하시고는 도리어 당신의 후궁으로 삼으려 하십니다. 이는 정녀의 행위를 훼손하는 것이며 남녀의 분별을 어그러뜨리는 일입니다. 예부터 성왕聖王은 반드시 배필을 바르게 맞이했습니다. 배필을 올바로 맞이하면 나라가 흥하고 올바로 맞이하지 않으면 나라가 망하게 됩니다. 하夏나라가 흥성한 것은 우禹임금의 비 도산 때문이었고, 망하게 된 것은 걸왕桀王의 비 말희末喜 때문입니다. 또 은殷나라가 흥하게 된 것은 탕왕의 비 유신有莘 덕분이었고, 망하게 된 것은 주왕紂王의 비 달기妲己 때문이었습니다. 주周나라의 경우도 문왕의 비 태사로 일어났고, 유왕幽王의 비 포사褒姒로 망하게 되었습니다. 주나라의 강왕康王은 부인이 늦게 잠자리에서 일어나자 「관저關雎」라는 시를 지어 숙녀는 군자의 좋은 배필이어야 함을 알려준 것입니다. 저 저구雎鳩라는 새조차도 암수 나란히 누워 있는 것을 보지 못했다고 합니다. 남녀가 성장하면 두 사람이 예로써 합하니 부자의 관계가 생기고 군신의 관계가 이루어지는 것입니다. 그러므로 부부는 만물의 시작이 되는 것입니다. 군신과 부자, 부부 이 셋은 천하의 큰 줄기로 그 셋이 잘 다스려지면 나라가 안정됩니다. 만약 이 셋이 어지러우면 나라 역시 어지럽게 되는 법입니다. 지금 대왕께서는 인도人道의 시초를 어지럽히고 나라의 큰 기강을 버리려 하십니다. 지금 천하에는 대여섯 대국이 있습니다. 남쪽에는 강한 초楚나라와 서쪽으로는 횡포한 진秦나라가 있습니다. 그들의 틈바구니에 끼어 있는 우리 위魏나라는 간신히 그 명맥을 유지하고 있습니다. 왕께서는 이런 점을 염두에 두지 않고 분별없이 부자가 같은 여자를 갖겠다 하시니 대왕의 국정이 위태로울까봐 두렵습니다."

노모의 말을 들은 왕은 "그렇군요. 과인이 잘 몰랐소" 하고는 태자에게 비를 돌려주었다. 노모에게는 상금 30종鍾을 내리고 그의 아들 여이가 돌아오자 그에게 작위를 내려주었다. 애왕이 행동을 신중히 하고 스스로를 닦으며, 나라 일에 힘쓰니 제齊나라와 초楚나라 그리고 강한 진秦나라가 감히 도발하지 못했다.

군자가 말하기를 "위나라에 사는 노모老母는 예를 잘 알고 있었다"고 했다. 『시경』에서 "공경하고 공경하라. 오로지 하늘이 밝혀주실 것이네"라고 한 것은 이를 두고 한 말이다.

송을 지어 칭송하다.

위나라의 노모는 사리에 밝고 총명하여 애왕을 비판했네.

왕이 태자의 비를 자기 여자로 삼는 것은 예에 어긋난다 하여

대궐 문 앞에 나아가 예의 중요한 요점을 간하니

왕은 잘못을 고치고 스스로 노력하여 적의 침입을 봉쇄했도다.

曲沃負[1]者, 魏大夫如耳母也. 秦立魏公子政, 爲魏太子. 魏哀王[2]使使者
爲太子納妃. 而美, 王將自納焉. 曲沃負謂其子如耳曰. "王亂于無別. 汝胡
不匡之. 方今戰國, 强者爲雄, 義者顯焉. 今魏不能强, 王又無義. 何以持國
乎. 王中人也. 不知其爲禍耳. 汝不言則魏必有禍矣. 有禍必及吾家. 汝言以
盡忠, 忠以除禍. 不可失也." 如耳未遇閒, 會使于齊. 負因款王門而上書曰,
"曲沃之老婦也. 心有所懷, 願以聞於王." 王召入. 負曰. "妾聞 '男女之別,
國之大節也.' 婦人脆于志, 于心. 不可以邪開也. 是故, 必十五而笄, 二十嫁,
早成其號諡. 所以就之也. 聘則爲妻, 奔則爲妾. 所以開善遏淫也. 節成然
後許嫁, 親迎然後隨從, 貞女之義也. 今大王爲太子求妃, 而自納之于後宮.
此毁貞女之行, 而亂男女之別也. 自古聖王必正妃匹. 妃匹正則興, 不正則
亂. 夏之興也以塗山, 亡也以末喜. 殷之興也以有蘂, 亡也以妲己. 周之興也
以太姒, 亡也 以褒姒. 周之康王[3]夫人晏出, 關雎[4]起興思得淑女以配君子.
夫雎鳩之鳥, 猶未嘗見乘居[5]而匹處也. 夫男女之盛, 合之以禮則父子生焉,
君臣成焉. 故爲萬物始. 君臣父子夫婦三者, 天下之大綱紀也. 三者治則治,
亂則亂. 今大王亂人道之始, 棄綱紀之大. 大國五六, 南有强楚, 西有橫秦.
而魏國居其閒. 可謂僅存矣. 王不憂此, 而從亂無別, 父子同女. 妾恐大王
之國政危矣." 王曰, "然. 寡人不知也." 遂與太子妃, 而賞負三十鍾. 如耳還
而爵之. 哀王勤行自脩, 勞來國, 而齊楚强秦, 不敢加兵焉.

君子謂, "魏負知禮." 詩云, "敬之敬之, 天維顯思."[6] 此之謂也.

頌曰, "魏負聰達, 非刺哀王. 王納子妃, 禮別不明. 負款王門, 陳列紀綱.
王改自脩, 卒無敵兵."

---

1 曲沃負(곡옥부): 곡옥은 전국시대 위魏나라 땅이고, 부負는 노파라는 뜻이다.

2 魏哀王(위 애왕): 전국시대 위나라 군주로 기원전 319~기원전 296년까지 23년
간 재위했다. 이 시기에 곡옥을 시작으로 많은 성이 진秦에 의해 함락되었다.

3 周康王(주강왕): 주나라 제3대 왕으로, 26년간 재위했다.

4 關雎(관저): 『시경』 「주남周南」에 실린 편명이다. 젊은 남녀가 만나 서로 정을
나누고 혼인으로 이어지는 과정을 사계절 흐름에 따라 노래했다. 하지만『시경』연
구자들은 시의 작자나 배경, 시 속의 주인공에 대해 각기 다른 주장을 해왔다.

5 乘居(승거): 승乘은 숫자 2로 한 쌍을 말하는데, 두 사람이 나란히 있는 모습을
가리킨다.

6 『시경』 「주송周頌」 '경지敬之'에 나오는 구절이다.

【 15편 】
조나라 장수 괄의 어머니 趙將括母

조괄趙括의 어머니란 조趙나라의 장군 마복군馬服君 조사趙奢의 아내다. 진秦나라가 조나라를 공격해오니 조나라의 효성왕孝成王이 염파廉頗를 대신하여 조괄을 장수로 삼았다. 괄이 진영을 향해 떠나려 하자 괄의 어머니가 왕에게 상서를 올려 괄을 장수로 삼아서는 안 된다고 했다. 이에 임금이 그 까닭을 물었다. 괄의 어머니가 대답했다.

"전에 제가 괄의 아버지를 섬겼는데, 그 역시 장수였습니다. 그가 먹여 살리는 사람이 수십 명이었으며, 사귀는 사람은 수백 명을 헤아렸습니다. 대왕이나 왕실에서 선물을 내리면 모두 군대에서 일하는 사람이나 사대부에게 나눠줬습니다. 또 명령을 받는 날에는 집안일을 묻지 않았습니다. 그러나 지금 제 아들 괄이 갑자기 장수가 되어 동쪽을 향해 군 관계자를 조회하는데, 살펴보니 그들은 감히 괄을 쳐다보지도 못했습니다. 또 왕의 하사품은 모두 거두어 저장해놓았습니다. 그러고는 날마다 좋은 전답과 집을 사려고 궁궁하고 있습니다. 왕께서는 괄이 그 아버지를 닮았다고 생각하십니까? 그

仁智傳
—
271

들 부자는 서로 다르며 마음가짐도 각각 다릅니다. 제발 제 아들 괄을 장수로 보내지 마시옵소서." 이에 왕이 말했다. "괄의 어머니, 그만 하십시오. 나의 계획은 이미 결정이 났소." 다시 괄의 어머니가 물었다. "왕께서 끝내 그를 파견하시고, 또 만약 괄이 장수의 역할을 다하지 못한다면 어미된 저도 연좌되어 벌을 받아야 하는 것입니까?" 왕은 그렇지 않다고 대답했다. 괄은 결국 염파를 대신하여 장수가 되어 전장으로 떠났다. 한 달 정도 지난 뒤 조나라 군대는 패했고, 괄은 죽었으며 군사는 흩어졌다. 그러나 왕은 괄의 어머니에게 약속한 바가 있어서 그의 가족에게는 벌을 내리지 않았다.

군자가 말하기를 "괄의 어머니는 현명하고 지혜로웠다"고 했다. 『시경』에서 "이 늙은이는 성심으로 대하는데 젊은 친구 교만하기만 하네. 내 말이 망령되지도 않았는데 그대들은 내 걱정을 장난으로 받을 뿐이네"라고 한 것은 이것을 말한 것이다.

송을 지어 칭송하다.
효성왕이 괄을 등용하여 염파 대신 진秦을 물리치게 했네.
괄의 어머니 상서하여 전쟁에서 질 것을 경고했네.
괄의 등용을 말리지 못하니 자신에게 연좌죄 씌우지 말라 하네.
괄은 비록 장평長平에서 죽었지만 그의 처자는 목숨을 보존했네.

趙將馬服君趙奢[1]之妻, 趙括[2]之母也. 秦功趙. 孝成王[3]使括代廉頗[4]爲將. 將行, 括母上書言于王曰, "括不可使將." 王曰, "何也." 曰, "始妾事其父. 父時爲將, 身所奉飯者以十數, 所友者以百數. 大王及宗室所賜幣者, 盡以與軍吏士大夫. 受命之日, 不問家事, 今括一旦爲將, 東向而朝軍吏, 吏無敢仰視之者. 王所賜金帛, 歸盡藏之. 乃日日視便利田宅可買者. 王以爲若其父乎. 父子不同. 執心各各異. 願勿遣." 王曰, "母置之. 吾計已決矣." 括母曰, "王終遣之, 卽有不稱, 妾得無隨乎." 王曰, "不也." 括旣行代廉頗. 三十餘日, 趙兵果敗, 括死軍覆. 王以括母先言故, 卒不加誅.

　君子謂, "括母爲仁智." 詩曰, "老夫灌灌, 小子蹻蹻. 匪我言耄, 爾用憂謔."5 此之謂也.

　頌曰, "孝成用括, 代頗拒秦. 括母獻書, 知其覆軍. 願止不得, 請罪止身. 括死長平, 妻子得存."

1 趙奢(조사): 전국시대 조나라 명장이다. 기원전 270년에 진秦나라의 공격을 받은 한韓나라가 조나라에 구원을 요청하자 장수로 나가 진을 크게 격파한 공적을 세웠다. 그래서 마복군에 봉해졌다.
2 趙括(조괄): 조사의 아들로 소년 시절부터 병법을 공부하여 이론에서는 아버지보다 뛰어나 병법가로서의 명성을 얻었지만 그 실전 능력은 약했다고 한다. 기원전 260년에 죽었다.
3 孝成王(효성왕): 전국시대 조나라 군주다. 기원전 266~기원전 245년까지 21년간 재위했다. 진秦의 간계로 염파를 조괄로 대체하여 크게 패했다.
4 廉頗(염파): 전국시대 조나라 명장이다. 혜문왕 때 제나라를 정벌하여 상경上卿으로 추대되었고, 연燕을 격파하여 신평군信平君에 봉해졌다.
5 『시경』「대아」'판板'에 나오는 구절이다.

4부 | 정순전

貞順傳

1편

소남 사람 신씨의 딸 召南申女

소남신녀召南申女는 소남 지방 신申나라 사람의 딸이다. 신녀는 풍
酆으로 시집가기로 약속된 몸이었다. 그런데 신랑의 집에서 예를 갖
추지 않고 신부를 맞이하려 했다. 신녀는 중매한 사람에게 거절하
며 말했다.

"부부가 되는 것은 인륜의 시작이니 정확하지 않을 수 없습니다.
『전』에 이르기를 '근본이 올발라야 만물이 다스려지고, 아주 조금
만 어긋나도 그 차이는 천 리가 된다'고 했습니다. 그러므로 근본이
바로 서야 도가 생기고, 근원이 깨끗해야 흐름이 맑은 것입니다. 혼
인이란 가통을 이어 줄 적자를 낳아 선조를 계승하는 것으로 종묘
를 위해서 중요한 일입니다. 이렇게 중요한 예를 가벼이 여기고 제도
를 어기는 그 집으로 시집갈 수 없습니다."

그녀는 끝내 가지 않으려 했다. 그러자 신랑의 집에서 송사를 벌
여 법에 호소했다. 그러나 그녀는 예물과 예가 갖추어지지 않았다
는 이유로 절의節義를 고수하고 죽음을 무릅쓰면서 혼사에 응하지
않았다. 그리고 시를 지어 "비록 법에 호소했지만 나는 시집갈 수가

없네"라고 했다. 신랑 집의 예가 갖추어지지 않았음을 말한 것이다.

　군자는 그녀가 바른 부도婦道를 지니고 있다고 보았다. 이에 신녀의 행동을 들어서 칭찬하고 글로 전하여 본보기로 삼았다. 이것은 신부를 맞이함에 무례하지 않도록 하고, 색욕을 방지하기 위한 것이다. 또 말하기를 "비록 나를 고소했지만 당신을 따를 수 없어요"라고 한 것은 이를 두고 한 말이다.

　송을 지어 칭송하다.
　소남의 신녀는 한결같은 마음으로 자태를 닦았으나
　신랑 집 예가 갖추어지지 않자 끝내 따르지 않았네.
　죽음을 무릅쓰고 자기주장 내세우자 소송을 당하게 되었네.
　시를 지어 자신의 뜻 밝히니 후세가 칭송했네.

召南[1]申女者, 申[2]人之女也. 旣許嫁于酆.[3] 夫家禮不備, 而欲迎之. 女與其人言. "以爲夫婦者, 人倫之始也. 不可不正. 傳曰,[4] '正其本則萬物理, 失之毫釐, 差之千里.' 是以本立而道生, 源潔而流清. 故嫁娶者, 所以傳重承業, 繼續先祖, 爲宗廟主也. 夫家輕禮違制, 不可以行." 遂不肯往. 夫家訟之于理, 致之于獄. 女終以一物不具, 一禮不備, 守節持義, 必死不往. 而作詩曰, "雖速我獄, 室家不足. 言夫家之禮, 不備足也."[5] 君子以爲得婦道之義. 故擧而揚之, 傳而法之. 以絶無禮之求, 防淫慾之行焉. 又曰, "雖速我訟, 亦不女從."[6] 此之謂也.

　頌曰, "召南申女, 貞一脩容. 夫禮不備, 終不肯從. 要以必死, 遂至獄訟. 作詩明意, 後世稱誦."

1　召南(소남): 산시 성陝西省 치산岐山 서남에 위치했던, 소공석召公奭이 지배하던 남방의 제후국이다.

2　申(신): 주대周代의 국명으로 허난 성 난양南陽 북부에 위치했고, 백이伯夷의 후예로 강성姜姓이다.

3　酆(풍): 주대의 희성 국가로 풍豊으로 쓰기도 했다. 산시 성陝西省 시안西安 서남에 위치했는데, 한때 문왕 희창姬昌의 도읍이었으나 무왕 희발姬發이 호경으로 천도하면서 문왕의 십남十男 담계재의 영지가 되었던 곳이다.

4　傳曰(전왈): "『역전』에 나온다"(왕조원)고도 하고 "『역위통괘험易緯通卦驗』에 나온다"(양단)고도 했다. 그런데 현재의 "『역전』에는 이에 해당되는 말이 없으며, 『역위易緯』에는 있다"(소도관蕭道管)고 한다.

5　『시경』「소남召南」'행로行露'에 나오는 구절이다.

6　『시경』「소남」'행로'에 나오는 구절이다.

【 2편 】

송나라 공공의 부인 백희 宋恭伯姬

백희伯姬는 노魯나라 선공宣公의 딸이자 성공成公의 누이다. 그의 모친은 목강繆姜이다. 백희는 송宋나라 공공恭公에게 시집갔다. 공공은 친영을 행하지 않았지만, 백희는 부모의 명에 못 이겨 시집을 갔다. 송나라로 시집간 지 석 달이 지나 사당에 참배를 마치니 당연히 부부의 도를 행해야 했다. 그러나 백희는 공공이 친영을 행하지 않았다는 이유로 거절했다. 송나라에서 사람을 보내 노나라에 이 사실을 알리며 항의했다. 노나라에서는 대부 계문자季文子를 송나라로 보내 백희에게 부모의 명을 따르게 했다. 계문자가 명을 수행하고 돌아오니 노나라의 성공은 계문자에게 고마움의 표시로 향응을 베풀어 주었다. 그때 목강이 방에서 나와 계문자에게 재배하며 말했다. "대부께서 먼 길에 수고스럽게 저의 아이에게 명을 전해 주셨습니다. 선군을 잊지 않으시고 또 그 후사에게도 힘써주셨습니다. 나중에도 보살핌이 있기를 선군께서 원하셨습니다. 대부의 수고에 재배를 올립니다."

백희가 공공에게 시집간 지 7년이 되던 해에 공공이 세상을 떠나자 백희는 과부가 되었다. 경공 때의 어느 날 밤 백희의 궁에서 불이 났다. 주변에 있던 사람들이 달려가 "부인! 잠시 불을 피하십시오"라고 했다. 그러나 백희는 "부인은 보모保母와 부모傳母가 없이는 밤에 당을 내려갈 수 없는 법이오. 보모와 부모가 올 때까지 기다리겠소." 잠시 후 보모는 도착했으나 부모가 아직 이르지 못했다. 다시 좌우의 사람들이 "부인, 잠깐 불을 피하십시오"라고 했다. 백희는 "부인은 부모傳母를 대동하지 않으면 밤에 당을 내려갈 수 없는 법이오. 도리를 벗어나면서까지 사는 것은 도리를 지키다가 죽는 것만 못하오"라고 말했다. 그녀는 결국 불에 타 숨졌다.

『춘추』에서는 이 일을 상세히 기록하여 '현명한 백희'라고 하고, "부인은 정절을 실천한 자이다. 백희는 부도를 다했다"고 했다. 당시의 제후들이 이 소식을 듣고서 애도하지 않은 자가 없었다. 죽은 자를 살릴 수는 없지만, 손상된 재물은 원래대로 회복시킬 수 있다고 하여, 다 함께 단연澶淵에 모여 송나라가 당한 화재의 손실을 복구하기 위해 모금했다. 『춘추』에는 백희의 행동을 선행으로 기록했다.

군자가 말했다. "예에 부인은 부모를 대동하지 않으면 밤에 당을 내려설 수 없다. 어디를 가야할 때는 반드시 촛불을 밝혀야 한다는 것은 백희를 두고 한 말이다." 『시경』에서 "그대의 행동을 잘 삼가서 거동에 잘못이 없기를 바라네"라고 한 것은 백희가 법도를 잃지 않았음을 말한 것이다.

송을 지어 칭송하다.
백희의 마음은 오로지 예를 지키는 데 모아졌네.
밤에 궁중에 불이 나자 보모와 부모가 없다고

불에 타 죽으면서도 그 마음 변함 없었으니
『춘추』에서 현명하다 여겨 상세히 기록했구나.

伯姬者, 魯宣公[1]之女, 成公[2]之妹也. 其母曰繆姜.[3] 嫁伯姬于宋恭公.[4]
恭公不親迎. 伯姬迫于父母之命而行. 旣入宋[5]三月廟見.[6] 當行夫婦之道.
伯姬以恭公不親迎, 故不肯聽命. 宋人告魯. 魯使大夫季文子[7]如宋, 致命于
伯姬. 還復命. 公享之. 繆姜出于房, 再拜曰, "大夫勤勞于遠道, 辱送小子.
不忘先君以及後嗣. 使下而有知, 先君猶有望也. 敢再拜大夫之辱." 伯姬
旣嫁于恭公七年, 恭公卒, 伯姬寡. 至景公[8]時, 伯姬嘗遇夜失火. 左右曰,
"夫人少避火." 伯姬曰, "婦人之義, 保傅[9]不俱, 夜不下堂. 待保傅來也."
保母至矣, 傅母未至也. 左右又曰, "夫人少避火." 伯姬曰, "婦人之義, 傅
母不至, 夜不可下堂. 越義而生, 不如守義而死." 遂逮于火而死. 春秋詳錄
其事, 爲賢伯姬, 以爲婦人以貞爲行者也. 伯姬之婦道盡矣. 當此之時, 諸
侯聞之, 莫不悼痛. 以爲死者不可以生, 財物猶可復. 故相與聚會于澶淵,[10]
償宋之所喪. 春秋善之.

君子曰, "禮, 婦人不得傅母, 夜不下堂. 行必以燭, 伯姬之謂也." 詩云,
"淑愼爾止, 不愆于儀."[11] 伯姬可謂不失儀矣.

頌曰, "伯姬心專, 守禮一意. 宮夜失火, 保傅不備. 逮火而死, 厥心靡悔.
春秋賢之, 詳錄其事."

1 魯宣公(노 선공): 춘추시대 노나라 제20대 국군으로 기원전 609~기원전 591년
까지 17년간 재위했다.
2 魯成公(노 성공): 선공宣公의 아들로 춘추시대 노나라 제21대 국군이다. 기원전
591~기원전 573년까지 17년간 재위했다. 대국 진晉으로부터 굴욕적인 대우를 받

았지만 대진동맹책對晉同盟策을 견지하며 제·초에 대항해 노나라의 국세를 유지시킨 군주다.

3 繆姜(목강): 춘추시대 제나라 군주의 딸로 노나라 제20대 국군 선공宣公의 부인이며, 노魯 성공成公이 아들이며 송宋 공공의 부인 백희가 그녀의 딸이다. 목강穆姜으로 쓰기도 하는데, 「얼폐전」 '노선무강魯宣繆姜'에서 자세하게 소개된다.

4 宋恭公(송 공공): 춘추시대 송나라 제23대 국군으로 기원전 588~기원전 576년까지 12년간 재위했다.

5 入宋(입송): 백희가 송나라로 들어간 것은 노 성공 9년, 송 공공 7년인 기원전 582년의 일이다.

6 三月廟見(삼월묘현): 신부가 시집가서 3개월이 지나면 시집의 사당에 참배하여 시집의 일원이 되었음을 신고하는 의식인데, 그 지위를 확고히 하는 뜻이 있다. 『예기』「증자문曾子問」에 의식에 대한 설명이 나온다.

7 季文子(계문자): 노나라 대부 계손행보季孫行父를 가리킨다. 목강과 계손행보의 관계에 대해서는 「얼폐전」 '노선목강魯宣穆姜'에 자세하게 나온다.

8 宋景公(송 경공): 춘추시대 송나라 제26대 국군으로 기원전 516~기원전 469년까지 47년간 재위했다.

9 保傅(보부): 보모와 부모를 가리키는데, 귀족 여성을 기르고 가르치는 역할을 맡은 여성이다.

10 澶淵(전연): 허난 성 푸양濮陽 서남쪽에 있었던 호수.

11 『시경』「대아」'억'에 나오는 구절이다.

【 3편 】

위나라 임금의 미망인 衛寡夫人

부인은 제齊나라 임금의 딸이다. 위衛나라로 시집을 가던 도중 성문에 이르자 남편이 될 위나라 군주가 죽었다. 보모가 "돌아가는 것이 좋겠습니다"고 했으나 듣지 않고, 예정대로 위나라로 들어갔다. 삼년상을 마치자 죽은 남편의 동생이 왕위를 계승했다. 새 왕은 부인에게 "위나라는 소국이라서 두 부인이 용납되지 않습니다. 그러니 저와 부부가 되었으면 좋겠습니다"라고 청했다. 그러나 부인은 끝내 받아들이지 않았다. 그러자 위나라 군주는 제나라에 있는 부인의 형제들에게 도움을 청했다. 제나라의 형제들은 부인이 위나라 군주와 합하여 부부가 되었으면 한다는 뜻을 사람을 통해 전했다. 그러나 부인은 끝내 받아들이지 않고 시를 지어 자신의 뜻을 전했다.

> 내 마음 돌이 아니기에 굴릴 수 없고,
> 내 마음 돗자리가 아니기에 둘둘 말 수가 없네.

부인은 액운에 슬퍼하지 않고 영욕에 굽히지 않음으로써 자신을

다스릴 수 있었다. 또 자신이 한 말을 스스로 지킴으로써 어려움을 헤쳐나갈 수 있었다. 『시경』에 "어엿한 그의 용모는 아무것도 아니네"라고 했는데. 이는 주위에 현신賢臣이 없어 모두가 임금의 뜻에만 순종함을 말한 것이다. 군자는 부인의 곧은 마음을 아름답다 했다. 그러므로 그의 일을 들추어 『시경』에 넣었다.

송을 지어 칭송하다.
제나라 딸이 위나라로 시집가는데
성문에 이르자 공이 죽고 말았네.
그러나 그대로 위나라로 들어가 삼년상을 치렀다네.
뒤를 이은 군주가 부부 되자 청했으나 끝내 뜻을 바꾸지 않았네.
시를 지어 풍자하고 죽은 군주 위해 수절했다네.

夫人者, 齊侯之女也. 嫁于衛, 至城門而衛君[1]死. 保母曰, "可以還矣." 女不聽遂入. 持三年之喪畢. 弟立. 請曰, "衛小國也. 不容二庖.[2] 願請同庖." 終不聽. 衛君使人愬于齊兄弟. 齊兄弟皆欲與君, 使人告女. 女終不聽. 乃作詩曰, "我心匪石, 不可轉也. 我心匪席, 不可卷也."[3] 厄窮而不閔, 勞辱而不拘, 然後能自致也. 言不失也, 然後可以濟難矣. 詩曰, "威儀棣棣, 不可選也."[4] 言其左右無賢臣, 皆順其君之意也. 君子美其貞一. 故擧而列之于詩也.

頌曰, "齊女嫁衛, 厥至城門. 公薨不反, 遂入三年. 後君欲同, 女終不渾. 作詩譏刺, 卒守死君."

1 衛君(위군): 부인의 남편인 위군이 누구인지는 알려지지 않았다.
2 庖(포): 부엌을 같이 쓴다는 말은 부부가 된다는 뜻이다. 즉 여기서는 후궁으로 삼겠다는 뜻인 것 같다.
3 『시경』「패풍」'백주柏舟'에 나오는 구절이다.
4 『시경』「패풍」'백주'에 나오는 구절이다.

4편

채나라 사람의 처 蔡人之妻

채蔡나라 사람의 처는 송宋나라 사람의 딸이다. 그녀는 채나라로 시집을 갔는데 남편에게 나쁜 병이 있었다. 어머니가 개가를 권하자 그녀는 말했다. "남편의 불행이 바로 저의 불행인데 어찌 떠날 수가 있겠습니까? 시집간 사람의 도리는 한번 부부로 맺었으면 종신토록 고칠 수 없다고 했는데, 남편이 불행하게 나쁜 병에 걸렸더라도 그 뜻을 바꿀 수는 없습니다. 또 저 무성한 질경이는 비록 그 냄새가 고약하지만 캐고 또 캐어 치마폭에 싸오면 냄새에 익숙해져 그 냄새와 친근하게 됩니다. 하물며 부부의 도리는 더 말할 것이 있겠습니까? 그는 아무런 잘못도 없고 저를 버리지도 않았는데 어떻게 그를 떠날 수 있겠습니까?" 그녀는 끝내 어머니의 말을 듣지 않았다. 그리고는 「부이芣苢」라는 시를 지었다. 군자가 말하기를 "송나라 여자의 마음은 아주 정순하고 한결같았다"고 했다.

송을 지어 칭송하다.
송나라 여자는 오로지 성실한 마음으로 기울어짐이 없었네.

남편에게 나쁜 병이 있었건만 그에 대한 마음 한결같았네.
어머니가 돌아가자 권했지만 시를 지어 거절하니
후세 사람이 정순한 그 마음 아름답게 여겼다네.

蔡人¹之妻者, 宋人²之女也. 旣嫁于蔡, 而夫有惡疾. 其母將改嫁之. 女
曰, "夫之不幸, 乃妾之不幸也. 奈何去之. 適人之道, 一與之醮,³ 終身不改.
不幸遇惡疾, 不改其意. 且夫采采芣苢之草, 雖其臭惡, 猶始于捋采之, 終
于懷擷之. 浸以益親. 況於夫婦之道乎. 彼無大故. 又不遣妾. 何以得去."
終不聽其母. 乃作芣苢之詩.⁴ 君子曰, "宋女之意, 甚貞而一也."

頌曰, "宋女專愨, 持心不傾. 夫有惡疾, 意猶一精. 母勤去歸, 作詩不聽.
後人美之, 以爲順貞."

1 蔡(채): 은나라 유민遺民이 살던 땅으로 주 무왕의 동생 숙도를 봉하여 제후로
삼았다. 지금의 허난 성 상차이上蔡 지역이며 기원전 445년에 초나라에게 망했다.
2 宋(송): 은주혁명 이후 은 주왕의 서형庶兄 미자계微子啓를 봉해주었다. 영역은
허난 성 동부, 안후이 성 서부, 산둥 성 서부에 걸쳐 있었다. 제19대 군주 양공襄公
(기원전 651~기원전 637) 때는 그 세력이 막강했는데, 그래서 송 양공을 춘추오패
의 한 사람으로 넣기도 한다. 전국시대인 기원전 286년에 제齊·위魏·초楚의 삼국
에게 멸망당했다.
3 醮(초): 관례나 혼례 때 술잔을 받아 마시는 의식인데, 시집간다는 뜻으로 발전
되었다.
4 『시경』「주남」'부이芣苢'에 나오는 구절이다.

5편

여나라 장공의 부인 黎莊夫人

여장부인黎莊夫人은 위후衛侯의 딸이자 여黎나라 장공莊公의 부인이다. 시집을 갔는데 장공이 그녀와 함께 있고 싶어하지 않았다. 장공의 관심은 그녀와 달라서 그녀를 보려고도 하지 않았다. 부인은 심기가 아주 불편했다. 그녀의 성품이 어질었음에도 장공에게 받아들여지지 않았던 것이다. 실의에 빠져 있는 그녀를 불쌍히 여긴 부모傅母는 언제 쫓겨날지 모르는 상황이 걱정되어 부인에게 말했다. "부부의 도란 뜻이 있으면 합하고, 뜻이 없으면 떠나는 것입니다. 지금 남아 있어야 할 아무런 의미가 없는데 어찌 떠나지 않으십니까?" 이어서 "지치고 지쳤는데 어찌 돌아가지 않으리오"라는 시를 지었다.

그러자 부인이 말했다. "부부의 도는 하나일 뿐입니다. 그가 비록 나를 못마땅해하지만 내가 어찌 부인으로서의 도를 저버릴 수 있겠습니까?" 그러고는 "당신 때문이 아니면 왜 이슬 맞고 지내겠습니까"라는 시를 지어 자신의 마음을 드러내었다. 그녀는 오로지 전일하고 한결같은 마음가짐으로 부도를 어기지 않고 남편의 명을 기다렸다. 군자가 이것을 서술하여 『시경』에 넣었다.

송을 지어 칭송하다.

여나라 장공의 부인은 부도를 행함에 지치지 않는구나.

배필로 여기지 않는 장공, 모든 행동 부인의 뜻과 어긋났네.

부모傅母가 떠나길 바라며 '식미式微'라는 시를 지었지만

부인은 오로지 지켜야 한다며 끝내 돌아가지 않았네.

黎¹莊夫人者, 衛侯²之女, 黎莊公之夫人也. 旣往而不同欲, 所務者異,

未嘗得見, 甚不得意. 其傅母閔夫人賢, 公反不納, 憐其失意. 又恐其已見

遣而不以時去, 謂夫人曰, "夫婦之道, 有義則合, 無義則去. 今不得意, 胡

不去乎." 乃作詩曰, "式微式微, 胡不歸."³ 夫人曰, "婦人之道, 一而已矣.

彼雖不吾以, 吾何可以離于婦道乎." 乃作詩曰, "微君之故, 胡爲乎中露."⁴

終執貞一, 不違婦道, 以俟君命. 君子故序之以編詩.

頌曰, "黎莊夫人, 執行不衰. 莊公不偶, 行節反乖. 傅母勸去, 作詩式微.

夫人守一, 終不肯歸."

---

1 黎(여): 무왕이 요임금의 후예를 봉해준 자성子姓의 나라로 산시 성山西省 창즈
長治 부근에 근거지가 있었다.
2 衛侯(위후): 구체적으로 어떤 인물인지 확인되지 않았다. 그래서 유향이 자의적
으로 설정한 인물로 보기도 한다.
3 『시경』「패풍」'식미式微'에 나오는 구절이다.
4 『시경』「패풍」'식미'에 나오는 구절이다.

【 6편 】

제나라 효공의 부인 맹희 齊孝孟姬

맹희孟姬는 화씨華氏의 장녀로 제나라 효공孝公의 부인이다. 예를 실천함에 있어서 한결같았다. 나이가 차도록 출가하지 못했다. 나라 안 여러 곳에서 맹희를 맞이하고자 했으나, 예가 갖추어지지 않으면 응하지 않았기 때문이다. 맹희는 남자의 자리를 밟지 않았고, 밖의 일에 대해서 말하지 않았으며, 남녀유별을 엄격하게 지킴으로써 오해의 소지를 피했다. 제나라에는 예를 갖추어 맹희에게 구혼할 만한 자가 없었다. 제나라 안은 그의 정순함을 칭찬하는 말로 가득했다.

효공이 이 소문을 듣고 예를 갖추어 화씨의 가문에 친영을 했다. 맹희의 부모는 딸을 전송하면서 대청 아래에 내려서지 않았다. 맹희의 어머니는 방 안에서 이별의 예를 행하고 옷매무새를 가다듬으며 "조심하고 또 경계해야 하느니라. 궁중의 일을 어기지 않아야 한다"고 했다. 그 아버지는 동쪽 계단에서 "일찍 일어나고 늦게 잠자리에 들며 명을 어기는 일이 없어야 한다. 또 왕명에 방해가 되는 일을 저질러서는 안 된다"고 훈계했다. 서모는 동서를 가르는 계단의 중간에 서서 "조심하고 조심하여 필히 부모의 명을 따르라. 아침부터 밤까지 게으르지 말라. 이렇게 훈계하신 부모님 말씀에 또 무엇을 더 하겠느냐?"라고 말했다. 고모들이 대문 안에서 훈계하기를 "아침부터 밤까지 허물이 없도록 할 것이며, 흉중에 새겨진 부모님 말씀을 잊지 않도록 하라"고 했다.

효공이 친히 그 부모에게서 맹희를 맞이하여 세 번을 돌아보고 나갔다. 손수 맹희에게 수레 끈을 쥐어 주고 수레를 몰아 세 번을 돌고 나서 수레에서 내려 맹희의 가마를 돌아보았다. 그리고 드디어 궁으로 들어갔다. 석 달이 지나자 종묘에 인사한 후 부부의 도를 행했다.

맹희가 궁중에 들어와 산 지 오래되어 효공이 낭야琅邪에 순찰을 떠나게 되자 맹희도 따랐다. 수레가 달리던 중 부서지면서 맹희가 땅에 떨어졌다. 그러자 효공은 사두마차인 서서 가는 수레에 맹희를 태워 돌아가게 했다. 이에 맹희는 시중드는 사람을 시켜 장막을 쳐서 자신을 가리도록 했다. 그리고 부모傅母를 통해 사자를 보내며 효공에게 자신의 말을 전하게 했다.

"저는 이렇게 들었습니다. '임금의 비妃나 후后가 궐 밖을 나서게 되면 반드시 앉아서 타는 수레에 앞뒤에 장막을 쳐야 하고, 당을 내려올 때는 반드시 부모傅母와 시중드는 여자를 대동해야 한다. 나아가고 물러갈 때 패옥을 차서 소리를 내고, 수레 안에서는 옷을 단정히 묶고, 수레가 야외로 나갈 때는 휘장으로 가려야 한다. 그렇게 해서 마음을 바르게 하고 뜻을 하나로 하여 스스로를 절제하고자 한 것이다.' 그런데 지금 저는 앞뒤를 가리는 장막도 없는 서서 가는 수레에 타게 되었습니다. 감히 명을 받을 수 없습니다. 또 밖에 나와 있는데도 호위하는 사람이 없으니 오래 머물 곳이 못 됩니다. 이 세

貞
順
傳
—
301

가지 실례失禮는 큰 것입니다. 예 없이 사는 것은 일찍 죽는 것만 못합니다."

사자가 효공에게 달려가 맹희의 뜻을 전하여 다시 좌식 수레로 바꾸어 곧장 돌아오니 맹희가 이미 스스로 목숨을 끊으려 한 뒤였다. 다행히 부모가 즉시 손을 써서 절명하지는 않았다. 부모가 "왕의 사자가 왔는데 앞뒤에 장막이 있는 수레를 갖고 왔습니다"라고 하자 소생했다. 그리고 그 수레를 타고 대궐로 돌아왔다.

군자가 말했다. "맹희는 예를 잘 실천했다. 예에 의하면 부인이 외출할 때는 반드시 앞뒤에 따르는 수레를 갖춰야 하고, 의복은 풀어지지 않게 단단히 매야 한다. 시집간 후 친정에 다니러 오게 되면 여자 형제의 안부를 묻지만 남자 형제의 안부는 묻지 않는 것은 남녀 유별을 철저히 하기 위함이다." 『시경』에 "저 군자의 따님 머리숱이 곧고도 무성하네"라고 한 것은 이것을 말한 것이다.

송을 지어 칭송하다.
맹희는 예를 좋아하여 예절이 아주 반듯했네.
오해를 피하고자 남녀 구별을 엄격히 하고 용모를 가꾸지 않았네.
수레에서 서지 않았던 것은 예가 아니었기 때문.
군자가 훌륭히 여겼으니 예부터 이러한 사람 흔치 않았네.

孟姬者 華氏[1]之長女 齊孝公[2]之夫人也. 好禮貞一. 過時不嫁. 齊中求之, 禮不備, 終不往. 不躡男席, 語不及外. 遠別避嫌, 齊中莫能備禮求焉. 齊國稱其貞. 孝公聞之, 乃脩禮親迎[3]于華氏之室.

父母送孟姬不下堂. 母醮房之中 結其衿縭, 誡之曰, "必敬必戒. 無違宮

事." 父誡之東階之上曰, "必夙興夜寐, 無違命. 其有大妨于王命者, 亦勿從

也." 諸母誡之兩階之閒曰, "敬之敬之. 必終父母之命, 夙夜無愆. 示之衿

鞶. 父母之言謂何." 姑姊妹誡之門內曰, "夙夜無愆. 示之衿鞶. 無忘父母之

言." 孝公親迎孟姬于其父母, 三顧而出. 親授之綏, 自御輪三. 曲顧姬輿.

遂納于宮. 三月廟見, 而後行夫婦之道.

　既居久之, 公遊于琅邪,⁴ 華孟姬從. 車奔姬墮, 車碎. 孝公使駟馬立車⁵

戴姬以歸. 姬使侍御者舒帷, 以自障蔽. 而使傅母應使者曰, "妾聞, '妃后踰

閾, 必乘安車輜軿,⁶ 下堂必從傅母保阿. 進退則鳴玉環佩, 內飾則結紐綢

繆. 野處則帷裳擁蔽. 所以正心一意, 自斂制也.' 今立車無軿. 非所敢受命

也. 野處無衛, 非所敢久居也. 三者失禮多矣. 夫無禮而生, 不若早死." 使

者馳以告公, 更取安車. 比其反也, 則自經矣. 傅母救之不絕. 傅母曰, "使者

至. 輜軿已具." 姬氏蘇, 然後乘而歸.

　君子謂, "孟姬好禮. 禮婦人出, 必輜軿 衣服綢繆. 既嫁歸, 問女昆弟, 不

問男昆弟. 所以遠別也." 詩曰, "彼君子女 綢直如髮."⁷ 此之謂也.

　頌曰, "孟姬好禮, 執節甚公. 避嫌遠別, 終不冶容. 輦不立乘, 非禮不從.

君子嘉焉, 自古寡同."

────────

1　華氏(화씨): 송宋의 제11대 국군 대공戴公의 아들 고보考父가 채읍으로 받은
화華를 씨氏로 한 것이다.

2　齊孝公(제효공): 춘추시대 제나라 제16대 국군으로 패자 환공의 아들이다. 기
원전 643~기원전 633년까지 10년간 재위했다.

3　親迎(친영): 혼인 육례의 하나이다. 「모의전」 '주실삼모周室三母'에서 상세히 소
개했다.

4　琅邪(낭야): 춘추시대 제나라의 읍으로 산둥 성 주청諸城 동남쪽 해안에 위치
했다.

5　駟馬立車(사마입거): 서서 타는 남성용 수레를 말한다.

6 輜軿(치병): 수레의 앞과 뒤를 장막으로 가린 부인용 수레를 가리킨다.
7 『시경』「소아」 '도인사都人士'에 나오는 구절이다.

7편

식나라 임금의 부인 息君夫人

여기서 말하는 부인은 식息나라 군주의 부인이다. 초楚나라가 식나라를 정벌하여 멸망시키고 식의 임금을 사로잡았다. 그러고는 문을 지켰다가 도망가는 부인을 잡아서 자신의 처로 삼고자 초나라로 데려왔다. 초왕이 지방 순시를 나간 사이에 부인은 궁궐을 빠져나와 식의 임금을 만나 말했다.

"사람의 삶에서 한 번 죽는다는 것은 중요한 일인데 스스로 고통스러울 필요가 있습니까? 저는 잠시도 당신을 잊은 적이 없습니다. 결코 저는 혼례를 두 번 치르는 일은 하지 않을 것입니다. 서로 떨어져 사는 것이 죽어서 지하로 돌아가는 것만 하겠습니까?" 이어서 시를 지었다.

살았으되 떨어져 살 바에야 죽더라도 같은 무덤을
만일 믿지 못하겠다면 죽어서 환하게 밝히리라.

식의 임금이 말렸지만 부인은 듣지 않고 스스로 목숨을 끊었다.

이에 식의 군주도 스스로 목숨을 끊어 같은 날 함께 죽었다. 초왕은 식나라 군주의 부인이 보여준 수절과 의리를 훌륭히 여겨 제후의 예로써 그들을 합장해주었다.

군자가 말했다. "부인이 선을 이룬 것을 기뻐하여 『시경』에 그 내용을 편성해 넣었다. 대체로 의義는 군자를 움직이고, 이리는 소인을 움직인다. 식군의 부인은 이를 따르지 않았다." 『시경』에서 "훌륭한 언약에 어긋남이 없도록 당신과 함께 죽겠어요"라고 한 것은 이것을 말한 것이다.

송을 지어 칭송하다.
초나라가 식군息君을 사로잡고, 그 부인을 궁으로 데려왔네.
부인은 지조가 굳어 오래되면 될수록 변함이 없었다네.
'동혈同穴'이라는 시를 지어 식군을 생각하고 초왕을 무시하니
죽음도 불사한 그녀의 정절, 마침내 정현貞賢의 자리에 올랐네.

夫人者 息¹君之夫人也. 楚伐息破之.² 虜其君, 使守門, 將妻其夫人, 而納之于宮. 楚往出遊, 夫人遂出, 見息君, 謂之曰, "人生要一死而已. 何至自苦. 妾無須臾而忘君也. 終不以身更貳醮.³ 生離于地上, 豈如死歸于地下哉." 乃作詩曰, "穀則異室, 死則同穴. 有如不信, 死如皦日."⁴ 息君止之, 夫人不聽. 遂自殺. 息君亦自殺. 同日俱死. 楚王賢其夫人守節有義, 乃以諸侯之禮, 合而葬之.

君子謂, "夫人說于行善. 故序之于詩. 夫義動君子, 利動小人. 息君夫人, 不爲利動矣." 詩云, "德音莫違, 及爾同死."⁵ 此之謂也.

頌曰, "楚虜息君, 納其適妃. 夫人持固, 彌久不衰. 作詩同穴, 思故忘新.

遂死不顧, 列于貞賢."

1 息(식): 허난 성 신차이新蔡 서남에 위치한 소국으로 기원전 680년 초에 멸망당했다.
2 楚伐息(초벌식): 식나라를 멸망시킨 왕은 초나라 제2대 문왕(재위 기원전 690~기원전 675)이다.
3 貳醮(이초): 재혼再婚을 뜻한다.
4 『시경』「왕풍」 '대거大車'에 나오는 구절이다.
5 『시경』「패풍」 '곡풍谷風'에 나오는 구절이다.

貞
順
傳
―
309

8편

제나라 대부 기량의 처 齊杞梁妻

제齊나라 기량식杞梁殖의 처에 관한 이야기다. 장공莊公이 거莒를 습격했다. 기량은 이때 전사했다. 전장에서 돌아오는 중에 기량의 처를 만난 장공은 사람을 시켜 조문하도록 했다. 그러자 기량의 처가 말했다.

"지금 제 남편 식에게 죄가 있다면 임금께서 어찌 수고롭게 조문을 하도록 명을 내리십니까? 또 만약 제 남편에게 죄가 없다면 저는 조상이 살았던 저희 집으로 돌아가 있겠습니다. 저는 길에서 조문을 받을 수 없습니다."

그러자 장공은 수레를 돌려 그의 집으로 가서 예를 갖추어 조문한 후 돌아갔다. 기량의 처에게는 자식이 없었고, 시댁과 친정에 오복五服을 입을 친척 하나 없었다. 다시 말해 돌아가 의지할 곳이 없었다. 남편의 시신을 성城 아래에 누이고 곡을 했다. 마음속 깊이 정성을 다하여, 그 곁을 지나는 사람 모두 감동의 눈물을 흘리지 않을 수 없었다. 그렇게 열흘 남짓하니 성이 무너졌다. 남편의 장사를 지내고 기량처는 말했다.

"나는 어디로 돌아가 의지할 것인가? 여자에게는 반드시 의지할 곳이 있어야 한다. 아버지가 있을 때는 아버지에게 의지하고, 남편이 있으면 남편에게, 자식이 있으면 자식에게 의지해야 한다. 지금 나는 위로는 아버지도, 가운데로는 남편도, 아래로는 자식도 없다. 안으로는 의지하여 내 정성을 보여줄 곳이 없고, 밖으로는 의지하여 나의 절의를 세울 데가 없다. 그렇다고 내가 어찌 다시 시집을 가겠는가? 역시 죽음뿐이구나!" 그녀는 결국 치수淄水로 달려가 몸을 던져 죽었다.

군자가 말하기를 "기량의 처는 정절을 지켰으며 예를 알았다"고 했다. 『시경』에서 "내 마음이 상하고도 슬프도다. 애오라지 당신과 함께 가리라"고 한 것은 이를 두고 한 말이다.

송을 지어 칭송하다.
기량이 전사하자 그의 처가 주검을 거두어 상을 지냈네.
제 장공이 길에서 조문하려 하니 피하여 거부했다네.
성 밑에서 남편의 죽음을 통곡하자 성이 무너져 버렸네.
의지할 가족이 없어 치수로 달려가 몸을 던졌다네.

齊杞梁殖[1]之妻也. 莊公[2]襲莒. 殖戰而死. 莊公歸, 遇其妻. 使使者弔之于路. 杞梁妻曰, "今殖有罪, 君何辱命焉. 若令殖免于罪, 則賤妾[3]有先人之弊廬在. 下妾不得與郊弔."[4] 於是, 莊公乃還車, 詣其室, 成禮然後去. 杞梁之妻無子. 內外皆無五屬之親.[5] 旣無所歸, 乃枕其夫之尸于城下而哭. 內誠動人, 道路過者, 莫不爲之揮涕. 十日而城爲之崩. 旣葬曰, "吾何歸矣. 夫婦人必有所倚者也. 父在則倚父, 夫在則倚夫, 子在則倚子. 今吾上則無

父. 中則無夫. 下則無子. 內無所依, 以見吾誠. 外無所依, 以立吾節. 吾豈
能更二哉. 亦死而已." 遂赴淄水而死.

君子謂, "杞梁之妻, 貞而知禮." 詩云, "我心傷悲, 聊與子同歸."6 此之
謂也.

頌曰, "杞梁戰死, 其妻收喪. 齊莊道弔, 避不堪當. 哭夫于城, 城爲之崩.
自以無親, 赴淄而薨."7

---

1 杞梁(기량): 춘추시대 제나라 대부로 이름은 식殖이다. 『예기』「단궁 하」, 『좌
전』 양공 23년에 그의 사적이 나온다.
2 莊公(장공): 춘추시대 제나라의 제22대 국군으로 기원전 554~기원전 548년까
지 5년간 재위했다. 태자에서 폐위되었다가 최저에 의해 군주가 되었고, 최저에 의
해 죽임을 당했다. 아버지는 제나라 영공이고 어머니는 바로 앞 장에서 소개한 성
희다.
3 賤妾(천첩): 부인이 스스로를 일컬을 때 쓰는 겸사다.
4 郊弔(교조): 야외에서 행하는 조문으로 서인庶人에 대한 예다.
5 五屬之親(오속지친): 오복은 참최斬衰·제최齊衰·대공大功·소공小功·시마緦
麻를 말하는데, 이는 관계의 친소에 따라 상복을 차등화한 것이다. 오복의 의무를
지는 친척이란 가까운 관계이다.
6 『시경』「회풍檜風」'소관素冠'에 나오는 구절이다.
7 薨(홍): 기량처의 죽음을 홍薨이라고 한 것은 그녀의 훌륭함을 제후의 예로 대
우해줬기 때문이다.

【 9편 】

초나라 평왕의 부인 백영 楚平伯嬴

백영伯嬴은 진秦나라 목공穆公의 딸이자 초楚나라 평왕平王의 부
인이며 소왕昭王의 어머니다. 소왕 때 초나라와 오나라가 백거伯莒
땅을 놓고 전쟁을 벌였다. 오나라가 초나라를 이겨서 초나라의 서울
인 영郢으로 쳐들어왔다. 소왕이 도망가자 오나라 왕 합려闔閭가 소
왕의 후궁들을 겁탈했다. 백영의 차례가 되었다. 백영은 단도를 쥐
고 이렇게 말했다.

"제가 듣기로 '천자는 천하의 표본이고, 공후公侯는 일국의 모범
이 되어야 한다. 천자가 규칙을 잃으면 천하가 혼란스럽고, 제후가
법도를 잃으면 그 나라가 위태롭다'고 했습니다. 부부의 도는 진실
로 인륜의 시초이며 왕교王敎의 단서입니다. 그러므로 훌륭한 왕의
제도에는 남녀가 물건을 주고받을 때 직접 하지 않으며, 앉을 때는
자리를 같이하지 않고, 먹을 때는 그릇을 같이하지 않으며, 옷을 걸
때도 한 곳에 걸지 않고, 수건도 달리 사용하는 것입니다. 이는 남녀
의 구별을 확실히 하기 위한 것입니다. 만일 제후가 혼외로 음행淫
行을 하면 후손이 끊어지고, 경대부가 음행을 하면 추방되며, 사士

貞
順
傳
—
315

나 서인庶人이 음행을 하면 거세를 당합니다. 이렇게 하는 까닭은 인仁을 잃으면 의義로써 회복할 수가 있고, 의를 잃으면 예禮로써 회복할 수가 있으나, 남녀의 구분이 무너지면 난이 일어나기 때문입니다. 혼란과 멸망의 단서가 되는 것은 공후의 후사가 끊어지고, 천자가 축출되는 것입니다. 지금 군왕께서 모범과 표본이 되어야 할 행위를 버리고서 혼란과 멸망의 길을 따른다면 축출당하고 후사가 끊어지는 일을 범하는 것입니다. 어떻게 명령을 행하고 백성을 이끌 수가 있겠습니까? 또 저는 '살아서 욕을 당한다면 죽어서 영화롭게 되는 것만 못하다'고 들었습니다. 만일 군왕께서 군왕의 모범을 버린다면 나라를 다스릴 수 없고, 저에게 음란함이 있다면 세상을 살 수 없습니다. 하나의 일로 두 가지 치욕이 생기는 것입니다. 저는 죽음으로 그것을 지킬 것이며, 왕의 명령에 따를 수 없습니다. 또 왕께서 저를 원하시는 것은 즐기기 위함인데 머지않아 제가 죽는다면 무슨 즐거움이 있을 것입니까? 첩을 죽이는 것이 군왕에게 무슨 보탬이 되겠습니까?"

그러자 오왕 합려는 부끄러워하면서 백영의 거처를 떠났다. 백영과 그의 시녀는 궁중의 출입문을 잠그고 호위병은 그대로 두었다. 한 달 뒤 진秦나라가 그녀를 구하러 왔고 소왕은 마침내 복귀되었다.

군자가 말하기를 "백영은 용기 있고 한결같았네"라고 했다. 『시경』에서 "무성한 칡덩굴이 나뭇가지에 뻗어 있네. 훌륭한 군자여, 구하시는 복 어김없으리"라고 한 것은 이를 말한 것이다.

송을 지어 칭송하다.
합려가 초나라를 공격하여 대궐로 침입했네.

모든 후궁을 자신의 처로 삼으니 전율하지 않을 수 없었다네.
백영이 스스로 지키기를 단단히 하고 한결같았으니
군자가 아름답게 여겨 절의 있다 했네.

伯嬴者, 秦穆公[1]之女, 楚平王[2]之夫人, 昭王[3]之母也. 當昭王時, 楚與吳
爲伯莒之戰. 吳勝楚, 遂入至郢. 昭王亡, 吳王闔閭[4]盡妻其後宮. 次至伯嬴.
伯嬴持刀曰, "妾聞, '天子者, 天下之表也. 公侯者, 一國之儀也. 天子失制,
則天下亂, 諸侯失節, 則其國危.' 夫婦之道, 固人倫之始, 王敎之端. 是以,
明王之制, 使男女不親授, 坐不同席, 食不共器, 殊椸枷, 異巾櫛, 所以遠之
也. 若諸侯外淫者絶, 卿大夫外淫者放, 士庶人外淫者宮割. 夫然者, 以爲
仁失可復以義, 義失可復以禮, 男女之失, 亂亡興焉. 夫造亂亡之端, 公侯
之所絶, 天子之所誅也. 今君王棄儀表之行, 縱亂亡之欲, 犯誅絶之事. 何
以行令訓民. 且妾聞, '生而辱, 不若死而榮.' 若使君王棄其儀表, 則無以臨
國, 妾有淫端, 則無以生世. 一擧而兩辱. 妾以死守之, 不敢承命. 且凡所
欲妾者, 爲樂也. 近妾而死, 何樂之有. 如先殺妾, 又何益于君王." 於是,
吳王慙, 遂退舍. 伯嬴與其保阿, 閉永巷之門, 皆不釋兵. 三旬秦救至. 昭王
乃復矣.

君子謂, "伯嬴勇而精一." 詩曰, "莫莫葛藟, 施于條枚. 豈弟君子, 求福不
回."[5] 此之謂也.

頌曰, "闔閭勝楚, 入厥宮室. 盡妻後宮, 莫不戰慄. 伯嬴自守, 堅固專一.
君子美之, 以爲有節."

1 秦穆公(진 목공): 춘추시대 진秦나라 제9대 국군으로 기원전 660~기원전 621년까지 39년간 재위했다. 「현명전」 '진목공희秦穆公姬' 주 2번 참조.

2 楚平王(초 평왕): 춘추시대 초나라 제27대 국군으로 기원전 529~기원전 516년 까지 13년간 재위했다. 진陳·채蔡 두 나라를 병합한 형 영왕靈王의 뒤를 이었지만 그의 재위 때부터 초나라의 세력이 기울기 시작했다. 평왕이 죽자 오왕 합려闔閭의 공격을 받고 수도 영郢이 함락되었다. 여기에서는 이러한 역사적 사실보다는 백영 의 정절에 초점을 맞추었다.

3 楚昭王(초 소왕): 평왕의 아들이자 초나라 제28대 국군으로 기원전 516~기원 전 489년까지 27년간 재위했다. 「절의전」 '초소월희楚昭越姬'에도 나온다.

4 闔閭(합려): 춘추시대 오나라 제24대 국군으로 기원전 515~기원전 496년까지 19년간 재위했다. 초나라에서 망명한 오자서伍子胥를 기용했고 국력을 증강하여 초나라와 월나라에 대적했다. 춘추오패의 한 사람에 들기도 한다.

5 『시경』 「대아」 '한록旱麓'에 나오는 구절이다.

【10편】

초나라 소왕의 부인 정강 楚昭貞姜

정강貞姜은 제후齊侯의 딸이자 초楚나라 소왕昭王의 부인이다. 왕이 지방을 순시하던 중 동행한 부인을 물 위 누대에 머무르게 하고 떠난 일이 있었다. 마침 강물이 크게 불어났다는 소식을 들은 왕은 사람을 보내 부인을 데려오도록 했다. 그런데 깜빡 잊고 사자에게 부신符信을 지참시키지 않았다. 사자가 부인에게 다가가 누대에서 나올 것을 청했다. 그러자 부인이 말했다. "왕께서는 나와 약속하기를, 나를 오도록 부르실 때는 반드시 왕의 부신으로 하겠다고 하셨습니다. 지금 그대는 부신을 가지고 오지 않았으니 나는 그대를 따라갈 수 없습니다." 이에 사자는 "지금 물이 크게 불어나고 있습니다. 다시 돌아가 부신을 가지고 온다면 이미 때가 늦을 것입니다"라고 간청했다. 그러자 부인은 다시 말했다.

"나는 '정녀貞女의 법도는 약속을 어기지 않는다. 용기 있는 자는 죽음을 두려워하지 않으며 오로지 절개를 지킬 뿐이다'라고 들었습니다. 내가 그대를 따라나서면 살고, 이대로 머물러 있으면 죽는다는 것을 압니다. 그러나 약속과 도리를 저버리고 구차히 삶을 얻는 것은 여기 그대로 머물러 죽는 것만 못합니다."

사자가 하는 수 없이 다시 가서 부신을 가지고 돌아왔다. 그러나 이미 물은 크게 불어 대가 무너졌고 부인은 떠내려가 죽은 뒤였다. 왕은 슬퍼하며 "아아! 의리와 절개를 죽음으로 지키며 구차하게 살지 않으려 했군요. 막다른 처지에서도 신의를 지키며 그 정절을 이루었구려"라 하고 그의 이름을 정강貞姜이라 했다.

군자가 말하기를 "정강은 부인으로서 절개를 지니고 있었다"고 했다. 『시경』에서 "훌륭한 군자님이여! 그 언행이 어긋나지 않네"라고 한 것은 이를 말한 것이다.

송을 지어 칭송하다.
초 소왕이 순시할 때 부인 강씨는 누대에 머물렀네.
강물이 불어나 위험한데도 부신이 없다 하여 떠나지 않으니
부인의 수절. 물에 떠내려가 죽는 것도 주저하지 않았다네.
군자가 이를 평하기를 백희와 짝을 이룬다 하네.

貞姜者, 齊侯¹之女, 楚昭王之夫人也. 王出遊, 留夫人漸臺²之上而去. 王聞江水大至, 使使者迎夫人, 忘持其符. 使者至, 請夫人出. 夫人曰, "王與宮人約. 令召宮人必以符. 今使者不持符. 妾不敢從使者行." 使者曰, "今水方大至. 還而取符, 則恐後矣." 夫人曰, "妾聞之, '貞女之儀, 不犯約. 勇者不畏死.' 守一節而已. 妾知從使者必生, 留必死. 然棄約, 越義而求生, 不若留而死耳." 於是, 使者取符, 則水大至, 臺崩, 夫人流而死. 王曰, "嗟夫, 守義死節, 不爲苟生. 處約持信, 以成其貞." 乃號之曰, 貞姜.

君子謂, "貞姜有婦節." 詩云, "淑人君子, 其儀不忒."³ 此之謂也.

頌曰, "楚昭出遊, 留姜漸臺. 江水大至, 無符不來. 夫人守節, 流死不疑.

君子序焉, 上配伯姬."[4]

---

1 齊侯(제후): 초나라 소왕 원년은 제나라 경공 33년에 해당된다. 따라서 여기서
말한 제후는 제 경공일 것이다.

2 漸臺(점대): 유람의 용도로 지어진 수상水上 누대로 침수되기도 하기 때문에 붙
여진 이름이라고 한다.

3 『시경』「조풍曹風」 '시구鳲鳩'에 나오는 구절이다.

4 上配伯姬(상배백희): 송나라 공공의 부인 백희와 짝을 이룬다는 뜻이다. 백희는
앞의 「정순전」 2편에 나오는데 부신을 기다리다가 물에 빠져 죽은 정강과 부모傅
母를 기다리다 불에 타 죽은 백희의 유사성에 주목한 것이다.

【 11편 】

초나라 백공의 처 정희 楚白貞姬

정희貞姬는 초楚나라 백공승白公勝의 처다. 백공이 죽자 그녀는 길쌈을 하여 생계를 이어가면서 개가하지 않았다. 오왕吳王이 그녀의 미모와 훌륭한 행실을 듣고 대부를 시켜서 황금 100일과 백옥 한 쌍을 갖고 가서 모셔오게 했다. 오왕은 수레 앞뒤를 휘장으로 드리운 부인용 수레 30승乘으로 영접하여 그녀를 부인으로 삼으려 했다. 대부가 왕의 예물을 전해주었더니 백공의 처가 사양하면서 말했다.

"백공이 살아 계실 때 첩이 은혜를 입어 후궁으로 들어갔습니다. 백공의 시중을 들며 의복을 관리하고 잠자리를 살피는 일을 하다가 그의 정식 부인이 되었습니다. 불행히도 백공은 유명을 달리하셨으니 저는 그 묘지를 지키면서 평생을 보냈으면 합니다. 지금 왕께서 황금과 옥을 선물로 내리며 부인의 자리를 주시겠다 하나 이것은 제가 할 수 있는 일이 아닙니다. 또 의리를 버리고 욕심을 따르는 자는 더럽고, 이익을 보고서 죽음을 망각하는 자는 탐욕스럽습니다. 더럽고 탐욕스러운 사람이 왕을 위해 무엇을 하겠습니까? 저는 '충

신은 남에게 힘으로 의지하지 않고, 정녀貞女는 남에게 색色으로 의
지하지 않는다'고 들었습니다. 이것이 어찌 살아 있을 때만 해당되
겠습니까? 죽은 사람에게도 적용되는 도리입니다. 저는 이미 불인不
仁하여 죽은 남편을 따라가지 못했습니다. 그런데 그를 떠나 개가하
게 된다면 심하지 않겠습니까?"

초빙을 사양하며 따르지 않았다. 오왕은 그녀의 수절과 당당함을
훌륭히 여겨 이름을 초나라 정희貞姬라고 붙여주었다.

군자가 말했다. "정희는 청렴하고 진실로 신의를 지켰다. 그 임무
는 무겁고 길은 멀도다. 인仁을 자신의 임무로 여겼으니 또한 무겁지
않은가? 죽을 때까지 자신은 제쳐놓으니 또한 멀지 않은가?" 『시경』
에서 "저 아름다운 맹강이여! 훌륭한 말을 잊지 않는구나"라고 한
것은 이를 말한 것이다.

송을 지어 칭송하다.
백공의 처 홀로되어 방적 일을 했네.
오왕이 훌륭히 여겨 황금과 옥으로 데려오려 했지만
처된 몸의 행동이 확고하여 죽는다 해도 바꾸지 않았으니
군자가 그를 훌륭하다 하고 뛰어난 행적 칭송하네.

貞姬者, 楚白公勝[1]之妻也. 白公死, 其妻紡績不嫁. 吳王[2]聞其美且有行,
使大夫持金百鎰,[3] 白璧一雙以聘焉. 以輜軿三十乘迎之, 將以爲夫人. 大夫
致幣, 白妻辭之曰, "白公生之時, 妾幸得充後宮, 執箕帚[4] 掌衣履, 拂枕席,
託爲妃匹. 白公不幸而死. 妾願守其墳墓, 以終天年. 今王賜金璧之聘, 夫
人之位. 非愚妾之所聞也. 且夫棄義從欲者汚也. 見利忘死者貪也. 夫貪汚

之人, 王何以爲哉. 妾聞之, '忠臣不借人以力, 貞女不假人以色.' 豈獨事生
若此哉. 於死者亦然. 妾旣不仁, 不能從死. 今又去而嫁, 不亦太甚乎." 遂
辭聘而不行. 吳王賢其守節有義, 號曰, 楚貞姬.

君子謂, "貞姬廉潔而誠信." 夫 任重而道遠. 仁以爲己任, 不亦重乎. 死
而後已, 不亦遠乎."⁵ 詩云, "彼美孟姜, 德音不忘."⁶ 此之謂也.

頌曰, "白公之妻, 守寡紡績. 吳王美之, 聘以金璧. 妻操固行, 雖死不易.
君子大之, 美其嘉績."

1 白公勝(백공승): 춘추시대 초나라 평왕의 태자다. 아버지가 정나라에 피살되고,
자신은 오자서를 따라 오나라로 망명했다가 다시 초나라의 요청으로 환국하여 대
부가 되었다. 잠시 즉위하여 왕이 되었다가 섭공자고의 공격을 받아 기원전 479년
에 죽었다.

2 吳王(오왕): 오나라 제25대 국군 부차夫差(재위 기원전 496~기원전 473)다. 부
차는 호색가로 알려져 월나라의 책략가 범려가 보낸 미인 서시西施에 빠져 국정을
게을리하는 바람에 나라를 잃게 되었다고 한다.

3 金百鎰(금백일): 1일鎰은 320그램 또는 384그램이라고 하는데, 100일이면 32킬
로그램 또는 38킬로그램이 된다.

4 箕帚(기추): 원래 청소 도구인 비와 쓰레받기를 말하는데, 처를 뜻하는 용어로
변형되었다.

5 『논어』「태백泰伯」편에 나오는 증자曾子의 말이다. 판본에 따라 '부夫' 대신
'論語云'이라는 세 글자가 있다.

6 『시경』「정풍鄭風」'유녀동거有女同車'에 나오는 구절이다.

【 12편 】

위나라 종실의 두 여인 衛宗二順

위종이순衛宗二順이란 위衛나라 왕족 영왕靈王의 부인과 영왕의 시첩侍妾을 말한다. 진秦나라가 위군衛君을 멸망시키고 영왕靈王을 세가世家에 봉해 위나라의 제사를 받들게 했다. 이러한 영왕이 죽자 부인은 자식이 없이 과부로 수절했다. 그러나 시첩에게는 자식이 있었다. 영왕의 시첩이 부인을 섬긴 지 8년이 되었지만 지치지 않고 오히려 더욱 열심으로 부인을 섬겼다. 부인이 그 시첩에게 이렇게 말했다.

"그대가 나를 봉양하는 것은 아주 대단하오. 그대의 자식은 제사를 받들고 그대는 나를 섬기니, 더 이상 바랄 것이 없네요. 그러나 내가 듣기로 '주군의 생모는 첩의 도리로 다른 사람을 섬기지 않는다'고 했어요. 지금 나에게는 자식이 없으니, 예에 따르면 쫓겨나도 무방한 사람이라오. 그런데도 머물러 있으면서 절개를 다할 수 있다는 것이 나에겐 다행스런 일이었소. 그러나 그대를 수고롭게 하며 옛 절개를 간직하고 있는 것이 나에겐 미안한 일이오. 내가 밖으로 나가 따로 살면서 가끔씩 만났으면 하오. 그래야만 내가 편안할 것

같소."

그러자 시첩은 울면서 대답했다. "부인께서는 영씨靈氏 집안에 상서롭지 못한 일을 세 가지나 감당하게 하시렵니까? 공께서 불행히 일찍 돌아가시니 이는 첫 번째 불상사입니다. 부인께는 소생이 없고 이 첩에게 자식이 있는 것이 두 번째 불상사입니다. 부인께서 밖에서 사시고 첩이 이 집을 차지해서 사는 것이 바로 세 번째 불상사입니다. 첩은 '충신이 임금을 섬김에 게으를 겨를이 없고, 효자가 부모를 봉양함에 해가 짧은 것을 근심한다'고 들었습니다. 어찌 첩이 조금 귀해졌다고 해서 지켜야 할 절개를 바꾸겠습니까? 부인을 모시는 것은 저의 당연한 일일 뿐입니다. 어찌 부인께서 마음 쓰실 일이겠습니까?"

그러자 또 부인이 말했다. "자식이 없는 사람이 주군의 어머니를 욕되게 하고 있소. 비록 그대는 그렇게 하고 싶겠지만 다른 사람들은 나더러 예를 모른다고 할 것이오. 나는 진정으로 밖으로 나가서 살고 싶소." 시첩이 물러나 그의 아들에게 말했다. "나는 '군자가 순리에 따라 처신하는 것은 상하의 바른 도리를 받들고, 선인先人의 고례古禮를 실천하기 위함이다'라고 들었다. 이것이 바로 순도順道다. 지금 부인이 나를 어렵게 여겨 자신은 밖으로 나가 사시고, 나는 여기 그대로 살게 하니 이는 도리를 거스르는 것이다. 도리를 어기면서 사는 것은 순순을 지키기 위해 죽는 것만 못하다." 그러고는 스스로 목숨을 끊으려고 했다. 아들이 울면서 어머니를 말렸으나 듣지 않았다. 부인이 이 사실을 듣고 두려워 결국 시첩의 말을 따르기로 했다. 그리하여 시첩은 부인과 같은 집에 살면서 부인에 대한 공양을 평생토록 소홀히 하지 않았다.

군자가 말했다. "두 여인이 서로 양보하니 진실한 군자로다. 행동이 가내家內에서 이루어져 그 이름이 후세까지 났다고 할 수 있다." 『시경』에 "내 마음은 돌이 아니니 구를 수 없다오"라고 한 것은 이를 말한 것이다.

송을 지어 칭송하다.
위衛나라 종실의 이순二順은 행실이 모두 단단했네.
첩의 자식이 비록 대를 이었지만 부인을 공경함이 한결같았네.
부인이 부끄러워 사양하며 나가 살기를 원했지만
끝내 받아들여지지 않고 예를 실천함이 훌륭했네.

衛宗二順者, 衛宗室靈王[1]之夫人, 及其傅妾[2]也. 秦滅衛君,[3] 乃封靈王世家, 使奉其祀. 靈王死. 夫人無子而守寡, 傅妾有子. 傅妾事夫人八年不衰, 供養愈愈謹. 夫人爲傅妾曰, "孺子養我甚謹. 子奉祀而妾事我. 我不聊也. 且吾聞, '主君之母, 不妾事人.' 今我無子. 於禮斥絀之人也. 而得留以盡其節, 是我幸也. 今煩孺子, 不改故節, 我甚內慙. 吾願出居外, 以時相見, 我甚便之." 傅妾泣而對曰, "夫人欲使靈氏受三不祥也. 公不幸早終, 是一不祥耶. 夫人無子, 而婢妾有子, 是二不祥也. 夫人欲出居外, 使婢子居內, 是三不祥也. 妾聞, '忠臣事君, 無怠倦時, 孝子養親, 患無日也.' 妾豈敢以小貴之故, 變妾之節哉. 供養固妾之職也. 夫人又何勤乎." 夫人曰, "無子之人, 而辱主君之母. 雖子欲爾, 衆人謂我不知禮也. 吾終願居外而已." 傅妾退, 而謂其子曰, "吾聞, '君子處順, 奉上下之儀, 脩先古之禮.' 此順道也. 今夫人難我, 將欲居外, 使我居內, 此逆也. 處逆而生, 豈若守順而死哉." 遂欲自殺. 其子泣而守之, 不聽. 夫人聞之懼, 遂許傅妾留, 終年供養不衰.

君子曰, "二女相讓, 亦誠君子. 可謂行成于內, 而名立于後世矣." 詩云, "我

心匪石, 不可轉也."[4] 此之謂也.

頌曰, "衛宗二順, 執行咸固. 妾子雖代, 供養如故. 夫人憇辭, 請求出舍.

終不肯聽 禮甚有度."

---

1 衛위나라는 전국 말기까지 명맥을 유지한 희성姬姓의 나라다. 전국시대에는 국
군의 칭호가 공公에서 후侯로 전락했는데, 『사기』「위강숙세가」에 따르면 위衛 성
후成侯 16년(기원전 346)의 일이다. 여기서 종실의 '영왕靈王'이라는 칭호는 이 시
대의 역사적 사실에 부합하지 않는다. 영왕이라는 호칭은 전한前漢 왕조 군국제
제왕諸王 체제에서는 가능하다. 이는 저자 유향이 자기 시대에 통용된 언어를 과
거 역사를 기술하는 일에 즐겨 사용한 하나의 사례다.

2 傅妾(부첩): 첩이지만 제후의 정실인 부인夫人을 시중드는 사람이다.

3 衛君(위군): 망국의 군주 희각姬角으로 기원전 229~기원전 221년까지 8년간
재위했다.

4 『시경』「패풍」'백주柏舟'에 나오는 구절이다.

【 13편 】

노나라 과부 도영 魯寡陶嬰

　도영陶嬰은 노魯나라 도문陶門 땅에 사는 여성이다. 젊어서 과부가 되어 아비 없는 자식을 기르고 있었다. 그녀에게는 의지할 만한 형제도 없어 길쌈을 하여 겨우 생계를 이어갔다. 노나라의 어떤 사람이 그녀가 훌륭하다는 소문을 듣고 청혼하려 했다. 도영이 그 사실을 듣고 그 청을 피하지 못할까 염려했다. 이에 도영은 노래를 지어 자신은 개가하지 않을 것임을 분명히 했다. 그 노래는 이러하다.

　　황곡黃鵠이 일찍이 짝을 잃었지만
　　7년이 지나도록 다른 짝을 찾지 않네.
　　고개 숙이고 홀로 잠들며 다른 새들과 같이 지내지 않네.
　　밤중에 슬피 울며 옛 짝을 생각하네.
　　운명으로 일찍 과부가 되었는데
　　홀로 자는 것이 무슨 근심이리오.
　　과부가 죽은 지아비를 생각하며 눈물 흘리기를 수십 번
　　흐르는 눈물 스스로 감당치 못하누나.

죽은 짝을 잊지 못함이 슬프고 비통하네.

날으는 새도 그러한데 하물며 정숙한 여자에게서랴.

비록 좋은 짝이 있다 하나 다시 시집가지 않으리.

노나라 사람이 이 시를 듣고 나서 "이 여자는 얻기 어렵겠구나"라고 말하고 청혼을 단념했다. 도영은 종신토록 개가하지 않았다.

군자가 말하기를 "도영은 정순하기만을 생각했네"라고 했다. 『시경』에서 "마음이 우울하니 나는 노래를 부르노라"라고 한 것은 바로 이를 말한 것이다.

송을 지어 칭송하다.

도영이 젊어 과부 되니 길쌈으로 자식을 기르네.

누가 그녀를 취하려 하나 스스로 자신의 도리를 닦을 뿐.

노래 지어 뜻을 밝히니 청혼자가 도영을 포기했네.

군자가 칭찬하여 드높이고 여자의 모범으로 삼았다네.

陶嬰者, 魯陶門之女也.[1] 少寡, 養幼孤. 無强昆弟, 紡織爲産. 魯人或聞其義, 將求焉. 嬰聞之, 恐不得免, 作歌明己之不更二也. 其歌[2]曰, "黃鵠[3]之早寡兮, 七年不雙. 宛頸獨宿兮, 不與衆同. 夜半悲鳴, 想其故雄. 天命早寡兮, 獨宿何傷. 寡婦念此兮, 泣下數行. 嗚呼悲兮, 死者不可忘. 飛鳥尚然兮, 況於貞良. 雖有賢匹兮, 終不重行." 魯人聞之曰, "斯女不可得已." 遂不敢復求. 嬰寡終身不改.

君子謂, "陶嬰貞一而思." 詩云, "心之憂矣, 我歌且謠."[4] 此之謂也.

頌曰, "陶嬰少寡, 紡績養子. 或欲取焉, 乃自脩理. 作歌自明, 求者乃止.

君子稱揚, 以爲女紀."

---

1 陶嬰(도영): 노나라 도문陶門에 사는 영嬰이라는 이름의 여성이다.
2 其歌(기가): 「황곡곡黃鵠曲」으로 전한 시대에 유행한 노래다.
3 黃鵠(황곡): 누런 빛깔의 새로 신선이 타고 노는 새라고 한다.
4 『시경』「위풍魏風」 '원유도園有桃'에 나오는 구절이다.

14편

양나라 과부 고행 梁寡高行

고행高行은 양梁나라의 과부다. 그녀는 미모가 뛰어 난데다 행동 거지도 훌륭했다. 남편이 일찍 죽고 과부가 되었지만 개가하지 않았다. 양나라의 많은 귀인들이 다투어 그녀에게 청혼했지만 뜻을 이루지 못다. 양왕梁王이 이 소문을 듣고 재상으로 하여금 그녀를 초빙해오도록 했다. 고행이 말했다.

"저의 남편은 불행히 일찍 죽었습니다. 오히려 개나 말보다 명이 짧았습니다. 저는 수절을 하며 어린아이를 키우고 있으니 제 마음대로 처신할 수 없습니다. 귀인들 가운데 첩을 원하는 자가 많았으나 다행히 피할 수가 있었습니다. 지금 왕께서도 그런 일을 되풀이하십니다. 저는 '부인의 도리는 한 번 시집가면 개가할 수 없고 정절과 신의를 보존해야 한다'고 들었습니다. 생각건대 죽은 사람을 잊고 산 사람을 따르는 것은 불신不信입니다. 귀한 것을 보고 과거의 천한 것을 잊는다면 이는 바로 부정不貞입니다. 의義를 버리고 이익을 따른다면 사람답다고 할 수 없습니다."

그리고 단도를 쥐고 거울 앞에 서서 자신의 코를 도려내고 말했다.

"저는 이미 형을 받은 불구가 되었습니다. 차마 죽지 못하는 것은 어리고 약한 아비 없는 자식을 다시 어미 없는 고아로 만들 수 없기 때문입니다. 왕께서 저를 원하는 것은 제 미모 때문입니다. 지금 코를 벤 형을 받아 불구가 된 사람을 풀어주실 수 있겠지요?" 재상을 통해 이 말을 왕에게 전하도록 했다. 그녀의 뜻을 크게 여긴 왕은 그녀의 행동을 높이 사 스스로 죄 받은 몸을 회복시켜 존칭하여 고행高行이라 불렀다.

군자가 말하기를 "고행은 예에 엄격했고 정신을 오로지 한곳에 집중시켰다"고 했다. 『시경』에 "나를 알지 못한다면 환하게 밝혀줄 수 있으리"라고 한 것은 이를 두고 한 말이다.

송을 지어 칭송하다.
양나라 과부 고행은 오로지 정절을 지키는 순수한 사람이었네.
귀함을 탐하지 않았으며 오로지 신의에 힘썼다네.
양왕이 불렀으나 응하기는커녕 코를 베어 스스로 형벌을 받았네.
군자가 그녀를 높이 여겨 후세 사람들에게 드러냈도다.

高行[1]者, 梁[2]之寡婦也. 其爲人, 榮于色而美于行. 夫死早寡, 不嫁. 梁貴人, 多爭欲取之者, 不能得. 梁王聞之, 使相聘焉. 高行曰, "妾夫不幸早死. 先狗馬塡溝壑. 妾守養其孤幼. 曾不得專意. 貴人多求妾者, 幸而得免. 今王又重之. 妾聞, '婦人之義, 一往而不改, 以全貞信之節.' 今忘死而趨生, 是不信也. 見貴而忘賤, 是不貞也. 棄義而從利, 無以爲人." 乃援鏡持刀, 以割其鼻[3]曰, "妾已刑矣. 所以不死者, 不忍幼弱之重孤[4]也. 王之求妾者, 以其色也. 今刑餘之人, 殆可釋矣." 於是相以報. 王大其義, 高其行. 乃復其身,

尊其號曰高行.

君子謂, "高行, 節禮專精." 詩云, "謂予不信, 有如皎日."5 此之謂也.

頌曰, "高行處梁, 貞專精純. 不貪行貴, 務在一信. 不受梁聘, 劓鼻刑身.

君子高之, 顯示後人."

---

1 高行(고행): 훌륭한 덕행이라는 뜻이지만 여기서는 양梁의 과부가 왕으로부터
받은 존호尊號다.

2 梁(양):『한서』「지리지」에는 옛 진秦의 탕군碭郡(허난 성 상추商丘 남쪽) 땅에
한 고조 5년(기원전 202)에 건국되었다고 했다.

3 割鼻(할비): 한대 육형肉刑 중 하나로 코를 베는 형벌이다.

4 重孤(중고): 아비 없는 자식을 다시 어미까지 없는 자식으로 만든다는 뜻이다.

5 『시경』「왕풍」'대거'에 나오는 구절이다.

15편

진나라 과부 효부 陳寡孝婦

효부孝婦는 진陳나라의 젊은 과부다. 나이 열여섯에 시집와서 자식은 없었다. 남편이 국경 수비의 임무를 맡고 집을 떠나게 되었는데, 효부에게 부탁의 말을 남겼다. "나의 생사는 장담할 수 없는 것이오. 사랑하는 노모가 계시지만 다른 형제가 없으니, 만약 내가 다시 돌아오지 못한다면 당신이 어머니를 봉양해줄 수 있겠소?" 효부는 "그렇게 하겠습니다"라고 대답했다. 결국 남편은 죽고 돌아오지 못했다. 그 아내는 시어머니 봉양을 게을리하지 않았고 자애로움이 더욱 견고해졌다. 길쌈으로 가정 살림을 꾸렸지만 전혀 개가할 뜻이 없었다. 삼년상을 마치자 그녀의 부모가 어린 나이에 자식도 없이 홀로된 딸을 애처롭게 여겨 다시 다른 데로 시집보내려 했다. 그러자 효부가 말했다.

"저는 '신의는 사람의 근본 도리이고, 의로움은 행동의 기본 원리'라고 들었습니다. 다행히도 저는 잘 커서 부모 명을 받들고 시집오게 되었습니다. 또 남편이 집을 떠날 때 제게 그의 노모를 부탁했는데, 저는 잘 봉양하겠다고 약속했습니다. 제가 부탁을 받고 어찌 약속을 저버릴 수 있겠습니까? 약속을 저버리는 것은 신의가 없는 것입니다. 비록 남편이 죽었으나 그 사람에게서 돌아서는 것은 의로운 행동이 아니니 저는 그렇게 못합니다."

그녀의 어머니가 "내 딸이 어린 나이에 과부가 된 것이 안타깝구나" 하니 다시 효부가 말했다. "제가 듣기로 '차라리 의로움에 몸을 맡겨 죽을지언정 의로움을 저버리고 살지는 못한다'고 했습니다. 시어머니의 봉양을 남편과 약속했는데 그 약속을 지킬 수 없다면 앞으로 어떻게 세상에서 살아갈 수 있겠습니까? 며느리는 진실로 그 시부모를 봉양해야 합니다. 남편이 불행히 먼저 죽었으니 자식된 도리를 다할 수 없었습니다. 지금 또 저를 다른 데로 가라시면 노모를 봉양할 수 없습니다. 이렇게 되면 남편은 불초한 사람이 되고 저는 불효한 사람이 됩니다. 불효不孝와 불신不信에 또 도리마저 없다면 어떻게 세상에서 살 수 있겠습니까?"

그리고 스스로 목숨을 끊으려 하니, 그 부모가 겁이 나서 다시 개가하라고 하지 않았다. 그 후 시어머니를 모신 지 28년이 되었다. 시어머니가 죽자 장례를 치르고 제사까지 받들었다. 회양의 태수가 이 소문을 한나라 효문황제孝文皇帝에게 전했다. 황제는 그 의로움을 높이 여기고 그의 신의를 귀하게 여겼으며 그 행동을 아름답게 여겼다. 사람을 보내 황금 40근을 내려 그 훌륭함에 은혜를 내리며 효부孝婦라고 불렀다.

군자가 말하기를 "효부는 부도婦道를 갖추고 있었다"고 했다. 『시경』에서 "저 곧은 양반은 마음가짐이 성실하고 깊어서"라고 한 것은 효부에 해당되는 말이다.

송을 지어 칭송하다.

진나라의 효부, 남편은 죽고 자식은 없었네.

어머니는 개가를 권했지만 끝내 듣지 않았다네.

오로지 시어머니를 봉양하며 개가하지 않았다네.

성왕聖王이 훌륭히 여겨 효부라 불렀도다.

孝婦者,[1] 陳之少寡婦也. 年十六而嫁, 未有子. 其夫當行戍.[2] 夫且行時,
囑孝婦曰, "我生死未可知. 幸有老母, 無他兄弟. 備吾不還, 汝肯養吾母
乎." 婦應曰, "諾." 夫果死不還. 婦養姑不衰, 慈愛愈固. 紡績以爲家業, 終
無嫁意. 居喪三年, 其父母哀其年少無子而早寡也. 將取而嫁之. 孝婦曰,
"妾聞之, '信者人之幹也. 義者行之節也.' 妾幸得離襁褓, 受嚴命而事夫.
夫且行時, 屬妾以其老母, 旣許諾之. 夫受人之託, 豈可棄哉. 棄託不信, 肯
死不義. 不可也." 母曰, "吾憐女年少早寡也." 孝婦曰, "妾聞, '寧載于義而
死, 不載于地而生.' 且夫養人老母而不能卒, 許人以諾而不能信, 將何以立
于世. 夫爲人婦, 固養其舅姑者也. 夫不幸先死, 不得盡爲人子之禮. 今又使
妾去之, 莫養老母, 是明夫之不肖, 而著妾之不孝. 不孝不信, 且無義, 何以
生哉." 因欲自殺. 其父母懼而不敢嫁也. 遂使養其姑二十八年. 姑死葬之,
終奉祭祀. 淮陽太守[3]以聞. 漢孝文皇帝,[4] 高其義, 貴其信, 美其行. 使使者
賜之黃金四十斤[5]復之終身. 號曰孝婦. 子謂, "孝婦備于婦道." 詩云, "匪直
也人, 秉心塞淵."[6] 此之謂也.

頌曰, "孝婦處陳, 夫死無子. 母將嫁之, 終不聽母. 專心養姑, 一醮不改.
聖王嘉之, 號曰孝婦."

貞
順
傳
—
347

1 孝婦(효부): '효성스런 며느리'라는 뜻이지만 여기서는 황제가 하사한 존호尊號로, 그녀의 이름이 되었다.

2 行戌(행술): 국경 수비의 임무를 받고 출정한다는 뜻이다.

3 淮陽(회양): 전한 왕조의 국명으로 허난 성 화이양淮陽을 중심으로 한 지역이다. 태수太守는 보통 군의 지사급 장관이다.

4 漢孝文皇帝(한 효문황제): 고조 유방劉邦의 가운데 아들中子이며 전한 제5대 황제가 되어 기원전 180~기원전 157년까지 23년간 재위했다. 전한 왕조의 전성시대를 준비한 명군明君으로 평가되곤 한다. 한편 당시는 흉노의 압력이 강해 국경 수비가 강화되었는데, 효부孝婦의 남편이 변경 수비를 갔다 죽었다는 이야기는 역사적으로 설득력이 있다.

5 斤(근): 전한 시대의 1근은 16냥이고, 1냥은 약 16.14그램이므로 40근은 10.32킬로그램이다.

6 『시경』「용풍」 '정지방중定之方中'에 나오는 구절이다.

5부 | 절의전

節義傳

1편

노나라 효공의 의로운 보모 魯孝義保

효의보孝義保는 노魯나라 효공孝公 칭稱의 보모이며 장臧씨의 과부다. 과거에 효공의 아버지 무공武公이 그의 두 아들인 괄括과 희戲를 데리고 주周나라 선왕宣王에게 조회를 갔다. 선왕은 무공의 둘째 아들 희를 노나라 태자로 지목했다. 무공이 세상을 떠나자 희가 무공의 뒤를 이어 제후가 되었다. 이 사람이 바로 의공懿公이다. 이때 효공은 공자 칭이라고 불렸는데 형제 가운데 나이가 가장 어렸다. 이에 의보는 자신의 어린 아들을 데리고 궁으로 들어와 공자 칭의 보모가 되었다.

무공의 큰아들인 괄에게 백어伯御라는 아들이 있었다. 그는 노나라의 불만분자들과 함께 난을 일으켜 숙부 의공을 시해하고 스스로 제후가 되었다. 그리고는 궁에 있던 공자 칭을 죽여 없애고자 했다. 의보는 백어가 칭을 죽이려는 것을 알고 자기 아들에게 칭의 옷을 입혀 칭의 처소에 누워 있게 했다. 백어는 의보의 아들이 칭인 줄 알고 죽여버렸다. 그때 의보는 칭을 안고 궁을 빠져 나왔다. 의보는 칭의 외삼촌인 노나라 대부를 만나게 되었다. 노나라 대부가 "칭

은 죽었소?"라고 물었다. 의보는 "죽지 않았습니다. 바로 이 아이입
니다"라고 대답했다. 노나라 대부가 어떻게 살아남을 수 있었으냐고
묻자, 의보는 자기 아들과 바꾸어 눕혔다고 대답했다.

의보가 칭을 데리고 도망친 지 11년이 되었다. 노나라 대부는 칭
이 의보와 지낸다는 것을 알고 주나라 천자에게 청하여 백어를 죽
이고 대신 칭을 세워 제후로 삼았다. 이 사람이 바로 효공이다. 노나
라 사람들은 의보를 높이 평가했다. 『논어』에서 말하기를 "어린 고
아를 맡길 수 있습니다"라고 한 것은 의보를 두고 한 말이다.

송을 지어 칭송하다.
백어의 난은 노나라 궁전에서 시작되었네.
효공의 유모는 장씨의 어미인데
어린 효공을 자기 자식과 바꾸어 몰래 숨겨주었다네.
보모가 이와 같으니 또한 진실로 믿을 수 있었네.

孝義保者, 魯孝公[1]稱之保母, 臧氏[2]之寡也. 初孝公父武公,[3] 與其二子
長子括中子戲, 朝周宣王. 宣王立戲爲魯太子. 武公薨, 戲立. 是爲懿公.[4] 孝
公時號公子稱最少. 義保與其子俱入宮, 養公子稱. 括之子伯御, 與魯人作
亂, 攻殺懿公而自立. 求公子稱于宮將殺之. 義保聞伯御將殺稱, 乃衣其子
以稱之衣, 臥于稱之處. 伯御殺之. 義保遂抱稱以出. 遇稱舅魯大夫于外.
舅問, "稱死乎." 義保曰, "不死在此." 舅曰, "何以得免." 義保曰, "以吾子
代之." 義保遂以逃十一年, 魯大夫皆知稱之在保. 於是請周天子, 殺伯御立
稱. 是爲孝公. 魯人高之. 論語曰, "可以託六尺之孤."[5] 其義保之謂也.

頌曰, "伯御作亂, 由魯宮起. 孝公乳保, 臧氏之母. 逃匿孝公, 易以其子.

保母若斯, 亦誠足恃.ˮ

---

1 孝公(효공): 노나라 제12대 국군으로 이름은 칭稱이다. 기원전 797~기원전 770년까지 27년간 재위했다.

2 臧氏(장씨): 노나라 공족으로 희성姬姓의 일족이고 장손문씨臧孫文氏라고도 한다.

3 武公(무공): 노나라 제9대 국군으로 기원전 826~기원전 817년까지 9년간 재위했다.

4 懿公(의공): 노나라 제10대 국군으로 기원전 817~기원전 808년까지 9년간 재위했다.

5 論語曰(논어왈):『논어』「태백」에 나오는 증자의 말이다. 여기서 '육척지고六尺之孤'는 아비 없는 어린 군주를 뜻한다. 6척은 키가 135센티미터 정도 되는 사람으로 15세 이하의 어린이를 말한다.

【2편 】

초나라 성왕의 부인 정무 楚成鄭瞀

정무鄭瞀는 정鄭나라에서 온 잉첩으로 초楚나라 성왕成王의 부인
이 된 사람이다. 과거에 성왕이 누대 위에 올라가 후궁들을 내려다
보고 있었다. 그때 궁인들은 모두 두리번거렸지만, 자무子瞀는 돌아
보지 않고 주위를 신경 쓰지도 않으며 똑바르게 천천히 걸었다. 왕
이 "거기 걸어가는 자는 나를 쳐다보라"고 말했지만 자무는 쳐다보
지 않았다. 다시 왕이 "나를 보아라. 그러면 내가 너를 부인으로 삼
겠노라"고 했지만 자무는 돌아보지 않았다. 왕은 또 "쳐다보라. 그
러면 나는 너에게 천금千金을 줄 것이고, 너의 부형에겐 봉록을 줄
것이니라"라고 했다. 그래도 자무는 끝내 쳐다보지 않았다.

그러자 왕이 할 수 없이 대를 내려와 자무에게 다가가서 물었다.
"부인이 되는 것은 귀중한 자리를 얻는 것이다. 작위에 봉해지면 후
한 녹이 기다리고 있다. 한 번만 쳐다보면 이를 얻을 수 있는데 끝내
쳐다보지 않은 까닭이 무엇이냐?" 자무가 대답했다. "첩은 '여자의
몸가짐은 단정하고 온화한 모습을 해야 한다'고 들었습니다. 지금 대
왕께서는 누대 위에 올라가 계셨습니다. 그런데 첩이 올려다보는 것

은 여자로서의 행동 규범을 잃는 것입니다. 그래서 쳐다보지 않았습니다. 또 제가 쳐다본다면 부인으로 삼아 존귀하게 해준다 하시고, 작위를 주어 귀하게 해준다고 하셨습니다. 이 말씀을 듣고서 쳐다본다면 첩이 부귀를 탐내고 이익을 좋아하는 여자가 되어 의리를 저버리는 것입니다. 의리를 저버리고 어떻게 왕을 모실 수 있겠습니까?" 왕은 "훌륭하도다!" 하고 그녀를 부인으로 삼았다. 자무가 성왕의 부인이 된 지 1년 뒤 왕은 공자公子 상신商臣을 태자로 삼으려 했다. 그리하여 왕은 이 일을 놓고 영윤令尹 자상子上에게 자문을 구했다. 자상이 말했다.

"상신 공자는 아직 어리십니다. 그리고 또 총애하시는 다른 공자들이 많습니다. 다른 공자들을 물리치고 상신 공자를 태자로 세우게 되면 반드시 난이 일어날 것입니다. 또 상신 공자는 누에 모양의 눈에다 이리의 목소리를 가져 인상이 좋지 않으니 아마도 사람들에게 잔인하게 굴 것입니다. 그러니 태자로 세우는 것이 마땅하지 않습니다." 왕이 물러나와 자무에게 물었더니 그녀 역시 "영윤의 말은 믿을 만하니 따르는 것이 좋겠습니다"라고 했다. 그렇지만 왕은 듣지 않고 기어이 상신을 태자로 세웠다. 그후 상신은 감정이 좋지 않던 영윤 자상이 채나라를 구해준 일을 트집 잡아 참소하여 사형에 처했다. 그런 사건이 있고 난 후 자무가 보모保母에게 말했다.

"나는 '부인의 일이란 음식을 다루는 일을 할 뿐'이라고 들었습니다. 그렇지만 마음으로 생각하는 것을 감출 수가 없습니다. 예전에 자상이 상신을 태자로 세우는 것이 옳지 않다고 했는데, 태자가 그것을 원망하여 자상을 참소하여 죽였습니다. 왕께서 잘 살피지 못했기 때문에 죄 없는 사람을 죽게 했습니다. 이것은 흑백이 뒤바뀐 것이고, 위아래가 뒤섞인 것입니다. 왕에게는 총애하는 자식이 많은데, 그들은 모두 나라를 차지하고 싶어합니다. 게다가 태자는 탐욕스럽고 잔인하므로 자신의 본분을 잃을까 두렵습니다. 또 왕은 명철하지 못하여 그것을 잘 밝히지 못하십니다. 적자와 서자 사이에 분쟁이 생기면 반드시 화가 일어날 것입니다."

뒷날 성왕은 상신을 폐위시키고 공자 직職을 태자로 세우려 했다. 직은 상신의 서제庶弟이다. 자무가 왕에게 그러면 안 된다고 간언했지만 받아들여지지 않았다. 그러자 물러나와 보모에게 말했다. "나는 '신의가 있으면 의심을 받지 않는다'고 들었습니다. 그런데 지금 왕께서는 기필코 직을 상신 대신 태자 자리에 앉히려 하십니다. 나는 환란이 일어날까 두렵습니다. 내가 왕께 이를 간했지만 내 말에 응해주지 않으셨습니다. 태자는 내 아들이 아니기 때문에 나를 의심하여 참소할 것입니다. 내가 설령 의심을 받는다면 누가 그것을 알겠습니까? 의롭지 않게 사는 것은 죽음으로써 밝히는 것만 못할 것입니다. 이제 왕께서 내가 죽은 것을 아신다면 태자를 폐하는 일이 옳지 않음을 깨닫게 될 것입니다." 그러고는 스스로 목숨을 끊었다. 보모는 자무의 이러한 이야기를 왕에게 전했다. 이때 태자는 왕이 자신을 폐하려 한다는 것을 알았다. 결국은 군사를 앞세워 난을 일으키고 왕궁을 포위했다. 왕은 곰의 발바닥을 먹고 죽으려 했지만 이루지 못하자 스스로 목숨을 끊었다.

군자가 말하기를 "지극히 인자하지 않고서 누가 스스로를 훈계할 수 있겠는가?"라고 했다. 『시경』에서 "천명에 어긋나지 않으리"라고 한 것은 이를 두고 한 말이다.

송을 지어 칭송하다.

자무는 선견지명을 갖추고 예절을 준수함에 변함이 없었네.

함부로 왕을 쳐다보지 않아서 마침내 성왕의 부인이 되었구나.

상신이 난을 일으킬 줄 알고 완강하게 간언했다.

자신의 아들이 아니기에 혐의 받을까 죽음으로 진실을 밝혔네.

鄭瞀者, 鄭女之嬴媵,[1] 楚成王[2]之夫人也. 初成王, 登臺臨後宮. 宮人皆傾觀. 子瞀直行不顧, 徐步不變. 王曰, "行者顧." 子瞀不顧. 王曰, "顧, 吾以女爲夫人." 子瞀復不顧. 王曰, "顧, 吾又與女千金, 而封若父兄." 子瞀遂不顧. 於是, 王下臺而問曰, "夫人重位也. 封爵厚祿也. 一顧可以得之, 而遂不顧, 何也." 子瞀曰, "妾聞, '婦人以端正和顏爲容.' 今者, 大王在臺上而妾顧, 則是失儀節也. 不顧, 告以夫人之尊, 示以封爵之重而後顧, 則是妾貪貴樂利, 以忘義理也. 苟忘義理, 何以事王." 王曰, "善." 遂立以爲夫人.

處期年, 王將立公子商臣, 以爲太子. 王問之于令尹子上. 子上曰, "君之齒未也. 而又多寵子. 旣置而黜之, 必爲亂矣. 且其人蠭目而豺聲, 忍人也. 不可立也." 王退而問于夫人. 子瞀曰, "令尹之言, 信可從也." 王不聽, 遂立之. 其後, 商臣以子上救蔡之事, 譖子上而殺之. 子瞀謂其保曰, "吾聞, '婦人之事, 在于饋食之間而已.' 雖然, 心之所見, 吾不能藏. 夫昔者, 子上言太子之不可立也. 太子怨之, 譖而殺之. 王不明察, 遂辜無罪. 是白黑顚倒, 上下錯謬也. 王多寵子, 皆欲得國. 太子貪忍, 恐失其所. 王又不明, 無以照之. 庶嫡分爭, 禍必興焉."

後王又欲立公子職. 職商臣庶弟也. 子瞀退而與其保言曰, "吾聞 '信不見疑.' 今者, 王必將以職易太子, 吾懼禍亂之作也. 而言之於王, 王不吾應. 其以太子爲非吾子, 疑吾譖之者乎. 夫見疑而生, 衆人孰知其不然, 與其無

義而生, 不如死以明之. 且王聞吾死, 必寤太子之不可廢也." 遂自殺. 保母

以其言通于王. 是時太子知王之欲廢之也. 遂興師作亂, 圍王宮. 王請食熊

掌而死, 不可得也. 遂自經. 君子曰, "非至仁孰能以身誠." 詩曰, "舍命不

渝."[3] 此之謂也.

　　頌曰, "子瞀先識, 執節有常. 興于不顧, 卒配成王. 知商臣亂, 言之甚强.

自嫌非子, 以殺身盟."

---

1 媵(잉): 잉媵은 제후의 정실부인과 함께 시집온 첩이다. 즉 "제후들이 딸을 시집
보낼 때 동성同姓의 딸들을 잉媵으로 딸려 보냈는데, 이성異姓은 잉이 될 수 없었
다."(『좌전』 성공 8년)
2 成王(성왕): 춘추시대 초나라 제20대 국군으로 기원전 672~기원전 626년까지
46년간 재위했다.
3 『시경』 「정풍」 '고구羔裘'에 나오는 구절이다.

3편

진나라 태자의 비 회영 晉圉懷嬴

　회영懷嬴은 진秦나라 목공穆公의 딸이며 진晉나라 혜공惠公의 태자太子 어圉의 비妃다. 어가 진秦나라의 인질이었을 때 목공은 자신의 딸 영을 어의 처가 되게 했다. 진秦나라의 인질이 된 지 6년이 되던 해 어는 자기 나라로 돌아가고 싶다고 부인 영씨에게 몰래 말했다. "내가 고국을 떠나온 지 수년이 지났소. 아들과 아버지가 만나는 것도 잊고 이곳에 잡혀 있건만 당신의 진秦나라와 우리 나라 사이에 별 도움이 되지 못했소. 날아가는 새도 고향으로 돌아가고 여우도 죽을 때는 머리를 살던 언덕으로 향한다는데, 나도 머리를 진晉나라 쪽에 두고 죽을 것 같소. 당신은 나와 함께 진晉나라로 도망가지 않겠소?"

　그러자 영씨가 대답했다. "당신은 진晉나라 태자입니다. 우리 나라에 인질로 잡혀 있는 것은 치욕스러운 일인데, 당신 나라로 가고 싶어하는 것이 당연한 것 아니겠습니까? 그렇지만 우리 군주께서 저를 당신의 아내가 되게 하신 것은 당신을 이곳에 정착시키기 위한 것입니다. 지금 저는 당신을 붙잡기엔 힘이 부족합니다. 그건 제가

불초하기 때문입니다. 만일 당신을 따라 진晉으로 간다면 저는 우리
군주를 버리는 것이고, 또 당신의 계획을 누설한다면 아내의 도리를
저버리는 것입니다. 세 가지의 복합적인 상황을 한가지로 통일할 수
는 없습니다. 제가 비록 당신을 따라가지 않더라도 당신은 계획대로
떠나시기 바랍니다. 저는 그 계획을 누설하지 않을 것이고, 또 당신
을 따라가지도 않을 것입니다."

어는 결국 진晉으로 몰래 돌아갔다. 군자가 말하기를 "회영은 부
부 사이의 문제를 잘 처리했다"고 했다.

송을 지어 칭송하다.
진晉의 태자 어, 진秦에 인질 되어 회영을 부인으로 맞았네.
함께 도망가자 했으나 떠날 수 없었던 영씨.
비밀 누설 않고 마음 평온히 다스렸다네.
따라갈 수 없는 몸 꿋꿋이 자신을 지켰다네.

懷嬴[1]者 秦穆之女[2] 晉惠公[3]太子圉[4]之妃也. 圉質于秦. 穆公以嬴妻之.
六年, 圉將逃歸, 謂嬴氏曰, "吾去國數年, 子父之接忘, 而秦晉之友 不加親
也. '夫鳥飛反鄕, 狐死首邱.' 我其首晉而死. 子其與我行乎." 嬴氏對曰,
"子晉太子也. 辱於秦, 子之欲去, 不亦宜乎. 雖然, 寡君使婢子侍執巾櫛, 以
固子也. 今吾不足以結子. 是吾不肖也. 從子而歸, 是棄君也. 言子之謀, 是
負妻之義也. 三者[5]無一可行. 雖吾不從子也. 子行矣. 吾不敢泄言. 亦不敢
從也." 子圉遂逃歸. 君子謂. "懷嬴善處夫婦之間."

頌曰. "晉圉質秦, 配以懷嬴. 圉將與逃, 嬴不肯聽. 亦不泄言, 操心甚平.
不告所從, 無所阿傾."

1 懷嬴(회영): 회영은 아버지 진秦 목공穆公의 명으로 진晉에서 온 인질 자어子圉와 결혼했는데, 자어가 본국으로 돌아감으로써 부부 관계가 끝났다. 그런데 다시 아버지의 명으로 자어의 숙부인 중이에게 시집가서 진晉 문공의 부인이 되었다. 회영이라는 이름은 처음의 남편 자어가 회공懷公이기 때문에 진秦의 영성嬴姓과 결합하여 만들어진 것이다. 회영의 재혼에 관한 기록은『국어』「진어晉語」四에 보인다. 이에 따르면 진백秦伯이 딸 다섯 명을 중이에게 시집보냈는데, 회영도 그 가운데 하나다. 진 문공의 부인으로는 제나라 출신의 제강齊姜도 있었는데, 「현명전」 '진문제강晉文齊姜'에서 소개되었다.

2 秦穆之女(진목지녀): 목공의 딸 가운데는 초나라 평왕의 부인 백영도 있는데, 「정순전」 '초평백영楚平伯嬴'에서 나왔다. 진 목공의 부인 목희는 「현명전」의 '진목공희秦穆公姬'에서 소개되었다.

3 惠公(혜공): 혜공은 공자 시절 국외 망명 생활을 하던 중 진 목공의 도움으로 진晉의 국군이 되었다. 그런데 자신을 군주로 만들어준 진을 배신함으로써 그 대가로 태자 자어를 진에 인질로 바쳤다. 「현명전」 '진목공희秦穆公姬'에서 소개되었다.

4 圉(어): 진晉나라 제23대 국군 회공懷公으로 기원전 637~기원전 637년까지 5개월간 재위했다. 아버지 혜공惠公 이오夷吾의 망명 시절 양梁(산시 섬서西省 소재)에서 어머니 양백梁伯의 공녀 양영梁嬴과의 사이에서 태어났다.

5 三者(삼자): 여기서 세 가지란 두 사람이 진晉나라에 그대로 머무는 일, 함께 진晉나라로 도망가는 일, 남편의 계획을 발설하는 일을 가리킨다.

【 4편 】

초나라 소왕의 첩 월희 楚昭越姬

초楚나라 소왕의 첩 월희越姬는 월왕越王 구천의 딸이다. 소왕이 연회를 베풀 때 채희蔡姬라는 첩은 왼편에 두고, 월희는 오른편에 두었다. 왕이 몸소 네 마리 말이 끄는 수레를 타고 달려서 제단이 있는 대臺 위에 올라가 운몽雲夢의 동산을 바라보았다. 사대부와 따르는 자들도 바라보며 모두 기뻐했다.

왕은 두 첩을 돌아보며 "즐거운가?"라고 묻자 채희는 "즐겁습니다"라고 대답했다. 왕이 "나는 살아서처럼 죽어서도 너와 함께 이처럼 살고 싶구나"라고 말했다. 그러자 채희가 말했다. "옛날에 저의 채나라 군주께서는 많은 백성의 노고를 군왕을 섬기는 마족馬足처럼 부렸습니다. 그래서 천한 이 한 몸도 노리개를 위한 뇌물이 되었습니다. 지금은 비빈妃嬪과 나란히 되니 살아서 함께한 즐거움을 죽어서도 진실로 함께하고 싶습니다." 그러자 왕이 기록하는 관리에게 "채희는 나를 따라 죽겠다고 허락했다"고 쓰도록 했다.

그러고는 다시 월희를 돌아보고 같은 질문을 했다. 월희가 대답했다. "즐겁기는 즐겁지만 영원할 수는 없습니다." 왕이 물었다. "내가 살아서처럼 죽어서도 너와 함께하자는데 못 하겠다는 것이냐?"
월희가 대답했다. "옛날, 선군先君 장왕莊王께서는 3년 동안을 흥청
망청 지내면서 정사政事를 돌보지 않았습니다. 그러나 마침내는 자
세를 고쳐 천하의 패업을 이루었습니다. 군왕께서 이러한 즐김을 그
만두시고 우리 선군을 본받아 정사에 성실하시기를 바랍니다. 아직
은 좋은 정치를 펴고 있지 못하십니다. 더구나 저에게 죽음까지 강
요하는 것이 가능한 일입니까? 또 군왕께서는 예물로 비단과 말을
갖고 와 저를 데려왔습니다. 우리 나라 군주께서 태묘太廟에서 그것
을 수락했지만 죽음까지는 약속하지 않았습니다. 제가 여러 고모에
게서 '부인은 죽음으로써 군주의 선善함을 드러낼 수도 있고, 군주
의 사랑을 더 받을 수도 있다'고 들었습니다. 하지만 무지하게 죽어
영광이 된다는 말은 못 들었습니다. 저는 감히 군왕의 명령을 받들
수 없습니다."

이에 왕은 깨달은 바가 있어 월희의 말을 존중했지만, 여전히 채
희를 더 사랑했다. 25년의 세월이 흘러 소왕은 진陳나라를 원조하기
위해 전쟁에 나갔는데 월희가 따랐다. 왕은 진영에서 병이 났다. 하
늘의 붉은 구름이 해를 끼고 있는 것이 꼭 나는 새와 같았다. 왕은
주周 왕실에 사람을 보내 사관史官에게 이 현상에 대해 물어오게 했
다. 그 사관은 "이것은 왕에게 재앙이 온다는 뜻입니다. 그러나 장
상將相에게 옮기게 하면 괜찮을 것입니다"라고 했다. 장군과 재상이
그 말을 듣고 자신들이 신에게 기도하여 왕을 대신하여 재앙을 받
겠다고 했다. 그러나 왕은 "장상은 내게 있어 수족과 같다. 화근을
장상에게 옮긴다 한들 화가 어찌 이 몸을 떠나겠는가?"라고 하고는
사관의 말을 듣지 않았다. 그러자 곁에 있던 월희가 말했다.

"훌륭하십니다. 군왕의 덕이여. 첩은 왕을 따르고 싶습니다. 과거의 연회 때는 즐거움에 겨웠지만, 저는 그것으로 죽기를 허락하지 않았습니다. 그러나 군왕께서 예로 돌아오시니 나라의 사람들은 모두 군왕을 위해 죽을 수 있을 것입니다. 하물며 첩이 못 하겠습니까? 청하옵건대, 황천길을 먼저 인도하게 해주십시오." 이에 왕이 말했다. "과거 연회 때의 일은 장난이었소. 만약 그대에게 죽을 약속을 지키도록 한다면 나의 부덕不德을 드러내는 것이오." 월희가 말했다. "옛날에 첩은 비록 입으로 말하지 않았지만, 마음으로는 이미 허락을 했습니다. 첩은 '신信이란 그 마음을 배반하지 않는 것이고, 의義는 그 일을 거짓으로 만들지 않는다'고 들었습니다. 첩은 왕의 의義를 위해 죽지, 왕의 즐거움을 위해 죽지는 않습니다." 말을 마친 월희는 스스로 목숨을 끊었다.

왕의 병세가 악화되자 왕의 세 동생 가운데 한 사람에게 왕위를 물려주려 했으나 셋 모두 거절했다. 왕은 결국 병영에서 세상을 떠났다. 물론 채희는 따라 죽지 않았다. 왕의 아우인 자려子闾와 자서子西, 자기子期가 서로 의논하여 "어머니에게 신의信義가 있으니 그 자식도 반드시 인仁할 것이다"라고 말했다. 이렇게 하여 군사를 배치시키고 출입을 통제하여 월희의 아들 웅장熊章을 맞아 왕위를 잇게 했다. 이 사람이 바로 혜왕惠王이다. 그런 뒤 군대를 해산시키고 돌아와 소왕의 장례를 치렀다.

군자가 말하기를 "월희의 믿음과 의리는 옳은 일을 위해 죽을 수 있었다." 『시경』에 "훌륭한 말씀은 어김이 없네. 죽음도 그대와 함께 하리라"고 한 것은 월희를 두고 한 말이다.

송을 지어 칭송하다.

초나라 소왕, 연회 때 첩에게 함께 죽기를 강요했네.

채희는 허락했지만, 월희는 예를 지켰다네.

하지만 끝내 죽음으로 절의 지키니

뭇 신하가 훌륭히 여겼도다.

월희와 채희, 그 덕이 다르네.

楚昭越姬者, 越王句踐[1]之女, 楚昭王之姬也. 昭王燕遊, 蔡姬在左, 越姬
參右. 王親乘駟以馳逐, 遂登附社之臺,[2] 以望雲夢之囿, 觀士大夫逐者, 旣
驩. 乃顧謂二姬曰, "樂乎." 蔡姬對曰, "樂." 王曰, "吾願與子生若此, 死又
若此." 蔡姬曰, "昔弊邑寡君,[3] 固以衆黎民之役, 事君王之馬足. 故以婢子
之身, 爲苞苴玩好. 今乃比於妃嬪, 固願生俱樂死同時." 王顧謂史書之, "蔡
姬許從孤死矣." 乃復謂越姬. 越姬對曰, "樂則樂矣. 然而不可久也." 王曰,
"吾願與子生若此, 死若此. 其不可得乎." 越姬對曰, "昔吾先君莊王, 淫樂
三年, 不聽政事. 終而能改, 卒霸天下. 妾以君王, 爲能法吾先君, 將改斯樂,
而勤於政也. 今則不然. 而要婢子以死, 其可得乎. 且君王以束帛乘馬, 取
婢子於弊邑. 寡君受之太廟也, 不約死. 妾聞之諸姑,[4] '婦人以死彰君之善,
益君之寵.' 不聞其以苟從其闇死爲榮. 妾不敢聞命." 於是王寤, 敬越姬之
言, 而猶親嬖蔡姬也.

居二十五年, 王救陳,[5] 越姬從. 王病在軍中, 有赤雲夾日如飛鳥. 王問周
史. 史曰, "是害王身. 然可以移於將相." 將相聞之, 將請以身禱于神. 王曰,
"將相之於孤, 猶股肱也. 今移禍焉, 庸爲去是身乎." 不聽. 越姬曰, "大哉,
君王之德. 以是妾願從王矣. 昔日之遊, 燕樂也, 是以不敢許. 及君王復於
禮, 國人皆將爲君王死. 而況於妾乎. 請願先驅狐狸於地下." 王曰, "昔之遊

樂, 吾戲耳. 若將必死, 是彰孤之不德也." 越姬曰, "昔者, 妾雖口不言, 心
旣許之矣. 妾聞, '信者不負其心. 義者不虛設其事.' 妾死王之義, 不死王之
好也." 遂自殺.

王病甚, 讓位於三弟, 三弟不聽. 王薨于軍中. 蔡姬竟不能死. 王弟子閭,
與子西子期謀曰, "母信者, 其子必仁." 乃伏師閉壁, 迎越姬之子熊章立. 是
爲惠王.[6] 然後罷兵, 歸葬昭王.

君子謂, "越姬信能死義." 詩曰, "德音莫違, 及爾同死."[7] 越姬之謂也.

頌曰, "楚昭遊樂, 要姬從死. 蔡姬許王, 越姬執禮. 終獨死節, 群臣嘉
美. 維斯兩姬, 其德不比."

---

1 句踐(구천): 춘추시대 월나라 왕이다.
2 附社之臺(부사지대): 초나라 운몽雲夢(후베이 성 소재)이라는 곳은 남녀가 모
여 놀며 제사를 행하던 곳이다. 그 제단을 부사지대라고 했다.
3 弊邑寡君(폐읍과군): 채희 자신의 고국 채나라 군주를 가리키는 겸양의 뜻이
있다.
4 諸姑(제고): 아버지의 자매들을 가리킨다.
5 救陳(구진): 진나라를 돕기 위한 전쟁은 기원전 489년에 일어났다.
6 惠王(혜왕): 초나라 제29대 국군 웅장으로 기원전 489~기원전 432년까지 57년
간 재위했다.
7 『시경』「패풍」 '곡풍谷風'에 나오는 구절이다.

5편

갑나라 장수의 처 蓋將之妻

갑蓋의 부장副將인 구자丘子의 처에 관한 이야기다. 융戎이 갑을 정벌하여 그 군주를 죽였다. 그리고 융은 갑의 신하들에게 명령을 내려 "만약 자살하는 자가 있다면 처자까지 다 죽인다"고 했다. 그러나 부장인 구자가 융의 명령을 무시하고 용감하게 자살하려 했다. 주위에 있던 사람들이 구자를 구해 자살 계획이 수포로 돌아갔다. 그래서 무사히 집으로 돌아올 수 있었다. 돌아온 남편을 보고 처가 말했다.

"저는 '장군의 절개는 용감하여 죽기를 각오한다. 그래서 병사와 백성도 온 힘을 바쳐서 죽음도 두려워하지 않는다. 이렇게 되고서야 전쟁에서 이기고 공격해서 얻을 수 있다. 이것은 곧 나라를 온존하게 하고 군주를 편안하게 하는 것이다'라고 들었습니다. 전쟁에서 용기를 잃으면 효에 어긋나며, 주군이 죽었는데 장군이 살아 있는 것은 충忠에 위배됩니다. 지금 군대는 패하고 군주는 시해되었는데 어찌 당신만 살았습니까? 충과 효를 잃은 몸이면서 무슨 염치로 돌아왔습니까?" 이에 구자가 말했다.

"갑은 소국이고 융은 대국입니다. 나는 있는 힘을 다했지만 주군께서는 불행히도 살해되었소. 나도 처음엔 자살하려 했소. 그런데 누가 구해줘서 죽지 못했소." 구자의 처가 말했다. "그때 죽음에서 구해진 것이라면 지금은 어떻게 하실 건가요." 구자가 말했다. "나는 나 자신만을 위한 것이 아닙니다. 융이 '자살하는 사람은 처자식도 죽인다'고 영을 내렸기에 죽지 못한 것이오. 또 내가 죽는다고 한들 이미 돌아가신 주군께 무슨 이익이 되겠소?" 처가 말했다. "제가 들기로 '주군에게 근심이 생기면 그것은 곧 신하의 치욕이고, 주군에게 치욕이 생기면 신하가 죽어야 한다'고 했습니다. 지금 주군께서는 살해되었지만 그 신하인 당신은 살아 계십니다. 그런데도 의義라 할 수 있겠습니까? 많은 병사와 백성이 죽고 나라 또한 멸망했는데 혼자만 살아남은 것을 인仁이라 할 수 있습니까? 처자식을 걱정하여 인의를 잊고, 또 돌아가신 군주를 배반하여 포악한 새 군주를 섬기는 것을 충忠이라 할 수 있습니까? 사람으로서 충신의 도와 인의의 행동이 없다면 현명하다 할 수 있겠습니까? 『서경』과 『주서周書』에서는 '군주를 먼저 하고 신하는 뒤로하며, 부모를 먼저 하고 형제는 뒤로하며, 형제를 먼저 하고 벗은 뒤로하며, 벗을 먼저 하고 처자는 뒤로한다'고 했습니다. 처자는 사사로운 애정이고 주군을 섬기는 것은 공적인 의입니다. 지금 처자를 핑계로 신하로서의 절의를 잃고 군주 섬기는 예를 없애며 충신의 도를 버리고서, 처자에 대한 사사로운 애정에 끌려 구차하게 살려고 합니다. 그러한 것은 저 역시 부끄럽게 여기는 바인데 하물며 당신은 어떻겠습니까. 나는 당신과 치욕을 무릅쓰면서까지 살 수 없습니다." 결국 둘은 자살했다. 융戎의 군주가 그들을 현명하다고 여겨 크게 대접했고, 장수로 예우

하여 장사지내주었다. 그 동생에게는 금 100일을 하사하고 경卿으로 삼아 갑 땅을 별도로 다스리게 했다.

군자가 말하기를 "갑나라 장수의 처는 의에 대한 생각이 한결같았다"고 했다. 『시경』에 "저 훌륭한 군자는 그 덕이 꺾이지 않는구나!"라고 했는데 이를 말한 것이다.

송을 지어 칭송하다.
갑나라 장수의 처, 절개를 지킴이 한결같았네.
융이 갑을 멸망시키니 구자 홀로 살아남았다네.
구자의 처, 죽지 못함을 부끄러이 여겨 다섯 영예 열거했네.
남편 위해 먼저 죽으니 후세에 그 이름 드러나게 되었구나.

蓋[1]之偏將, 丘子之妻也. 戎伐蓋, 殺其君. 令于蓋羣臣曰, "敢有自殺者, 妻子盡誅." 丘子自殺, 人救之, 不得死. 旣歸, 其妻謂之曰, "吾聞'將節勇而不果生. 故士民盡力而不畏死. 是以戰勝攻取. 故能存國安君.' 夫戰而忘勇, 非孝也. 君亡不死, 非忠也. 今軍敗君死, 子獨何生. 忠孝忘于身, 何忍以歸." 丘子曰, "蓋小戎大. 吾力畢能盡, 君不幸而死. 吾固自殺也, 以救故不得死." 其妻曰, "曩日有救, 今又何也." 丘子曰, "吾非愛身也. 戎令曰, '自殺者, 誅及妻子.' 是以不死. 死又何益于君." 其妻曰, "吾聞之, '主憂臣辱, 主辱臣死.' 今君死而子不死, 可謂義乎. 多殺士民, 不能存國, 而自活, 可謂仁乎. 憂妻子而忘仁義, 背故君而事强暴, 可謂忠乎. 人無忠臣之道, 仁義之行, 可謂賢乎. 周書曰, '先君而後臣, 先父母而後兄弟. 先兄弟而後交友, 先交友而後妻子.' 妻子私愛也, 事君公義也. 今子以妻子之故, 失人臣之節, 無事君之禮. 棄忠臣之公道, 營妻子之私愛, 偸生苟活.[2] 妾等恥之, 況於子

乎. 吾不能與子蒙恥而生焉." 遂自殺. 戎君賢之, 祠以大牢,[3] 而以將禮葬

之. 賜其弟金百鎰, 以爲卿, 而使別治蓋.

君子謂, "蓋將之妻, 潔而好義." 詩曰, "淑人君子, 其德不回."[4] 此之

謂也.

頌曰, "蓋將之妻, 據節銳精. 戎旣滅蓋, 丘子獨生. 妻恥不死, 陳設五榮.[5]

爲夫先死, 卒遺顯名."

---

1 蓋(갑): 춘추시대의 국명으로 지금의 산시 성陝西省 싱핑興平 부근에 있었다고
한다. 『죽서기년竹書紀年』에 따르면 유왕幽王 6년(기원전 776)에 서융西戎이 갑나
라를 멸망시켰다. 따라서 이 이야기는 기원전 776년에 일어난 사건이다. 개蓋의 음
은 '갑' '개' '합'이 있지만 국명이나 성씨는 '갑'으로 발음한다.

2 偸生苟活(투생구활): 죽어야 할 때 죽지 않고 구차하게 산다는 뜻이다.

3 大牢(대뢰): 뇌牢는 희생을 말하는데, 대뢰는 소牛·양羊·돼지豕 세 종류의 희
생을 바치는 최고의 공물을 뜻한다. 대부분의 판본에서는 태뢰太牢라고 했다.

4 『시경』「소아」'고종鼓鍾'에 나오는 구절이다.

5 五榮(오영): 다섯 가지의 영예로 인仁·의義·충忠·효孝·현賢을 가리킨다.

【 6편 】

노나라의 의로운 고모 魯姑義姊

　　노魯나라의 의고자義姑姊는 노나라 도성 밖 시골에 사는 부인이
다. 제齊나라가 노나라를 침략하여 도성 가까이에 이르렀다. 제나라
장수가 살펴보니 어떤 부인이 한 아이를 안고 또 한 아이 손을 잡고
걸어가고 있었다. 군대가 바짝 따라가니 안고 있던 아이를 내려놓고
손을 잡고 걷던 아이를 안아 산으로 달아났다. 남겨진 아이가 울면
서 따라갔지만 부인은 돌아보지도 않은 채 달아났다. 제나라의 장
수가 울면서 따라가던 아이에게 "저기 달아나는 사람이 너의 어머
니냐?"고 물었다. 아이는 그렇다고 대답했다. 제나라 장수는 또 "그
러면 네 어머니가 안고 있는 아이는 누구냐?"고 물었다. 아이는 모
른다고 대답했다. 제나라의 장수는 군사를 시켜 그 여자를 쫓아가
게 했다. 군사들이 활을 겨누며 "서시오! 서지 않으면 쏘겠소"라고
했다. 마침내 그 부인이 제나라 장수에게 끌려왔다. 제나라 장수는
부인에게 안겨 있는 아이가 누구이며, 버린 아이가 누군지를 물었
다. 그랬더니 부인이 대답했다.

　　"안고 있는 아이는 제 오빠의 아이이고, 버린 아이는 바로 저의

아이입니다. 군대가 오는 것을 보니, 제 힘으로 둘을 다 안을 수 없었습니다. 그래서 제 아이를 버린 것입니다." 제나라의 장수가 다시 말했다. "어머니에게 자식은 사랑스럽고 귀여운 존재요. 마음이 굉장히 아플 터인데, 지금 이 아이를 버리고 도리어 오빠의 아이를 안고 달아난 것은 무엇 때문이오?" 부인이 말했다. "내 자식은 사사로운 사랑이고, 오빠의 아이는 공적인 책임감입니다. 공적인 의무를 버리고 사사로운 사랑으로 향한다면 오빠의 아이는 죽고 내 자식만 살게 됩니다. 다행히 무사하게 도망을 쳐 살더라도 노나라 군주가 저를 백성으로 받아들이지 않을 것이고, 대부 또한 저를 인정하지 않을 것입니다. 나라 안의 보통 사람들 또한 저를 상대하지 않을 것입니다. 이와 같이 되면 몸을 둘 곳도 없을 것이며, 사는 게 살얼음을 딛는 일이 될 것입니다. 당신은 비록 가슴 아플 것이라 하지만, 의에 있어서는 어떻게 하시겠습니까? 그래서 자식을 버리는 괴로움을 삼키면서 의를 행한 것입니다. 의를 버리고서는 노나라를 대할 수 없습니다."

이 부인의 이야기를 듣고 난 제나라 장수는 병사들을 멈추게 하고 사람을 제나라 군주에게 보내 이 말을 전하게 했다. "노나라를 정벌할 수 없습니다. 국경에 이르니 한 평범한 촌부가 있었습니다. 그녀는 절개를 지키며 의를 행하여, 사적인 것으로 공적인 것을 해치지 않아야 한다는 것을 알고 있었습니다. 그러니 조정의 신하와 사대부는 어떻겠습니까? 공격을 그만두고 군대를 복귀시켰으면 합니다." 제나라 군주가 이를 허락했다. 노나라의 군주는 그 말을 듣고 부인에게 비단 100단을 선물로 내리고, 이름을 의고자義姑姊라 지어주었다.

군자가 말했다. "의고자는 공정하고 진실한 믿음이 있었으며 의를 행하는 데 투철했다. 의는 큰 것이다. 비록 필부에게 있는 의라도 나라는 그것에 의지할 수 있는 것이다. 하물며 예의로써 나라를 다스리는 데서는 어떻겠는가?"『시경』에서 "훌륭한 덕행이 있으면 사방의 나라에서 그것을 본받는다"고 한 것은 이를 두고 말한 것이다.

송을 지어 칭송하다.
제나라가 노나라를 칠 때 의고의 절의가 돋보였네.
군사를 보고 산으로 달아나면서
자식은 버리고 조카를 안고 가니
제나라 장수 그 까닭 알고 의를 존중하는 마음 훌륭히 여겼도다.
그 부인의 의로움에 노나라 공격을 그만두었다네.

魯義姑姊[1]者, 魯野[2]之婦人也. 齊攻魯至郊,[3] 望見一婦人, 抱一兒 携一兒而行. 軍且及之, 棄其所抱, 抱其所携而走山. 兒隨而啼, 婦人遂行不顧. 齊將問兒曰, "走者爾母耶." 曰, "是也." "母所抱者誰也." 曰, "不知也." 齊將乃追之. 軍士引弓, 將射之曰, "止. 不止, 吾將射爾." 婦人乃還. 齊將問所抱者誰也, 所棄者誰也. 對曰, "所抱者, 妾兄之子也. 所棄者, 妾之子也. 見軍之至, 力不能兩護. 故棄妾之子." 齊將曰, "子之於母, 其親愛也. 痛甚于心. 今釋之, 而反抱兄之子, 何也." 婦人曰, "己之子, 私愛也. 兄之子, 公義也. 夫背公義而嚮私愛, 亡兄子而存妾子, 幸而得幸則魯君不吾畜, 大夫不吾養, 庶民國人, 不吾與也. 夫如是則脅肩無所容, 而累足無所履也. 子雖痛乎, 獨謂義何. 故忍棄子而行義. 不能無義而視魯國." 於是齊將按兵而止, 使人言於齊君曰, "魯未可伐也. 乃至于境, 山澤之婦人耳. 猶知持節行義, 不以

私害公. 而況於朝臣士大夫乎. 請還." 齊君許之. 魯君聞之, 賜婦人束帛百

端,⁴ 號曰, 義姑姊.

　君子謂. 義姑姊公正誠信, 果于行義. 夫義其大哉. 雖在匹婦, 國猶賴之.

況以禮義治國乎. 詩云, "有覺德行, 四國順之."⁵ 此之謂也.

　頌曰. "齊君攻魯, 義姑有節. 見軍走山, 棄子抱姪. 齊將問之, 賢其推理.

號婦爲義, 齊兵遂止."

1　義姑姊(의고자): 고자姑姊는 아버지의 누나를 말한다. 여기서는 '의리 있는 고
모'라는 뜻으로 노나라 군주가 내린 존호다. 그런데 본문의 내용과 부합하려면 오
빠[형]의 아이라고 했기 때문에 손위 누이 '자姊'가 아니라 손아래 누이 '매妹'가
되어야 한다. 그런데 山崎純一은 '의고자'가 존호이기 때문에 내용상의 장유長幼관
계가 그리 문제되지 않는다고 보았다. 즉 존칭인 이상 연장자인 '자姊'를 쓴 것이
당연하다고 본 것이다.(山崎純一,『열녀전』, 554쪽)

2　野(야): 여기서는 교외라는 의미로 쓰였다. 그런데 주대周代 제도에서 '야野'라
는 지역은 왕성으로부터 200리 밖 300리 내 지역과 또 왕성 바깥 땅에 있는 공경
대부의 채지采地를 말한다.

3　郊(교): 주대 제도에는 국도國都에서 50리 내를 근교近郊라 하고, 100리 내를
원교遠郊라 했다.

4　端(단): 포布나 백帛을 재는 길이 단위. 주대의 도량으로 환산하면, 100단은
450미터의 비단이 되는 셈이다.

5　『시경』「대아」'억'에 나오는 구절이다.

대나라의 조부인 代趙夫人

　　대代나라의 조부인趙夫人은 조나라 간자簡子의 딸이자 양자襄子의 누이이며 대나라 왕의 부인이다. 간자가 죽어 장례를 치렀는데, 그 아들 양자는 아직 상복을 벗기 전이었다. 그런데 양자는 말을 몰아 하옥夏屋에 올라갔다. 그는 요리를 담당하는 사람을 시켜 술을 아주 큰 통에 담아오게 했다. 그러고는 대나라 왕을 하옥으로 유인하여 왕과 그 시종에게 술을 마시게 했다. 그들이 비틀거리며 걷는 것을 보고 양자는 몰래 각슘이라는 요리사를 시켜 술을 담았던 용기로 왕과 그 시종을 때려죽이게 했다. 그런 뒤 그는 군사를 일으켜 대나라를 점령했다. 이어서 그의 누나인 조부인을 모시고 가려 했다. 그러자 부인이 말했다.

　　"나는 선군의 명을 받들어 대왕을 섬겨온 지 10여 년이 되었소. 대나라가 크게 잘못한 일도 없는데, 그대가 대의 군주를 죽였으니 지금 대는 망하게 되었소. 그런데 내가 어찌 다시 조나라로 돌아갈 수 있겠소? 또 나는 '부인은 의를 준수하여 두 남편을 섬기지 않는다'고 들었소. 내가 어찌 두 남편을 섬길 수 있겠소? 또 어디로 나를 다시 보내려 하오? 동생 때문에 남편을 무시하는 것은 의義가 아니고, 남편 때문에 동생을 원망하는 것은 인仁이 아니오. 나는 원망하지도 않지만, 그렇다고 다시 돌아갈 수는 없소." 그녀는 하늘을 우러러 통곡하고는 미계麋笄라는 곳에서 스스로 목숨을 끊었다. 대나라 사람들이 모두 그녀를 가슴 아프게 여겼다.

군자가 말하기를 "조부인은 부부의 도리에 잘 처신했다"고 했다. 『시경』에 "어긋남이 없고 해침이 없으면 모두가 본받게 될 것이네"라고 한 것은 이를 두고 한 말이다.

송을 지어 칭송하다.
저 조양자趙襄子, 대나라 조부인의 아우라네.
대나라 왕을 습격하여 죽이고 그 누나 데려가려 하니
누나는 의리 내세워 예禮가 무엇인가를 말하면서
고국으로 돌아가지도 동생을 원망하지도 않은 채
스스로 목숨을 끊었네.

代[1]趙夫人者, 趙簡子[2]之女, 襄子[3]之姊, 代王之夫人也. 簡子旣葬, 襄子未除服,[4] 馳登夏屋,[5] 誘代王. 使廚人持斗, 以食代王. 及從者行斟, 陰令宰人[6]各以一斗, 擊殺代王及從者. 因擧兵平代地. 而迎其姊趙夫人.[7] 夫人曰, "吾受先君之命, 事代王, 今十有餘年矣. 代無大故, 而主君殘之, 今代已亡. 吾將奚歸. 且吾聞之, '婦人執義無二夫.' 吾豈有二夫哉. 欲迎我何之. 以弟慢夫, 非義也. 以夫怨弟, 非仁也. 吾不敢怨, 然亦不歸." 遂泣而呼天, 自殺于麋笄之地.[8] 代人皆懷之.

君子謂, "趙夫人, 善處夫婦之間." 詩云, "不僭不賊, 鮮不爲則."[9] 此之

謂也.

頌曰. "惟趙襄子, 代夫人弟. 襲滅代王, 迎取其姉. 姉引義理, 稱說節禮.
不歸不怨, 遂留野死."

---

1 代(대): 기원전 457년에 조양자趙襄子에게 멸망된 비한족계非漢族계의 대융代
戎이라는 부족이 세운 왕국이다. 허베이성 서부에서 산시 성山西省 동북부에 걸쳐
있었는데 진晉나라에서 부상한 조씨趙氏에 의해 정복되었다. 이 이야기에 나오는
부인은 미모를 구비한 여성으로 조趙의 대외 정략에 이용된 것으로 보인다.(山崎
純一,『열녀전』, 561쪽 참조)

2 趙簡子(조간자): 한韓·위魏와 함께 진晉나라의 실권을 장악했고, 기원전 503년
에는 경의 신분으로 제후를 규합하여 내란으로 망명 중이던 주 경왕敬王을 복위시
켰다.

3 襄子(양자): 조간자의 아들로 적인狄人의 첩에게서 난 서자다. 아버지가 죽은
뒤 대왕을 하옥산의 요새에 초빙하여 죽임으로써 대국代國을 멸망시켰다. 기원전
425년에 죽었다.

4 除服(제복): 상복을 벗는 것을 말한다.『사기』「조세가趙世家」와『여씨춘추呂氏
春秋』「장공長攻」편에 따르면 간자簡子는 병이 깊어지자 후계자로 지목된 둘째
아들 양자襄子를 불러 삼년상이 아닌 기년상期年喪으로 할 것을 유언했다. 양자
가 선군의 상을 1년 만에 벗고 하옥산에 가려 하자 신하들이 삼년상을 아직 마치
지 않았으므로 유흥을 즐기는 일은 옳지 않다고 했더니 양자는 부친 간자의 명이
기에 어길 수 없다고 했다. 여기서 미제복未除服이란, 원칙인 삼년상을 아직 벗지
못했음을 말한다.

5 夏屋(하옥): 산시 성山西省 다이代 동북에 걸쳐 있는 산맥으로 이곳 요새에서
조양자와 대왕의 연회가 열렸다.

6 宰人各(재인각): 각이라는 이름을 가진 요리사를 가리킨다.

7 趙夫人(조부인):『사기』와『여씨춘추』를 종합해보면 양자의 누나와 양자가 데려
가고자 하는 대왕의 처는 다른 사람이다. 여기서는 양자가 누나를 데려가 자신의
처로 삼겠다는 내용으로 구성되었는데, 원전의 소재를 변형시켜 유향 자신의 뜻을
피력하고자 한 이 책의 성격을 감안할 필요가 있다.

8 麋笄之地(미계지지): 대국代國의 본거지가 있던 허베이 성 위 현蔚縣 부근의 산
이다.

9 『시경』「대아」'억'에 나오는 구절이다.

【8편】
제나라의 의로운 계모 齊義繼母

제齊나라 의계모義繼母는 제나라에 사는 두 아들을 둔 어머니다. 선왕宣王 때의 일인데 어떤 사람이 길에서 싸우다가 죽었다. 관리가 나와서 조사해본 결과 한 사람에 의하여 피살되었음이 밝혀졌다. 그러나 현장에는 두 형제가 있었다. 관리는 누가 죽였는지를 물었다. 형은 "내가 죽였소" 하고, 동생은 "형이 아니라 내가 죽였소"라고 했다. 1년이 지나도록 그 관리는 범인이 누군지를 판단할 수 없어 마침내 이 사건을 재상에게 보고했다. 재상 역시 판단하기 어려워 왕에게 보고했는데, 왕이 말했다.

"지금 그들을 다 풀어준다면 그 가운데 죄가 있는 자를 방치하는 것이 되고, 둘 다 죄인으로 몰아 처형한다면 그 가운데 죄가 없는 자까지 죽이는 결과가 될 것이다. 내가 생각하기에 그들의 어머니는 어떤 자식이 선하고 나쁜지를 알고 있을 것이다. 그러니 그 어머니에게 물어서 누구를 죽이고 누구를 살릴 것인지 들어보도록 하라." 이에 재상이 그들의 어머니를 불러 물어보았다.

"당신의 아들이 사람을 죽였소. 그런데 형제가 서로 벌을 대신

節
義
傳
─
389

받아 죽겠다고 하고 있소. 담당 관리가 도저히 진범을 가려낼 수가 없어서 왕에게까지 보고했소. 왕은 현명한 분이라 그들의 어미인 당신에게 누구를 죽이고 누구를 살릴 것인가를 묻도록 했소." 그 어머니가 울면서 "작은 놈을 죽이십시오" 하고 대답했다. 재상이 이 어머니의 말을 듣고 "보통 어린 아들을 더 사랑하는 법인데, 작은 아들을 죽이고자 하는 것은 무슨 까닭이오?"라고 물었다. 그러자 그 어머니가 대답했다.

"작은 아들은 제가 낳은 자식이고, 큰아들은 전처의 소생입니다. 그들의 아비가 병이 들어 죽으면서 '저 아이를 잘 돌봐달라'고 제게 부탁했습니다. 저도 그렇게 하겠다고 약속했습니다. 그의 부탁을 받아 그것을 허락했는데, 남의 부탁을 잊고 약속한 것을 어찌 저버릴 수 있겠습니까? 또 형을 죽게 하고 동생을 살린다면 이것은 사사로운 애정으로 공적인 의무를 폐기하는 것이 됩니다. 부탁한 말을 무시하고 신의를 저버린다면 죽은 이를 속이는 것입니다. 약속을 지키지 못하며 이미 약속한 것에 신의가 없다면, 어떻게 세상을 살 수 있겠습니까? 비록 자식의 일이 가슴 아프지만 의리가 무엇인가를 말하고 싶을 뿐입니다." 눈물이 흘러 그 어머니의 소매를 적셨다. 재상이 궁으로 들어가 왕에게 이 사실을 보고했다. 그러자 왕은 그 의리를 훌륭히 여기고 행실을 높이 사 형제 둘을 모두 사면시켰다. 그리고 그 어머니를 존숭하여 의모義母라 했다.

군자가 말하기를 "의모는 신의가 있고 의리를 지키며, 결백하고 겸양의 덕을 갖추었다"고 했다. 『시경』에 "저 훌륭한 군자여! 사방에서 모범으로 여기네"라고 한 것은 이를 두고 한 말이다.

송을 지어 칭송하다.

의리 있는 계모, 진실로 믿음직하고 공정하면서 예를 알았구나.

아들 형제가 각각 죄를 지었다고 서로 양보하니

관리도 판단하지 못해 결국 왕이 그들 어미에게 물었다네.

신의에 따라 의리 행하니 감동한 왕, 두 아들 모두 풀어주었네.

齊義繼母者, 齊二子之母也. 當宣王[1]時, 有人鬪死于道者. 吏訊之, 被一創. 二子兄弟立其傍. 吏問之. 兄曰, "我殺之." 弟曰, "非兄也. 乃我殺之." 期年, 吏不能決, 言之于相. 相不能決, 言之于王. 王曰, "今皆赦之, 是縱有罪也. 皆殺之, 是誅無辜也. 寡人度, 其母能知子善惡. 試問其母, 聽其所欲殺活." 相召其母, 問之曰, "母之子殺人. 兄弟欲相代死. 吏不能決, 言之于王. 王有仁惠, 故問母何所欲殺活." 其母泣而對曰, "殺其少者." 相受其言, 因而問之曰, "夫少子者, 人之所愛也. 今欲殺之何也." 其母對曰, "少者妾之子也. 長者前妻之子也. 其父疾且死之時, 屬之于妾曰, '善養視之.' 妾曰, '諾.' 今旣受人之託, 許人以諾. 豈可以忘人之託, 而不信其諾邪. 且殺兄活弟, 是以私愛廢公義也. 背言忘信, 是欺死者也. 夫言不約束, 已諾不分, 何以居於世哉. 子雖痛乎, 獨謂行何." 泣下沾襟. 相入言于王. 王美其義, 高其行, 皆赦不殺, 而尊其母, 號曰義母.

君子謂, "義母信而好義, 潔而有讓." 詩曰, "愷悌君子, 四方爲則."[2] 此之謂也.

頌曰, "義繼信誠, 公正知禮. 親假有罪, 相讓不已. 吏不能決, 王以問母. 據信行義, 卒免二子."

1 齊宣王(제 선왕): 전국시대 제나라 제5대 국군 전벽강田辟彊이다. 기원전 319~
기원전 301년까지 18년간 재위했다. 그가 왕후를 맞이한 이야기가 「변통전」 '제종
리춘齊鍾離春'의 내용이다.
2 『시경』「대아」 '권아卷阿'에 나오는 구절이다.

【 9편 】
노나라 추씨의 정결한 부인 魯秋潔婦

  결부潔婦는 노나라 추호자秋胡子의 처다. 추호자는 혼인한 지 닷새 만에 이웃 진陳나라의 관직을 받고 집을 떠났다. 진나라에 머문 지 5년 후에 집으로 돌아오게 되었다. 그런데 집 가까이 왔을 때 길가 밭에서 어떤 부인이 뽕잎을 따고 있었다. 여인을 본 추호자는 신이 나서 수레에서 내려 말을 건넸다.

  "이같이 더운 날 뽕잎을 따는구려. 나는 먼 길을 가고 있소. 뽕나무 그늘 아래서 시원하게 잠시 쉬고 싶소." 그 부인은 대꾸도 없이 쉬지 않고 계속 뽕잎을 땄다. 그러자 추호자가 다시 말했다. "농사일에 힘쓰는 것은 풍년을 만나는 것보다 못하고, 뽕 따는 일에 힘쓰는 것은 일국의 대신을 만나는 것보다 못할 것이오. 나는 돈이 있소. 부인에게 이 돈을 주고 싶소." 뽕잎 따던 부인이 말했다. "우습군요. 뽕을 열심히 따는 것은 옷감을 짜서 옷과 양식을 만들어 부모를 봉양하고, 남편을 섬기려는 것입니다. 나는 돈을 원치 않아요. 원컨대 대신께서는 다른 뜻이 없길 바랍니다. 저 역시 음탕한 생각이 없습니다. 당신은 노자와 상자에 든 돈을 거두십시오."

節義傳
—
395

추호자는 목적을 이루지 못한 채 그 자리를 떠나 집으로 돌아왔다. 어머니를 뵙고 가지고 온 돈을 모두 어머니께 드렸다. 그러고는 사람을 시켜 부인을 불러오게 했다. 그런데 들어온 부인은 조금 전 뽕나무 밭에서 자신이 수작 걸었던 바로 그 여인이었다. 추호자는 몹시 부끄러웠다. 그러자 부인이 말했다.

"당신은 장가를 들자마자 부모를 남겨두고 이웃 나라에 벼슬살이하러 떠났습니다. 그러고는 5년 만에 돌아왔습니다. 마땅히 기쁨에 넘쳐 수레를 빨리 몰아 부랴부랴 달려왔어야 했습니다. 그런데 당신은 길가의 여인에게 재물과 돈을 주며 수작을 걸었습니다. 이런 행위는 어머니를 잊은 것입니다. 어머니를 잊는 것은 불효입니다. 그리고 여색을 좋아하여 음탕함에 빠지는 것은 행실을 더럽힌 것입니다. 행실이 더럽다는 것은 불의입니다. 부모를 섬기는 데 불효한 것은 군주를 섬기는 데 있어서 불충한 것입니다. 가정일에 의롭지 못하고서는 관직 일도 제대로 보지 못할 것입니다. 효와 의리를 다 같이 저버리고는 일을 이루지 못할 것입니다. 저는 참을 수 없습니다. 당신은 다시 장가를 들도록 하세요. 저는 그런 사람의 아내가 될 수 없습니다." 결부는 그 집을 떠나 동쪽으로 가서 강에 몸을 던져 죽었다.

군자가 말했다. "결부는 선善을 위해 온 정성을 다했다. 불효 가운데 부모를 친애하지 않고 다른 사람을 사랑하는 것이 가장 심하다. 추호자에게는 이런 행위가 있었다. 군자가 '선을 보면 미치지 못할까 염려하고, 선하지 못한 것을 보면 뜨거운 물에 빠지듯이 하라'고 한 것은 추호자의 부인에게 해당되는 말이다." 『시경』에서 "마음이 편협하여 조롱을 받게 되었네"라고 한 것은 이를 두고 한 말이다.

송을 지어 칭송하다.

서쪽으로 벼슬살이 간 추호 5년 만에 돌아와서는

처를 만나고도 알아보지 못하고 되레 음흉한 생각 품었네.

한결같은 그 여인이 처인 줄을 집에 와서야 알게 되었네.

의롭지 못한 남편을 수치스럽게 여긴 그녀,

강으로 달려가 몸을 던졌네.

潔婦[1]者, 魯秋胡子[2]妻也. 旣納之五日, 去而官于陳. 五年乃歸. 未至家,
見路旁婦人採桑. 秋胡子悅之, 下車謂曰, "若曝採桑. 吾行道遠. 願託桑
蔭, 下飡下齎休焉." 婦人採桑不輟. 秋胡子謂曰, "力田不如逢豐年. 力桑不
如見國卿. 吾有金, 願以與夫人." 婦人曰, "噫, 夫採桑力作, 紡績織紝, 以供
衣食, 奉二親, 養夫子. 吾不願金. 所願卿無有外意, 妾亦無淫佚之志. 收子
之齎與笥金." 秋胡子遂去, 至家, 奉金遺母. 使人喚婦. 至, 乃嚮採桑者也.
秋胡子慙. 婦曰, "子束髮, 辭親往仕. 五年乃還. 當所悅馳驟, 揚塵疾至. 今
也, 乃悅路傍婦人, 下子之糧, 以金予之. 是忘母也. 忘母不孝也. 好色淫
佚, 是汚行也. 汚行不義. 夫事親不孝則事君不忠. 處家不義則治官不理.
孝義並忘, 必不遂矣. 妾不忍見. 子改娶矣. 妾亦不嫁." 遂去而東走, 投河
而死.

君子曰, "潔婦精於善. 夫不孝莫大于不愛其親, 而愛其人, 秋胡子有之
矣." 君子曰, "見善如不及, 見不善如探湯."[3] 秋胡子婦之謂也. 詩云, "惟是
褊心, 是以爲刺."[4] 此之謂也.

頌曰, "秋胡西仕, 五年乃歸. 遇妻不識, 心有淫思. 妻執無二, 歸而相知.
恥夫無義, 遂東赴河."

1 潔婦(결부): 품행이 단정하고 정절을 지키는 부인이라는 뜻이다.
2 秋胡子(추호자): 춘추시대 노나라 사람으로 성이 추秋다. 그에 대한 기록은 어디에도 없다.
3 『논어』「계씨季氏」에 나오는 말이다.
4 『시경』「위풍魏風」 '갈구葛屨'에 나오는 구절이다.

【 10편 】

주나라 대부의 충직한 시녀 周主忠妾

주나라 대부의 충직한 시녀는 대부의 처가 시집올 때 데리고 온 잉비媵婢를 말한다. 그 대부는 주보主父로 불렸다. 그는 위衛나라 출신으로 주나라에서 벼슬을 하고 있었는데, 2년 만에 위나라에 다니러 왔다. 그동안 그의 처는 이웃 남자와 정을 통했다. 그 남자가 주보에게 들킬 것을 두려워하자, 주보의 처는 "걱정하지 마세요. 내가 독주毒酒를 담가서 봉해두고 기다리고 있어요"라고 했다. 3일 뒤에 주보가 도착했다. 그의 처는 "내가 당신의 노고에 보답하고자 술을 담가놓고 기다리고 있었습니다"라고 말하며, 시집올 때 데리고 온 잉비에게 준비된 술을 가져와 올리게 했다. 잉비는 그것이 독주임을 알았다. 생각해보니 그 술을 주보에게 준다면 그를 죽이는 불의不義가 되고, 또 사실대로 말한다면 주모主母를 죽이는 불충不忠이 되는 것이었다. 잉비는 잠시 머뭇거리다가 일부러 술을 엎질렀다. 하녀가 술을 엎지르자 주보는 노하여 벌로 그녀를 태형笞刑에 처했다. 그것으로 그 문제는 끝이 났다.

그런데 주보의 처는 매를 맞은 잉비가 자신의 계획을 발설할까

두려워 다른 일을 트집 잡아 태형으로 죽이려 했다. 잉비는 매를 맞다 죽게 되리라는 것을 알았지만, 끝내 독주 문제에 대해서는 말하지 않았다. 그런데 우연히 주보의 동생이 이 독주 사건을 알고 모든 것을 주보에게 고했다. 주보가 깜짝 놀라며 잉비를 풀어주고, 반대로 그의 처를 태형에 처하게 해 죽였다.

그런 일이 있고 난 후 주보는 사람을 시켜 잉비에게 "그때 그 사실을 알면서도 말하지 않고 도리어 죽음까지 감수하려 했는가?"라고 슬그머니 그 까닭을 물어보게 했다. 잉비는 "주인을 죽게 하고 저만 사는 것은 주인의 명예를 욕되게 하는 것입니다. 제가 죽으면 죽었지 어찌 그걸 말할 수 있겠습니까?"라고 대답했다. 주보는 감동하여 몸종의 의리를 높이 사고 그의 뜻을 귀하게 여겨 자신의 첩으로 들이고자 했다. 그러자 잉비는 사양하면서 말했다.

"제 주인이 욕되게 죽었는데 첩 혼자 산다는 것은 예가 아닙니다. 또 주인의 자리를 대신 차지한다는 것은 예에 어긋납니다. 예가 없거나 예를 어기는 것 가운데 하나만 저질렀으면 그냥 넘길 수 있겠으나, 지금은 두 가지 일을 다 저지르고 말았습니다. 이러고서 어찌 살아갈 수가 있겠습니까?" 그러고는 스스로 목숨을 끊으려 했다. 주보가 이 사실을 알고는 후한 금품으로 그녀를 시집보내려 했다. 그랬더니 사방에서 다투어 그녀를 데려가려 했다.

군자가 말했다. "충성스런 첩은 아주 어질었다. 이름이 작다고 해서 소문이 나지 않는 것이 아니며, 행실을 감춘다고 해서 드러나지 않는 것이 아니다." 『시경』에서 "어떤 말에는 보답이 있고, 어떤 덕에는 응보가 있는 것이니"라고 한 것은 이를 두고 한 말이다.

송을 지어 칭송하다.

주나라 주보의 충직한 시녀, 자혜롭고도 분수를 알았구나.

음란한 주보의 처, 독주로 남편을 죽이고자

몸종에게 갖다 바치게 하니, 일부러 술을 엎질러 독살 막았네.

충성으로 그 주인을 온전케 하여 마침내 복을 받았도다.

周主忠妾者, 周大夫妻之媵妾[1]也. 大夫號主父. 自衛仕於周, 二年且歸. 其妻淫於隣人. 恐主父覺, 其淫者憂之. 妻曰, "無憂也. 吾爲毒酒, 封以待之矣." 三日主父至. 其妻曰, "吾爲子勞, 封酒相待." 使媵婢取酒而進之. 媵婢心知其毒酒也. 計念, 進之則殺主父不義, 言之又殺主母不忠. 猶預. 因陽僵覆酒. 主父怒而笞之. 旣已. 妻恐媵婢言之. 因以他過笞, 欲殺之. 媵知將死, 終不言. 主父弟聞其事, 具以告主父. 主父驚, 乃免媵婢. 而笞殺其妻. 使人陰問婢媵曰, "汝知其事, 何以不言, 而反幾死乎." 媵婢曰, "殺主以自生, 又有辱主之名. 吾死則死耳, 豈言之哉." 主父高其義, 貴其意, 將納以爲妻. 媵婢辭曰, "主辱而死, 而妾獨生. 是無禮也. 代主之處. 是逆禮也. 無禮逆禮, 有一猶愈. 今盡有之, 難以生矣." 欲自殺. 主聞之, 乃厚幣而嫁之. 四隣爭娶之.

君子謂, "忠妾爲仁厚. 夫名無細而不聞, 行無隱而不彰." 詩云, "無言不讐, 無德不報."[2] 此之謂也.

頌曰, "周主忠妾, 慈惠有序. 主妻淫僻, 藥酒毒主. 使妾奉進, 僵以除賊. 忠全其主, 終蒙其福."

1 　滕妾(잉첩): 시집올 때 친정에서 데리고 오는 시녀로 잉비滕婢라고도 한다. 처를 대신하여 남편의 잠자리 등을 돌보는 몸종이다. 앞의 「모의전」 '탕비유신湯妃有㜪'에서 나온바, 제후가 아내를 맞이할 때 아내의 동성 자매를 함께 들이던 잉(첩)滕(妾)의 신분·역할과는 달리 시중드는 사람이다.

2 　『시경』 「대아」 '억'에 나오는 구절이다.

【 11편 】

위나라 공자의 의로운 유모 魏節乳母

절의를 지킨 위魏나라 공자公子의 유모에 관한 이야기다. 진秦나라가 위나라를 공격하여 위왕 하假를 죽였다. 또 뭇 공자도 주벌誅罰했으나 한 사람의 공자를 잡지 못했다. 그래서 진나라는 위나라의 전국에 "공자를 잡아오는 사람에게는 상금으로 황금 1000일을 하사할 것이고, 공자를 숨겨주는 사람에게는 그 죄로 일족을 멸할 것이다"라는 명령을 내렸다. 유모는 공자를 데리고 도망갔다. 그런데 멸망한 위나라의 옛 신하 한 사람이 유모를 보고는 곧 알아차렸다. 그러고는 유모에게 무섭지도 않느냐고 물었다. 유모는 "아아! 내가 공자를 어떻게 했다는 것입니까?" 하고 되물었다.

그 옛 신하가 다시 말했다. "지금 공자는 어디에 숨어 있소? 진나라의 명령에 '공자를 잡아오면 금 1000일을 내리고, 숨기는 자는 그 죄로 죽임을 당한다'고 합니다. 유모가 만일 말을 하게 되면 천 금을 얻을 것이고, 알면서도 말하지 않는다면 형제들까지 살아남지 못할 것입니다." 유모는 "아! 나는 공자가 있는 곳을 모릅니다"라고 말했다. 옛 신하는 말했다. "나는 공자가 유모와 함께 달아났다는 것을 들어서 알고 있소." 다시 유모는 "내가 비록 알고 있다 하더라도 말할 수 없습니다"라고 말했다. 이에 옛 신하가 말했다. "지금 위나라는 무너지고 그 왕족도 이미 없어졌습니다. 이런 상황에 당신이 공자를 숨겨준다 한들 누구를 위한 게 될까요?" 유모가 탄식하면서 말했다. "이익을 보겠다고 윗사람을 배반하는 것은 역逆이고, 죽음을 두려워하여 의리를 버리는 것은 난亂입니다. 지금 역과 난을 저지르면서 이익을 구하는 일을 저는 하지 못합니다. 또 남의 자식을 맡아서 길러준다 함은 살리기를 힘쓰는 것이지 죽이기 위한 것은 아닙니다. 어찌 상금을 받으려고 또 죽는 것이 두려워서 정의를 없애고 절의에 어긋난 행동을 할 수 있겠습니까? 제가 살아 있는 한 공자를 잡히게 할 수는 없습니다."

유모는 공자를 안고 오지 깊숙한 곳으로 도망갔다. 위나라의 그 신하는 진나라 군대에 이 사실을 알렸고, 진나라 군사가 쫓아가 그들을 찾아내고는 서로 다투듯이 활을 쏘았다. 자신의 몸으로 공자를 감싸고 있었기 때문에 유모의 몸에는 화살 수십 개가 박혔다. 그녀는 공자와 함께 죽은 것이다. 진나라의 왕이 이 사실을 듣고 그녀의 충성심과 죽음을 무릅쓴 의리를 귀중하게 여겼다. 이리하여 경卿에 상당하는 장례를 지내고 크게 제사를 지내주었다. 또 그녀의 오빠에게 은혜를 베풀어 오대부五大夫에 임명하고 황금 100일을 하사했다.

군자가 말했다. "절의 있는 유모는 사랑하고 베풀면서 신실했다. 의리를 무겁게 여기고 이익을 가볍게 여겼다. 『예기』에는 이렇게 말하고 있다. '어린아이의 방은 궁 안에 배치하고 여러 어머니와 돌볼 사람을 선발하는데, 반드시 마음이 넓고 자혜로우며, 온화하고 공경심이 있고, 신중하며 말이 적은 자를 구한다. 이러한 사람 가운데 가장 훌륭한 사람을 자식의 스승이 되게 하고, 다음을 자모로 삼고, 그다음을 보모로 삼는다. 이들은 모두 아이가 거처하는 집에서 함께 거주하며 양육을 전담한다. 다른 사람은 특별한 일 없이 아이한테 접근할 수 없다.' 자혜로워야 아이를 사랑할 수 있다. '새끼를 가진 개가 사람을 물고, 알을 품은 닭이 삵을 쪼는 것'은 마음 깊은 곳에 애정이 있기 때문이다."『시경』에서 "길가에 죽은 사람 있으면 누가 묻어주기도 하는데"라고 한 것은 이런 경우를 말한 것이다.

송을 지어 칭송하다.
위를 무너뜨린 진秦나라, 도망간 위나라 자손에게 현상금을 걸었으나
어린 공자의 유모, 공자 데리고 멀리 달아나 숨었다네.
절의 지키고 임무에 힘쓸 뿐, 사사로운 이익을 바라지 않았네.
죽음도 두려워하지 않으니 그 이름 후세까지 들리네.

魏節乳母者, 魏公子之乳母. 秦攻魏破之,[1] 殺魏主瑕.[2] 誅諸公子, 而一公子不得. 令魏國曰, "得公子者, 賜金千鎰. 匿之者, 罪至夷." 節乳母, 與公子俱逃. 魏之故臣見乳母而識之曰, "乳母無恙乎." 乳母曰, "嗟乎, 我奈公子何." 故臣曰, "今公子安在. 吾聞, '秦令者, 有能得公子者, 賜金千鎰, 匿之者, 罪至夷.' 乳母儻言之, 則可以得千金. 知而不言, 則昆弟無類矣." 乳母曰, "吁, 我不知公子之處." 故臣曰, "我聞公子與乳母俱逃." 母曰, "吾雖知之, 亦終不可以言." 故臣曰, "今魏國亦破, 亡族已滅. 子匿之, 尙誰爲乎." 母吁而言曰, "夫見利而反上者逆也. 畏死而棄義者亂也. 今持逆亂, 而

以求利, 吾不爲也. 且夫凡爲人養子者, 務生之, 非爲殺之也. 豈可利賞畏
誅之故, 廢正義而行逆節哉. 妾不能生而令公子擒也." 遂抱公子, 逃於深
澤之中. 故臣以告秦軍. 秦軍追見, 爭射之. 乳母以身爲公子蔽. 矢著身者數
十, 與公子俱死. 秦王聞之, 貴其守忠死義. 乃以卿禮葬之, 祠以太牢. 寵其
兄爲五大夫,[3] 賜金百鎰.

　　君子謂, "節乳母, 慈惠敦厚, 重義輕財." 禮, "爲孺子室于宮, 擇諸母及
阿者, 必求其寬仁慈惠, 溫良恭敬, 愼而寡言者. 使爲子師, 次爲慈母, 次爲
保母. 皆居子室, 以養全之. 他人無事不得往."[4] 夫慈故能愛. "乳狗搏人,
伏鷄搏狸, 恩出于中心也." 詩云, "行有死人, 尙或墐之."[5] 此之謂也.

　　頌曰. "秦旣滅魏, 購其子孫. 公子乳母, 與俱逃遁. 守節執事, 不爲利違.
遂死不顧, 名號顯遺."

---

1 秦攻魏破之(진공위파지): 기원전 225년의 일이다. 이후 위나라는 진秦의 군현
으로 편성되었다.
2 魏主瑕(위주하): 위나라의 마지막 왕 하瑕는 기원전 228~기원전 225년까지
3년간 재위했다. 왕위에 오른 지 3년 만에 도읍인 대량大梁이 진秦의 공격을 받아
포로가 되었고 나라는 망했다. 다른 판본에는 '위왕魏王 하瑕'로 되어 있다.
3 五大夫(오대부): 진秦의 작제爵制 20등급 중에서 서열 아홉 번째에 해당되는
관직이다.
4 『예기』「내칙內則」을 말한다.
5 『시경』「소아」'소변小弁'에 나오는 구절이다.

【 12편 】

양나라의 의로운 고모 梁節姑姉

양梁나라의 절개 있는 고모란 양나라에 사는 한 부인을 말한다. 집에 화재가 났는데, 오빠의 아들과 자신의 아들이 그 안에 있었다. 오빠 아이를 먼저 구하려 한 것이 당황하여 자기 아이만 구하고 오빠의 아이는 구해내지 못했다. 그러고는 불이 거세져 다시 안으로 들어갈 수 없게 되었다. 그래도 부인이 불 속으로 뛰어들려 하자 그 남편이 놀라 말리면서 말했다.

"당신은 본래 오빠의 아이를 데리고 나오려 했으나 당황하는 바람에 아이를 잘못 데리고 나왔소. 그 마음을 뭐라고 말할 수 있겠소만, 어떻게 또 불 속으로 뛰어들려고 하시오?" 그러자 부인이 말했다. "이 넓은 양나라에서 어찌 집집마다 다니면서 사람들에게 이런 상황을 말하겠습니까. 의롭지 못한 인간이라는 평을 들어가며 무슨 면목으로 형제와 이 나라 사람들을 대하겠습니까? 내 자식을 다시 불 속으로 던지고 싶지만, 그렇다면 어미가 지녀야 할 도리를 잃게 됩니다. 나는 이런 상황에서 살 수는 없습니다." 결국 부인은 불 속으로 뛰어들어 타 죽고 말았다.

군자가 "절개 있는 고모는 청렴하고 깔끔하다"고 했다. 『시경』에서 "저 우리 님은 명을 받음에 변함이 없네"라고 한 것은 이를 두고 한 말이다.

송을 지어 칭송하다.
양나라의 절의 있는 고모. 굳건히 의리를 지켰네.
자식과 조카가 함께 있는 곳에 화재가 크게 일어나니
그 조카 구하려다 당황하여 자식만 데리고 나오자
거세진 불 속으로 자기 몸 던져 사심이 없었음을 밝혔네.

梁節姑姊者, 梁之婦人也. 因失火, 兄子與己子在內中. 欲取兄子, 輒得其子, 獨不得兄子. 火盛不得復入. 婦人將自趣火. 其夫止之曰, "子本欲取兄之子, 惶恐卒誤得爾子. 中心謂何, 何至自赴火." 婦人曰, "梁國, 豈可戶告人曉也. 被不義之名, 何面目以見兄弟國人哉. 吾欲復投吾子, 爲失母之恩. 吾勢不可以生." 遂赴火而死.
君子謂, "節姑姊, 潔而不汚." 詩曰, "彼其之子, 舍命不渝."[1] 此之謂也.
頌曰, "梁節姑姊, 據義執理. 子姪同內, 火大發起. 欲出其姪, 輒得厥子. 火盛自投, 明不私己."

1 『시경』 「정풍」 '고구羔裘'의 구절이다.

【13편】

주애 고을의 두 의로운 여자 珠崖二義

이의二義란 의리 있는 두 사람이라는 뜻으로 주애珠崖 고을 장관
의 후처와 전처의 딸을 가리킨다. 딸의 이름은 초初로서 나이는 열
세 살이었다. 주애 고을에는 진주가 많이 났다. 초의 계모는 큰 진주
를 꿰어 만든 팔찌를 끼고 있었다. 장관이 죽어 장사를 지내는 날이
었다. 주애 고을의 법에는 진주를 지니고 관문關門으로 들어가는
자는 사형에 처하도록 되어 있었다. 그래서 계모는 그 진주 팔찌를
풀어서 버렸다. 그런데 그녀의 아홉 살 난 아들이 좋아라 하며 그것
을 주웠다. 그러고는 그 팔찌를 어머니의 화장갑 속에 넣어두었는데
아무도 그 사실을 몰랐다. 그들은 장례를 치르고 돌아오다가, 해안
의 관문에 이르렀다. 관문을 지키는 관리가 통관하는 사람의 몸을
차례로 수색하다가 계모의 화장갑에서 진주 열 알을 찾아냈다. 관
리가 말했다. "이것은 법에 저촉되는 것입니다. 어찌할 도리가 없군
요. 누가 벌을 받겠소?" 초가 한쪽 곁에 있었는데, 어머니가 버리는
체하며 화장갑 속에 숨겨두었다고 생각하니 두려웠다. 그래서 관리
에게 나아가 말했다. "제가 벌을 받겠습니다." 관리가 말했다. "어떻

節義傳
—
415

게 된 일이냐?" 초가 대답했다. "아버지가 불행하게 돌아가시니 어머니는 팔찌를 풀어서 버렸습니다. 그런데 저는 아까운 생각이 들어 다시 주워 어머니 화장갑 속에 넣어두었습니다. 어머니는 모르는 일입니다." 계모가 이 말을 듣고는 허둥지둥 다가가 초에게 물었다. 초가 말했다.

"어머니가 버리신 진주를 제가 다시 주워서 어머니의 화장갑 속에 넣어두었습니다. 마땅히 제가 벌을 받아야 합니다." 계모는 초의 말을 듣고는 정말로 초가 한 일이라고 여겼다. 그러나 어린 초가 벌을 받는다고 생각하니 가여웠다. 그래서 관리에게 말했다. "잠시 기다려주십시오. 행여 아이를 문초할 것까진 없습니다. 아이는 정말 모르는 일입니다. 이 진주는 제 팔에 끼고 있던 것입니다. 남편이 불행을 당하니 제가 풀어서 갑 속에 넣어두었습니다. 상을 치를 날은 임박하고 길은 멀며, 어린 아이와 함께 가자니 깜빡 잊었습니다. 당연히 제가 벌을 받아야 합니다." 그러자 초가 완고하게 다시 말했다.

"사실은 제가 주워 넣은 것입니다." 계모가 다시 말했다. "아이는 단지 양보하는 것입니다. 실은 제가 넣은 것입니다." 그러고는 눈물을 흘리는데 그칠 줄을 몰랐다. 딸 역시 "어머니는 제가 고아가 된 것이 불쌍해서 저를 살리려고 그러시는 것입니다. 어머니는 전혀 모르시는 일입니다"라고 말하며 엉엉 울어 눈물이 목을 타고 흘러내렸다. 장례에 참석한 사람들이 이 광경을 보고 모두 울었다. 그들의 슬퍼하는 모습은 주위 사람들까지 감동시켜 모두를 울게 만든 것이다. 관문을 지키는 관리는 붓을 잡아 심문 내용을 쓰려고 했지만 한 글자도 쓸 수 없었다. 관리도 눈물이 흘러 하루가 지나도록 판결을 내릴 수 없었다. 그가 마침내 입을 열었다. "어미와 자식의 의리가 이와 같으니 차라리 내가 벌을 받겠소. 더 이상 심문할 수가 없겠소. 또 서로 자기가 했다고 우기니 누가 옳은지 어떻게 알겠소?" 그 관리는 진주를 내던져버리고 그들을 보내주었다. 그 후 어린 아들이 아무도 모르게 혼자서 저지른 일이었음이 밝혀졌다.

군자가 말하기를 "두 의리 있는 여인은 자혜롭고 효성스럽다"고 했다. 『논어』에서 "아버지는 자식을 숨겨주고, 자식은 아버지의 잘못을 숨겨주니, 정직이란 바로 이 가운데 있다"고 했다. 계모와 전처의 딸은 죽음까지 무릅쓰며 서로 양보했다. 그 애잔함이 주위 사람들을 감동시켰으니 정직하다고 할 만하다.

송을 지어 칭송하다.
주애의 부인은 진실로 어머니의 덕을 갖추었네.
전처의 딸과 계모가 서로 양보하니 그 딸 역시 어질구나.
관문으로 진주를 갖고 들어간 걸 서로 자기 허물이라 하니
두 사람의 의로움은 세상이 본받을 만했도다.

二義者, 珠崖令[1]之後妻, 及前妻之女也. 女名初, 年十三. 珠崖多珠. 繼母連大珠, 以爲繫臂. 及令死當送喪. 法內珠入于關者死. 繼母棄其繫臂珠. 其子男年九歲, 好而取之, 置之母鏡籢中. 皆莫之知. 遂奉喪, 歸至海關. 關候士吏搜索, 得珠十枚於繼母鏡籢中. 吏曰, "嘻, 此值法. 無可奈何. 誰當坐者." 初在左右. 顧心恐母去置鏡籢中. 乃曰, "初當坐之." 吏曰, "其狀何如." 對曰, "君不幸, 夫人解繫臂棄之. 初心惜之, 取而置夫人鏡籢中. 夫人不知也." 繼母聞之, 據疾行問初. 初曰, "夫人所棄珠, 初復取之, 置夫人籢中. 初當坐之." 母意亦以初爲實, 然憐之. 乃因謂吏曰, "願且待. 幸無劾兒. 兒誠不知也. 此珠, 妾之繫臂也. 君不幸, 妾解去之, 而置簏中. 迫奉喪道遠, 與弱小俱, 忽然忘之. 妾當坐之." 初固曰, "實初取之." 繼母又曰, "兒但讓耳. 實妾取之." 因涕泣不能自禁. 女亦曰, "夫人哀初之孤, 欲强活初耳. 夫人實不知也." 又因哭泣, 泣下交頸. 送葬者盡哭, 哀動傍人, 莫不爲酸鼻揮涕. 關吏執筆書劾, 不能就一字. 關候垂泣, 終日不能忍決. 乃曰, "母子有義如此. 吾寧坐之. 不忍加文, 且又相讓. 安知孰是." 遂棄珠而遣之. 既去後, 乃知男獨取之也.

君子謂, "二義慈孝." 論語曰, "父爲子隱, 子爲父隱. 直在其中矣."[2] 若繼母與假女, 推讓爭死, 哀感傍人, 可謂直耳.

頌曰, "珠崖夫人, 甚有母恩. 假繼相讓, 維女亦賢. 納珠于關, 各自伏愆. 二義如此, 爲世所傳."

---

1 珠崖令(주애령): 주애는 전한 시기에 있었던 군명郡名이다. 광둥 성廣東省 바다 가운데 있어 해변의 진주를 생산했기 때문에 주애珠崖라는 이름이 붙여졌다고 한다. 주애朱崖로 표기하기도 한다. 영令은 군에 속한 행정 단위인 현의 장인데, 주애군 소속 현의 현령이다. 진주 유출을 금지한 법이 있었던 시기에 비춰볼 때 이 이야기의 소재가 된 사건은 한 무제 원정 6년(기원전 111)에서 한 원제元帝 초원 3년(기원전 46) 사이에 있었다.(양단의 주석 참조)
2 『논어』「자로子路」에 나오는 구절이다.

【 14편 】

합양의 우애 깊은 여동생 郃陽友娣

우제友娣란 우애 있는 여동생으로 합양읍 임연수任延壽의 처를 말한다. 그녀의 자字는 계아季兒였으며, 세 명의 자녀를 두었다. 계아의 오빠 계종季宗은 연수와 아버지의 장례 문제를 의논하다가 서로 다투게 되었다. 계아의 남편 연수는 친구인 전건田建과 모의하여 계아의 오빠를 남몰래 죽여버렸다. 그 범행이 드러나 전건은 잡혀 사형을 당하고, 연수는 그가 계획한 대로 풀려났다. 이 사실을 계아가 알게 되었다. 계아가 연수에게 말했다. "지금은 나에게 말해주시겠소?" 그러고는 자리를 박차고 일어나며 물었다. "내 오빠를 죽이는 데 참여한 사람이 누구입니까?" 연수가 말했다. "전건이오. 그런데 전건은 이미 사형을 당했소. 나만 처벌받으면 되겠소, 당신이 나를 죽이면 되는 것이오." 계아가 다시 말했다. "남편을 죽이는 것은 불의不義입니다. 그러나 오빠의 원수를 받드는 일 역시 불의입니다." 연수가 말했다. "내 감히 당신을 잡을 수 없소. 수레와 집 안에 있는 모든 재물을 당신에게 주겠으니 당신이 가는 곳을 일러주오." 계아가 말했다. "나는 마땅히 어디론가 갈 것이오. 오빠가 죽임을 당했

는데 그 원수를 갚지 못했소. 내가 당신과 같이 살았기 때문에 내 오빠를 죽이게 된 것이오. 여자가 시가와 화목할 수 없고, 또 오빠의 원수를 그대로 용납한다면, 무슨 면목으로 하늘을 이고 땅을 밟으며 살아갈 수 있겠소?"

연수가 부끄러워 자리를 피하며 감히 아내 계아를 쳐다보지 못했다. 계아는 맏딸을 불러 말했다. "너의 아버지가 내 오빠를 죽였다. 남편이 오빠의 원수가 되니 의리로 봐서 여기 머무를 수가 없구나. 또다시 다른 곳으로 개가를 할 수는 없다. 나는 여기를 떠나 죽을 것이다. 네가 두 동생을 잘 보살피거라." 계아는 결국 목을 매 스스로 목숨을 끊었다. 풍익馮翊의 왕 양讓이 이 사실을 듣고 그녀의 의로움을 크게 여겼다. 그는 고을에 영令를 내려 그 세 자녀의 부세를 면제하고 묘에 표를 세워 크게 표창했다.

군자가 말하기를 "우애로운 여동생은 오빠의 원수를 잘 갚았다"고 했다. 『시경』에 "어긋남이 없고 해침이 없으면 모두가 본받을 것이네"라고 했는데, 계아의 행동은 본받을 만하다.

송을 지어 칭송하다.
의리 있는 계아, 남편이 오빠를 살해하자
오빠의 원수를 갚고자 하나 의리 때문에 그럴 수 없어
시가에 남아 있지도 떠나지도 못하더니 스스로 목숨을 끊었네.
풍익 땅의 묘지에 정표하여 그 밝은 의리를 칭찬했네.

友娣者,[1] 郃陽邑[2]任延壽之妻也. 字季兒, 有三子. 季兒兄季宗, 與延壽爭葬父事. 延壽與其友田建, 陰殺季宗. 建獨坐死, 壽會赦. 乃以告季兒. 季兒

曰, "嘻, 獨今乃語我乎." 遂振衣欲去, 問曰, "所與共殺吾兄者爲誰." 延壽
曰, "田建. 田建已死. 獨我當坐之. 汝殺我而已." 季我曰, "殺夫不義. 事兄
之讐亦不義."3 延壽曰, "吾不敢留汝. 願以車馬及家中財物, 盡以送汝, 聽
汝所之." 季兒曰, "吾當安之. 兄死而讐不報. 與子同枕席, 而使殺吾兄. 內
不能和夫家, 又縱兄之讐. 何面目以生, 而戴天復地乎." 延壽慚而去, 不敢
見季兒. 季兒乃告其大女曰, "汝父殺吾兄. 義不可以留. 又終不復嫁矣. 吾
去汝而死. 善視汝兩弟." 遂以身自經而死. 馮翊王讓聞之, 大其義, 令縣復4
其三子, 而表5其墓.

君子謂, "友娣善復兄讐." 詩曰, "不僭不賊, 鮮不爲則."6 季兒可以爲
則矣.

頌曰, "季兒樹義, 夫殺其兄. 欲復兄讐, 義不可行. 不留不去, 遂以自殊.
馮翊表墓, 嘉其義明."

---

1 友娣(우제): 우애 있는 여동생이라는 뜻이다.

2 郃陽(합양): 지금의 산시 성陝西省 허양合陽 동남에 있었던 땅이다.

3 事兄之讐亦不義(사형지수역불의): 『예기』 「곡례」에 "父之讐弗與戴天, 兄弟讐
不反兵"이라 하여 부모와 형제를 위한 개인적인 복수를 적극 지지하고 있다.

4 復(복): 복호復戶로, 가구에 부과된 세금을 면제한다는 뜻이다. 정려旌閭와 짝
을 이루는 개념이다.

5 表(표): 절사節士·현인賢人·효자孝子·정부貞婦 등 덕행이 탁월한 자를 기리는
뜻에서 묘나 마을에 기둥을 세우는 것을 말한다. 정려旌閭 또는 정표旌表라고 한
다.

6 『시경』 「대아」 '억'에 나오는 구절이다.

【 15편 】

서울의 의로운 여자 京師節女

절의전 —
426

경사京師의 절녀節女는 장안長安 대창리大昌里 사람의 처다. 남편을 원수로 여기는 사람이 있었는데, 그 사람은 그녀의 남편에게 복수하려 했다. 하지만 적당한 방법을 찾지 못했다. 그러던 사이 원수의 처가 어질고 효성스러우며 의리가 있다는 말을 듣게 되었다. 그래서 그는 원수의 처를 이용해 원수를 죽이기로 했다. 그는 원수의 처 아버지를 협박하여 딸이 남편을 속여 끌어내도록 강요했다.

아버지가 딸을 불러 이 사실을 의논했다. 딸이 생각해보니 그 자의 말을 듣지 않았다가는 아버지가 죽임을 당해 불효를 저지르게 되고, 듣게 된다면 남편을 죽이게 되어 불의를 저지르는 것이었다. 그녀는 불효와 불의를 행한다면 살아 있더라도 세상에 행세를 할 수 없을 것이라고 생각했다. 그래서 자신이 이 모든 것을 감당하겠노라 다짐하며 아버지의 뜻에 따르기로 했다. 딸은 아버지에게 말했다. "내일 누대 위에서 머리를 감고 머리를 동쪽으로 두고 누워 있는 자가 바로 제 남편일 것입니다. 제가 창문을 열고 기다리고 있으라고 부탁해놓겠습니다." 그리고 집으로 돌아와 남편에게 이 사실을 알리고 다른 곳에 누워 있게 했다. 밤이 깊어지자 과연 그 원수가 왔다. 그리고 칼로 목을 베어갔다. 그런데 날이 밝아 보니 베어간 것은 원수의 머리가 아니라 그 처의 머리였다. 원수 진 사람은 몹시 애통해했지만, 그 여인의 의리에 감동하여 원수를 죽이려는 계획을 그만두었다.

군자가 말했다. "절녀는 인자하고 효성스러우며, 부모에 대한 사랑과 남편에 대한 의리가 두터웠다. 인의를 무겁게 여기고 죽음을 가벼이 여겨 고결하게 행동했다." 『논어』에서 "군자는 자신을 희생하여 인을 완성한다. 구차한 삶을 위해 인을 해치지 않는다"고 했는데, 바로 이 여성에 해당되는 말이다.

송을 지어 칭송하다.
서울 사는 절의 있는 여인, 남편의 원수가 아버지를 협박하자
그 아버지 딸에게 의논하니 감히 허락하지 않을 수 없었네.
약속한 곳에서 뜻대로 일은 이루어지나 죽은 사람이 바뀌었네.
살신성인한 아내의 의로운 행위가 천하에 드러나도다.

京師[1]節女者, 長安大昌里人之妻也. 其夫有讐人, 欲報其夫而無道. 徑聞其妻之仁孝有義. 乃劫其妻之父, 使要其女爲中謠. 父呼其女告之. 女計念, '不聽之則殺父不孝, 聽之則殺夫不義. 不孝不義, 雖生不可以行于世.' 欲以身當之. 乃且許諾曰, "旦日在樓上, 新沐東首臥, 則是矣. 妾請開戶牖待之." 還其家, 乃告其夫, 使臥他所. 因自沐居樓上, 東首開戶牖而臥. 夜半, 讐家果至, 斷頭持去. 明而視之, 乃其妻之頭也. 讐人哀痛之, 以爲有義, 遂釋不殺其夫.

君子謂. "節女仁孝, 厚於恩義也. 夫重仁義, 輕死亡, 行之高者也." 『論

語』曰, "君子殺身而成仁. 無求生以害仁."2 此之謂也.

頌曰. "京師節女, 夫讐劫父. 要女問之, 不敢不許. 期處旣成, 乃易其所.

殺身成仁, 義冠天下."

1　京師(경사): 여기서 서울은 '장안長安'인데, 장안성의 완성은 한 혜제惠帝 5년
의 일이다. 따라서 이 사건은 그 이후가 될 것이다.
2　『논어』「위 영공」에 나오는 구절이다.

6부 | **변통전**

辯通傳

1편

제나라 관중의 첩 정 齊管妾婧

정婧은 제齊나라 재상 관중의 첩이다. 영척甯戚이 환공桓公을 만나려 했지만 방법이 없었다. 그래서 마부가 되어 제나라 동문 밖에서 수레를 대기하고 있었다. 환공이 관중을 대동하여 순시를 나오자 영척은 쇠뿔을 두드리며 구슬픈 가락의 노래를 불렀다. 그 노래는 아주 비통했다. 환공이 영척의 노래를 듣고 이상하게 여겨 수행한 관중에게 노래 부른 사람을 데려오게 했다.

그러자 영척이 "도도하구나! 밝게 빛나는 아름다운 큰물이여!"라고 했다. 관중은 무슨 말인지 알 수가 없었다. 그 후 관중이 조정에 나가지도 않은 채 닷새 동안이나 상심에 잠겨 있자 그의 첩 정이 물었다. "지금 재상께서는 닷새 동안 조정에 나가시지도 않고, 얼굴엔 근심마저 서려 있습니다. 그 이유가 나랏일 때문입니까? 아니면 재상 개인의 일 때문입니까?" 관중은 "당신이 알 바 아니오"라고 했다. 그러자 정이 다시 말했다. "저는 '늙은이라고 늙은이로 대하지 말고, 천하다고 천인으로 대하지 말며, 어리다고 어린이로 대하지 말고, 약하다고 약하게 대하지 말라'고 들었습니다." 관중이 왜 그런지를 묻자 정이 대답했다.

"옛날에 태공太公 망望은 나이 일흔에 조가朝歌의 거리에서 소를 때려잡았고, 여든의 나이에는 천자의 스승이 되었습니다. 그리고 아흔의 나이에는 제나라의 제후로 봉해졌습니다. 이것으로 본다면 노인이라고 해서 정말 노인입니까? 또 이윤은 유신씨의 딸이 은나라 탕임금에게 시집올 때 잉신으로 따라온 남자였습니다. 탕임금이 그에게 삼공의 자리 하나를 내어주니 천하를 다스려 태평스럽게 했습니다. 이것으로 본다면 지금 천하다고 과연 천하게 볼 수 있겠습니까? 고요皐陶의 아들은 다섯 살의 나이에 우임금을 도왔습니다. 이것으로 본다면 어리다고 하여 과연 어린아이로 취급할 수 있겠습니까? 또 결제駃騠라는 말은 생후 이레만 되면 그 어미보다 빨리 달린다고 합니다. 이것으로 본다면 약하다고 과연 약하게만 대할 수 있겠습니까?"

이에 관중이 몸을 낮추어 사과하며 말했다. "오! 정이여. 내가 근심에 빠져 있던 이유를 당신에게 말해주겠소. 지난날 공께서 나더러 영척을 맞이하게 했는데 영척이 '도도하구나! 밝게 빛나는 아름다운 큰물이여'라고 했소. 나는 이 말이 무슨 말인지 알 수가 없었소. 그것 때문에 내가 근심에 젖어 있었던 것이오." 정이 웃으며 말했다. "그 사람의 말을 재상께서 이해하지 못하셨군요. 옛날에 '백수白水'라는 시가 있었지요. 이 시에서 말하지 않았습니까? '도도히 흐르는 맑은 큰물에는 피라미도 살고 있네. 그대가 와서 나를 부르니 나는 어디에 머무를까? 나라가 아직 안정되지 않았는데 나를 어디로 데려갈 것인가?'라고요. 이것은 영척이 나라의 관직을 맡고 싶다는 것입니다."

첩의 말을 들은 관중은 기뻐하며 조정에 나아가 환공에게 영척의 뜻을 알렸다. 환공은 곧 영척에게 줄 관직과 녹봉을 정해놓고, 재계 齋戒한 지 닷새 만에 영척을 만났다. 그리고 그를 재상으로 삼아 제 나라를 다스리게 했다.

군자가 말하기를 "첩 정은 함께 의논할 만하다"고 했다. 『시경』에 서 "옛 분들 말씀에 나무꾼에게도 물으라 했네"라고 한 것은 이를 두고 한 말이다.

송을 지어 칭송하다.
환공이 영척을 만나자 관중에게 명하여 맞이하게 했네.
영척이 '백수'의 시를 읊었으나 관중은 그 뜻을 몰라 걱정했네.
첩 정이 그 시의 숨은 뜻을 설명했더니
관중은 환공에게 전해주어 영척을 등용,
제나라가 잘 다스려졌다네.

妾婧者, 齊相管仲¹之妾也. 甯戚²欲見桓公, 道無從. 乃爲人僕, 將車宿 齊同門之外. 桓公因出, 甯戚擊牛角而商歌.³ 甚悲. 桓公異之, 使管仲迎之. 甯戚稱曰, "浩浩乎, 白水." 管仲不知所謂. 不朝五日, 而有憂色. 其妾婧進 曰, "今君不朝五日, 而有憂色. 敢問, 國家之事耶, 君之謀也." 管仲曰, "非 汝所知也." 婧曰, "妾聞之也, 毋老老, 毋賤賤, 毋少少, 毋弱弱." 管仲曰, "何謂也." 婧曰, "昔者, 太公望⁴年七十, 屠牛於朝歌⁵市. 八十爲天子師, 九十而封於齊. 由是觀之, 老可老耶. 夫伊尹,⁶ 有㜪氏之媵臣也. 湯立以爲 三公,⁷ 天下之治太平. 由是觀之, 賤可賤耶. 皐子⁸生五歲, 而贊禹. 由是觀 之, 少可少耶. 駃騠⁹生七日, 而超其母. 由是觀之, 弱可弱耶." 于是管仲乃下

席而謝曰, "吾媍, 語子其故. 昔日, 公使我迎甯戚. 甯戚曰, '浩浩乎, 白水.'
吾不知其所謂. 是故憂之." 其妾笑曰, "人也語君矣, 君不知識矣. 古有白水
之詩. 詩不云乎. '浩浩白水, 鯈鯈之魚. 君來召我, 我將安居. 國家未定, 從
我焉如.'10 此甯戚之欲得仕國家也." 管仲大悅, 以報桓公. 桓公乃修官職,
齊戒五日, 見甯子. 因以爲相, 齊國以治.

　君子謂, "妾媍爲可與謀." 詩云, "先民有言, 詢于芻蕘."11 此之謂也.

　頌曰, "桓遇甯戚, 命管迎之. 甯稱白水, 管仲憂疑. 妾進問焉, 爲說其詩.
管嘉報公, 齊得以治."

1 管仲(관중): 관이오管夷吾(기원전 723 또는 기원전 716~기원전 645)라고 하며,
춘추시대 제 환공의 재상으로 부국강병의 정책을 펼쳐 제나라를 부강한 나라로 만
들었다. 관중과 포숙의 우정은 '관포지교管鮑之交'라는 성어를 낳았고, 그의 사상
은 『관자』에 정리되어 있다.
2 甯戚(영척): 춘추시대 위나라 출신의 제나라 대부로 『여씨춘추』 「심분審分」에
'영칙甯遫'이라는 이름으로도 등장한다. 제 환공의 부국책 중에서 특히 농정農政
분야에서 치적을 이룬 정치가라고 한다. 「현명전」 '제환위희齊桓衛姬'에도 나왔다.
3 商歌(상가): 상商은 중국 오음五音의 하나로 애조 띤 가락의 노래다.
4 太公望(태공망): 은 왕조를 멸망시키고 주 왕조를 흥기시킨 무왕을 도운 현신이
다. 천하를 평정한 공으로 제齊에 봉해졌는데, 그의 선조가 여몸에 봉해졌기 때문
에 여상呂尙이라고도 한다.
5 朝歌(조가): 은의 무을武乙이 이주한 곳으로 나중에 주가 도읍으로 정한 곳이
다. 은허殷墟라고 하는 곳인데, 허난 성 치 현淇縣 일대다. 주 무왕이 은을 멸하고
이곳에 강숙康叔을 봉하여 위국衛國이라 했다.
6 伊尹(이윤): 은 탕왕의 명재상이다. "이윤이 유신有莘의 들에서 농사지으며 요·
순의 도를 좋아했던"(『맹자』 「만장 상」) 사람이고, "이윤을 가까이 두게 되자 불인
不仁한 자들이 멀리 떠나갔다"(『논어』 「안연顏淵」)라고 했다.
7 三公(삼공): 삼공은 주대의 최고위직을 말하는데, 태사太師·태부太傅·태보太
保라는 설과 사마司馬·사도司徒·사공司空이라는 설이 있다.
8 皐子(고자): 고요의 아들을 말한다. 고요는 순의 신하로 최초로 법리法理를 통
해 형刑을 제정하고 옥獄을 만들었다는 인물이다.
9 駃騠(결제): 준마의 일종이다.

10 백수白水의 시는 일시逸詩로 전해지지 않는다.
11 『시경』 「대아」 '판'에 나오는 구절이다.

【 2편 】
초나라 강을의 어머니 楚江乙母

초楚나라 대부大夫 강을江乙의 어머니에 관한 이야기다. 당시는
공왕恭王이 통치하던 시기였는데, 을이 영郢의 대부로 있었다. 그때
마침 왕궁 안에 도둑이 들었다. 영윤令尹이 강을에게 책임을 물어
파직시키도록 왕에게 청했다. 강을이 집으로 돌아간 지 얼마 후, 그
의 집에 도둑이 들어 어머니의 베 여덟 심尋을 훔쳐갔다. 그의 어머
니는 곧 왕에게 가서 말했다. "제가 간밤에 베 여덟 심을 도둑맞았
는데 영윤이 훔쳐갔습니다." 그때 왕은 소곡小曲이라는 누대 위에
영윤과 함께 있었다. 왕이 강을의 어머니에게 말했다.

"부인의 말대로 영윤이 정말 훔쳤다면, 영윤이 비록 존귀하지만
법대로 처벌하겠소. 그렇지만 만일 영윤이 훔치지 않았다면 부인은
무고죄에 해당됩니다. 초나라에는 그 죄에 적용될 법도 마련되어
있소."

강을의 어머니가 말했다.

"영윤이 직접 그것을 훔치지 않았다면 다른 사람을 시켜 훔치게
한 것입니다."

왕이 다시 물었다.

"다른 사람을 시켜 훔치게 했다니 무슨 말입니까."

강을의 어머니가 대답했다.

"옛날 손숙오가 영윤이었을 때, 백성은 길에 떨어진 물건을 줍지 않았습니다. 또 관문을 걸어두지 않아도 도적이 저절로 없어졌습니다. 지금 영윤의 다스림이란 그 판단이 분명하지 않기 때문에 도적이 공공연히 횡행하고 있습니다. 이 때문에 도적으로 하여금 제 옷감을 훔치게 한 것입니다. 그러니 다른 사람을 시켜 훔치게 한 것과 무엇이 다릅니까?"

왕이 말했다.

"영윤이란 직책은 위에 있고 도적은 밑에서 몰래 숨어다니는 사람입니다. 영윤이 잘 알지 못한다고 해서 무슨 죄가 됩니까?"

강을의 어머니가 말했다.

"정말 대왕의 말씀에 어찌 잘못된 것이 없겠습니까? 과거에 제 자식은 영의 대부였습니다. 왕궁의 물건을 훔친 도둑이 있었는데 제 아들이 책임을 지고 쫓겨났습니다. 제 아들이라고 도둑이 누군지 어떻게 알겠습니까? 하오나 결국 책임을 물어 파면되었습니다. 영윤이라고 어찌 책임이 없겠습니까. 옛날 주 무왕은 '백성에게 잘못이 있다면 죄는 나 한 사람에게 있다'고 말했습니다. 위에 있는 사람이 밝지 못하면 아래에 있는 사람을 잘 다스릴 수 없습니다. 또 재상이 현명하지 못하면 나라가 편안하지 않습니다. 이른바 나라에 사람이 없다고 하는 것은 정말 사람이 없음을 말하는 것이 아닙니다. 잘 다스리는 사람이 없다는 뜻입니다. 왕께서 이 점을 잘 살펴주십시오."

왕이 말했다.

"좋소. 이것은 영윤만의 잘못이 아닙니다. 또한 과인도 비판받아야 할 일입니다."

그러고는 관리에게 을의 어미가 잃어버린 베를 보상하게 하고, 또 금 10일을 하사했다. 그 어머니는 금과 베를 사양하면서 말했다.

"제가 어찌 재물이 탐나 대왕께 손해를 끼쳐드리겠습니까? 저는 다만 일을 처리하는 영윤의 태도에 대해 원망했을 뿐입니다."

강을의 어머니는 그 자리를 물러나며 재물은 받지 않았다. 왕은 "어미의 지혜가 이와 같으니 그 자식은 반드시 어리석지는 않을 것이로다"라고 하고, 다시 강을을 불러 기용했다.

군자가 말하기를 "을의 어미는 작은 것으로 깊이 깨우쳐주었다"고 했다. 『시경』에서 "원대한 것은 아니지만 이것을 이용하여 큰 가르침을 주네"라고 한 것은 이를 두고 한 말이다.

송을 지어 칭송하다.
강을이 벼슬을 잃으니 그의 어머니 느낀 바 있었네.
마침 아들이 돌아와 집에 있는 동안 베 여덟 심을 도둑맞았네.
그 어머니 영윤에게 책임을 물었는데, 그 말에 조리가 있었네.
왕은 다시 강을을 기용하고, 그 어미에게 금과 베를 하사했네.

楚大夫江乙[1]之母也. 當恭王[2]之時, 乙爲郢大夫. 有入王宮中盜者. 令尹[3]以罪乙, 請於王而絀之, 處家無幾何, 其母亡布八尋.[4] 乃往言于王曰, "妾夜亡布八尋. 令尹盜之." 王方在小曲之臺, 令尹侍焉. 王謂母曰, "令尹信盜之, 寡人不爲其富貴, 而不行法焉. 若不盜而誣之, 楚國有常法." 母曰, "令尹不身盜之也, 乃使人盜之." 王曰, "其使人盜奈何." 對曰, "昔孫叔敖之爲令尹

也, 道不拾遺, 門不閉關, 而盜賊自息. 今令尹之治也, 耳目不明, 盜賊公行.
是故使盜得盜妾之布. 是與使人盜, 何以異也." 王曰, "令尹在上, 寇盜在
下. 令尹不知, 有何罪焉." 母曰, "吁, 何大王之言過也. 昔者, 妾之子爲郢大
夫. 有盜王宮中之物者, 妾子坐而紲. 妾子亦豈知之哉. 然終坐之. 令尹獨
何人而不以是爲過也. 昔者, 周武王有言曰,⁵ '百姓有過罪予一人.' 上不明
則下不治. 相不賢則國不寧. 所謂國無人者, 非無人也. 無理人者也. 王其
察之." 王曰, "善. 非徒譏令尹, 又譏寡人." 命吏償母之布, 因賜金十鎰.⁶ 母
讓金布曰, "妾豈貪貨而失大王哉. 怨令尹之治也." 遂去不肯受. 王曰, "母
智若此, 其子必不愚." 乃復召江乙而用之.

　　君子謂, "乙母善以微喩." 詩云, "猷之未遠, 是用大諫."⁷ 此之謂也.

　　頌曰, "江乙失位, 乙母動心. 旣歸家處, 亡布八尋. 指責令尹, 辭甚有度.
王復用乙, 賜母金布."

---

1 江乙(강을): 『설원』에 따르면 초 공왕恭王(기원전 591~기원전 560) 시대의 인
　물이고, 『전국책』 「초책」에 따르면 초 선왕宣王(기원전 370~기원전 340) 시대의
　인물이다. 여기서는 기원전 6세기 공왕 시대의 인물로 설정되어 있다. 한편 山崎純
　一은 가공의 인물일 것이라고 했는데, 그렇다면 이 이야기는 선행 문헌에 나타난
　고유명사를 저작의 의도에 맞게 활용한 경우라고 볼 수 있다.

2 恭王(공왕): 춘추시대 초나라 제23대 국군으로 기원전 591~기원전 560년까지
　재위했다.

3 令尹(영윤): 당시의 영윤은 초나라 장수 소해휼昭奚恤이다.

4 尋(심): 1심尋은 8척이고, 당시의 1척은 22.5센티미터였다. 8심은 약 15미터다.

5 『서경』 「태서泰誓」에 나오는 내용이다.

6 十鎰(십일): 3.2킬로그램 혹은 3.8킬로그램에 해당된다.

7 『시경』 「대아」 '판'에 나오는 구절이다.

3편

진나라 장인의 처 晉弓工妻

궁공弓工은 활을 만드는 장인匠人이다. 그의 처는 진晉나라 번繁씨의 딸이다. 평공平公이 왕이었을 때, 궁공은 활 만드는 일을 맡아 3년 만에 완성했다. 평공은 완성된 활을 쏘아보았다. 그런데 과녁을 하나도 맞히지 못했다. 평공은 화가 나서 궁공을 죽이려 했다. 이에 궁공의 처가 왕을 뵙고자 청했다. "번씨의 딸로서 활 만든 사람의 처입니다. 청하옵건대 임금께 아뢸 말씀이 있습니다." 평공이 그녀를 만났다. 궁공의 처가 평공에게 말했다.

"주군께서도 들으셨을 줄 압니다. 옛날 공류公劉께서 어디를 가시는데 양 떼와 소 떼가 갈대밭을 짓밟고 다니니, 그 갈대밭이 망가지는 것을 슬퍼하며 백성을 위해 가슴 아파했습니다. 그의 은혜가 초목에까지 미쳤거늘 어찌 무고한 자를 죽이는 일이 있었겠습니까? 진秦나라 목공穆公은 자신이 타던 준마를 죽여 그 고기를 먹은 자에게 도리어 술로 대접했습니다. 초楚나라 장왕莊王 때의 일입니다. 밤에 주연을 베풀던 중 바람에 불이 꺼진 틈을 타 어떤 신하가 왕의 부인 옷을 당기다 갓끈이 끊어졌습니다. 그러나 왕은 갓끈이 끊어

진 신하를 벌주지 않기 위해 다른 신하들에게도 갓끈을 끊으라고 명령한 뒤 함께 술을 마시며 즐겼다고 합니다. 이 세 분의 군주는 그 어짊이 천하에 드러나고, 마침내 그에 대한 보답을 향유하여 이름이 오늘날까지 들리고 있습니다. 옛날 요임금은 지붕의 띠풀을 다듬지도 않았고, 산에서 가져온 서까래를 깎지도 않고 그대로 썼으며, 집에 이르는 계단은 흙으로 세 층만 올렸습니다. 이것은 집을 짓는 자의 고생과 그 안에 사는 사람이 방자해지는 것을 염려해서입니다. 제 남편은 3년 만에 활을 만들었습니다. 이것을 만들기 위해 심혈을 기울였습니다. 활의 몸체는 태산 기슭에서 구했습니다. 하루에도 세 번씩 번갈아가며 겉과 속을 바꾸어 뉘이곤 했습니다. 연燕나라 소의 뿔을 가져와 붙이고, 초나라에서 난 사슴 힘줄을 엮어 맸으며, 물고기에서 채취한 아교로 붙였습니다. 이 네 가지는 모두 천하의 가장 훌륭한 선택이었습니다. 주군께서 과녁을 하나도 맞히지 못한 것은 활을 잘못 쏘았기 때문입니다. 그런데도 오히려 제 남편을 죽이려 하시니 잘못된 일이 아니겠습니까? 제가 듣기로 '활 쏘는 도는 왼손은 날아오는 돌을 막는 듯 하고, 오른손은 나뭇가지를 어루만지듯 부드럽게 해야 한다. 오른손이 시위를 당기는 것을 왼손이 알지 못하게 한다'라고 했습니다. 이것이 활 쏘는 도의 대강입니다." 평공이 궁공 처의 말대로 자세를 바로잡아 활을 쏘았더니, 일곱 개의 과녁을 뚫을 수 있었다. 그리하여 번씨의 남편은 당장 풀려나고, 금 3일을 하사받았다.

군자가 "궁공의 처는 곤경에 처해 훌륭히 대처했다"고 말했다. 『시경』에서 "무늬 새긴 활은 억세고, 쏜 화살은 적중하네"라고 한 것은 활 쏘는 이치를 말한 것이다.

송을 지어 칭송하다.

진나라 평공이 활을 만들게 하니 3년 만에 완성했는데

평공이 활을 쏘아 맞지 않으니 화가 나 궁공을 죽이려 했네.

궁공의 처, 평공을 설득함에 활 재료를 열거하고

그 정성을 다 말하니 평공이 마침내 그의 남편 용서했네.

弓工[1]妻者, 晉繁人之女也. 當平公[2]之時, 使其夫爲弓. 三年乃成. 平公引弓而射 不穿一札. 平公怒, 將殺弓人. 弓人之妻請見曰, "繁人之子, 弓人之妻也. 願有謁于君." 平公見之. 妻曰, "君聞. '昔者, 公劉[3]之行乎, 羊牛踐葭葦, 惻然爲民痛之. 恩及草木, 豈欲殺不辜者乎. 秦穆公[4]有盜食其駿馬之肉, 反飮之以酒. 楚莊王,[5] 臣援其夫人之衣, 而絶纓, 與飮大樂. 此三君者, 仁著于天下, 卒享其報, 名垂至今. 昔帝堯, 茅茨不剪, 采椽不斲, 土階三等. 猶以爲, 爲之者勞, 居之者逸也.' 今妾之夫治造此弓, 其爲之亦勞. 其幹生於太山之阿. 一日三覩陰, 三覩陽. 傅以燕牛之角, 纏以荊麋之筋, 糊以阿魚之膠. 此四者, 皆天下之妙選也. 而君不能以穿一札, 是君不能射也. 而反欲殺妾之夫, 不亦謬乎. 妾聞, '射之道, 左手如拒石, 右手如附枝. 右手發之, 左手不知.' 此蓋射之道也." 平公以其言而射, 穿七札. 繁人之夫立得出, 而賜金三鎰.

君子謂, "弓工妻, 可與處難." 詩曰, "敦弓旣堅, 舍矢旣鈞."[6] 言射有法也.

頌曰, "晉平作弓, 三年乃成. 公怒弓工, 將加以刑. 妻往說公, 陳其幹材. 列其勞苦, 公遂釋之."

1 弓工(궁공): 활 만드는 장인을 말한다. 이와 비슷한 이야기가 『한시외전』에도 보이는데, 거기에는 제 경공과 채인蔡人의 대화로 구성되었고, 여기서는 진 평공과 번인繁人으로 구성되어 있다는 점이 다르다.

2 平公(평공): 춘추시대 진晉나라 제31대 국군으로 기원전 558~기원전 532년까지 26년간 재위했다. 「인지전仁智傳」 '진양숙희晉羊叔姬'에서 소개되었다.

3 公劉(공류): 후직의 증손자로 주 왕실을 부흥시킨 사람 중 하나다. 『시경』 「대아」의 '공류公劉'는 그의 업적을 칭송한 것으로 융적戎狄 땅에 살면서도 후직의 업적을 계승하여 농사를 중시했고, 주 왕조의 기틀을 마련했다는 내용이다.

4 秦穆公(진 목공): 춘추오패 중 한 사람으로 꼽히기도 한다. 「현명전」 '진목공희秦穆公姬' '진문제강晉文齊姜'에서도 소개되었다.

5 楚莊王(초 장왕): 춘추오패 중 한 사람으로 「현명전」 '초장번희楚莊樊姬'에서 소개되었다.

6 『시경』 「대아」 '행위行葦'에 나오는 구절이다.

【 4편 】

제나라 사람의 딸 齊傷槐女

　　제齊나라 상괴傷槐의 딸이란 회화나무를 훼손한 연衍의 딸을 말한다. 딸의 이름은 정婧이었다. 제나라 경공景公에게는 아끼는 회화나무가 한 그루 있었다. 경공은 사람을 둬 그 나무를 지키게 하고, 곁에는 팻말을 세워서 방을 붙여 경고했다. 그 내용은 "회화나무를 건드리는 자는 형벌에 처하고, 나무를 훼손하는 자는 사형을 내린다"는 것이었다. 그런데 어느 날 연이 술에 취해 나무를 훼손했다. 경공이 이 사실을 듣고 "이자가 처음으로 내 명을 어겼도다"라고 하며, 관리에게 그를 잡아들여 처형하라고 했다. 연의 딸 정은 두려웠다. 그래서 재상인 안자晏子의 문 앞에 나아가서 말했다.

　　"이 천한 계집은 색정을 견딜 수 없으니 재상의 비첩婢妾이 되길 원합니다." 안자가 듣고는 어이가 없어 웃으면서 말했다. "내가 여색이라도 밝힌단 말인가? 늙어서 첩을 어찌 얻겠는가? 아마도 사연이 있을 것이니 안으로 들게 하라." 안자는 문을 들어서는 정을 보고는 "이상하게 깊은 근심이 서려 있구나"라고 말하고, 다가가 까닭을 물으니 정이 대답했다.

"저의 아비가 연이라는 사람인데, 다행스럽게도 성곽 안에 사는 공민公民이 되었습니다. 저의 아비는 음양의 부조화로 풍우가 제때에 내리지 않아 오곡이 제대로 여물지 않으면 명산名山과 신수神水에 정성껏 기도를 드려왔습니다. 그런데 술을 좋아했으므로 술에 취해 임금의 명령을 어기는 죄를 짓게 되었습니다. 진실로 죽는 것이 마땅합니다. 그러나 제가 듣기로 '훌륭한 군주는 정치를 행함에 재물을 훼손했다고 하여 사람에게 형벌을 가하지 않는다. 또 개인적인 감정으로 공적인 법을 해치지 않는다. 가축을 위해 백성을 해치지 않고, 잡초를 위해 곡물의 싹을 해치지 않는다'고 했습니다. 과거 송宋나라 경공景公 때, 큰 가뭄이 들어 3년이 지나도록 비가 내리지 않았습니다. 그래서 복서卜筮를 담당한 책임자를 불러 점을 치게 했답니다. 그런데 '사람을 제물로 제사를 지내야 한다'는 점괘가 나왔습니다. 이를 듣고 경공은 당장 당을 내려와 북쪽을 향해 머리를 조아리고 말했습니다. '제가 비가 오기를 바란 것은 제 백성을 위한 것입니다. 지금 사람을 제물로 하여 제사를 지내야 한다면 제가 그 제물이 되기를 바랍니다.' 말이 채 끝나기도 전에 하늘에서 큰비가 사방 천 리를 적시도록 내렸다고 합니다. 그것은 무슨 까닭이겠습니까? 바로 하늘의 뜻에 순응하고 백성을 사랑하기 때문입니다. 지금 우리 군주께선 회화나무를 심어놓고 그것을 범하는 자는 사형에 처한다고 했습니다. 회화나무 때문에 제 아비는 죽게 되고 저는 고아가 됩니다. 저는 나라를 다스리는 법에 상처를 입히고 명군明君이 걸어야 할 바른 도리를 해칠까 두렵습니다. 이웃 나라에서 제 아비의 사건을 듣는다면 다들 임금께서 나무를 사랑한 나머지 백성을 해친다고 할 것입니다. 그래도 좋으시겠습니까?"

정의 이야기를 들은 안자는 한편 놀랍고 한편 깨달은 바가 있어 다음 날 조정에 나가 경공에게 다음과 같이 말했다. "저는 이런 말을 들었습니다. '백성의 재산과 노력을 다 써 없애는 것을 폭暴이라 하고, 기호품을 숭상하고 무시무시한 명령으로 엄하게 다스리는 것은 역逆이라 한다. 형벌과 살상을 가하는 기준이 바로 서 있지 않은 것을 적賊이라 한다. 이 세 가지는 나라를 지키는 데 큰 재앙이다'라고 말입니다. 지금 주군께서는 백성의 재물과 노력을 다 쓰더라도 음식의 맛을 좋게 하려 합니다. 종고鍾鼓의 음악을 번다하게 하고, 궁실의 경관을 화려하게 꾸미려 합니다. 이것은 폭정暴政을 행하는 큰 요소입니다. 기호품을 숭상하고, 엄한 명령을 내리는 것은 바로 역逆에 해당된다는 명확한 증거입니다. 회화나무를 범하는 자에게 형을 가하고 나무를 훼손하는 자를 사형시키겠다는 것은 형벌과 사형의 기준이 바르지 못한 것입니다. 이는 백성을 심각하게 해치는 적賊입니다." 이에 경공은 "과인이 삼가 재상의 간언을 받아들이겠소"라고 했다. 안자가 밖으로 나갔다. 경공은 즉시 명령을 내려 회화나무 지키는 일을 그만두게 하고, 명령이 새겨진 팻말을 뽑도록 했다. 그리고 회화나무를 보호하기 위한 법을 폐지하고, 나무를 훼손한 죄수를 풀어주었다.

군자가 말하기를 "회화나무를 훼손한 사람의 딸은 말을 잘하여 아비의 죄를 면했다"고 했다. 『시경』에서 "그렇게 되도록 궁리하고 꾀하면 정말 그렇게 될 것이네"라고 한 것은 이를 두고 한 말이다.

송을 지어 칭송하다.
경공이 아끼는 회화나무를 술에 취해 훼손하니

죽이려 하매 나무 훼손한 자의 딸이 두려워하네

그 딸, 안자의 첩 되고자 청하며 선왕의 예로 설득했네.

안자가 왕을 설득하여 그 아버지 재앙을 면했다네.

齊傷槐女者,[1] 傷槐衍之女也. 名婧. 景公[2]有所愛槐. 使人守之, 植木縣之, 下令曰, "犯槐者刑. 傷槐者死." 於是, 衍醉而傷槐. 景公聞之曰, "是先犯我令." 使吏拘之, 且加罪焉. 婧懼. 乃造於相晏子[3]之門曰, "賤妾不勝其欲, 願得備數於下" 晏子聞之, 笑曰, "嬰有淫色乎. 何爲老而見奔. 殆有說, 內之至哉." 旣入門. 晏子望見之曰, "怪哉, 有深憂." 進而問焉. 對曰, "妾父衍, 幸得充城郭爲公民. 見陰陽不調, 風雨不時, 五穀不滋之故, 禱祠于名山神水. 不勝麴糵之味, 先犯君令, 醉至于此罪. 固當死. 妾聞, '明君之涖國也, 不損祿而加刑. 又不以私恚害公法. 不爲六畜[4]傷民人. 不爲野草傷禾苗.' 昔者, 宋景公[5]之時, 大旱, 三年不雨. 召太卜而卜之曰, '當以人祀.' 景公乃降堂, 北面[6]稽首曰, '吾所以請雨者, 乃爲吾民也. 今必當以人祀, 寡人請自當之.' 言未卒, 天大雨方千里. 所以然者何也. 以能順天慈民也. 今吾君樹槐, 令犯者死. 欲槐之故殺婧之父, 孤妾之身. 妾恐傷執政之法, 而害明君之義也. 隣國聞之, 皆謂君愛樹而賊人. 其可乎."

晏子惕然而悟, 明日朝謂景公曰, "嬰聞之, '窮民財力, 謂之暴. 崇玩好嚴威令, 謂之逆. 刑殺不正, 謂之賊. 夫三者, 守國之大殃也.' 今, 君窮民財力, 以美飮食之具. 繁鍾鼓之樂, 極宮室之觀. 行暴之大者也. 崇玩好嚴威令, 是逆民之明者也. 犯槐者刑, 傷槐者死, 邢殺不正. 是賊民之深者也." 公曰, "寡人敬受命." 晏子出. 景公卽時命罷守槐之役. 拔植縣之木, 廢傷槐之法, 出犯槐之囚.

君子曰, "傷槐女, 能以辭免." 詩云, "是究是圖, 亶其然乎."[7] 此之謂也.

頌曰, "景公愛槐, 民醉折傷. 景公將殺, 其女悼惶. 奔告晏子, 稱說先王.
晏子爲言, 遂免父殃."

---

1 『안자춘추晏子春秋』「간하諫下」에 이 이야기의 소재가 되는 내용이 실려 있다.
그런데 나무를 훼손한 아버지 '연衍'이나 그 딸 '정정婧'의 이름은 없다.

2 景公(경공): 제齊나라 제23대 국군으로 「현명전」 '제상어처齊相御妻'에서 소개
되었다.

3 晏子(안자): 안영晏嬰(기원전 ?~기원전 500)으로 「현명전」 '제상어처'에서 소개
되었다.

4 六畜(육축): 소·양·말·닭·개·돼지 여섯 종류의 가축을 말한다.

5 宋景公(송 경공): 춘추시대 송나라 제26대 국군으로 기원전 516~기원전 469년
까지 47년간 재위했다. 「정순전」 '송공백희宋恭伯姬'에서 소개되었다.

6 北面(북면): 군주는 남면南面하고, 신하는 북면北面한다. 군주인 경공이 북면한
다는 것은 스스로 신하의 자리로 내려옴을 말한다.

7 『시경』「소아」 '상체常棣'에 나오는 구절이다.

5편

초나라의 논변 뛰어난 여자 楚野辨女

초楚나라 시골에 사는 변녀辨女는 소씨昭氏의 처다. 정鄭나라 간 공簡公이 형荊 땅에 한 대부를 사신으로 보냈다. 이 정나라 대부가 사신으로 가던 중 어느 좁은 시골길을 지나게 되었다. 그런데 맞은 편에서 오던 어떤 부인의 수레와 바퀴통이 부딪치는 바람에 대부의 수레 축이 휘어졌다. 대부가 화를 내면서 부인을 끌어내려 때리려고 했다. 그러자 부인이 말했다.

"저는 '군자는 화를 옮기지도 않으며, 잘못을 두 번 저지르지 않 는다'고 들었습니다. 지금 이 좁은 길에서 저는 한쪽 모퉁이로 비켜 섰는데, 대부 당신의 마부는 조금도 양보하지 않았습니다. 그래서 당신의 수레가 부서진 것입니다. 그런데도 도리어 저에게 책임을 돌 리니 어찌 화를 옮기는 것이 아니겠습니까? 화를 마부에게 내지 않 고, 도리어 저를 원망하시니 어찌 잘못을 또 저지르는 일이 아니겠 습니까? 『서경』「주서周書」에서는 '홀아비와 과부를 무시하지 말 것 이며, 고명한 자를 외경하라'고 했습니다. 지금 당신은 대부의 서열 에 있습니다. 그런데도 이러한 말을 모범으로 삼지 않고 화를 다른 데로 옮기면서 허물을 두 번씩이나 저지르고 계십니까? 잘못한 마부는 놔두고, 저에게 책임을 돌리는 것은 약한 자를 치는 것이니, 어찌 홀아비와 과부를 업신여기는 것이 아니겠습니까? 저를 때린다면 맞겠습니다만 대부 당신의 선善을 잃음이 애석할 뿐입니다."

대부는 부끄러워 아무 말도 할 수 없었다. 그 부인을 놓아주면서 누구인지 물었다. 그녀가 "저는 초나라 시골에 사는 보잘것없는 사람입니다"라고 대답했다. 대부가 "나를 따라 정나라로 가지 않으시렵니까?"라고 묻자, 그녀는 "저는 남편 소씨가 있는 몸입니다" 하고는 그 자리를 떠나갔다.

군자가 말하기를 "변녀는 말을 잘하여 벌을 면할 수 있었다"고 했다. 『시경』에서 "이러한 말을 하는 것이 도리에 맞고 이치에 닿거늘"이라고 한 것은 이를 두고 한 말이다.

송을 지어 칭송하다.
변녀가 혼자 수레를 타고 가다 정나라 사신을 만났네.
수레가 부딪쳐 사신의 수레축이 휘어지니 부인에게 화를 냈네.
부인이 억울함을 일일이 열거하는데 모두 정당하구나.
정나라 사신 부끄러워 감히 아무 말도 못 했다네.

楚野辯女者, 昭氏之妻也. 鄭簡公,[1] 使大夫聘于荊. 至于狹路. 有一婦人, 乘車與大夫轂擊而折大夫車軸. 大夫怒, 將執而鞭之. 婦人曰, "妾聞, '君子不遷怒, 不貳過.'[2] 今于狹路之中, 妾已極矣. 而子大夫之僕, 不肯少引, 是以敗子大夫之車. 而反執妾, 豈不遷怒哉. 旣不怒僕而反怨妾. 豈不貳過哉. 周書曰, '無侮鰥寡, 而畏高明.'[3] 今子列大夫. 而不爲之表而遷怒貳過, 釋僕執妾, 鞭其微弱. 豈可謂不侮鰥寡乎. 吾鞭則鞭耳, 惜子大夫之喪善也."
大夫慙而無以應. 遂釋之而問之. 對曰, "妾楚野之鄙人也."大夫曰, "盍從
我于鄭乎." 對曰, "旣有狂夫[4]昭氏在內矣." 遂去.

　君子曰, "辯女能以辭免."詩云, "惟號斯言, 有倫有脊."[5] 此之謂也.

　頌曰, 辯女獨乘, 遇鄭使者. 鄭使折軸, 執女忿怒. 女陳其冤, 亦有其序.
鄭使慙去, 不敢談語.

1　鄭簡公(정 간공): 춘추시대 정나라 제27대 국군으로 기원전 565~기원전 530년
까지 35년간 재위했다. 명재상 자산子産의 보필을 받아 정나라의 정치적 안정을
이룬 군주다.
2　『논어』「옹야」에 나오는 구절로 공자가 안회를 평가한 내용이다.
3　『서경』「홍범」에 나오는 구절이다.
4　狂夫(광부): 부인이 자신의 남편을 남에게 말할 때 쓰는 겸사다.
5　『시경』「소아」'정월正月'에 나오는 구절이다.

【6편】

아곡에서 빨래하는 처녀 阿谷處女

　처녀란 아곡의 도랑에서 빨래하던 여자를 말한다. 공자孔子가 남쪽 지방으로 가던 중 아곡의 도랑을 지나게 되었다. 한 처녀가 옥으로 된 귀고리를 걸고 빨래를 하고 있었다. 공자가 자공子貢에게 말했다. "저 빨래하는 처녀와 이야기를 나눌 수 있겠느냐?" 그리고 공자는 짐 속에서 술잔을 꺼내 자공에게 주면서 또 말했다. "이것을 가지고 처녀에게 말을 붙여 그 뜻을 살펴보아라." 이에 자공은 술잔을 들고 가 그 처녀에게 말을 걸었다. "나는 북쪽 변방에 사는 사람으로 남쪽으로 가는 길입니다. 초나라까지 가려는데 이런 지독한 더위를 만났소. 물 생각이 간절합니다. 여기 물 한 잔 떠주시면 그것을 마셔 내 마음을 진정시킬 수 있겠소."

　그러자 처녀가 말했다. "아곡의 도랑은 구석진 곳에 있어 잘 보이지 않습니다. 이 물은 한편으로는 맑게, 한편으로는 흐리게 흘러 바다로 들어갑니다. 마시고 싶으시면 마십시오. 왜 제게 묻는 것입니까?" 이렇게 말하고는 자공의 잔을 받아서 흐르는 물을 거슬러 뜨고는 엎질러 버리고, 다시 흐르는 방향을 따라 뜨는데 가득 넘치도록 떴다. 그리고 꿇어 앉아 모래 위에 잔을 놓고 말했다. "예에는 남녀 간에 직접 물건을 주고받지 않습니다." 자공이 돌아와 그 이야기를 전하니 공자가 말했다. "나는 이미 그렇게 할 것이라 알고 있었노라."

그러고는 거문고를 꺼내 기러기발을 빼고는 자공에게 건네주면서 말했다. "이것을 가지고 말을 건네보아라." 자공이 가서 말했다. "조금 전에 당신의 말을 들으니 편안한 것이 맑은 바람 같았소. 기분이 안정되니 나도 모르게 마음이 회복되었소. 그런데 거문고는 있는데 기러기발이 없어 조율을 할 수 없소. 당신이 그 음률을 좀 바로잡아 주시오." 처녀가 말했다. "저는 시골 사람입니다. 무식하고 막혀 있어 훌륭한 교양을 지니지도 못했습니다. 오음五音이 무엇인지도 알지 못하는데 어떻게 거문고를 조율하겠습니까?" 자공이 돌아와 공자에게 이 말을 전했다. 공자가 말했다. "나는 이미 알고 있었네. 현명함이 넘치면 거절하는 것이니라."

공자는 다시 고운 갈포葛布 다섯 량을 꺼내 자공에게 주면서 말했다. "이번에는 이것을 가지고 가서 말을 건네보아라." 자공이 가서 말했다. "나는 북방 시골에 사는 사람이오. 북에서 남으로 가는 길인데, 초나라까지 가려 하오. 고운 갈포가 다섯 량 있는데, 당신에게 어떤 뜻이 있어서 그런 것은 아닙니다. 물가에 두고 가게 해주시오." 처녀가 말했다.

"길 가는 나그네가 아주 한심하시군요. 그 재물을 떼어내 이 별 볼 일 없는 시골에 버리시다니. 저는 나이가 아주 어립니다. 어찌 감히 당신의 요구를 받아들일 수 있겠습니까? 당신은 제때에 혼인을 하지 못하셨군요. 저에게는 구혼자가 있습니다." 자공이 돌아와 이

말을 공자에게 전했다. 공자가 말하기를 "나는 이미 알고 있었네"라고 하였다. 이 여자는 인정을 잘 꿰뚫고 있으면서 또 예를 알고 있었다. 『시경』에서 "남쪽에 우뚝 솟은 나무 있지만, 그늘이 있어야 쉬어 보지. 한수漢水엔 노니는 여인 많지만, 만나야 사랑을 하지"라고 한 것은 이를 두고 한 말이다.

> 송을 지어 칭송하다.
> 여행 중의 공자가 아곡의 도랑을 지나게 되었네.
> 어떤 처녀를 이상히 여겨 그 용태 살피고자 했으니
> 자공이 세 번이나 돌아와
> 여자의 말이 분명하고 깊다고 하는구나.
> 인정에 통달하고 예를 알며 음란하지 않다고 공자가 말했네.

阿谷[1]處女者, 阿谷之隧[2]浣子也. 孔子南遊過阿谷之隧, 見處子佩瑱而浣. 孔子謂子貢[3]曰, "彼浣者, 其可與言乎." 抽觴以授子貢曰, "爲之辭, 以觀其志." 子貢曰, "我北鄙之人也. 自北徂南. 將欲之楚, 逢天之暑. 我思譚譚. 願乞一飮, 以伏我心." 處子曰, "阿谷之隧, 隱曲之地. 其水一淸一濁, 流入于海. 欲飮則飮. 何問乎婢子." 授子貢觴, 迎流而挹之, 投而棄之. 從流而挹之, 滿而溢之. 跪置沙上曰, "禮不親授." 子貢還報其辭. 孔子曰, "丘已知之矣." 抽琴去其軫, 以授子貢曰, "爲之辭." 子貢往曰, "嚮者聞子之言, 穆如淸風. 不拂不寤, 私復我心. 有琴無軫. 願借子調其音." 處子曰, "我鄙野之人也. 陋固無心. 五音不知, 安能調琴." 子貢以報孔子. 孔子曰, "丘已知之矣. 過賢則賓."

抽絺綌五兩,[4] 以授子貢曰, "爲之辭." 子貢往曰, "吾北鄙之人也. 自北徂

南, 將欲之楚. 有絺綌五兩徂. 非敢以當子之身也. 願注之水旁." 處子曰,

"行客之人嗟然永久. 分其資財, 棄于野鄙. 妾年甚少. 何敢受子. 子不早命.

切有狂夫名之者矣." 子貢以告孔子. 孔子曰, "丘已知之矣." 斯婦人, 達于人

情而知禮. 詩云, "南有喬木, 不可休息. 漢有遊女, 不可求思."⁵ 此之謂也.

　　頌曰, "孔子出遊, 阿谷之南. 異其處子, 欲觀其風. 子貢三反, 女辭辨深.

子曰達情, 知禮不達."

1　阿谷(아곡): 지명이지만 구체적인 지역은 알려져 있지 않다. 이 이야기는 『한시
외전』에도 실려 있다.

2　隧(수): 산골의 길 혹은 도랑을 가리킨다고 했다. 주나라 제도에 깊이와 폭이 각
각 두 척인 도랑을 '수隧'라고 불렀다고 했다.

3　子貢(자공): 공자의 고제高弟로 공문 사과四科에서 언어에 탁월한 재능을 보인
제자다. 자가 자공이고, 이름은 단목사端木賜다. 생몰연대는 기원전 520~기원전
456년이다.

4　五兩(오량): 『예기』 「잡기雜記」에 "혼례의 납폐에는 1속束을 쓴다"고 했는데,
1속은 5냥이다. 1냥의 길이는 5심尋이고 1심은 8척이며, 1척은 22.5센티미터다. 그
렇다면 베 5량의 길이는 45미터다.

5　『시경』 「주남」 '한광漢廣'에 나오는 구절이다.

7편

조나라 뱃사공의 딸 趙津女娟

　　조나라 나루터 뱃사공의 딸은 조간자趙簡子의 부인이 된 사람이다. 과거에 간자가 남쪽 초나라를 공격할 때의 일이다. 나루터의 사공과 강을 건널 시각을 약속해놓았다. 그런데 간자가 도착해 보니 사공이 술에 취해 잠이 들어 강을 건널 수 없었다. 화가 난 간자는 그 사공을 죽이려고 했다. 사공의 딸인 연娟이 떨면서 노를 잡고 뛰어나오자 간자가 말했다. "여자가 가서 무엇을 하겠느냐?" 그러자 연이 대답했다.

　　"사공의 딸입니다. 제 아비는 주군께서 동쪽에 있는 깊이를 알 수 없는 강을 건너신다는 소식을 듣고, 풍랑이 일고 물귀신이 놀라 요동할 것을 염려했습니다. 그래서 구강九江과 삼회三淮의 신에게 빌었습니다. 제구를 준비하여 예를 갖추고, 제물을 올려 물길을 잡게 되었습니다. 그리하여 기쁨의 축배를 들었는데 술기운을 이기지 못해 취한 것이 이렇게 되었습니다. 주군께서 아비를 죽이려 하시니 저는 아비의 죽음을 대신하고 싶습니다." 간자가 "네 죄가 아니다"라고 했으나, 연이 다시 말했다. "주군께서는 취하여 자는 제 아비를 죽

이려 하십니다. 제 아비는 자고 있으므로 죽임을 당하더라도 몸은
고통을 알지 못하고, 마음은 죄를 알지 못합니다. 만일 죄를 알지
못한 상태에서 제 아비를 죽인다면 죄 없는 사람을 죽이는 것이 됩
니다. 깬 뒤에 죽이시어 그 죄를 알게 하는 것이 마땅한 줄 아옵니
다." 간자가 허락했다. 그러나 간자는 그 아비를 풀어주고 벌을 내리
지 않았다. 간자가 건너려 하자 노 저을 사람이 한 사람 모자랐다.
연이 팔을 걷어붙이고 노를 잡으며 "아비를 대신하여 노를 젓게해
주십시오"라고 청했다. 간자가 말했다. "나는 일을 추진함에 사대부
를 선발하고 목욕재계까지 했다. 도리상 여자와는 같은 배를 타고
건널 수 없다."

　연이 말했다. "저는 이런 이야기를 들었습니다. '옛날 탕임금이 하
왕조를 토벌할 때, 네 마리 말 가운데 왼쪽 끝 말은 검은 암말이었
고, 오른쪽 끝 말 역시 암말이었다. 그리하여 비로소 걸왕을 추방했
다. 또 무왕이 은 왕조를 칠 때, 역시 네 마리 말 가운데 왼쪽 말은
푸르고 검은 무늬가 있는 암말이었고, 오른쪽은 황백색 무늬가 있
는 암말이었다. 그리하여 주왕을 토벌하여 화산華山 남쪽에 이르렀
다.' 주군께서는 여자와 함께 건너지 않겠다고 하십니다. 저와 같은
배를 타는 것이 무슨 문제가 되겠습니까?"

　연의 말을 듣고, 간자는 기뻐하며 뱃길에 올랐다. 배가 강 중간쯤
에 이르자 연은 간자를 위해 '하격河激'이라는 노래를 불렀다.

　　저 언덕에 오르면, 눈앞이 훤히 트일 것이네.
　　물살을 가르며 뗏목은 힘차게 나아가네.
　　복을 얻으려 기도하고는 취하여 깨어나지 못하니

벌을 받으려 함에 내 마음 두려웠네.

죄에서 다시 풀려나니 어지러운 내 마음 깨끗해지네.

내가 노를 잡고 또 밧줄을 풀었다네.

주군이 무사히 돌아가시게 교룡이 도와주실 터.

돌아오시는 배, 가시는 걸음 무사하소서.

이 노래를 듣고 조간자는 크게 기뻐하면서, "전에 내가 처를 맞이하는 꿈을 꾸었는데 어찌 이 여자가 아니겠는가?"라고 했다. 그리고 사람을 시켜 축원을 드리게 하고, 부인으로 맞으려 했다. 그러자 연은 재배하고 "여자의 예에 중매하는 사람이 없으면 시집갈 수 없다고 했습니다. 아버지가 계신데 감히 저 혼자 명을 받들어 결정할 수 없습니다"라고 말하며 사양하고 물러났다. 조간자는 돌아가 예를 갖추어 그녀의 부모에게 납폐를 거행하고 부인으로 맞이했다.

군자가 말하기를 "딸 연은 세상 도리에 통달했고, 말을 잘했다"고 했다. 『시경』에서 "놀러 와 노래하며 그 노랫소리 늘어놓네"라고 한 것은 이를 말한 것이다.

송을 지어 칭송하다.

조간자 강을 건너려는데 사공은 술에 취해 있었네.

사공을 죽이려 하자 사공의 딸 연이 벌벌 떨면서

아비 대신 노를 저으며 간자에게 말 잘해 아비를 구했네.

그 행실 오래도록 숨길 수 없었으니 마침내 세상에 드러났도다.

趙¹津女娟者, 趙河津吏²之女, 趙簡子³之夫人也. 初簡子南擊楚, 與津吏期. 簡子至, 津吏醉臥, 不能渡. 簡子欲殺之. 娟懼持楫而走. 簡子曰, "女子走何爲." 對曰, "津吏息女. 妾父聞主君來渡不測之水, 恐風波之起, 水神動駭. 故禱祠九江三淮之神. 供具備禮, 御釐受福. 不勝玉祝杯酌之餘瀝, 醉至于此. 君欲殺之. 妾願以鄙軀, 易父之死." 簡子曰, "非女之罪也." 娟曰, "主君欲因其醉而殺之, 妾恐其身之不知痛, 而心不知罪也. 若不知罪殺之, 是殺不辜也. 願醒而殺之, 使知其罪." 簡子曰, "善." 遂釋不誅. 簡子將渡, 用楫者少一人. 娟攘卷操楫而請曰, "妾願備父持楫." 簡子曰, "不穀⁴將行, 選士大夫, 齋戒沐浴. 義不與婦人同舟而渡也." 娟對曰, "妾聞, '昔者, 湯伐夏, 左驂牝驪, 右驂牝靡. 而遂放桀. 武王伐殷, 左驂牝騏, 右驂牝騵. 而遂克紂, 至于華山之陽.' 主君不欲渡則已. 與妾同舟, 又何傷乎." 簡子悅, 遂與渡.

中流爲簡子, 發河激之歌.⁵ 其辭曰, "升彼阿兮面觀淸. 水揚波兮杳冥冥. 禱求福兮醉不醒. 誅將加兮妾心驚. 罰旣釋兮瀆乃淸. 妾持楫兮操其維. 蛟龍助兮主將歸. 浮來棹兮行勿疑." 簡子大悅曰, "昔者不穀夢娶妻. 豈此女乎." 將使人祝祓, 以爲夫人. 娟乃再拜而辭曰, "夫婦人之禮, 非媒不嫁. 嚴親在內, 不敢聞命." 遂辭而去. 簡子歸, 乃納幣于父母而立爲夫人.

君子曰, "女娟通達而有辭." 詩云, "來遊來歌, 以矢其音."⁶ 此之謂也.

頌曰, "趙簡渡河, 津吏醉荒. 將欲加誅, 女娟恐惶. 操楫進說, 父得不喪. 維久難蔽, 終遂發揚."

---

1 趙(조): 춘추시대 진晉나라 육경의 하나로 조씨趙氏의 봉지를 말한다. 당시 진후晉侯는 세력이 약화되어 상경上卿이 권력 투쟁하던 때인데, 조간자를 핵심으로 한 조씨가 진나라의 실권을 장악했다.
2 河津吏(하진리): 뱃사공에 해당되는데, 도선渡船이나 수문 여닫는 일을 주관하

는 관리다.

3 趙簡子(조간자): 조앙趙鞅을 가리킨다. 조나라를 세우는 데 초석을 다진 인물이다. 「인지전」 '진범씨모'와 「절의전」 '대조부인'에서도 소개되었다. 그의 딸이 「절의전」에 소개된 대代나라 조 부인이고, 그의 아들이 조양자趙襄子다.

4 不穀(불곡): 제후의 겸칭으로 쓰이는 용어다. 당시 조간자는 제후가 아니었지만 사실상 제후에 맞먹는 실력자였기 때문에 이 용어를 쓴 것이다.

5 河激之歌(하격지가): 강을 건널 때 부르는 노래라고 한다. 사공의 딸 연왜은 기존의 노래에 가사를 새로 만들어 불렀던 것으로 보인다.

6 『시경』 「대아」 '권아卷阿'에 나오는 구절이다.

【8편】

조나라 필힐의 어머니 趙佛肹母

필힐佛肹의 어머니란 조나라 중모中牟의 읍재邑宰인 필힐의 어머니를 말한다. 필힐이 중모를 근거지로 모반을 일으켰다. 조나라 법에 성城을 가지고 모반한 자는 당사자는 물론 가족도 사형에 처한다고 되어 있다. 그런데 필힐의 어머니가 이에 불복했다. "나는 죽을 이유가 없습니다." 재판장이 그 까닭을 묻자 필힐의 어머니가 말했다. "나를 주군과 만나게 해주시오. 그것이 이루어지지 않으면 이 늙은 이는 죽을 수밖에 없습니다." 재판장은 조나라 군주 양자襄子에게 이 노모의 말을 전했다. 양자가 그 까닭을 묻게 하니 어머니는 "주군을 직접 뵙지 않고는 말할 수 없습니다"라고 하며 계속 주군과 만나기를 원했다.

그래서 양자가 노모를 불러서 직접 물었다. "사형에 해당되지 않는다니 무엇 때문이오?" 노모가 말했다. "제가 사형을 당해야 한다니 그야말로 왜 그런 것입니까?" 그러자 양자가 대답했다. "당신 아들이 모반을 했소." 어머니가 다시 말했다. "자식이 모반을 일으켰는데 왜 그 어미가 죽어야 합니까?" 양자가 대답했다. "어미가 자식을 제대로 가르치지 못했기 때문에 자식이 모반을 하게 된 것이오. 그 아들의 어미가 사형을 당하는 것이 어째서 부당하다는 것이오?" 이에 필힐의 어머니가 그 까닭을 말했다. "아! 주군께서 저를 죽이는 것에 마땅한 도리가 있다고 하시는 것은 어미가 자식을 잘못 가르쳤기 때문이라는 말씀입니까? 그러나 어미로서의 직분은 오래전에 끝났습니다. 이런 이유라면 오히려 주군에게 책임이 있습니다. 제가 듣기로 '자식이 어려서 오만하다면 어미의 죄가 되지만 성장하여 잘못을 저지르면 아비의 죄가 된다'고 했습니다. 제 자식은 어려서는 오만하지 않았고 성장해서도 말을 잘 들었습니다. 그런데 제가 왜 책임을 져야 합니까? 또 저는 '자식은 어려서 자식이지만 크면 벗이 된다. 그리고 남편이 죽으면 자식을 따른다'고 들었습니다. 저는 주군을 위해 자식을 키웠습니다. 주군께서 스스로 택해 신하로 삼으셨습니다. 제 자식이 이번 반역죄에 관계된 것은 주군의 신하로서이지 제 자식으로서가 아닙니다. 또 주군께서 난폭한 신하를 둔 것이지, 제가 난폭한 아들을 둔 것은 아닙니다. 이러한 이유로 저는 죄가 없다고 말씀드릴 수 있습니다." 이에 양자는 "옳은 말이오. 필힐이 모반을 일으킨 것은 나에게 그 책임이 있소"라고 말하고, 필힐의 어머니를 석방했다.

군자가 말했다. "필힐의 어머니는 한마디 말로 조양자를 깨우쳤다. 게다가 노여움을 다른 데로 옮기지 않는다는 덕을 행하게 했으며, 자신은 화를 면하게까지 되었다." 『시경』에서 "군자를 보니 내 마음도 움직이네'라고 한 것은 이를 두고 한 말이다.

송을 지어 칭송하다.

필힐이 모반을 일으켜 그 어머니에게 책임이 돌아가자

양자에게 직접 해명하러 나섰네.

어미의 직분을 열거하고

성장한 자식은 임금에 소속된 것이라 하니

양자가 그 말에 동의하여 더 이상 논죄하지 않았다.

趙佛肸[1]母者, 趙之中牟宰佛肸之母也. 佛肸以中牟畔. 趙之法, 以城畔者, 身死家收. 佛肸之母, 將論自言曰, "我死不當." 士長問其故. 母曰, "爲我通于主君. 乃言不通則老婦死而已." 士長爲之言于襄子.[2] 襄子問其故. 母曰, "不得見主君則不言." 于是襄子見而問之曰, "不當死何也." 母曰, "妾之當死, 亦何也." 襄子曰, "而子反." 母曰, "子反母何爲當死." 襄子曰, "母不能敎子, 故使至于反. 母何爲不當死也." 母曰, "吁以主君殺妾爲有說也. 乃以母無敎耶. 妾之職盡久矣. 此乃在于主君. 妾聞, '子少而慢者, 母之罪也. 長而不能使者, 父之罪也.' 今妾之子少而不慢 長又能使. 妾何負哉. 妾聞之, '子少則爲子. 長則爲友. 夫死從子.' 妾能爲君長子. 君自擇以爲臣. 妾之子與在論中. 此君之臣, 非妾之子. 君有暴臣, 妾無暴子. 是以言妾無罪也." 襄子曰, "善夫. 佛肸之反, 寡人之罪也." 遂釋之.

君子曰. "佛肸之母, 一言而發襄子之意. 使行不遷怒之德, 以免其身." 詩云, "旣見君子, 我心寫兮."[3] 此之謂也.

頌曰. "佛肸旣叛, 其母任理. 將就于論, 自言襄子. 陳列母職, 子長在君. 襄子說之, 遂釋不論."

1 佛肸(필힐): 춘추시대 노나라 조간자의 채읍 중모中牟의 읍재다.『논어』「양화陽貨」편에 필힐이 공자를 초청하자 공자는 초청에 응하려 하고 제자인 자로는 말리는 내용이 나온다. 공자 63세(기원전 490)에 필힐은 중모의 읍재로서 조씨에게 저항했는데, 이것이 모반으로 해석되었다. 그럼에도 공자가 그의 초청에 응하려 한 것을 보면 필힐도 공자에 상응하는 인물이었을 것으로 여겨진다.

2 襄子(양자): 필힐의 사건이 일어났을 때는 조간자의 시대다.

3 『시경』「소아」 '요소蓼蕭'에 나오는 구절이다.

【 9편 】

제나라 위왕의 우희 齊威虞姬

우희虞姬의 이름은 연지娟之이며 제나라 위왕威王의 후궁이다. 위왕이 즉위한 지 9년이 지나도록 나랏일을 돌보지 않고 정사를 모두 대신들에게 맡겼다. 이 틈을 타 간신 주파호周破胡는 권세를 독점하여 자기 마음대로 전횡했고, 현명하고 능력 있는 사람을 시기하고 질투했다. 즉묵卽墨의 대부가 어질었음에도 날마다 헐뜯었으며, 아阿의 대부가 무능했음에도 도리어 날로 칭찬했다. 그러자 우희가 왕에게 건의했다. "파호는 남을 헐뜯으며 아첨을 잘 하는 신하입니다. 그를 내쳐야 합니다. 제나라에는 북곽北郭 선생이라는 분이 있습니다. 현명하며 도를 갖추고 있으니 그를 등용하여 신하로 삼으시는 게 어떻겠습니까?" 우희가 왕에게 간언한 사실을 안 파호는 우희를 증오하여 "그녀가 어린 시절 민간에 있을 때 북곽 선생과 정을 통했습니다"라고 말했다. 그러자 왕은 우희를 의심하여 9층이나 되는 높은 누대에 유폐시켰다. 왕은 관리를 시켜 사실을 심문하게 했다. 파호는 그 임무를 맡은 관리에게 뇌물을 줘서 우희의 죄를 날조했다. 담당 관리는 우희와 북곽 선생이 내통했다는 거짓 사실을 꾸며 왕

辯通傳

—

479

에게 올렸다. 그런데 그 조서를 본 왕은 이치에 맞지 않는 부분이 있다고 생각하여 우희를 불러 자신이 직접 심문했다. 우희가 대답했다.

"저 연지는 부모에게서 몸을 받아 천지 사이에 태어났습니다. 살던 초가 오막살이를 떠나 훌륭하신 왕의 술시중을 들게 되었습니다. 왕 가까이에서 자리를 깔아드리고 시중을 들며, 목욕을 시켜드린 지 10여 년이 되었습니다. 정성 어린 마음으로 행복을 기원하여 한마디 한 것이 모함하는 신하에게 걸려 백 길이나 되는 구렁으로 빠지게 되었습니다. 뜻하지 않게 대왕께서 다시 만나주시니 드리는 말씀입니다. 저는 '옥석은 진흙에 굴러도 더러워지지 않고, 유하혜柳下惠는 추위에 떠는 여자에게 자기 옷으로 덮어주어 체온을 나누더라도 음행이라고 하지 않는'고 들었습니다. 그것은 평소 훌륭한 행동을 쌓았기 때문입니다. 그래서 사람들에게 의심을 사지 않은 것입니다. 경전에는 '오이밭에서 신발을 고쳐 신지 말 것이며, 오얏나무밭을 지날 때는 관을 고쳐 쓰지 말라'고 했습니다. 하지만 제가 이러한 진리를 어겼으므로 이것이 첫 번째 죄입니다. 또 이미 곤경에 빠졌을 때 관리가 뇌물을 받고 사악한 사람의 말을 받아들여 결국 사실이 가려질 수 없었습니다. 제가 듣기로 '남편 잃은 과부가 성 아래서 통곡하니 성이 무너졌으며, 나라에서 추방당한 의로운 선비가 시장에서 탄식하니 시장 상인들이 철시를 했다'고 했습니다. 이것은 진실됨이 마음에서 나온다면 성과 시장까지도 감동시킨다는 것입니다. 저의 억울함은 대낮보다도 분명한 것입니다. 그러나 재갈을 물고 9층이나 되는 대에 갇혀 있어 외쳐댔지만 사람들을 조금도 설득할 수 없었습니다. 이것이 두 번째 죄입니다. 오명을 쓰고 있었는데 그 두 가지 죄가 보태졌으니 의롭다 하더라도 살 수는 없습니다. 살아남을 수 있는 방법은 저의 오명을 벗는 것밖에 없습니다. 이러한 일은 예부터 있어왔습니다. 백기伯奇가 밖으로 추방되고 신생申生이 죽임을 당한 것은 효도와 순종을 잘했기에 도리어 해를 입은 것입니다. 제가 죽임을 당한 뒤에는 다시 말씀드릴 수 없습니다. 그러니 대왕께서는 경계하시기 바랍니다. 많은 신하가 간사한데 그 가운데 파호가 가장 심합니다. 왕께서 직접 정사를 행하시지 않으면 나라가 위태로워집니다."

우희의 말을 들은 왕은 크게 깨닫고, 감금되어 있는 우희를 밖으로 내보냈다. 곧이어 조정과 저잣거리에 방을 걸어, 즉묵대부는 만호에 봉하고 아 대부와 주파호는 삶아서 죽인다고 했다. 또 군사를 일으켜 빼앗긴 옛 땅을 되찾았다. 제나라 전체가 두려움에 떨었고 사람들은 아 대부가 삶겨 죽은 것을 알고 감히 아무도 나쁜 짓을 하지 못했다. 또 그들이 자신의 직분을 다함에 제나라가 잘 다스려졌다.

군자가 말하기를 "우희는 선善을 좋아했다"고 했다. 『시경』에서 "님을 보아야만 내 마음 편안하겠네"라고 한 것은 이를 말한 것이다.

송을 지어 칭송하다.
제나라 위왕, 정사에 태만하여
9년 동안 나라를 다스리지 않았네.
우희가 간언하다 도리어 자신이 오해를 받고 갇혔다네.
심문하던 왕에게 사실을 알리고 하늘에 맹세하니
위왕이 크게 깨달아 마침내 강한 진秦나라까지 물리쳤다네.

虞姬者, 名娟之, 齊威王[1]之姬也. 威王卽位, 九年不治. 委政大臣. 佞臣周破胡,[2] 專權擅勢, 嫉賢妒能. 卽墨[3]大夫賢, 而日毁之, 阿[4]大夫不肖, 反日譽之. 虞姬謂王曰, "破胡讒諛之臣也. 不可不退. 齊有北郭先生者,[5] 賢明有道. 可置左右." 破胡聞之, 乃惡虞姬曰, "其幼弱在于閭巷之時, 嘗與北郭先生通." 王疑之. 乃閉虞姬于九層之臺, 而使有司卽窮驗問. 破胡賂執事者, 使竟其罪. 執事者, 誣其詞而上之. 王視其詞, 不合于意. 乃召虞姬而自問焉. 虞姬對曰, "妾娟之, 幸得蒙先人之遺體, 生于天壤之間. 去蓬廬之下, 侍明王之讌. 昵附王著, 薦床蔽席, 供執掃除, 掌奉湯沐, 至今十餘年矣. 惓惓之心, 冀幸補一言, 而爲讒臣所擠, 湮于百重之下. 不意, 大王乃復見, 與之語. 妾聞, '玉石墜泥, 不爲污. 柳下[6]覆寒女不爲亂.' 積之于大雅, 故不見疑也. 經, '瓜田不納履, 過李園不整冠.' 妾不避, 此罪一也. 旣陷難中, 有司受略, 聽用邪人, 卒見覆冒, 不能自明. 妾聞, '寡婦哭城, 城爲之崩.[7] 亡士嘆市, 市爲之罷.' 誠信發內, 感動城市. 妾之寃, 明于白日. 雖銜號于九層之內, 而衆人莫爲豪釐, 妾之罪二也. 旣有污名, 而加此二罪. 義固不可以生. 所以生者, 爲莫白妾之污名也. 且自古有之. 伯奇[8]放野, 申生[9]被患, 孝順至明, 反以爲殘. 妾旣當死, 不復重陳. 然願戒大王. 群臣爲邪, 破胡最甚. 王不執政, 國殆危矣." 于是王大寤, 出虞姬. 顯之於朝市, 封卽墨大夫以萬戶, 烹阿大夫與周破胡. 遂起兵收故侵地. 齊國震懼, 人知烹阿大夫, 不敢飾非. 務盡其職, 齊國大治.

君子謂, "虞姬好善." 詩云, "旣見君子, 我心則降."[10] 此之謂也.

頌曰. "齊威惰政, 不治九年. 虞姬譏刺, 反害其身. 姬列其事, 上指皇天. 威王覺寤, 卒距强秦."

1　威王(위왕): 전국시대 제나라 제4대 군주로 기원전 356~기원전 320년까지 36년간 재위했다. 그는 전田씨의 제나라 최초로 왕의 칭호를 썼고, 제나라를 육국 중 최강국으로 만들었다. 이 이야기는 위왕의 사적에 부합하는 내용이다.

2　周破胡(주파호): 그에 대한 기록이 없어 주석가들은 가공의 인물이라고 보았다.

3　卽墨(즉묵): 전국시대 제나라의 읍명으로 지금의 산둥 성 지모即墨 부근에 있었다.

4　阿(아): 지금의 산둥 성 양구陽谷 동쪽에 위치했다.

5　北郭先生(북곽선생):『한시외전』에도 동명의 인물이 나오지만, 생존 시기가 달라 실존 인물로 보기 어렵다.

6　柳下(유하): 유하혜를 말한다.「현명전」'유하혜처柳下惠妻'에 소개되었다.

7　寡婦哭城(과부곡성):「정순전」'제기량처齊杞梁妻'에서 나온 이야기다.

8　伯奇(백기):『설원』에 따르면 백봉의 이복형제異母兄인데, 계모의 참소를 받아 추방되었다.

9　申生(신생): 진 헌공의 태자였는데, 여희를 참소를 받아 자결했다.「얼폐전」'진헌여희晉獻驪姬'에 상세하게 나온다.

10　『시경』「소아」'출거出車'에 나오는 구절이다.

【 10편 】

제나라의 추녀 종리춘 齊鍾離春

　　종리춘鍾離春은 제나라 무염읍無鹽邑 출신의 여자로 선왕宣王의
정후가 된 사람이다. 그녀는 생긴 모습이 추하기 짝이 없었다. 절구
통 같은 머리에 푹 들어간 눈, 손가락과 발가락은 길쭉하고 울퉁불
퉁하며 들창코에 목구멍이 튀어나왔고, 목 뒤로는 두둑하게 살이 찐
데다 머리칼이 띄엄띄엄 나 있었다. 허리는 굽었고 가슴이 튀어나왔
으며 피부는 칠을 한 듯 검었다. 나이 마흔이 되도록 아무도 그녀를
데려가지 않았다. 자신이 직접 나서서 출가할 곳을 찾아다녔지만
짝을 구할 수 없었다. 버림받은 몸이 되어 떠돌아다녔으나 대책이
서지 않았다. 마침내 종리춘은 누추한 옷이나마 먼지를 털고 단정
하게 매만지고서 선왕의 궁전으로 나아갔다. 시종을 통해 다음의
말을 전하게 했다. "저는 제나라에 사는 시집 못 간 여자입니다. 군
왕의 성덕聖德을 듣고 후궁 말석이라도 얻고자 사마문司馬門 밖에서
머리를 조아리고 있으니, 오로지 왕의 은총으로 허락해주시기를 바
랍니다."

　　선왕宣王은 전하는 자의 말을 점대漸臺에서 벌어진 술자리에서

들었다. 좌우의 신하들이 이 얘기를 듣고는 입을 가리고 웃지 않은 자가 없었다. 그리고 다들 "천하에서 가장 얼굴이 두꺼운 여자로구나. 정말 괴상하군" 하고 말했다.

그러나 선왕은 그녀를 불러들였다. "지난날 선왕先王께서 과인을 위해 배필을 정해주셨으니. 그들은 이미 서열을 갖추고 있소. 지금 여자를 향리의 평민 가운데서 들이는 것은 용납되지 않소. 그런데도 만승의 주인인 나의 배필이 되고자 하니 무슨 기이한 능력이라도 있소?" 그러자 종리춘이 대답했다. "없습니다. 저는 대왕의 훌륭한 덕을 특별히 사모했을 뿐입니다." 왕이 말했다. "그렇다 해도 무엇인가 좋아하는 게 있지 않겠소?" 한참 머뭇거리다가 종리춘이 말했다. "저는 일찍이 수수께끼를 좋아했습니다." 왕이 "수수께끼는 나도 즐기는 것이오. 시험 삼아 한번 해보시오"라고 했는데. 말이 채 끝나기도 전에 종리춘이 갑자기 사라졌다. 선왕이 깜짝 놀라 당장 수수께끼 책을 펼쳐서 읽어보았다. 물러나와 그것을 연구해보았지만 알 수 없었다.

다음 날 종리춘을 불러 다시 물어보았다. 그러나 그녀는 대답하지 않았다. 단지 눈을 올려 뜨고 이를 깨물고는 손을 들어 무릎을 가볍게 치면서 "위태롭도다. 위태롭구나"라고 말했다. 그러자 선왕은 "가르침을 받고 싶소"라고 했다. 종리춘이 대답했다.

"지금 대왕께서는 이 나라의 군주입니다. 서쪽에는 진秦나라가 있고. 남쪽에는 막강한 원수 초楚나라가 있습니다. 이와 같이 밖으로 두 대적하기 어려운 나라가 있는 데다 나라 안에는 간신이 들끓고 있으니 백성은 의지할 곳이 없습니다. 대왕께서는 춘추가 사십이 되었는데도 장성한 후계자를 정해놓지 않았습니다. 여러 왕자에 대

한 계획이 없으시면서 여자들한테만 관심을 쏟고 계십니다. 좋아하는 것만을 존중하여 그때그때 해야 할 일을 소홀히 하고 계십니다. 하루아침에 산이 무너져 내리는 것 같은 사태가 일어나면 사직이 불안정해집니다. 이것이 바로 첫 번째 위태로움입니다. 점대漸臺는 다섯 겹으로 싸여 있고, 황금과 백옥 그리고 진기한 옥과 비취가 줄줄이 장식되어 있으나 백성의 삶은 고달픕니다. 이것이 두 번째 위태로움입니다. 현명한 사람은 산림에 묻혀 있고, 간신배들만 좌우에서 힘을 쓰고 있습니다. 간신들이 거짓으로 조정에 버티고 있으니 간언을 하려 해도 통하지 않습니다. 이것이 세 번째 위험입니다. 술과 놀이에 빠져 밤낮이 없고, 계집과 배우들이 문란하게 떠들고 있습니다. 밖으로 제후의 예를 다하지 않으면서, 안으로 국가를 다스리지 못하고 있습니다. 이것이 네 번째 위태로움입니다. 그래서 '위태롭도다 위태롭도다'라고 한 것입니다."

종리춘의 말을 다 듣고 난 선왕은 깊이 탄식하면서 말했다. "아프구나! 무염군의 말이여. 비로소 지금 이 여인에게 듣게 되는구나." 왕은 점대를 부수고 여악女樂을 없앴으며, 간신들을 물리치고 장식품을 버렸다. 병사와 군마를 정비하고 창고를 충실하게 채웠다. 사방에 문을 트고 간언할 사람을 초청하니 미천한 사람들이 줄을 이었다. 점을 쳐 길한 날을 택하여 태자를 세우고, 종리춘이 훌륭한 어머니가 될 수 있다고 여겨 정식으로 왕후 자리에 앉혔다. 제나라가 크게 안정된 것은 바로 이 추녀의 힘이었다.

군자가 말하기를 "종리춘은 바르고도 말을 잘했다"고 했다. 『시경』에 "군자를 만나보니 내 마음이 기쁘도다"라고 한 것은 이것을 두고 한 말이다.

송을 지어 칭송하다.

무염의 여자가 제 선왕에게 간언했네.

네 가지 위태로움 조목조목 나열하니

선왕이 그녀 말대로 사방의 문을 열고

비로소 태자를 세우고 종리춘을 왕후로 맞이했네.

鍾離春[1]者, 齊無鹽邑[2]之女, 宣王[3]之正后也. 其爲人極醜無雙. 臼頭深
目, 長指大節. 卬鼻結喉, 肥項少髮. 折腰出胸, 皮膚若漆. 年四十 無所容
入. 衒嫁不售, 流棄莫執. 于是乃拂拭短褐, 自詣宣王. 謂謁者曰, "妾齊之
不售女也. 聞君王之聖德, 願借後宮之掃除, 頓首司馬門[4]外. 唯王幸許之."
謁者以聞. 宣王置酒于漸臺.[5] 左右聞之, 莫不掩口大笑曰, "此天下强顏女
子也. 豈不異哉." 于是宣王乃召見之謂曰, "昔者, 先王爲寡人, 娶妃匹, 皆
已備有列位矣. 今女子不容于鄕里布衣, 而欲干萬乘之主. 亦有何奇能哉."
鍾離春對曰, "無有. 特竊慕大王之美義耳." 王曰, "雖然何喜." 良久曰, "竊
嘗喜隱." 宣王曰, "隱固寡人之所願也, 試一行之." 言未卒, 忽然不見.[6] 宣
王大驚, 立發隱書而讀之. 退而推之, 又未能得. 明日又更召而問之, 不以
隱對. 但揚目銜齒, 擧手拊膝曰, "殆哉殆哉." 如此者四. 宣王曰, "願遂聞
命." 鍾離春對曰, "今大王之君國也, 西有衡秦之患, 南有强楚之讐. 外有
二國之難, 內聚姦臣, 衆人不附. 春秋四十, 壯男不立. 不務衆子, 而務衆婦.
尊所好, 忽所時. 一旦山陵崩弛, 社稷不定. 此一殆也. 漸臺五重, 黃金白玉,
琅玕籠疏, 翡翠珠璣, 幕絡連飾, 萬民罷極. 此二殆也. 賢者匿于山林, 諂
諛强于左右. 邪僞立于本朝, 諫者不得通入. 此三殆也. 飮酒沉湎, 以夜繼
晝, 女樂俳優, 縱橫大笑. 外不脩諸侯之禮, 內不秉國家之治. 此四殆也.
故曰, '殆哉殆哉.'" 于是宣王喟然而嘆曰, "痛哉, 無鹽君之言. 乃今一聞."

于是折漸臺, 罷女樂退諂諛, 去雕琢選兵馬, 實府庫. 四辟公門招進直言, 延及側陋. 卜擇吉日, 立太子進慈母拜無鹽君爲后. 而齊國大安者, 醜女之力也.

君子謂, "鍾離春正而有辭." 詩云, "旣見君子, 我心則喜."7 此之謂也.

頌曰, "無鹽之女, 干說齊宣. 分別四殆, 稱國亂煩. 宣王從之, 四辟公門. 遂立太子, 拜無鹽君."

---

1 鍾離春(종리춘): 『어람御覽』에는 종리鍾離가 성이고 춘春이 이름이라고 했다. 국왕의 정후가 된 사람의 전기 제목을 본래의 이름으로 한 것은 이례적이다. 정상적으로 한다면 "제선모후齊宣某后"가 되어야 할 것이다. 뒤에 나오는 '제숙류녀齊宿瘤女' '제고축녀齊孤逐女'도 마찬가지다. 이름난 추녀들을 내세워 그 능력과 덕성을 부각시킨 유향의 의도에 대해서는 별도의 논의가 필요하다.

2 無鹽(무염): 전국시대 제나라의 읍명으로 지금의 산둥 성 둥핑東平 부근에 있었다고 한다.

3 宣王(선왕): 전국시대 제나라 제5대 국군 전벽강田辟彊이다. 기원전 319~기원전 301년까지 18년간 재위했다. 제나라는 위魏나라를 패망시킨 뒤 중국 동부의 최강 제후국이 되었고, 도읍 임치臨淄는 문화의 중심이면서 가장 부유한 도시였다. 제나라는 선왕의 부왕父王 위왕威王 때부터 학술 문화에 힘을 썼는데, 수천 명에 달하는 '직하학파稷下學派'라는 학술 집단을 가능하게 했다. 맹자는 세 차례나 제 선왕을 만나 정치에 대해 토론한 바 있다. 「모의전」 '제전직모齊田稷母'와 「절의전」 '제의계모齊義繼母'의 이야기는 선왕 시대를 배경으로 한 것이다.

4 司馬門(사마문): 왕궁의 바깥문을 가리킨다.

5 漸臺(점대): 물가에 지어진 유흥을 위한 누대다. 「정순전」 '초소정강楚昭貞姜'에서도 나왔다.

6 마치 마법을 부린 것처럼 종리춘이 순식간에 사라졌다는 의미다.

7 『시경』 「소아」 '청청자아菁菁者莪'에 나오는 구절이다.

변통전
—
492

제나라의 혹부리 여자 齊宿瘤女

　　숙류녀宿瘤女는 제나라 동쪽 마을에서 뽕을 따던 여자로 민왕閔王의 왕후가 된 사람이다. 목 뒤에 큰 혹이 있어서 숙류라고 불렀다. 한때 민왕이 행차하던 중에 동쪽의 어느 마을에 이르렀다. 백성이 모두 나와 구경을 하는데, 숙류만이 여전히 길가 뽕밭에서 뽕을 따고 있었다. 왕이 이상하게 여겨 불러서 물어보았다. "내가 대궐을 나와 행차하는데 따르는 수레와 말이 아주 많다. 이를 보려고 어른 아이 할 것 없이 다 일을 팽개치고 구경하는데. 그대는 길가 뽕밭에서 뽕을 따면서 한 번도 쳐다보지 않으니 무슨 까닭인가?" 숙류녀가 대답했다. "저는 부모에게서 뽕 따는 일을 분부받았을 뿐. 대왕을 구경하라는 분부는 받지 못했습니다." 왕이 말했다. "참으로 기이한 여자로구나. 가련하게도 목 뒤에 혹이 달려 있구나!"

　　이에 그녀는 "저는 맡은 일 외에는 다른 어떤 것도 생각하지 않습니다. 마음속의 무엇을 말하겠습니까. 또 목 뒤의 혹이 어떻다는 것이옵니까?" 이 말을 들은 왕은 크게 기뻐했다. "참으로 현명한 여자로구나" 하고는 뒤따르는 수레에 그녀를 태우려 했다. 그러자 숙류녀가 말했다. "대왕의 위엄 때문에 부모가 계신데도 허락을 받지 않고 대왕을 따른다면 분녀奔女가 됩니다. 대왕께선 어찌 그런 일을 하려 하십니까?" 이에 왕이 크게 부끄러워했다. "내가 실수했소"라고 말하자. 숙류는 "정녀貞女는 예가 갖추어지지 않으면 죽는 한이 있더라도 따르지 않는 법입니다"라고 했다. 그러자 왕은 혹부리 여자를 돌려보내고. 사자에게 황금 100일을 가지고 가 그녀를 맞이해 오도록 했다. 이런 일을 당한 숙류의 부모는 놀라고 황공스러워 딸을 목욕시키고 새옷으로 갈아입히려고 했다.

그러자 그녀가 말했다. "이 모습으로 왕을 만났는데 옷을 갈아입고 모습을 바꾼다면 알아보지 못할 것입니다. 모습을 바꾸게 하신다면 죽어도 가지 않을 것입니다." 그래서 그녀는 예전 모습 그대로 사자를 따라갔다. 민왕이 돌아와 여러 부인을 모아놓고 말했다. "오늘 내가 나들이를 나갔다가 한 성녀를 만났소. 곧 여기 당신들 앞에 나타날 것이오." 여러 부인이 호기심을 가지고 옷차림을 다듬고 쭉 둘러서 기다렸다. 도착한 사람은 바로 혹이 달린 여자였다. 놀라운 모습이었다. 궁중의 여러 부인은 모두 입을 가리고 웃었다. 또 주위에 있던 사람들도 몸을 가눌 수 없을 정도로 계속 웃어댔다. 왕이 화를 냈다. "웃지들 말라! 꾸미지 않았을 뿐이다. 꾸미는 것과 꾸미지 않은 것의 차이는 불과 열 배와 백 배의 차이일 뿐이다." 그러자 숙류녀가 말했다. "꾸미는 것과 꾸미지 않은 것의 차이는 천 배 만 배이니 말로는 형언하기 부족합니다. 어찌 열 배 백 배의 차이일 뿐이겠습니까?" 왕이 말했다. "무엇으로 그것을 말할 수 있겠소?"

그녀가 말했다. "사람의 본성은 서로 비슷하지만 습관에 의해 차이가 생기는 것입니다. 옛날에 요堯·순舜·걸桀·주紂는 모두 천자였

변통전
—
494

습니다. 요임금과 순임금은 인의로 스스로를 꾸몄습니다. 비록 천자
가 되었지만 절약과 근검을 실천했습니다. 지붕의 띠풀을 모양 내지
않고 그대로 썼으며, 서까래의 기둥도 다듬지 않았습니다. 후궁들의
옷에 무늬를 화려하게 하지 않았고, 식사도 간소하게 했습니다. 수
천 년이 지난 지금에도 천하 사람들은 그들을 훌륭하게 평가하고
있습니다. 그러나 걸왕과 주왕은 인의로 스스로를 가꾸지 않았습니
다. 번잡한 장식에 길들여졌으며 높은 누대와 깊은 연못을 만들었
습니다. 후궁들은 비단을 휘감고 다녔고, 주옥으로 만든 패물을 달
고 다녔습니다. 그들은 이러한 일에 싫증을 내는 법이 없었습니다.
그러다 자신은 죽임을 당하고 나라는 망하게 되어 천하의 웃음거리
가 되었습니다. 지금에 이르기까지 1000여 년이 되었지만 천하 사
람들은 그들을 좋게 평가하지 않습니다. 이것으로 본다면 꾸미는
것과 꾸미지 않는 것은 그 차이가 천 배 만 배라 해도 부족하거늘,
어찌 열 배 백 배일 뿐이겠습니까."

이에 누추한 차림을 보고 크게 웃어대던 여러 부인이 매우 부끄
러워했다. 숙류의 말을 들은 민왕은 크게 느끼는 바가 있어 혹 달린
여자를 왕후로 삼았다. 또 영을 내려 궁실의 높이를 낮추고, 유흥에
이용하던 연못들을 메웠으며, 음식은 소박하게 하고 음악을 줄였다.
후궁들도 겹겹으로 장식하지 않았다. 1년 만에 그러한 분위기가 이
웃 나라에까지 퍼져 제후들이 조회를 왔다. 한韓·위魏·조趙로 나뉜
삼진三晉을 공략하고, 진秦나라와 초楚나라가 두려움에 떨게 만드니
한때 제帝라는 호칭을 얻게 되었다. 민왕이 제후의 우두머리가 될
수 있었던 것은 혹부리 여자의 힘이 있었기 때문이다. 그러나 그녀
가 죽은 뒤 연燕나라가 제나라를 멸망시키고 민왕은 도망하던 중

다른 나라에서 시해당했다.

　군자가 말하기를 "숙류녀는 사리에 통달하고 예에 익숙했다"고 했다. 『시경』에서 "무성한 다북쑥 언덕에 자랐네. 군자를 만나니 즐겁고도 예의 바르네"라고 한 것은 이를 두고 한 말이다.

　송을 지어 칭송하다.
　제나라 여자 숙류가 동곽에서 뽕을 따고 있었네.
　민왕의 행차에도 아랑곳 않고 계속 뽕을 땄다네.
　왕이 불러 이야기 나눠보니 말마다 현명하기 그지없어
　마침내 왕후의 지위에 올라 빛나는 명성 얻었다네.

　宿瘤女者, 齊東郭採桑之女, 閔王[1]之后也. 項有大瘤, 故號曰宿瘤. 初閔王出遊至東郭. 百姓盡觀, 宿瘤採桑如故. 王怪之, 召問曰, "寡人出遊, 車騎甚衆, 百姓無少長, 皆棄事來觀. 汝採桑道旁, 曾不一視何也." 對曰, "妾受父母教採桑, 不受教觀大王." 王曰, "此奇女也. 惜哉宿瘤." 女曰, "婢妾之職, 屬之不二, 予之不忘. 中心謂何. 宿瘤何傷." 王大悅之曰, "此賢女也." 命後乘載之. 女曰, "賴大王之力, 父母在內, 使妾不受父母之教, 而隨大王是奔女[2]也. 大王又安用之." 王大慙曰, "寡人失之." 又曰, "貞女一禮不備, 雖死不從." 于是王遣歸, 使使者以金百鎰, 往聘迎之. 父母驚惶, 欲洗沐加衣裳. 女曰, "如是見王則變容更服, 不見識也. 請死不往." 于是如故隨使者. 閔王歸見諸夫人告曰, "今日出遊, 得一聖女. 今至斥汝屬矣." 諸夫人皆怪之, 盛服而衛遲. 其至也宿瘤. 駭宮中諸夫人皆掩口而笑, 左右失貌, 不能自止. 王大慙曰, "且無笑. 不飾耳. 夫飾與不飾, 固相去十百也." 女曰, "夫飾, 相去千萬, 尙不足言. 何獨十百也." 王曰, "何以言之." 對曰, "性相近習相遠³也. 昔者, 堯舜桀紂, 俱天子也. 堯舜自飾以仁義. 雖爲天子 安于節儉, 茅茨不剪, 采椽不斲, 後宮衣不重采, 食不重味. 至今數千歲, 天下歸善焉. 桀紂不自飾以仁義, 習爲苟文, 造爲高臺深池, 後宮蹈綺縠, 弄珠玉, 意非有饜時也. 身死國亡, 爲天下笑. 至今千餘歲, 天下歸惡焉. 由是觀之, 飾與不飾, 相去千萬, 尙不足言. 何獨十百也." 于是諸夫人皆大慚. 閔王大慼, 瘤女以爲后. 出令卑宮室, 塡池澤, 損膳減樂, 後宮不得重采. 期月之間, 化行隣國, 諸侯朝之. 侵三晉,⁴ 懼秦楚, 一立帝號. 閔王至于此也, 宿瘤女有力焉. 及女死之後, 燕遂屠齊, 閔王逃亡, 而弑死于外.

君子謂, "宿瘤女, 通而有禮." 詩云, "菁菁者莪, 在彼中阿. 旣見君子, 樂且有儀."⁵ 此之謂也.

頌曰, "齊女宿瘤, 東郭採桑. 閔王出遊, 不爲變常. 王召與語, 諫辭甚明. 卒升后位, 名聲光榮."

---

1 閔王(민왕): 전국시대 제나라 제6대 국군 전지田地로 혼왕湣王이라고도 한다. 기원전 301~기원전 284년까지 17년간 재위했고, 민왕湣王으로 표기하기도 한. 아버지 선왕의 패업을 이어 한때 진秦과 동맹하여 초를 정벌했고, 한韓·위魏와 연합하여 진을 정벌하여 국위를 떨쳤다. 진秦 소왕昭王이 서제西帝라고 한 것에 비교하여 동제東帝라고 일컫기도 했다.

2 奔女(분녀): 정식 혼례를 치르지 않고 그냥 데려와 살게 된 여자로 첩을 가리키는 말이다. "聘則妻 奔則妾"(『예기』「내칙」)이라고 했는데, 빙빙은 폐백을 보내고 예를 갖추어 아내를 맞이하는 것을 말하고, 분분은 야합이나 예를 갖추지 않은 혼인을 말한다.

3 性相近習相遠(성상근습상원): 『논어』「양화」편에 나오는 공자의 말이다. 인간의 천성은 서로 비슷하지만 그 후 습관이나 교양에 의해 선악현우善惡賢愚의 차이가 난다는 것이다.

4 三晉(삼진): 전국시대의 시작인 기원전 403년에 천자의 나라 주 왕조는 한·위·조의 삼국을 진晉에서 독립한 제후국으로 인정했다.

5 『시경』「소아」'청청자아'에 나오는 구절이다.

12편

제나라의 버림받은 여자 齊孤逐女

고축녀孤逐女란 제나라 즉묵卽墨 땅의 딸로 제나라 재상의 처가 된 사람이다. 일찍이 축녀는 부모를 잃고 고아가 되었다. 모습이 몹시 추하여 향鄕에서 세 번, 리里에서 다섯 번이나 쫓겨났다. 시집갈 나이가 지나도록 데려가는 사람이 없었다. 그때 마침 제나라 재상의 부인이 세상을 떠났다. 축녀는 양왕襄王의 궁궐 문 앞에서 왕의 시종에게 이렇게 말했다. "저는 향에서 세 번, 리에서 다섯 번이나 쫓겨난 몸입니다. 고아로 부모가 없습니다. 거리에 내쫓겼지만 받아들이는 자가 없었습니다. 군왕을 직접 뵙고 드릴 말씀이 있습니다." 왕의 시종은 왕에게 이 여자의 말을 아뢰었다. 그러자 왕은 하던 식사를 멈추고, 입에 든 음식물을 뱉어내며 자리에서 일어섰다. 좌우의 시종들이 만류했다. "고을에서 세 번이나 쫓겨난 것은 불충했기 때문일 것입니다. 동리에서 다섯 번이나 거절당한 것은 예를 소홀히 했기 때문일 것입니다. 불충하고 예를 소홀히 한 사람을 대왕께서는 어찌 그리 급하게 만나려 하십니까?"

왕이 말했다. "그대들은 알지 못하느니라. 소가 옆에서 우는데 말은 아무런 반응을 하지 않는다. 이것은 말이 소의 소리를 듣지 못해서가 아니다. 서로 종류가 다르기 때문이다. 이 여자는 반드시 보통 사람과 다른 데가 있을 것이다." 양왕은 축녀를 불러 대화를 나누었는데, 3일 동안이나 계속했다.

첫날의 대화에서 고축녀가 먼저 말했다. "대왕께서는 나라의 기둥이 누구인지 아십니까?" 왕이 모른다고 대답하자 축녀가 말했다. "나라의 기둥은 바로 재상입니다. 기둥이 바로 서지 않으면 용마루가 위태롭습니다. 용마루가 안정되지 못하면 서까래가 떨어집니다. 서까래가 떨어지면 그 집은 무너집니다. 대왕께서는 용마루에 해당됩니다. 백성은 서까래이고, 나라는 집이라고 할 수 있습니다. 집이 튼튼한가 그렇지 않은가는 바로 기둥이 제대로 서 있느냐에 달려 있습니다. 나라가 안정되느냐 그렇지 못하느냐는 그 나라의 재상에게 달려 있습니다. 지금 대왕께서는 아주 명철하시니 나라의 재상도 분명하게 살피지 않을 수 없습니다." 왕은 그렇게 하겠다고 말했다.

다음 날 다시 축녀를 만난 왕이 말했다. "우리나라 재상은 어떠하오?" 축녀가 대답했다. "대왕의 재상은 넙치의 눈처럼 한쪽으로 쏠려 있습니다. 안과 밖이 다 나란히 된 후에야 일을 이룰 수 있고, 공이 성취되는 것입니다." 왕이 무슨 말이냐고 물었다. 축녀는 "주위에 있는 사람들을 현명하게 만들고, 그 처자를 어질게 하는 것이 안과 밖을 가지런하게 하는 것입니다"라고 말했다.

사흘째 되는 날 왕은 또 축녀를 만나 물었다. "그렇다면 우리 재상을 다른 사람으로 바꾸어야 하오?" 축녀가 대답했다. "대왕의 재상은 중간 정도의 능력을 가진 사람입니다. 그보다 나은 사람이 있다면 어찌 바꾸지 않겠습니까만 지금은 없습니다. 저는 '현명한 군

주가 사람을 등용할 때는 한 사람의 능력에만 집착하지 않고 미루어 등용한다. 그러므로 초楚나라에서는 우구자虞丘子를 기용함으로써 손숙오孫叔敖를 얻을 수 있었고, 연燕나라에서는 곽외郭隗를 기용함으로써 악의樂毅를 얻을 수 있었다'고 들었습니다. 대왕께서도 이와 같이 하신다면 진실로 훌륭한 재상을 얻을 수 있을 것입니다."

왕이 말했다. "그렇다면 내가 그에게 어떻게 해줘야겠소?" 축녀가 대답했다. "옛날 제齊 환공桓公은 81인을 존중하니 훌륭한 선비들이 그에게로 왔습니다. 월왕越王은 성난 사마귀가 왕의 수레바퀴에 대드는 것을 보고 그 용기를 가상히 여겨 죽이지 않았는데, 그것을 본 용사들이 왕을 위해 죽음도 불사했습니다. 섭공葉公이 용을 좋아하니 용이 실제로 나타났습니다. 이와 같이 아랫사람이나 미물의 반응에 대해서도 소홀히 할 수 없습니다." 왕은 축녀의 말을 훌륭하게 여겼다. 그리하여 재상을 존중하여 공경하는 마음으로 그를 섬기고, 그가 축녀를 부인으로 삼도록 했다. 이에 제나라가 잘 다스려졌다.

『시경』에서 "군자를 만나니 나란히 앉아 거문고를 즐기고 싶네"라고 한 것은 이를 두고 한 말이다.

송을 지어 칭송하다.
제나라의 버림받은 여자가 양왕의 궁궐로 갔다네.
향리에서 다섯 번이나 쫓겨났건만 왕은 그녀를 만나주었네.
국정을 논하는 논리가 어찌 그리 치밀한지
더불어 얘기한 지 사흘 만에 드디어 재상의 아내가 되었네.

孤逐女[1]者, 齊卽墨之女, 齊相之妻也. 初逐女孤無父母. 狀甚醜, 三逐于鄉, 五逐于里,[2] 過時無所容. 齊相婦死. 逐女造襄王[3]之門, 而見謁者曰, "妾三逐于鄉, 五逐于里. 孤無父母. 擯棄于野, 無所容止. 願當君王之盛顏, 盡其愚辭." 左右復于王. 王輟食吐哺而起. 左右曰, "三逐于鄉者, 不忠也. 五逐于里者, 少禮也. 不忠少禮之人, 王何爲遽." 王曰, "子不識也. 夫牛鳴而馬不應, 非不聞牛聲也. 異類故也. 此人必有與人異者矣." 遂見與之語三日. 始一日, 曰, "大王知國之柱乎." 王曰, "不知." 逐女曰, "柱相國是也. 夫柱不正, 則棟不安. 棟不安則榱橑墮. 榱橑墮則屋幾覆矣. 王則棟矣. 庶民榱橑也. 國家屋也. 夫屋堅與不堅, 在乎柱. 國家安與不安, 在乎相. 今大王旣有明哲, 而國相不可不審也." 王曰, "諾." 其二日, 王曰, "吾國相奚若." 對曰, "王之國相, 比目之魚也. 外比內比, 然後能成其事, 就其功." 王曰, "何謂也." 逐女對曰, "明其左右, 賢其妻子. 是外比內比也." 其三日, 王曰, "吾相其可易乎." 逐女對曰, "中才也. 求之未可得也. 如有過之者, 何謂不可也. 今則未有. 妾聞, '明王之用人也, 推一而用之. 故楚用虞丘子[4]而得孫叔敖, 燕用郭隗[5]而得樂毅.[6] 大王誠能屬之則此可用矣." 王曰, "吾用之奈何." 逐女對曰, "昔者, 齊桓公尊九九之人,[7] 而有道之士歸之. 越王敬螳蜋之怒, 而勇士死之. 葉公好龍,[8] 而眞爲暴. 下物之所徵, 固不須頃." 王曰, "善." 遂尊相, 敬而事之, 以逐女妻之. 齊國以治. 詩云, "旣見君子, 竝坐鼓瑟."[9] 此之謂也.

頌曰, "齊孤逐女, 造襄王門. 女雖五逐, 王猶見焉. 譚國之政, 亦甚有文. 與語三日, 遂配相君."

1 孤逐女(고축녀): 부모 없이 향리에서 쫓겨난 여자라는 뜻에서 붙여진 이름이다.

2 鄕里(향리): 향은 1만2500가구가 있는 행정 단위이고, 리는 125가구가 있는 행정 단위다.

3 襄王(양왕): 전국 제나라 군주로 기원전 283~264년까지 재위했다.

4 虞丘(우구):「현명전」'초장번희楚莊樊姬' 편에 나왔다.

5 郭隗(곽외): 전국시대 연燕나라 사람이다. 연나라 소왕昭王이 천하의 현자를 찾을 때 '먼저 외에서 시작하라從隗始'라고 자신을 추천하여 소왕의 스승이 되었다. 그는 악의樂毅, 추연鄒衍 등을 초빙했다.(『전국책』「연책」)

6 樂毅(악의): 전국시대에 활약한 명장이다.

7 九九之人(구구지인): 81인을 말한다. 제 환공이 현자를 초빙한다는 공고를 냈으나 1년이 지나도록 소식이 없었다. 어떤 사람이 81명을 초빙해야 한다고 했는데, 그것은 환공이 이미 천하의 현군으로 소문이 나서 사방의 선비들이 스스로 환공의 지혜에 미치지 못할 것이라 여겨 응하지 않는 것이라고 했다. 81인의 지혜를 모은다면 군왕 한 사람의 지혜를 능가할 것이라고 하자 환공이 허락했다. 81인을 뽑는다고 하자 다음 달 사방에서 현자들이 줄을 이었다.(『한시외전』, 『설원』「존현尊賢」 편에 나옴)

8 葉公好龍(섭공호룡): 섭공은 춘추 초나라 사람으로 섭자고葉子高이다. 섭공이 용을 좋아하여 구석구석에 용의 그림을 그려놓으니 하늘에 살던 용이 감동하여 섭공이 있는 곳으로 내려왔다. 자기 곁으로 온 용을 본 섭공은 혼비백산하여 도망을 갔다는 이야기다. 즉 실제로는 좋아하지 않으면서 좋아하는 척할 때, 명과 실이 부합하지 않을 때 인용되는 고사다.

9 『시경』「진풍秦風」'거린車鄰'에 나오는 구절이다.

【 13편 】

초나라 처녀 장질 楚處莊姪

초楚나라 처녀 장질莊姪은 초나라 경양왕頃襄王의 부인으로 처음에는 시골 여자였다. 경양왕은 놀러다니는 것을 좋아하여 나들이에 때를 가리지 않았다. 나이 마흔이 되었음에도 태자를 세우지 않았고, 충간忠諫하는 사람은 잡아 가두는 바람에 굴원屈原과 같은 충신이 추방되었다. 나라의 형세가 이미 기울어 위태로운 지경에 이르렀다. 이때를 틈타 진秦나라는 초나라를 습격하려고 장의張儀를 간첩으로 삼아 나라 안 사정을 염탐했다. 진나라는 경양왕 측근의 사람들을 매수하여 왕에게 "남쪽 당唐으로 500리를 가면 놀기 좋은 곳이 있습니다"라고 말하도록 시켰다.

이 말을 들은 왕은 그곳에 가서 놀기로 마음먹었다. 이때 현읍에 사는 장질의 나이가 열두 살이었다. 장질은 그의 어머니에게 이렇게 말했다. "왕이 질편하게 놀기를 좋아하여 아무 때나 돌아다닙니다. 춘추가 마흔이 되도록 태자를 세우지 않았습니다. 지금 또 진나라에서는 사람을 보내 왕의 측근들에게 뇌물을 주고, 우리 왕을 속여 500리 밖으로 놀러 보내려 합니다. 그 형세를 보니 왕이 나가게 된다면 간신들이 적국과 한통속이 되어 반란을 일으킬 것이며, 왕은 다시 나라로 돌아오지 못할 것입니다. 그래서 제가 가서 간언을 드리고 싶습니다."

어머니가 말했다. "너는 아직 어린아이다. 네가 어찌 간언하는 것을 알겠느냐." 어머니가 보내주지 않자 질은 집을 몰래 빠져나왔다. 붉은 비단을 깃대에 꽂아 깃발을 만들어 몸에 지니고 남쪽으로 가는 도로변에 엎드려 있었다. 왕의 마차가 그곳에 이르자 질은 그 깃발을 들었다. 왕이 그것을 보고 수레를 멈추게 하고 사람을 시켜 알아오게 했다. 갔던 사람이 와서 보고했다. "어떤 여자아이가 깃발을 들고 엎드려 있는데, 왕에게 드릴 말씀이 있다고 합니다." 왕이 불러오라고 하자, 질이 왕에게 다가왔다. "너는 무엇 하는 아이냐?" 질이 대답했다. "저는 현읍에 사는 여자아이입니다. 왕께 은밀히 드릴 말씀이 있었는데, 감방에 갇힐까봐 나서지 못했습니다. 대왕께서 500리 밖으로 나들이를 가신다는 소문을 듣고 깃발을 들고 나왔습니다." 왕은 "내게 무슨 할 말이 있다는 것이냐?"라고 물었다. 장질이 대답했다. "큰 물고기가 물을 잃었고, 용은 있는데 꼬리가 없습니다. 담장이 안에서 무너지려 하는데도 왕은 보지 못하십니다." 이에 왕이 말했다. "무슨 말인지 알 수 없구나." 다시 장질이 말했다.

"큰 물고기가 물을 잃었다고 한 것은 대왕께서 나라를 떠나 500리 먼 길에 계신다는 것입니다. 눈앞에 즐거움이 있으면 뒤에 일어날 화를 생각하지 않게 됩니다. 또 용은 있되 꼬리가 없다는 것은 춘추가 이미 마흔이 되었는데도 태자가 없다는 말입니다. 나라에 보필할 사람이 없다면 반드시 위태로울 것입니다. 담장이 안에서 무너지려 하는데도 왕이 보지 못한다는 것은 재앙이 다가오는데도 대왕께서 그것을 바로잡지 않는다는 것입니다." 장질의 말이 무슨 뜻인지를 여전히 알 수 없었던 왕은 무슨 말이냐고 다시 물었다. 장질이 대답했다.

"대왕께서는 놀이를 즐기시어 백성을 돌보지 않으십니다. 나들이가 찾고 듣고 보는 것이 총명하지 못하십니다. 춘추 마흔이 되시도록 태자를 세우지 않으시어 나라를 위해 보필할 사람이 없으므로 나라가 안팎으로 무너져가고 있습니다. 또 강한 진나라가 사람을 시켜 나라 안을 이간질시키고 있습니다. 왕을 보필하는 자들은 왕을 위해 간언하지 않는 것이 날이 갈수록 심해지고 있습니다. 지금 화근이 쌓여가고 있는데 대왕께서는 500리 밖으로 놀러 가고 계십니다. 대왕께서 돌아오실 즈음에는 이 나라가 이미 대왕의 나라가 아닐 것입니다." 이에 왕은 "어떻게 해야 하느냐?"고 물었다. 장질이 대답했다. "대왕께서 이러한 세 가지 곤경에 이른 것은 다섯 가지 병 때문입니다." 왕은 "다섯 가지 병이란 무엇이냐?"고 물었다. 장질이 대답했다. "궁실이 줄지어 서 있고 성곽이 웅장한 것이 첫 번째 병입니다. 궁 안에서는 값진 비단옷으로 몸을 휘감고 있는데 백성은 베옷도 제대로 걸치지 못합니다. 이것이 두 번째 병입니다. 사치가 극도에 달하여 국가 재정이 고갈되니 세 번째 병입니다. 백성은 굶어 죽는데 말에게 먹일 것은 남아도니, 이것이 네 번째 병입니다. 간사한 신하들은 왕 주위에 있고 현명한 사람은 대왕 가까이에 다가서지 못하고 있습니다. 이것이 다섯 번째 병입니다. 대왕에게 이 다섯 가지 병이 있었기 때문에 세 가지 곤경에 이른 것입니다."
"옳구나."

왕은 따르는 수레에 장질을 태우고 곧장 수레를 돌려 도성으로 돌아왔다. 성문은 이미 폐쇄되었고 반란을 일으킨 자가 이미 새 왕을 정해놓고 있었다. 곧 언영鄢郢을 수비하는 군사를 출동시켜 반란군을 겨우 진압할 수 있었다. 그러고는 장질을 부인으로 세워 정자수鄭子袖 위에 두었다. 장질이 왕에게 절약과 검소한 자세로 백성을 사랑하라고 충고하니 초나라가 다시 부강해졌다.

군자가 말하기를 "장질은 비록 예를 어기는 일을 했지만 마침내 정직함을 지켰다"고 했다. 『시경』에서 "북풍은 차갑게 불고 눈은 펄펄 내린다. 훌륭하고도 나를 좋아하니 이와 손잡고 함께 돌아갈거나"라고 한 것은 이를 말한 것이다.

송을 지어 칭송하다.
초나라 장질, 비록 어린아이였지만
깃발 세워 왕을 만나 나라의 재앙을 일러주었네.
왕에게 세 가지 어려움 말하고 다섯 가지 우환 열거하자
왕은 장질을 수레에 태우고 돌아가 마침내 공을 이루었도다.

楚處莊姪者, 楚頃襄王[1]之夫人, 縣邑[2]之女也. 初頃襄王好臺榭, 出入不時. 行年四十, 不立太子. 諫者蔽塞, 屈原[3]放逐. 國旣殆矣. 秦欲襲其國, 乃使張儀[4]間之. 使其左右謂王曰, "南游于唐五百里有樂焉." 王將往. 是時莊姪年十二. 謂其母曰, "王好淫樂出入不時. 春秋旣盛, 不立太子. 今秦又使人重賂左右, 以惑我王, 使游五百里之外. 以觀其勢, 王已出, 姦臣必倍敵國, 而發謀, 王必不得反國. 姪願往諫之." 其母曰, "汝嬰兒也. 安知諫." 不遣. 姪乃逃, 以緤竿爲幟. 姪持幟伏南郊道旁. 王車至, 姪擧其幟. 王見之而止, 使人往問之. 使者報曰, "有一女童, 伏于幟下, 願有謁于王." 王曰,

"召之." 姪至. 王曰, "女何爲者也." 姪對曰, "妾縣邑之女也. 欲言隱事于
王, 恐壅閼蔽塞, 而不得見. 聞大王出遊五百里, 因以幟見." 王曰, "子何以
戒寡人." 姪對曰, "大魚失水, 有龍無尾. 牆欲內崩而王不視." 王曰, "不知
也." 姪對曰, "大魚失水者, 王離國五百里也. 樂之於前, 不思禍之起于後
也. 有龍無尾者, 年旣四十, 無太子也. 國無弱輔, 必且殆也. 牆欲內崩而王
不視者, 禍亂且成, 而王不改也." 王曰, "何謂也." 姪曰, "王好臺榭, 不恤
衆庶. 出入不時, 耳目不聰明. 春秋四十, 不立太子, 國無强輔, 外內崩壞. 强
秦使人內間, 王左右使王不改, 滋日以甚. 今禍且構, 王遊于五百里之外. 王
必遂往, 國非王之國也." 王曰, "何也." 姪曰, "王之致此三難也, 以五患."
王曰, "何謂五患." 姪曰, "宮室相望, 城郭闊達, 一患也. 宮垣衣繡, 民人無
褐, 二患也. 奢侈無度, 國且虛竭, 三患也. 百姓飢餓, 馬有餘秣, 四患也. 邪
臣在側, 賢者不達, 五患也. 王有五患, 故及三難." 王曰, "善." 命後車載之,
立還反國. 門已閉, 反者已定王. 乃發鄢郢⁵之師以擊之, 僅能勝之. 乃立姪
爲夫人, 立在鄭子袖⁶之右. 爲王陳節儉愛民之事, 楚國復强.

君子謂, "莊姪雖違于禮, 而終守以正." 詩云, "北風其喈, 雨雪霏霏. 惠
而好我, 携手同歸."⁷ 此之謂也.

頌曰, "楚處莊姪, 雖爲女童. 以幟見王, 陳國禍凶. 設王三難, 五患累重.
王載以歸, 終卒有功."

辯通傳
—
511

---

1 頃襄王(경양왕): 전국시대 초나라 제39대 국군으로 기원전 299~263년까지
35년간 재위했다.
2 縣邑(현읍): 주대周代 제도에서 도성 밖 200리에서 500리 사이 지역에 있는 읍
을 말한다.
3 屈原(굴원): 전국시대 초나라 사람으로 회왕懷王과 경양왕 2대에 걸쳐 정치가
로 활동했다. 합종책合從策을 주장했으나 참소를 받아 강남으로 유배되어 멱라汨

羅에 투신하여 죽었다. 『초사楚辭』『이소離騷』 등 25편의 저술이 있다.

4 張儀(장의): 전국 위魏나라 사람으로 연횡책連衡策으로 육국을 진秦에 복속시 켰고 무신군武信君의 칭호를 받았다. 나중에 육국이 합종책으로 진에 대항하자, 진을 떠나 위魏나라로 가서 재상이 되었다.

5 鄢郢(언영): 초나라의 도읍으로 언鄢은 춘추시대, 영郢은 전국시대의 도읍이었 다. 지금의 후베이 성에 위치했다.

6 鄭子袖(정자수): 초 회왕의 총희寵姬로 『사기』 및 『전국책』에 그녀의 사적이 나 온다.

7 『시경』 「패풍」 '북풍'에 나오는 구절이다.

【14편】

제나라 여자 서오 齊女徐吾

서오徐吾는 제나라 동해 바닷가에 사는 가난한 부인이다. 이오李吾 등 이웃 부인들과 함께 차례로 초를 가지고 와 밝히고서 밤에 베를 짰다. 그 가운데 서오가 가장 가난하여 매번 초를 가져오지 못했다. 이오와 다른 여자들이 말했다. "서오는 초를 자주 대지 못하니 밤에 함께 일할 수 없겠어요." 서오가 말했다. "그게 무슨 말이오? 내가 가난하여 초를 제대로 대지 못한 것은 사실이오. 그래서 나는 일을 시작할 때 항상 먼저하고, 쉴 때도 늘 나중에 일손을 놓았소. 쓸고 닦고 깨끗이 치운 뒤에 자리를 펴고 당신들을 기다렸고, 해진 자리를 골라서 항상 낮은 자리에 앉았다오. 그것은 가난하여 초를 댈 수 없기 때문이었지요. 방 안에 한 사람이 더 있다고 해서 촛불이 더 어두워지는 것도 아니며, 한 사람이 없다고 해서 촛불이 더 밝아지는 것은 아니잖소. 어째서 벽에서 나옴 직한 희미한 불빛마저 아끼려는 것입니까? 가난한 아낙에게 애정 어린 은혜를 베풀어 오래도록 일을 하게 할 수는 없는 것입니까? 여러분이 늘 그랬듯이 내게 은혜를 베풀어줄 수는 없는 것입니까?" 이오는 아무런 대답도

할 수 없었다. 다시 밤일을 계속하면서 그 이후에는 초에 대한 아무
런 불평이 없었다.

군자가 말했다. "부인은 조리 있는 말로써 이웃에게 따돌림을 당
하지 않았다. 꼭 해야 할 말을 어찌 안 할 수 있겠는가?" 『시경』에
"말이 온화하면 백성이 화합한다네"라고 한 것은 이를 두고 한 말
이다.

송을 지어 칭송하다.
제나라 여자 서오. 이웃과 모여 길쌈하는데 혼자만 가난했네
초를 대지 못하는 서오에게 이오가 그만두라 하자
서오는 자신의 입장을 밝히는 데 조리가 있었네.
서오의 말 모두 받아들이니 아무런 뒷말 없게 되었네.

齊女徐吾者,[1] 齊東海上貧婦人也. 與隣婦李吾之屬會燭, 相從夜績. 徐
吾最貧, 而燭數不屬. 李吾與其屬曰, "徐吾燭數不屬. 請無與夜也." 徐吾
曰, "是何言與. 妾以貧燭不屬之故, 起常先, 息常後. 灑掃陳席, 以待來者.
自與蔽薄, 坐常處下. 凡爲貧燭不屬故也. 夫一室之中, 益一人, 燭不爲暗.
損一人, 燭不爲明. 何愛東壁之餘光.[2] 不使貧妾得蒙見哀之恩, 長爲妾役
之事. 使諸君常有惠施于妾, 不亦可乎." 李吾莫能應. 遂復與夜, 終無後言.

君子曰, "婦人以辭不見棄于隣. 則辭安可以已乎哉." 詩云, "辭之輯矣,
民之協矣."[3] 此之謂也.

頌曰, "齊女徐吾, 會績獨貧. 夜託燭明, 李吾絕焉. 徐吾自列, 辭語甚分.
卒得容入, 終沒後言."

1 『전국책』「진책」과 『사기』「저리자·감무열전樗里子·甘茂列傳」에도 이와 유사한
소재의 이야기가 나온다.

2 東壁之餘光(동벽지여광): 별빛처럼 희미하다는 뜻으로 쓰였다. 동벽東壁은
28수二十八宿의 하나다.

3 『시경』「대아」'판板'에 나오는 구절이다.

15편

제나라 태창공의 딸 齊太倉女

한漢나라 때 제국齊國의 태창령太倉令을 지낸 순우공淳于公의 딸에 관한 이야기다. 그녀의 이름은 제영緹縈이다. 순우공에게는 아들이 없고, 딸만 다섯 있었다. 효문황제孝文皇帝 때 순우공이 죄를 지어 형벌을 받게 되었다. 당시에는 아직 체형體刑이 남아 있었다. 왕명에 의해 죄수 순우공은 장안으로 호송되었다. 압송되는 아버지를 만나기 위해 제영은 장안으로 가는 길가에서 기다리고 있었다. 딸을 만난 순우공은 딸을 꾸짖듯이 말했다. "자식이 있지만 아들을 낳지 못했으니 이렇게 급한 상황에도 아무런 도움이 되지 못하는구나." 그러자 제영은 슬피 울며 호송되는 아버지를 뒤따라갔다. 장안에 이르자 제영은 왕에게 상서를 올렸다.

"제 아비 순우공은 관리입니다. 제齊 땅 안에서는 모두가 그를 청렴하고 공평하다고 합니다. 그러나 지금은 죄를 지어 형을 받게 되었습니다. 저는 몹시 슬픕니다. 한 번 죽은 자는 다시 살아날 수 없고, 한 번 형을 받은 자는 다시는 사람답게 살 수 없습니다. 과오를 고쳐 스스로 새 사람이 되고자 해도 법이 그렇지 못합니다. 제 한 몸 관비官婢가 되어 아비의 죄를 대신하여 치르고, 제 아비로 하여금 새 삶을 얻게 해주시기를 원합니다." 황제에게 제영의 상서가 올려졌다. 황제는 그 뜻을 가련히 여겨 마침내 명을 내렸다. "'유우有虞 때 죄인의 의복과 갓에 무늬를 넣어 보통 사람과 구별했더니 백성은 죄를 짓지 않았다'고 하던데 어째서 그렇게 잘 다스려질 수 있었던가? 지금의 법에는 체형이 다섯이나 있는데도 범죄가 끊이질 않으니 그 원인이 어디 있단 말인가? 나의 덕이 박하고 교화가 밝지 못해서가 아니겠느냐? 나는 아주 부끄럽게 생각한다. 도를 가르치는데 순수하지 못하면 어리석은 백성이 함정에 빠지게 된다. 『시경』에서 '저 훌륭한 군자여, 백성의 부모로다'라고 했거늘, 지금은 사람에게 죄가 있다면 교화를 제대로 베풀지도 못하면서 형벌만 행하고 있다. 혹은 행동을 고쳐 착하게 살고자 하지만 방법이 없다. 나는 그것을 아주 애석하게 생각한다. 지금의 형벌은 팔과 다리를 자르고, 살갗에다 문신을 새기게 하니 종신토록 그 흔적이 남아 있다. 고통을 주는 것이 어째서 이같이 부덕한가? 어찌 백성의 부모된 마음이라고 하겠는가? 몸을 상하게 하는 체형을 없애도록 하라!"

이후 이마에 문신을 새기던 것은 머리를 깎는 것으로, 갈비의 힘줄을 뽑던 형벌은 볼기를 치는 태형으로 대신하고, 발뒤꿈치를 자르던 형벌은 목에 형구를 씌우는 것으로 대신했다. 따라서 순우공은 체형을 면할 수 있었다.

군자가 말했다. "제영의 한마디가 성군聖君의 마음을 움직였으니 사리의 마땅함을 얻었다고 할 수 있다." 『시경』에 "말이 즐거우면 백성이 안정된다네"라고 한 것은 이를 두고 한 말이다.

송을 지어 칭송하다.

아버지를 위한 제영의 호소, 당시의 폐단을 잘 지적했네.

정성으로 글을 올리니 문체 또한 훌륭하구나.

어린아이 말에 임금 마음이 감동하여

마침내 체형을 없앴으니 그 아버지를 살려냈구나.

齊太倉女者, 漢太倉令[1]淳于公之少女也. 名緹縈. 淳于公[2]無男, 有女五人. 孝文皇帝時, 淳于公有罪當刑. 是時肉刑尙在. 詔獄繫長安. 當行會逮. 公罵其女曰, "生子不生男, 緩急非有益." 緹縈自悲泣, 而隨其父. 至長安上書曰, "妾父爲吏. 齊中皆稱廉平. 今坐法當刑. 妾傷. 夫死者不可復生, 刑者不可復屬. 雖欲改過自新, 其道無由也. 妾願入身爲官婢, 以贖父罪, 使得自新." 書奏. 天子憐悲其意, 乃下詔曰, "蓋聞, '有虞之時, 畵衣冠異章服, 以爲示, 而民不犯.' 何其至治也. 今法有肉刑五, 而姦不止, 其咎安在. 非朕德薄, 而敎之不明歟. 吾甚自媿. 夫訓道不純, 而愚民陷焉. 詩云, '愷悌君子, 民之父母.'[3] 今人有過, 敎未施而刑已加焉. 或欲改行爲善, 而其道無繇. 朕甚憐之. 夫刑者, 至斷支體, 刻肌膚, 終身不息. 何其痛而不德也. 豈稱爲民父母之意哉. 其除肉刑." 自是之後, 鑿顚者髡, 抽脅者笞, 刖足者鉗. 淳于公遂得免焉.

君子謂, "緹縈一言, 發聖主之意, 可謂得事之宜矣." 詩云, "辭之懌矣, 民之莫矣."[4] 此之謂也.

頌曰, "緹縈訟父, 亦孔有識. 推誠上書, 文雅甚備. 小女之言, 乃感聖意. 終除肉刑, 以免父事."

1 太倉令(태창령): 전한시대 제국齊國 태창서太倉署의 장관을 말한다. 미곡 저장
고의 출납을 관장하는 직책이다.

2 淳于公(순우공): 『사기』 「창공전倉公傳」에 따르면 임치臨淄 사람으로 젊어서 의
술을 배워 많은 환자를 치료했다. 그가 죄를 얻은 것도 그의 의술을 질투한 사람이
참언을 했기 때문이라고 한다.

3 『시경』 「대아」 '형작泂酌'에 나오는 구절이다.

4 『시경』 「대아」 '판'에 나오는 구절이다.

7부 | **얼폐전**

孽嬖傳

1편

하나라 걸왕의 비 말희 夏桀末喜

말희末喜는 하夏나라 마지막 왕 걸왕桀王의 비妃다. 얼굴은 아름다웠으나 덕이 없고 난잡하고 무도無道했다. 여자임에도 장부의 마음을 품고서 칼을 차고 관을 썼다. 걸왕은 예와 의를 버리고 부인에게 빠져 음란했으며, 미인들을 구하여 후궁을 채웠다. 노래하고 춤추는 배우들과 신기한 놀이 잘하는 광대들을 모아 곁에 두었다. 걸왕은 음란하고 요란한 음악인 난만爛漫이라는 곡을 직접 만들어 연주하며 밤낮을 가리지 않고 매일 말희와 함께 궁녀들을 거느리고 술을 마셨다. 말희를 무릎 위에 앉혀놓고 그녀의 말은 무엇이나 다 들어주었으니, 혼란함이 극도에 달해 갈피를 잡을 수 없었다. 교만하고 사치스럽고 방자함이 극에 달해 술을 부어 연못을 만들 정도였다. 그 연못은 배를 띄울 수 있을 만큼 컸다. 한 번 북을 치면 소처럼 엎드려 술을 마시는 사람을 3000명이나 두었다. 그들 머리에 굴레를 씌워 술로 채워진 못에 들어가 마시게 했다. 술을 마시다가 취해 빠져 죽는 자가 있으면 그것을 보고 말희는 웃고 즐겼다.

용봉龍逢이라는 충신이 왕에게 "천자께서 도道를 잃으시면 천하는 반드시 멸망하게 될 것입니다"라고 간언했다. 그러나 걸왕은 "태양이 없어지는 걸 보았느냐? 태양이 없어지지 않는 한, 나는 망하지 않는다"고 하면서, 용봉의 간언을 듣지 않고 도리어 요망한 말을 했다 하여 그를 죽였다. 옥으로 장식한 집과 누대를 지어놓고 여자들과 어울려 어지러운 나날을 보냈다. 재물을 거침없이 탕진하는데도 오히려 마음에는 흡족함이 없었다. 탕湯을 잡아 감옥에 가두었다가 얼마 뒤에 풀어주니, 탕을 중심으로 한 제후들의 반기가 거세졌다. 이때 탕이 천명을 받아 걸왕을 토벌하기 위해 명조鳴條에서 전투를 벌였다. 걸왕의 군사가 걸왕을 위해 대항하여 싸우지 않으니, 마침내 탕이 걸을 쉽게 토벌할 수 있었다. 걸왕은 말희와 애첩들을 데리고 배를 타고 바다로 흘러가다가 남소南巢의 산에서 죽었다.

『시경』에 "그 똑똑한 부인, 올빼미와 부엉이처럼 사악하구나"라고 한 것은 이를 두고 한 말이다.

  송을 지어 경계했다.
  걸왕의 부인 말희, 난잡하고 교만함이 끝이 없었네
  걸왕이 도를 잃어 갈수록 혼미함을 더해가는데
  간사한 무리까지 가세하여 근본 도리를 무시하니
  하 왕조 결국 망하고 상 왕조가 들어섰구나.

末喜者,[1] 夏桀[2]之妃也. 美于色, 薄于德, 亂孼無道, 女子行丈夫心, 佩劍帶冠. 桀旣棄禮義, 淫于婦人, 求美女, 績之於後宮. 收倡優侏儒,[3] 狎徒能爲奇偉戲者, 聚之于旁, 造爛漫之樂,[4] 日夜與末喜及宮女飮酒無有休時. 置末喜于膝上, 聽用其言, 昏亂失道. 驕奢自恣, 爲酒池可以運舟. 一鼓而牛飮

者三千人. 鞠其頭而飮之于酒池. 醉而溺死者, 末喜笑之以爲樂. 龍逢[5]進諫

曰, "君無道必亡矣." 桀曰, "日有亡乎. 日亡而我亡." 不聽. 以爲妖言而殺

之. 造瓊室瑤臺, 以臨雲雨,[6] 殫財盡幣 意尙不饜. 召湯囚之於夏臺.[7] 已而

釋之. 諸侯大叛. 于是湯受命而伐之, 戰于鳴條.[8] 桀師不戰, 湯遂放桀. 與

末喜嬖妾, 同舟流于海, 死于南巢[9]之山. 詩曰, "懿厥哲婦, 爲梟爲鴟."[10] 此

之謂也.

　　頌曰. "末喜配桀, 維亂驕揚. 桀旣無道, 又重其荒. 姦宄是用, 不恤法常.

夏后之國, 遂反爲商."

1　末喜(말희): 유시씨有施氏 부족국가의 딸로 걸왕이 이 부족을 정벌하여 헌상받은 여성이다. 성이 희喜다.

2　夏桀(하걸): 우임금이 개국한 하夏 왕조의 제17대 왕으로 사성姒姓이다. 기원전 1819~기원전 1766년에 재위했다.

3　倡優侏儒(창우주유): 배우와 광대.

4　爛漫(난만): 걸왕이 지었다고 하는 악樂의 이름으로 그 풍이 음란하다고 한다.

5　龍逢(용봉): 하 걸왕에게 간쟁하다 주살당한 절사節士 관용봉關龍逢을 말한다. 『장자』 『순자』 등에 그의 사적이 기록되어 있다. 은 왕조의 비간比干과 나란히 고대사회를 대표하는 충신으로 거론된다.

6　雲雨(운우): 남녀의 교정交情을 의미하는 것으로 많이 쓰인다.

7　夏臺(하대): 하 왕조의 감옥 이름이었는데, 이후 감옥을 뜻하는 보통명사가 되었다.

8　鳴條(명조): 지명으로 산시 성山西省 샤 현夏縣 서쪽이라는 설과 허난 성 펑추 封丘 동쪽이라는 설이 있다.

9　南巢(남소): 지명으로 안후이 성 허 현和縣 서북의 역산歷山이나 차오후 巢湖의 와우산臥牛山이라는 설이 있다.

10　『시경』 「대아」 '첨앙'에 나오는 구절이다.

【 2편 】

은나라 주왕의 비 달기 殷紂妲己

달기妲己는 은殷 왕조 마지막 왕 주왕紂王의 비로 주왕의 총애를 받았다. 주왕의 힘은 남달라 손으로 맹수를 잡을 정도였다. 그 지혜는 간언하는 자를 물리치기에 충분했다. 또 변설에 능하여 틀린 것도 옳다고 논증하기에 충분했다. 신하들에게 위엄 부리는 능력으로 천하에 그 명성을 높이고 있었다. 주왕은 천하의 그 어떤 사람도 자기보다 못하다고 여겼다. 술을 좋아하여 음란하게 여색을 즐겼고, 총애하는 달기에게서 떠나지를 않았다. 달기가 칭찬하는 사람은 귀하게 대접하고 달기가 미워하는 사람은 죄를 씌워 죽였다. 새로운 음란한 노래와 북쪽 변방의 유치한 춤, 그리고 미미靡靡의 음악을 만들게 했다. 진기한 물건들을 거두어들여 후궁에 가득 쌓아놓아 간신들과 많은 여자가 원하는 모든 것을 가질 수 있게 했다. 술 찌꺼기가 쌓여 언덕을 이루었고, 술은 흘러 못을 이루었으며, 고기는 쌓여 숲을 이루었다. 벌거벗은 사람들이 그 사이를 서로 쫓고 쫓기는 놀이를 하며 긴긴 밤을 낮으로 삼아 술을 마셨다. 달기가 그런 것을 좋아했기 때문이다.

주왕의 이러한 행위를 보고 백성은 원망했고, 또 반기를 드는 제후도 있었다. 그래서 주왕은 포락炮烙의 법을 만들었다. 그리하여 구리 기둥에 기름을 바르고 불을 달구어 죄를 지은 사람에게 그 기둥을 타고 올라가게 했다. 사람이 타고 올라가다가 미끄러져 불기둥에서 떨어지면, 달기는 좋아라 하며 깔깔거리고 웃었다. 참다못한 걸왕의 숙부 비간比干이 "선왕先王의 모범적인 법을 좇지 않고, 여자의 말만 따르시면 재앙이 닥칠 날이 멀지 않습니다"라고 말했다. 그러나 주왕은 화를 내며 요망한 말로 치부해버렸다. 곁에 있던 달기가 말했다. "성인의 심장에는 구멍이 일곱 개 있다고 들었습니다." 이에 어리석은 주왕은 달기의 말에 시험삼아 비간의 배를 갈라서 심장을 도려내었다. 또 기자箕子를 잡아 가두고, 미자微子는 멀리 추방했다.

얼마 안 가 무왕이 천명을 받아 군사를 일으켜 주왕을 토벌하고자 목야에서 전투를 벌였다. 주왕의 군사는 도리어 창끝을 거꾸로 돌려 주왕을 향함으로써 무왕 편이 되었다. 결국 주왕은 늠대廩臺에 올라가 임금의 옷을 입은 채 자살했다. 무왕은 달기에게 천벌을 내려 목을 잘라 작은 백기에 매달았다. 주왕을 망하게 한 원인이 바로 이 여자라고 생각했기 때문이다.

『서경』에는 "암탉을 새벽에 울리지 말라. 암탉이 새벽에 울면 집안이 망한다"고 했다. 『시경』에는 "임금님은 소인을 믿으니 어지러움이 더욱 심해지네. 그들은 함께할 만한 자들이 못 되며 임금님만 나쁘게 만드네'"라고 한 것은 이를 말한 것이다.

송을 지어 경계했다.

주왕의 비 달기, 어지러운 것에 능했다네.

주왕 역시 무도하니 거듭 서로 죄를 부추기네.

불기둥에서 떨어지는 자 보고 웃고,

간언하는 자 가슴 도려내었네.

마침내 목야에서 패하니, 은나라 망하고 주나라 서게 되었네.

妲己[1]者, 殷紂[2]之妃也, 嬖幸于紂. 紂材力過人, 手格猛獸. 智足以距諫,
辨足以飾非. 矜人臣以能, 高天下以聲. 以爲人皆出己之下. 好酒淫樂, 不離
妲己. 妲己之所譽貴之, 妲己之所憎誅之. 作新淫之聲. 北鄙之舞,[3] 靡靡之
樂.[4] 收珍物, 積之于後宮, 諛臣群女, 咸獲所欲. 積糟爲丘, 流酒爲池, 懸肉
爲林. 使人裸形相逐其間, 爲長夜之飮. 妲己好之. 百姓怨望, 諸侯有畔者.
紂乃爲炮烙之法.[5] 膏銅柱加之炭, 令有罪者行其上. 輒墮炭中, 妲己乃笑.
比干[6]諫曰, "不修先王之典法, 而用婦言, 禍至無日." 紂怒以爲妖言. 妲己
曰, "吾聞, '聖人之心, 有七竅.' 于是剖心而觀之. 囚箕子,[7] 微子[8]去之. 武
王遂受命, 興師伐紂, 戰于牧野.[9] 紂師倒戈. 紂乃登廩臺,[10] 衣寶玉衣而自
殺. 于是武王遂致天之罰, 斬妲己頭, 懸于小白旗. 以爲亡紂者是女也.

書曰, "牝鷄無晨. 牝鷄之晨, 惟家之索."[11] 詩云, "君子信盜, 亂是用暴.
匪其止共, 維王之邛."[12] 此之謂也.

頌曰, "妲己配紂, 惑亂是修. 紂旣無道, 又重相謬. 指笑炮炙, 諫士剖囚.
遂敗牧野, 反商爲周."

---

1 妲己(달기): 유소씨有蘇氏 부족국의 딸로 성이 기己다. 유소씨 부족은 허난 성
지위안안濟源 부근에 근거지가 있었다. "嬖于婦人, 愛妲己, 妲己之言是從."(『사기』
「은본기」) 부인의 정치활동은 은나라의 보편적 현상이었던 듯하다. 『서경』「목서」

에 "부인의 말을 듣고 일을 처리惟婦言是用"했다는 기록이 보인다.

2 殷紂(은주): 은 왕조 최후의 왕 제신帝辛으로 이름은 수受다. 폭정으로 민심을 잃은 그는 서방西方에서 대두한 희발의 공격을 받아 멸망했다. 은 왕조(기원전 1600~기원전 1046)는 탕왕이 세웠고, 간적簡狄이 낳은 설을 시조로 한다. 은(상)족의 시조와 국가 건설에 대해서는 「모의전」의 '설모간적契母簡狄'과 '탕비유신湯妃有藝'에서 소개했다. 원래 상商이었는데, 무경武庚 때 은殷 땅으로 천도하여 은이라 했다. 즉 상 왕조 혹은 은 왕조라 하고, 은대 혹은 상대 등으로 혼용한다.

3 北鄙之舞(북비지무): 북방 변경지방에서 유행한 수준이 낮은 춤.

4 靡靡之樂(비비지락): 마음을 울리는 섬세한 악곡으로 주왕이 지었다는 설이 있다.

5 炮烙之法(포락지법): 불기둥을 타고 올라가도록 하여 태워 죽이는 형벌로 주왕이 만들었다고 한다.

6 比干(비간): 주왕의 숙부로 간언하다가 죽임을 당했다. 앞의 하 왕조 걸왕에게 간하다 죽은 용봉과 병칭하여 '용비龍比'라는 용어가 있다.

7 箕子(기자): 주왕의 숙부 혹은 서형庶兄이라고 하는데, 기箕(산시 성山西省 타이구太谷의 동쪽) 땅에 봉해졌다. 주왕에게 간언하다 갇혔으나 정신이상으로 취급되어 풀려났고, 나중에 무왕에 의해 조선朝鮮에 봉해졌다 한다.

8 微子(미자): 주왕의 서형庶兄이다. 미微(산둥 성 량산梁山 북쪽) 땅에 봉해졌다. 나중에 주공이 송宋(허난 성 상추商丘 남쪽)에 봉해주며 은의 제사를 받들게 했다. 『논어』 「미자」에서 미자·기자·비간 세 사람은 칭송했다.

9 牧野(목야): 허난 성河南省 치 현淇縣 이남과 웨이후이衛輝 일대다.

10 廩臺(늠대): 녹대鹿臺라고도 하는데, 『신서』에 따르면 7년 만에 완성했는데 그 크기가 3리이며 높이는 1000척이나 된다고 한다.

11 『서경』 「주서」 '목서'에 나온다.

12 『시경』 「소아」 '교언'에 나오는 구절이다.

포사褒姒는 어린 궁녀의 소생인데, 주周 왕조 유왕幽王의 왕후가 되었다. 예전에 하夏 왕조가 망할 때 포褒나라 사람의 신神이 두 마리 용으로 변해 왕궁의 정원에 엎드려 살며 "우리는 포나라의 두 임금이다"라고 했다. 하 왕조의 임금이 이들을 죽여서 내다 버릴 심산으로 점을 쳐보니 불길하다는 점괘가 나왔다. 그런데 용의 입에서 침을 흘리게 하여 모아두면 길할 것이라는 점괘가 나왔다. 이에 비단과 천을 깔아놓고 예를 갖추었더니 용이 침을 흘려놓고 홀연히 사라졌다. 모아둔 용의 침을 궤짝에 넣어 교외에 갖다두었다. 하 왕조를 지나 은 왕조, 주 왕조에 이르기까지 아무도 그 궤짝을 열어보지 않았다.

주 왕조 여왕厲王 말기에 이르러 비로소 궤짝을 열어보니 가두어두었던 침이 정원으로 흘러나와 감당할 수가 없었다. 그래서 여왕이 여자에게 알몸으로 소리를 지르게 했더니, 용의 침은 검은 도마뱀으로 변하여 후궁으로 들어갔다. 후궁에는 마침 나이 어린 궁녀가 있었는데 아직 이를 갈지도 않은 어린 나이에 이 뱀을 만났다. 그로부터 임신을 하여 선왕宣王 때에 이르러 아기를 낳게 되었다. 어린 궁녀는 아비 없이 자식을 낳자 두려워 내다 버렸다. 그보다 앞서 세상에 유행하는 동요가 있었다. 그 노래는 다음과 같았다.

산뽕나무로 만든 활과 기箕나무로 만든 화살통
이것이 주나라를 망하게 할 것이네.

선왕도 이 노래를 들었다. 그런데 뒷날 어떤 부부가 산뽕나무로 만든 활과 기나무로 만든 화살통을 팔러 다녔다. 선왕은 그 부부를 잡아 없애라고 했다. 이 사실을 안 그 장사꾼 부부는 밤에 도망을 쳤다. 도망을 치던 부부는 어린 궁녀가 낳아서 버린 여자아이의 울음소리를 듣게 되었다. 그 아기를 가엾게 여겨 데리고 포나라로 달아났다. 여자 아이는 아주 예쁘게 자랐다. 그때 마침 포나라의 임금 후姁가 죄를 짓고 옥살이를 하고 있었다. 그러자 이 여자 아이를 천자天子인 유왕幽王에게 바쳐 죗값을 대신하고자 했다. 유왕이 그 미녀를 받아들여 첩으로 삼았고, 포나라 군주 후는 풀려났다. 이리하여 그 여자를 포사라고 불렀다.

얼마 뒤 포사는 유왕의 아들 백복伯服을 낳았다. 그러자 유왕은 왕후인 신申나라 제후의 딸을 폐하고 포사를 왕후로 삼았다. 또 태자인 의구宜臼를 폐하고 백복을 태자로 세웠다. 유왕은 포사에 홀려서 출입할 때마다 언제나 포사를 대동했다. 나랏일을 돌보지 않았으며, 때를 가리지 않고 말을 몰아 수렵을 즐겼다. 그리고 포사의 뜻대로 음주, 유흥에 빠져 밤낮의 구별이 없었다. 그런데 이상하게 포사는 전혀 웃는 일이 없었다. 유왕은 그녀를 웃게 하려고 온갖 노력을 해보았지만 그래도 포사는 웃지 않았다. 그러던 차에 유왕이 봉화烽火를 올리고 큰 북을 쳐서 외적의 침입을 알렸더니 제후들이 다 모여들었다. 그런데 실제로 외적은 침입하지 않았다. 예측과 사실이 어긋나자 긴장하고 달려온 제후들의 맥빠진 모습을 보고 포사가 비로소 크게 웃었다.

그런 사실이 있은 뒤 유왕은 그녀를 기쁘게 하려고 자주 봉화를 들어 외적이 침입했다며 거짓 상황을 연출했다. 그것이 반복되자 사람들은 믿지 않았고 제후들도 모이지 않았다. 충성된 마음으로 간하는 자는 죽여 없애고 포사의 말만 듣고 따르니 위아래가 다투어 아첨을 일삼았다. 백성의 마음은 천자에게서 점점 멀어져갔다. 이에 신나라 제후는 증繒나라·서이西夷·견융犬戎과 연합하여 유왕을 공격했다. 다급해진 유왕은 봉화를 올려 각 제후국의 군대를 동원하려 했지만, 제후들은 장난으로 알고 달려오지 않았다. 그리하여 유왕은 여산驪山 아래에서 살해되고, 포사는 사로잡혔다. 침략군들은 주 왕조의 모든 보물을 다 가지고 가버렸다. 이에 제후들이 신나라 제후의 뜻에 따라 태자인 의구를 천자로 세웠다. 이 사람이 바로 평왕平王이다. 이후 주 왕조는 종주국으로서의 권한이 없어져 하나의 제후국과 다를 바가 없었다.

『시경』에 "빛나는 천자의 나라 주 왕조여! 포사가 멸망시켰네"라고 했으니 바로 이를 두고 한 말이다.

송을 지어 경계했다.
포나라의 신이 용으로 변하여 포사를 낳았도다.
자라나 유왕의 왕후 되자 본래의 왕후와 태자를 폐했네.

봉화 올려 군대를 동원했는데, 외적은 없고 포사는 웃었네.
신나라 제후가 주 왕조를 토벌하여 마침내 멸망시켰도다.

褒姒者, 童妾之女, 周幽王[1]之后也. 初, 夏之衰也, 褒人[2]之神, 化爲二
龍, 伺于王庭, 而言曰, "余褒之二君也." 夏后卜殺之與去, 莫吉. 卜請其漦
藏之而吉. 乃布幣焉. 龍忽不見. 而藏漦櫝中, 乃置之郊. 至周莫敢之發也,
及周厲王[3]之末, 發而觀之. 漦流于庭, 不可除也. 王使婦人裸而譟之, 化爲
玄蚖, 入後宮. 宮之童妾, 未毀[4]而遭之. 旣笄而孕. 當宣王之時産. 無夫而
乳, 懼而棄之. 先是有童謠曰, "檿弧箕服, 寔亡周國." 宣王聞之. 後有人夫
妻賣, 檿弧箕服之器者. 王使執而戮之. 夫妻夜逃, 聞童妾之女, 遭棄而夜
號. 哀而取之, 遂竄于褒. 長而美好. 褒人姁有獄, 獻之以贖. 幽王受而嬖
之. 遂釋褒姁. 故號曰褒姒. 旣生子伯服. 幽王乃廢后申侯[5]之女, 而立褒姒
爲后, 廢太子宜臼, 而立伯服爲太子. 幽王惑于褒姒, 出入與之同乘. 不恤國
事, 驅馳弋獵不時. 以適褒姒之意, 飮酒沈湎, 倡優在前, 以夜繼晝. 褒姒不
笑. 幽王爲烽燧大鼓, 有寇至則擧, 諸侯悉至而無寇. 褒姒乃大笑. 幽王欲
悅之, 數爲擧烽火. 其後不信, 諸侯不至. 忠諫者誅. 唯褒姒言是從. 上下相
諛, 百姓乖離. 申侯乃與繒, 西夷犬戎共攻幽王. 幽王擧烽燧徵兵, 莫至.
遂殺幽王于驪山之下, 虜褒姒. 盡取周賂而去. 于是諸侯乃卽申侯, 而共立
故太子宜臼. 是爲平王.[6] 自是之後, 周與諸侯無異. 詩曰, "赫赫宗周, 褒姒
滅之."[7] 此之謂也.

頌曰, "褒神龍變, 寔生褒姒. 興配幽王, 廢后太子. 擧烽致兵, 笑寇不至.
申侯伐周, 果滅其祀."

1　幽王(유왕): 주 왕조 제12대 왕으로 기원전 781~771년 재위했다. 기원전 11세기 무왕에 의해 창설된 주 왕조는 「모의전」 '기모강원棄母姜嫄'에 소개된바, 강원의 아들 후직을 시조로 한다. 주는 서주西周(기원전 1046~기원전 771)와 동주東周(기원전 771~기원전 256)로 나뉘는데, 유왕幽王은 서주의 마지막 왕이다.

2　褒(포): 하 왕조와 동성인 사성姒姓의 나라다. 산시 성陝西省 한중漢中 북쪽에 포성褒城이 있었다고 한다.

3　厲王(여왕): 주 왕조 제10대 왕으로 기원전 878~기원전 841년에 재위했다.

4　不毁(불훼): 아직 배냇니를 갈지 않은 어린아이를 뜻하는데, 보통 7세 이전의 나이다.

5　申侯(신후): 신申나라는 백이의 후예로 강성姜姓이며 허난 성 난양南陽에 근거지가 있었다. 춘추시대에 초나라에 의해 멸망했는데, 그의 딸 신후申后는 유왕의 정비로 태자 의구宜臼를 낳았다.

6　平王(평왕): 주 왕조 제13대 왕으로 기원전 770~기원전 720년 재위했다. 신申·노魯·허許·정鄭 등의 지원으로 왕이 되었고, 도읍을 동쪽 낙읍洛邑(현재 허난 성 뤄양)으로 옮겨 동주東周 시대를 열었다.

7　『시경』 「소아」 '정월正月'에 나오는 구절이다.

4편

위나라 선공의 부인 선강 衛宣公姜

선강宣姜은 제齊나라 제후의 딸로 위衛나라 선공宣公의 부인이다. 과거에 선공의 부인이었던 이강夷姜이 아들 급자伋子를 낳았는데, 선공은 그를 태자로 삼았다. 선공은 또 제나라에 장가들었는데 그 여자가 바로 선강이다. 선강은 아들 수壽와 삭朔을 낳았다. 마침 선공의 부인 이강이 죽었으므로 선강은 자기가 낳은 수를 태자로 세우고 싶었다. 이에 선강은 수의 동생 삭과 공모하여 급자를 모함했다. 그러자 선공은 급자를 제나라로 보내려 했다. 한편 선강은 몰래 역사力士를 시켜 두 나라의 국경에서 기다렸다가 태자 급자를 죽이라고 명령했다. "네 마리가 끄는 말에 흰 쇠털로 된 깃발을 달고 지나가는 자가 있으면 반드시 죽이도록 하라."

그런데 선강의 큰아들 수가 이 음모를 엿듣고 곧바로 태자에게 알려주었다. "이런 음모가 있으니 태자께서는 꼭 피하셔야 합니다." 그러나 태자 급자는 오히려 이복동생의 부탁을 거절했다. "안 된다. 아버지의 명을 어기고서 어찌 자식이라 할 수 있는가?" 수는 자신이 그 엄청난 음모를 알려주었음에도 태자가 아버지의 명을 지키기

위해 그대로 떠날 것이라고 판단했다. 이에 수는 태자에게 이별의
술을 대접했다. 수는 태자를 술에 취해 잠들게 한 후 그 흰 쇠털을
몰래 가지고 대신 떠났다. 숨어서 깃발을 든 자가 나타나기를 기다
리던 역사가 달려들어 수를 죽였다. 한편 술에서 깨어난 급자는 그
깃발이 없어진 것을 알고 황급히 뒤쫓아갔지만 수는 이미 죽은 뒤
였다.

급자는 수가 자기를 위해 대신 죽었다는 것을 알고 그 역사에게
말했다. "그대가 죽이려던 사람은 바로 나다. 이 사람 수에게 무슨
죄가 있단 말이냐? 다시 나를 죽여다오." 그러자 역사는 또 급자를
죽였다. 두 아들이 동시에 죽자 태자를 죽이려고 공모한 삭이 태자
가 되었다. 선공이 세상을 떠난 뒤 삭이 그 뒤를 이어 왕위에 올랐
다. 이 사람이 바로 혜공惠公이다. 혜공은 대를 이을 아들이 없어서
군주의 자리를 다투는 환란이 5대 동안 계속되었다. 그러다가 대공
戴公 때에 이르러서야 겨우 평정되었다.

『시경』에 "이 사람이여, 말씀이 좋지 않네요"라고 한 것은 이를 두
고 한 말이다.

송을 지어 경계했다.
위나라 선강, 태자를 해치려 음모를 꾸몄네.
자기 아들 수를 태자로 세우려 몰래 역사力士를 숨겨두었구나.
수가 태자와 함께 죽으니 위나라는 위태로움에 빠졌다네.
5대 동안 난이 끊이질 않으니 이는 모두 선강 때문이었네.

宣姜者, 齊侯之女, 衛宣公¹之夫人也. 初宣公之夫人夷姜, 生伋子. 以爲太子. 又娶于齊, 曰宣姜. 生壽及朔. 夷姜旣死, 宣姜²欲立壽. 乃與壽弟朔謀, 構伋子. 公使伋子之齊. 宣姜乃陰使力士待之界上而殺之, 曰, "有四馬白旄至者, 必要殺之." 壽聞之, 以告太子曰, "太子其避之." 伋子曰, "不可. 夫棄父之命則惡用子也." 壽度太子必行, 乃與太子飮. 奪之旄而行. 盜殺之. 伋子醒求旄不得, 遽往追之, 壽已死矣. 伋子以壽爲己死, 乃謂盜曰, "所欲殺者, 乃我也. 此何罪. 請殺我." 盜又殺之. 二子旣死, 朔遂立爲太子. 宣公薨朔立, 是爲惠公.³ 竟終無後, 亂及五世,⁴ 至戴公而後寧. 詩云, "乃如之人, 德音無良."⁵ 此之謂也.

頌曰. "衛之宣姜, 謀危太子. 欲立子壽, 陰設力士. 壽乃俱死, 衛果危殆. 五世不寧, 亂由姜起."

---

1 衛宣公(위 선공): 위衛나라 군주로 기원전 718~기원전 700년 재위했다.

2 宣姜(선강): 『좌전左傳』에 따르면 태자 급자의 부인감으로 제齊에서 데려왔으나 미인이었기 때문에 선공이 자신의 부인으로 삼았다. 선공이 죽은 후 제나라에서 선처先妻 이강夷姜의 아들 소백昭伯과 통하도록 강요했다. 이에 소백이 반대했으나 강제로 음음시켜 제자齊子와 대공戴公, 문공文公과 송 항공宋桓公의 부인과 허 목공許穆公의 부인의, 즉 3남2녀를 낳았다.("初, 惠公之卽位也少, 齊人使昭伯烝於宣姜, 不可, 强之. 生齊子戴公文公宋桓夫人許穆夫人."『좌전』민공閔公 2년)

3 惠公(혜공): 선강의 아들로 처음에는 선공宣公의 뒤를 이어 군주가 되었지만(기원전 700~기원전 697) 급자의 동생 검모黔牟의 공격을 받아 제나라로 도망했다. 후에 제나라의 힘으로 다시 돌아와 두 번째 위나라 군주의 자리에 올랐다.(기원전 686~기원전 669) 합해서 31년간 재위했다.

4 五世(오세): 선공宣公·혜공惠公·검모黔牟·혜공惠公·의공懿公의 다섯 왕을 가리킨다.

5 『시경』「패풍」'일월日月'에 나오는 구절이다.

5편

노나라 환공의 부인 문강 魯桓文姜

　문강文姜은 제齊나라 제후의 딸이며 노魯나라 환공桓公의 부인이
다. 시집오기 전부터 그녀의 오빠 양공襄公과 은밀히 정을 통하는
사이였다. 환공이 정鄭나라를 쳐서 여공厲公을 굴복시키려는 계획
으로 부인 문강과 함께 제나라로 가고자 했다. 신수申繻가 말했다.
"안 됩니다. 여자에게 남편이 있고, 남자에게 부인이 있으면 서로 신
의를 지켜야 합니다. 그래야만 예가 있다고 할 수 있습니다. 이러한
서로의 신의를 어기면 반드시 망합니다. 또 예에 따르면 부인은 친
정 부모의 상을 당하는 것과 같은 큰일이 없는 한 친정에 가지 않는
것입니다."

　신수의 권유에도 불구하고 환공은 부인 문강과 함께 제나라로 갔
다. 과연 문강은 음란한 버릇을 버리지 못하고 예전대로 오라비인
양공과 사통했다. 이 사실을 알게 된 환공이 크게 노하여 부인 문강
의 음행을 막으려 했지만, 문강의 음행은 계속되었다. 오히려 문강
은 양공에게 자신들의 관계를 환공이 알고 있다는 사실을 알렸다.
그러자 양공은 이 사실이 알려질까 두려워 환공을 제거하려는 계획

을 세웠다. 양공은 환공에게 주연을 베풀어 취하게 했다. 그런 다음 공자公子 팽생彭生을 시켜 안아 수레에 태우는 척하면서 늑골을 부러뜨려 죽였다. 결국 환공은 수레 안에서 죽임을 당한 것이다. 노나라 사람들이 팽생을 잡아 그 치욕을 씻고자 했으나, 제나라는 미리 팽생을 죽임으로써 비밀이 드러나지 않도록 했다.

『시경』에서 "어지러움은 하늘에서 내려오는 것이 아니네. 부인에게서 나오는 것이라네"라고 한 것은 이를 두고 한 말이다.

송을 지어 경계했다.

음란한 문강. 노나라 환공의 부인이 되었네.

환공과 함께 제나라에 다니러 가 양공과 예전처럼 음행을 벌였네.

팽생을 시켜 옆구리를 누르고 늑골을 부러뜨려 환공을 죽이니

이 여자의 음란함이 마침내 재앙을 만들었도다.

文姜者, 齊侯[1]之女, 魯桓公[2]之夫人也. 內亂其兄齊襄公.[3] 桓公將伐鄭納厲公,[4] 旣行與夫人俱將如齊也. 申繻曰, "不可. 女有家, 男有室, 無相瀆也. 謂之有禮. 易此必敗. 且禮婦人無大故則不歸."[5] 桓公不聽, 遂與如齊. 文姜與襄公通. 桓公怒禁之不止. 文姜以告襄公. 襄公享桓公酒醉之, 使公子彭生抱而乘之, 因拉其脅而殺之. 遂死于車. 魯人求彭生以除恥. 齊人殺彭生.

詩曰, "亂匪降自天. 生自婦人."[6] 此之謂也.

頌曰. "文姜淫亂, 配魯桓公. 與俱歸齊, 齊襄淫通. 俾厥彭生, 摧幹拉胷. 維女爲亂, 卒成禍凶."

1 齊侯(제후): 춘추시대 제나라 제13대 국군 이공釐公을 가리킨다.

2 魯桓公(노 환공): 춘추시대 노나라 제15대 국군으로 기원전 712~기원전 694년 재위했다.

3 齊襄公(제 양공): 춘추시대 제나라 제14대 국군으로 기원전 698~기원전 686년 재위했다.

4 厲公(여공): 춘추시대 정나라 4·6대 군주로 기원전 700~기원전 697년과 기원전 697~기원전 673년 재위했다.

5 신수의 말은 『좌전』 환공桓公 18년에 나온다. 즉 "申繻曰, 女有家, 男有室, 無相瀆也. 謂之有禮. 逆此, 必敗"가 그것이다.

6 『시경』 「대아」 '첨앙'에 나오는 말이다.

6편

노나라 장공의 부인 애강 魯莊哀姜

애강哀姜은 제齊나라 제후의 딸이며 노魯나라 장공莊公의 부인이다. 장공은 애강이 시집오기 전에 이미 제나라를 자주 오가면서 애강과 정을 통했다. 애강이 시집올 때 그 여동생 숙강叔姜도 따라왔다. 장공은 대부大夫의 종부宗婦를 시켜 비단을 예물로 가지고 가 애강을 만나보게 했다. 이에 대해 대부 하보불기夏甫不忌가 말했다.

"부인의 예물은 대추나 밤을 넘지 않아야 예에 맞습니다. 남자의 예물은 옥과 비단, 가금家禽을 가지고 가는 것입니다. 이것은 물건을 통해 남녀가 유별함을 나타낸 것입니다. 지금 부인의 예물로 옥과 비단을 가지고 가는 것은 남녀의 구별을 없애는 행위입니다. 남녀의 구별을 분명히 하는 것은 나라가 지켜야 할 중요한 일입니다. 그러니 비단을 예물로 가지고 가는 것은 옳은 일이 아닌 줄 아옵니다."

그렇지만 장공은 하보불기의 간언을 듣지 않았다. 더욱이 그의 아버지 환공桓公의 사당 기둥에 붉은 칠을 하고, 서까래에 조각을 하는 등 분에 넘치는 장식으로 애강에게 과시하려 했다. 애강의 성

품은 교만하고 음탕하여 두 시동생인 공자公子 경보慶父와 공자 아
牙와도 은밀히 정을 통했다. 애강은 경보를 군주의 자리에 앉히려는
계획을 갖고 있었다. 뒷날 장공이 세상을 떠나자 장공의 전부인 소
생인 자반子般이 왕위에 올랐다. 그러나 경보와 애강은 음모를 꾸며
당씨黨氏 소생의 자반을 죽이고, 애강을 따라 같이 시집온 여동생
숙강의 아들을 왕위에 앉혔다. 이 사람이 바로 민공閔公이다.

민공이 왕위에 오른 뒤에도 경보와 애강의 음란한 행실은 계속되
었다. 또 경보와 음모를 꾸며 민공을 죽이고 경보를 왕위에 세우려
했다. 대부大夫 복기卜齮를 시켜 민공을 습격하여 궁중의 작은 문 무
위武闈에서 민공을 시해하게 했다. 그러고는 경보 자신이 군주의 자
리를 차지하려고 했다. 그러나 노나라 사람들이 경보를 주살하려는
모의를 하자 경보는 두려워 거莒나라로 달아나고, 애강은 주邾나라
로 몸을 피했다. 이에 제나라 환공桓公이 노나라로 와서 민공의 아
우 희공僖公을 세워 왕위를 계승하게 했다. 제 환공은 애강이 경보
와 사통하여 노나라를 위태로운 상태로 만들었다는 사실을 알고
애강을 불러다 독주를 먹여 죽였다. 그리고 노나라에서는 경보를
죽였다.

『시경』에서 "훌쩍이며 울지만 탄식한들 무슨 소용 있으리"라고
한 것은 이를 두고 한 말이다.

송을 지어 경계했다.
사악한 애강, 노나라 장공과 음행을 했다네.
두 시동생과도 정을 통하니 교태스럽고 방자하기 그지없네.
경보가 이에 편승해 나라의 정통 혈통을 없애려 하니

제 환공이 정벌하여 애강에게 독주를 먹여 죽였다네.

哀姜者, 齊侯之女, 魯莊公[1]之夫人也. 初哀姜未入時, 公數如齊, 與哀姜淫. 旣入與其弟叔姜俱. 公使大夫宗婦用幣見. 大夫夏甫不忌[2]曰, "婦贄不過棗栗, 以致禮也. 男贄不過玉帛禽鳥, 以彰物也. 今婦贄用幣, 是男女無別也. 男女之別, 國之大節也. 無乃不可乎." 公不聽. 又丹其父桓公廟宮之楹, 刻其桷, 以夸哀姜. 哀姜驕淫, 通於二叔, 公子慶父, 公子牙. 哀姜欲立慶父. 莊公薨, 子般立. 慶父與哀姜謀, 遂殺子般于黨氏, 立叔姜之子. 是爲閔公.[3] 閔公旣立, 慶父與哀姜淫益甚. 又與慶父, 謀殺閔公而立慶父, 遂使卜齮襲弑閔公于武闈. 將自立. 魯人謀之, 慶父恐奔莒, 哀姜奔邾. 齊桓公立僖公.[4] 聞哀姜與慶父通以危魯, 乃召哀姜酖[5]而殺之. 魯遂殺慶父.

詩云, "啜其泣矣, 何嗟及矣."[6] 此之謂也.

頌曰, "哀姜好邪, 淫于魯莊. 延及二叔, 驕妒縱橫. 慶父是依, 國適以亡. 齊桓征伐, 酖殺哀姜."

---

1 魯莊公(노 장공): 춘추시대 노나라 제16대 국군으로 기원전 694~기원전 662년 재위했다. 노 환공과 문강 사이에서 난 아들이다. 그는 처음에 당씨의 딸 맹임孟任을 부인으로 삼아 아들 자반을 낳았다. 그리고 또 제나라의 애강을 부인으로 맞이했는데 자식이 없었고, 여동생인 숙강이 아들 계啓(나중의 민공)를 낳았다.

2 夏甫不忌(하보불기): 춘추시대 노나라의 하보전夏父展을 가리킨다.

3 閔公(민공): 춘추시대 노나라 제17대 국군으로 기원전 662~기원전 660년 재위했다. 장공과 숙강 사이에서 태어난 아들이다.

4 僖公(희공): 춘추시대 노나라 제18대 국군으로 기원전 660~기원전 627년 재위했다. 장공의 아들이다.

5 酖(짐): 짐새로 술을 담그면 짐주鴆酒라는 독주가 되는데 당시에 사약으로 쓰였다.

6 『시경』「왕풍」'중곡유퇴中谷有蓷'에 나오는 구절이다.

【 7편 】

진나라 헌공의 부인 여희 晉獻驪姬

여희驪姬는 여융驪戎의 딸이자 진晉나라 헌공獻公의 부인이다. 과거에 헌공은 제나라의 제강齊姜을 부인으로 맞이하여 후에 진秦나라 목공穆公의 부인이 된 딸 목희穆姬와 태자 신생申生 두 남매를 얻었다. 그 후 융戎의 두 여자를 맞이하여 각각 공자 중이重耳와 이오夷吾를 얻었다. 그리고 또 여융을 정벌하여 여희를 얻고, 그녀와의 사이에서 해제奚齊와 탁자卓子 두 형제를 낳았다. 여희는 헌공의 총애를 받았다. 부인 제강이 죽자 헌공은 총애하는 여희를 부인으로 삼았다. 헌공의 정식 부인이 된 여희는 태자를 폐하고 자기가 낳은 해제를 태자로 세우고 싶어했다. 이에 자기 동생에게 "어느 아침 조회에 나오지 않는 틈을 타 태자와 두 공자를 쫓아내는 것을 꾸밀 수 있을 것이다"라고 말하며 음모를 꾸몄다. 그리고 여희는 헌공을 설득했다.

"곡옥曲沃은 주군의 선군 사당을 모신 고을입니다. 또 포蒲와 이굴二屈의 두 고을은 이 나라 국경의 중요한 거점입니다. 책임자를 두지 않을 수 없습니다. 선군을 모신 사당이 있는 고을에 주인이 없다면 백성이 외경하는 마음을 품지 않을 것입니다. 또 변경에 주인이 없다면 오랑캐에게 침략하려는 마음을 열어두는 것입니다. 침략 의지를 열어주고 백성이 나라의 정치를 넘보게 하는 것은 나라의 큰 근심거리가 될 것입니다. 태자를 곡옥의 책임자로 보내고 두 공자를 포와 이굴二屈의 책임자로 보내십시오. 그러면 백성을 엄중히 다스릴 수 있고 외적에게는 위협이 될 것입니다."

여희의 말을 들은 헌공은 태자를 곡옥에서, 중이를 포에서, 이오를 이굴에서 살게 했다. 자신의 뜻대로 태자를 멀리 보내게 된 여희는 밤마다 울었다. 헌공이 그 까닭을 물으니 여희가 대답했다. "제가 들기로 신생의 사람됨이 아주 어질면서 강하다고 합니다. 그는 관대함과 은혜로 백성을 사랑합니다. 지금 신생은 주군께서 저에게 홀려 나라를 어지럽히고 있다고 말하고 있습니다. 신생이 백성을 사랑한다는 이유로 주군을 시해한다면, 주군께서는 천명을 다하지 못하고 세상을 떠나시게 됩니다. 그렇게 되면 주군께서는 어떻게 하시겠습니까? 또 어찌 나를 죽이지 않으십니까. 첩 하나로 인하여 백성을 어지럽게 만들지 마십시오."

헌공이 말했다. "백성을 사랑한다면 또한 그 아비를 사랑하는 것이 아니겠소?" 여희가 다시 말했다. "백성을 위하는 것과 그 아비를 위하는 것은 다릅니다. 임금을 죽이고 백성을 이롭게 한다면 백성 가운데 누가 그를 받들지 않겠습니까? 진실로 이익을 나누어 사랑을 얻고 난을 제거하여 모두가 기뻐한다면 누가 하지 않겠습니까? 비록 아버지를 사랑한다고 해도 욕심을 이기지는 못할 것입니다. 예를 들면 주왕紂王에게 훌륭한 아들이 있어 먼저 그 아버지를 죽였다면 주왕의 나쁜 행각이 드러나지 않았을 것입니다. 결과적으로는 죽을지언정 무왕武王의 손을 빌려 은 왕조를 멸망시키지는 않았을 것입니다. 우리 선군先君이신 무공武公께서 익翼을 정벌하여 그 후사를 멸한 것과 초나라 목왕穆王이 부왕父王 성왕成王을 시해한 것은 모두 백성을 위해서 아버지를 생각하지 않은 것입니다. 주군께서 미리 대책을 세우지 않으시면 곧 화가 미칠 것입니다."

여희의 말을 들은 헌공은 두려운 생각이 들었다. "그러면 이 일을 어떻게 해야 되겠소?" 여희가 대답했다. "주군께서는 어찌하여 늙으신 것을 핑계 삼아 정권을 태자에게 넘기지 않으십니까? 태자도 정권을 넘겨받아 나라를 다스리게 되면 아마 주군을 편안히 모실 것입니다." 이에 헌공은 "그건 안 되오. 나도 대책을 세워야겠소"라고 했다.

이때부터 헌공은 태자를 의심하기 시작했다. 여희는 사람을 시켜 헌공의 명령이라고 꾸며 태자에게 말을 전하게 했다. "주군께서는 꿈에 태자의 생모이신 제강을 보셨다 하오. 태자는 서둘러 모친에게 제사를 드리도록 하시오." 전갈을 받은 태자 신생은 곡옥에서 모친을 위한 제사를 지내고 제사 음식을 부친 헌공에게 음복飮福으로 드리기 위해 도성인 강絳으로 가지고 왔다. 그때 헌공은 마침 사냥을 나가고 없었다. 여희가 음복용으로 건네받은 술과 육포에 독약을 넣었다. 헌공이 사냥터에서 돌아와 신생을 불러들였다.

부친 앞에 나아간 신생이 갖고 온 음식을 올렸다. 헌공이 막 음복을 하려는데 여희가 달려들어 가로막으며 "음식이 밖에서 들어오면 시험해보지 않을 수 없습니다"라고 했다. 여희가 술을 땅에다 부으니 땅바닥이 부풀어 올랐다. 이 광경을 본 신생은 두려운 나머지 밖으로 나가버렸다. 그러자 여희가 또 육포를 개에게 던져주었는데 그것을 먹은 개가 죽었다. 신분이 천한 신하에게 술을 마시게 하자 술을 마신 신하 역시 죽었다.

이에 여희는 하늘을 올려다보고 가슴을 치며 울부짖듯 신생을 향해 외쳤다. "아아! 이 나라는 이제 태자의 나라요. 태자는 어찌 부군을 시해하면서까지 군주가 되기를 원하시오? 아버지의 은혜를 입으면서도 차마 이런 짓을 한다면 또 백성에게는 어떠하겠소? 아버지를 시해하여 자신의 이익을 구한다면 사람 가운데 어느 누가 옳은 일이라 하겠소?" 헌공이 사람을 보내 태자에게 물었다. "네가 그 일을 계획했느냐?" 그러자 태자의 스승 태부太傅 이극里克이 태자에게 말했다. "태자께서 들어가시어 스스로 밝힌다면 살 수 있을 것이고, 그렇지 않으면 살아날 수 없을 것입니다."

그러나 태자는 "우리 주군께서는 이미 늙으셨습니다. 내가 만약 들어가서 사실을 밝힌다면 나는 살아날 수 있겠지만 여희는 죽임을 당할 것이고, 여희가 죽으면 우리 주군의 마음은 편치 못하실 것입니다"라고 했다. 결국 신생은 신성新城의 사당에서 스스로 목숨을 끊었다. 헌공은 이어서 소부少傅인 두원관杜原款을 죽이고 내시인 엄초閹楚를 시켜 포蒲 땅에 가 있던 공자 중이를 살해하게 했다. 이에 중이는 적狄으로 달아났다. 헌공은 또 대부大夫 가화賈華를 시켜 이굴 땅을 지키던 공자 이오를 살해하게 했는데, 이오 역시 다시 양梁나라로 달아났다. 그리하여 모든 공자를 축출한 후 여희의 소생 해제를 태자로 세웠다.

헌공이 세상을 떠나자 해제가 헌공의 뒤를 이어 왕위에 올랐다. 그런데 태부 이극이 해제를 죽이자, 해제의 아우 탁자가 왕위에 올랐다. 탁자 역시 살해되었고, 마침내 여희도 죄를 받아 맞아서 죽었다. 이에 진秦나라에서 이오를 불러다 왕위에 앉혔다. 이 사람이 바로 혜공惠公이다. 혜공이 세상을 떠나자 그의 아들 어圉가 왕위에 올랐다. 이 사람이 바로 회공懷公이다. 회공 역시 고량高梁에서 진晉나라 사람들에게 피살되었다. 다시 중이가 왕위를 이었다. 그가 바로 문공文公이다. 진나라의 이와 같은 난세亂世는 5대 동안 계속되다가 문공에 와서 비로소 평정되었다.

『시경』에서 "부인의 많은 말은 화를 부르는 계단이로다"라고 하고. 또 "지혜로운 부인은 성城을 기울게 하는구나"라고 한 것은 이를 두고 한 말이다.

> 송을 지어 경계했다.
> 계모 여희는 진나라 헌공을 혼란에 빠뜨렸도다.
> 태자를 모함하고 독주를 마시도록 계책을 삼아
> 결국 태자 신생을 죽이고 여러 공자를 축출했으니
> 자신 또한 죄를 받았고 5대를 난세로 몰아넣었네.

驪姬者, 驪戎之女, 晉獻公[1]之夫人也. 初獻公娶于齊, 生秦穆夫人,[2] 及太子申生. 又娶二女于戎, 生公子重耳[3]夷吾.[4] 獻公伐驪戎克之, 獲驪姬以歸. 生奚齊卓子.[5] 驪姬嬖于獻公. 齊姜先死, 公乃立驪姬, 以爲夫人. 驪姬欲立奚齊, 乃與弟謀曰, "一朝不朝, 其間容刀. 逐太子與二公子, 而可間也." 于是驪姬乃說公曰, "曲沃[6]君之宗邑也. 蒲與二屈,[7] 君之境也. 不可以無主. 宗邑無主則民不畏, 邊境無主則開寇心. 夫寇生其心, 民慢其政, 國之患也. 若使太子主曲沃, 二公子主蒲與二屈. 則可以威民而懼寇矣." 遂使太子居曲沃, 重耳居蒲, 夷吾居二屈. 晉獻驪姬旣遠太子, 乃夜泣. 公問其故,對曰, "吾聞, 申生爲人, 甚好仁而强, 甚寬惠而慈于民. 今謂君惑于我, 必亂國. 無乃以國民之故, 行强于君, 君未終命而殀. 君其奈何. 胡不殺我. 無以一妾亂百姓." 公曰, "惠其民, 而不惠其父乎." 驪姬曰, "爲民與爲父異. 夫殺君利民, 民孰不戴. 苟交利而得寵, 除亂而衆說, 妾不欲焉. 雖其愛君, 欲不勝也. 若紂有良子, 而先殺紂, 毋彰其惡, 鈞死也, 毋必假手於武王, 以廢其祀. 自吾先君武公兼翼,[8] 而楚穆弒成,[9] 此皆爲民而不顧親. 君不早圖, 禍且及矣." 公懼曰, "奈何而可." 驪姬曰, "君何不老而授之政. 彼得政而治之, 殆將釋君乎." 公曰, "不可. 吾將圖之." 由此疑太子. 驪姬乃使人以公命, 告太子曰, "君夢見齊姜. 亟往祀焉." 申生祭于曲沃, 歸福於絳. 公田不在. 驪姬受福, 乃置鴆于酒, 施毒于脯. 公至召申生. 將胙, 驪姬曰, "食自外來. 不可不試也." 覆酒于地, 地墳. 申生恐而出. 驪姬與犬, 犬死. 飲小臣, 小臣死之. 驪姬乃仰天叩心, 而泣見申生哭曰, "嗟乎, 國子之國. 子何遲爲君. 有父恩忍之, 況國人乎. 弒父以求利, 人孰利之." 獻公使人謂太子曰, "爾其圖之." 太傅里克[10]曰, "太子入自明, 可以生. 不則不可以生." 太子曰, "吾君老矣. 若入而自明, 則驪姬死, 吾君不安." 遂自經于新城廟.[11] 公遂殺少傅杜原款,[12] 使閹楚刺重耳, 重耳奔狄. 使賈華刺夷吾, 夷吾奔梁. 盡逐群公子, 乃立奚齊. 獻公卒, 奚齊立. 里克殺之. 卓子立, 又殺之. 乃戮驪姬, 鞭而殺之. 于是秦立夷吾. 是爲惠公. 惠公死, 子圉[13]立. 是爲懷公. 晉人殺懷公于高梁, 立重耳. 是爲文公. 亂及五世[14]然後定.

詩曰, "婦有長舌, 惟厲之階." 又曰, "哲婦傾城."[15] 此之謂也.

頌曰. 驪姬繼母, 惑亂晉獻. 謀譖太子, 毒酒爲權. 果弒申生, 公子出奔. 身又伏辜, 五世亂昏.

1 晉獻公(진 헌공): 춘추시대 진나라 제19대 국군으로 기원전 677~기원전 651년 재위했다. 「현명전」의 '진문제강晉文齊姜'과 '진목공희秦穆公姬'에서 소개된바 문공의 아버지이면서 목희의 아버지다.

2 秦穆夫人(진목부인):「현명전」'진목공희'에 나왔다. 어머니는 제나라 출신이며 태자 신생은 동복의 아우다.『사기』「진세가」헌공 12년조에 진목부인과 신생의 생모는 제 환공의 딸 제강인데 일찍 죽었다고 했다.

3 重耳(중이): 진 헌공과 융족 출신의 어머니 사이에서 태어나 여희가 주도한 정변으로 오랫동안 망명생활을 하다가 진나라 국군 문공文公이 되었다. 춘추오패 중 한 사람이다. 「현명전」'진문제강'에 나왔다.

4 夷吾(이오): 중이와 이복형제로 진 헌공과 융족 출신 어머니 사이에서 태어났다. 나중에 혜공이 된 인물이다.

5 奚齊·卓子(해제·탁자): 여희 소생의 아들로 둘 다 기원전 651에 죽었다. 해제는 헌공이 죽은 후 국군이 되었지만 신생의 태부太傅 이극에 의해 죽임을 당했다.

6 曲沃(곡옥): 진의 성읍으로 산시 성山西省 원시聞喜 동북쪽에 근거지가 있었다. 「인지전」'위곡옥부魏曲沃負'에서 곡옥의 지명이 나왔는데, 전국시대에는 위나라 땅이었던 것으로 보인다.

7 蒲·二屈(포·이굴): 포와 이굴은 모두 성읍의 이름이다. 포는 산시 성山西省 시현隰縣 서북에 있었고, 이굴은 남굴과 북굴로 나뉘는데, 북굴은 산시 성 지 현吉縣 동북에, 남굴은 그 남쪽에 위치했다고 한다. 포는 진秦과의 국경에, 굴은 적狄과 접해 있었다.

8 武公兼翼(무공겸익): 무공 희칭姬稱은 진晉의 국군으로 기원전 679~기원전 677년 재위했다. 그는 곡옥의 무공이었는데, 본가本家 겸병을 추진하여 진의 도읍 익翼을 공격하여 애후哀侯를 살해하고(기원전 709) 진의 땅 전부를 장악하여 주왕실에 진후晉侯로 인정받은(기원전 678) 역사적 사실을 말한 것이다.

9 楚穆弑成(초목시성): 초나라 목왕(재위 기원전 626~기원전 614)이 그의 부친 성왕成王을 시해하고 스스로 왕위를 차지한 사건(기원전 626)을 말한다. 태자였던 상신은 아버지가 태자 폐위책을 기획한다는 것을 알고 거병한 것이다. 초나라 성왕의 사적에 대해서는 「절의전」'초성정무楚成鄭督'에서 자세하게 다루었다. 저자 유향이 이야기 전개에 맞게 역사 자료를 적절하게 활용한 사례 가운데 하나다.

10 里克(이극): 삼공(태사太師, 태부太傅, 태보太保) 중 하나인 태부로 헌공 사후 진의 실권을 장악하여 혜공 이오를 진후로 즉위시킨 인물이다.

11 新城(신성): 곡옥과 가까운 산시 성에 위치했는데, 헌공이 태자 신생을 주둔시키기 위해 주조한 성이라고 한다.

12 杜原款(두원관): 태부 다음 서열인 소부少傅로『국어』「진어晉語」에 따르면 태자 신생에게 효의 실천을 위해 죽음을 권하고 자살한 절의의 충신이다. 여희의 참소로 죽임을 당했다.

13 子圉(자어): 춘추시대 진晉나라 제23대 국군 회공懷公이다. 혜공 이오의 아들이다. 재위 5개월 만에 문공 중이에게 죽임을 당했다. 「절의전」'진어회영晉圉懷嬴'

에 공자 어가 진秦나라에서 인질생활을 하다가 본국으로 돌아오게 된 경위가 나와 있다.

14 五世(오세): 헌공獻公-해제奚齊-탁자卓子-이오夷吾(혜공)-어圉(회공)를 말한다.

15 『시경』「대아」'첨앙'에 나오는 구절이다.

8편

노나라 선공의 부인 목강 魯宣繆姜

목강繆姜은 제나라 제후의 딸로 노나라 선공宣公의 부인이자 성공成公의 어머니다. 그녀는 총명하고 지혜로웠지만 행실은 난잡했다. 그래서 시호諡號를 목繆이라 했다. 성공이 어렸을 때 목강은 숙손선백叔孫宣伯과 정을 통하고 있었다. 숙손선백의 이름은 교여喬如다. 교여는 목강과 함께 모의하여 당시 노나라의 실력자인 계손季孫과 맹손孟孫을 내치고 노나라의 정사를 전횡하고자 했다.

그때 진晉나라와 초나라가 정나라의 언릉鄢陵 땅에서 전쟁을 벌이고 있었다. 선공이 진나라를 돕기 위해 출정하는데, 목강이 선공에게 "계손과 맹손을 쫓아내야 합니다. 그들은 주군을 배반할 것입니다"라고 말했다. 선공은 진나라를 돕는 일이 급하다며 목강의 청을 거절하고는 돌아와서 듣겠다고 했다. 또 목강은 진나라 대부에게 뇌물을 보내 대부인 계손행보季孫行父를 잡아 허許 땅에 감금하게 하고, 대부인 중손멸仲孫蔑을 죽이게 했다. 그리하여 노나라를 진晉나라 섬기는 신하의 나라로 만들었다. 이에 노나라 사람들이 교여를 따르지 않고 오히려 그를 축출하려고 맹약하자 교여는 제나라로 달아났다. 노나라에서는 목강을 동궁東宮에 유폐시켰다.

동궁에 유폐된 목강이 자신의 앞날이 어떻게 될 것인지 점을 치게 하니 '간지육艮之六'이 나왔다. 점쟁이가 말했다. "이것은 '간괘艮卦' 여섯 번째 효가 변하여 '수괘隨卦'가 되는 것입니다. '수'는 나간다는 뜻입니다. 부인께서는 이곳을 곧 나가시게 될 것입니다." 목강이 대답했다. "그렇지 않소. 『주역』에서는 '원元·형亨·이利·정貞을 따르면 해롭지 않다. 원은 선善의 우두머리이고, 형은 훌륭함을 만나는 것이고, 이는 마땅하게 화합하는 것이며, 정은 일의 토대가 되는 것이다'라고 했소. 주역의 원리가 이와 같기 때문에 하나의 괘만 가지고 해석할 수 없는 것이오. 그러하기에 비록 수隨가 허물이 없는 것이라 하더라도 지금 나는 여자로서 난을 일으키는 데 가담했소. 다소곳이 아래에 처해야 함에도 그러지 못하고 불인不仁했으므로 원元이라고 할 수 없소. 나라를 편안하게 하지 못했으므로 형亨이라고 할 수 없소. 일을 꾸며 자신을 해쳤으니 이利라고 할 수 없소. 지위를 생각지 않고 방탕하게 굴었으므로 정貞이라고 할 수 없소. 이 네 가지 덕을 모두 갖춘 자만이 나가도 해가 없는 것인데, 나는 네 가지 가운데 어느 하나도 갖추고 있지 못하오. 어찌 나가서 좋다는 수隨이겠소? 내가 이미 나쁜 짓을 했는데 죄가 없을 수 있겠소? 반드시 이 안에서 죽을 것이며 결코 나가지 않을 것이오." 목강은 마침내 동궁에서 죽었다.

군자가 말하기를 "애석하도다 목강이여! 비록 총명하고 지혜로운 자질을 가졌지만 결국 그 음란한 죄를 가릴 수는 없었구나"라고 했다. 『시경』에서 "남자가 즐기는 것은 오히려 말할 만하지만 여자가 즐기는 것은 말할 수 없도다"라고 한 것은 이것을 말한 것이다.

송을 지어 경계했다.

목강이 음란하니 교여가 이에 의지하여

계손과 맹손을 축출하고 노나라를 장악하려 했네.

그로써 쫓겨나 유폐당하니, 그 심경 말이 아니었도다.

비록 좋은 점괘가 나왔지만 끝내 나가지 않고 죗값을 받았도다.

繆姜[1]者, 齊侯之女, 魯宣公之夫人, 成公母也. 聰慧而行亂. 故謚曰繆.
初成公幼, 繆姜通于叔孫宣伯,[2] 名喬如. 喬如與繆姜謀去季孟[3]而擅魯國.
晉楚戰於鄢陵.[4] 公出佐晉將行, 姜告公. "必逐季孟. 是背君也." 公辭以晉
難, 請反聽命. 又貨晉大夫, 使執季孫行父,[5] 而止之許.[6] 殺仲孫蔑.[7] 以魯士
晉爲內臣. 魯人不順喬如. 明而逐之, 喬如奔齊. 魯遂擯繆姜于東宮. 始往,
繆姜使筮之, 遇艮之六.[8] 史曰, "是謂艮之隨[9] 隨其出也. 君必速出." 姜曰,
"亡. 是于周易曰, '隨元亨利貞無咎. 元善之長也, 亨嘉之會也, 利義之和也,
貞事之幹也.' 終故不可誣也. 是以雖隨無咎. 今我婦人而與于亂. 固在下位
而有不仁, 不可謂元. 不靖國家, 不可謂亨. 作而害身, 不可謂利. 棄位而
放, 不可謂貞. 有四德者, 隨而無咎. 我皆無之, 豈隨也哉. 我則取惡, 能無
咎乎. 必死于此, 不得出矣." 卒薨于東宮.

君子曰. "惜哉繆姜, 雖有聰慧之質, 終不得掩其淫亂之罪." 詩曰, "士之
耽兮, 猶可說也. 女之耽兮, 不可說也."[10] 此之謂也.

頌曰. "繆姜淫泆, 宣伯是阻. 謀逐季孟, 欲使專魯. 旣廢見擯, 心意摧下.
後雖善言, 終不能補."

1 繆姜(목강): 기원전 564년에 죽었다. 그녀의 아버지 제후齊侯가 누구인지는 알려져 있지 않다. 「정순전」 '송공백희宋恭伯姬'에 나온 백희의 모친이다. 그녀의 시호 '무繆'는 "명과 실이 어긋난다"는 뜻에서 붙여진 이름이다.

2 叔孫宣伯(숙손선백): 노나라 종실과 연결된 중신으로 목강과 계획한 음모가 실패하자 제나라로 망명했고, 이어서 위衛나라로 가 경에 임명되었다. 제나라에서는 영공의 모친인 성맹자聲孟子와도 사통하여 후한 대접을 받았다고 한다.

3 季孟(계맹): 노나라 종실인 계손씨와 맹손씨를 말한다. 이 두 씨는 선백이 속해 있던 숙손씨와 함께 노나라 종실의 중신 가문이다. 이들을 삼환씨라 부르며 노나라의 국권을 장악했다.

4 鄢陵(언릉): 정나라의 읍명으로 지금의 허난 성 옌링鄢陵 북쪽에 근거지가 있었다. 원래 언鄢은 하나의 나라였는데, 정나라가 정벌하여 언릉이라 고쳤다. 『좌전』에 '정백극단우언鄭伯克段于鄢'이라는 기사가 있다.

5 季孫行父(계손행보): 계문자季文子로 기원전 568년에 죽었다. 노나라 제19대 문공文公의 경卿이 된 뒤 선공宣公과 성공成公, 양공襄公의 재상을 지냈다. 인격과 식견과 수완을 다 갖춘 인물이었다고 한다.

6 許(허): 춘추시대 노나라의 읍으로 태산에 제사를 지낼 때 제후들이 이곳에서 유숙했다고 한다.

7 仲孫蔑(중손멸): 맹헌자孟獻子로 기원전 554년에 죽었다. 계손행보와 함께 노나라의 국정을 맡아 양공의 재상을 지냈다.

8 艮(간): 『역』 8괘의 하나로 머무르며 나가지 않는 상象을 의미한다.

9 隨(수): 『역』 64괘의 하나로. 자신이 물物에 따르고, 물이 자신을 따르는 상象을 의미한다.

10 『시경』 「위풍衛風」 '맹氓'에 나오는 구절이다.

【 9편 】
진나라 여자 하희 陳女夏姬

하희夏姬는 진陳나라의 대부大夫 하징서夏徵舒의 어머니다. 미모가 뛰어나 견줄 데가 없었고, 남자를 유혹하는 기술을 갖고 있었다. 늙은 나이임에도 여전히 젊어 보였다. 세 번이나 왕후 자리에 올랐고, 일곱 차례나 다른 남자의 여자가 되었다. 왕이나 제후들은 하희를 한 번 보기만 하면 반하여 정신을 잃지 않는 이가 없었다. 하희의 아들 징서는 대부였다. 진나라 대부 공손영公孫寧과 의행보儀行父 그리고 진나라 군주 영공靈公은 모두 하희와 정을 통한 사이였다.

어느 날 공손영과 의행보 두 사람이 조정에 하희의 속옷을 가지고 와서 서로 희희덕거렸다. 대부 설야洩冶가 이 꼴을 보고 말했다. "주군께서 선하지 못한 점이 있으면 마땅히 당신들이 덮어주어야 할 것이오. 그런데 도리어 당신들은 주군을 모시고 그런 짓을 하고, 벌건 대낮에 조정에서 희희덕거리고 있으니 사람들이 보면 당신들을 뭐라고 하겠소?" 설야에게 책망을 들은 두 사람은 영공에게 이 사실을 고자질했다. 영공은 "다른 사람들이 나의 불선을 안다 해도 무방하지만 설야가 내 잘못을 아는 건 치욕이다"라고 말했다. 그리

列女傳
—
559

고 사람을 보내 비밀리에 설야를 죽여버렸다.

영공은 공손영과 의행보 두 사람과 하씨의 집에서 술을 마시던 중 하희의 아들 징서를 불렀다. 그 자리에서 영공은 두 사람을 놀리면서 "징서는 당신을 닮았소"라고 말했다. 두 사람도 "징서는 공을 더 많이 닮은 것 같습니다"라고 했다. 이 말에 징서는 크게 모욕을 느꼈다. 영공이 술자리를 파하고 나가자 징서는 활을 지니고서 마구간 문 뒤에 숨어 있다가 영공을 쏘아 죽였다. 사태의 심각함을 안 공손영과 의행보는 초나라로 달아났고, 영공의 태자 오누도 진晉나라로 몸을 피했다. 그 이듬해 초나라 장왕莊王이 군사를 일으켜 징서를 죽였다. 진陳나라를 안정시켜 진晉나라에 피신해 있던 태자 오를 데려다 영공의 뒤를 잇게 하니 이 사람이 바로 성공成公이다.

초나라 장왕은 하희의 미모를 보고 탐이 나서 자신의 부인으로 삼으려 했다. 그러자 신공무신申公巫臣이 간언했다. "안 됩니다. 대왕께서는 지금 죄지은 자들을 토벌하셨습니다. 그런데 만약 하희를 차지하신다면 이것은 색을 탐하시는 것이 됩니다. 색을 탐하는 것은 음행을 저지르는 것입니다. 음행을 하시면 큰 벌을 받습니다. 원컨대 대왕께서는 이 점을 헤아리십시오."

장왕은 무신의 간언을 받아들였다. 그리고 뒷담을 헐어 하희를 내보냈다. 장군인 자반子反 역시 하희의 미모를 보고 자기 여자로 만들려고 하자 무신이 또 충고했다. "이 여자는 재수가 없는 사람이오. 본 남편 어숙御叔을 일찍 죽게 했고, 영공을 시해당하게 했으며, 아들 하징서를 죽게 만들었소. 공손영과 의행보를 나라 밖으로 달아나게 했으며, 마침내 진陳나라를 멸망하게 했소. 천하에 미인이 많은데 하필이면 그 여자를 차지하려고 하시오?" 자반은 무신의 충고에 마음을 돌렸다.

장왕은 하희를 연윤連尹 양로襄老에게 맡겼다. 그런데 양로는 필邲의 싸움에서 전사하여 그 시체마저 찾지 못했다. 양로가 죽자 그 아들 흑요黑要가 자기 아버지의 여자인 하희와 정을 통했다. 그런데 장왕과 자반에게 그토록 하희를 비방해온 무신이 하희에게 "그대는 정나라로 돌아가 기다리시오. 내 장차 그대를 정식 부인으로 맞이하겠소"라고 했다. 마침 그때 초나라에서는 공왕恭王이 즉위하게 되었는데. 무신은 제나라에 사신으로 가게 되었다. 그런데 무신은 그의 가족과 모든 재화를 챙겨서 정나라로 갔다. 그리고 사람을 시켜 하희를 불러오게 했다. 무신은 하희에게 "양로의 시체를 찾아주겠소"라고 말했다. 이에 하희는 무신을 따라 나섰다. 무신은 심부름꾼을 시켜 제나라로 보내는 예물을 초나라로 되돌려 보내고 하희를 데리고 진晉나라로 달아났다. 그러자 대부 자반이 배신감을 느껴 영윤 자중子重과 힘을 합쳐 무신의 가족을 죽이고 그 재산을 나누었다.

『시경』에서 "이 사람은 혼인할 생각만 하지만 아무런 믿음이 없으니 운명을 모른단 말인가?"라고 했다. 즉 여색은 명을 단축시킴을 말한 것이다.

송을 지어 경계했다.
하희의 미모가 진陳나라를 파멸시켰네.
두 대부를 달아나게 하고 자신의 아들도 죽게 했네.
초나라 장왕을 잘못되게 할 뻔하고 무신을 망하게 했네.
자반은 배신감에 무신의 가족을 모두 죽였네.

陳女夏姬[1]者, 陳大夫夏徵舒之母也. 其狀美好無匹, 內挾技術. 蓋老而復壯者. 三爲王后, 七爲夫人. 公侯爭之, 莫不迷惑失意. 夏姬之子徵舒爲大夫. 公孫寧儀行父,[2] 與陳靈公,[3] 皆通于夏姬. 或衣其衣, 以戲于朝. 泄冶[4]見之, 謂曰, "君有不善, 子宜掩之. 今自子率君而爲之, 不待幽間, 於朝廷以戲. 士民其謂爾何." 二人以告靈公. 靈公曰, "衆人知之吾不善, 無害也. 泄冶知之, 寡人恥焉." 乃使人微賊泄冶而殺之. 靈公與二子, 飮於夏氏, 召徵舒也. 公戲二子曰, "徵舒似汝." 二子亦曰, "不若其似公也." 徵舒疾此言. 靈公罷酒出, 徵舒伏弩廐門, 射殺靈公. 公孫寧, 儀行父, 皆奔楚. 靈公太子午奔晉. 其明年, 楚莊王[5]擧兵誅徵舒, 定陳國立午. 是爲成公.[6] 莊公見夏姬美好, 將納之. 申公巫臣[7]諫曰, "不可. 王討罪也. 而納夏姬, 是貪色也. 貪色爲淫. 淫爲大罰. 願王圖之." 王從之. 使壞後垣而出之. 將軍子反, 見美又欲取之. 巫臣諫曰, "是不祥人也. 殺御叔,[8] 弑靈公, 戮夏南, 出孔儀, 喪陳國. 天下多美婦女, 何必取是." 子反乃止. 莊王以夏姬, 與連尹襄老.[9] 襄老死於邲[10]亡其尸. 其子黑要, 又通于夏姬. 巫臣見夏姬謂曰, "子歸. 我將聘汝." 及恭王[11]卽位, 巫臣聘于齊. 盡與其室俱至鄭, 使人召夏姬曰, "尸可得也." 夏姬從之. 巫臣使介歸幣於楚, 而與夏姬奔晉. 大夫子反怨之, 遂與子重[12]滅巫臣之族, 而分其室. 詩云, "乃如之人兮, 懷婚姻也. 大無信也, 不知命也."[13] 言變色殞命也.

頌曰. "夏姬好美 滅國破陳. 走二大夫, 殺子之身. 殆誤楚莊, 敗亂巫臣. 子反悔懼, 申公族分."

1 夏姬(하희): 정나라 제7대 국군 목공穆公(재위 기원전 628~기원전 607)의 딸이다. 『좌전』 소공 28년조에 따르면 하희의 생모는 목공의 첩 요자姚子다. 「현명전」 '진양숙희晉羊叔姬'에는 하희의 딸이 신붓감으로 거론되자 그 어머니 하희의

행실을 문제시한 내용이 나온다.

2 公孫寧·儀行父(공손영·의행보): 두 사람 모두 진陳나라의 경이다.

3 陳靈公(진 영공): 춘추시대 진陳나라 제18대 국군으로 기원전 613~기원전 599년 재위했다. 하희의 아들 하징서를 놀리다가 살해되었다.

4 泄冶(설야): 진陳나라의 대부로 죽음을 무릅쓰고 군주에게 간언했다.

5 楚莊王(초 장왕): 초나라의 군주로 춘추오패 중 한 사람이다. 기원전 614~기원전 591년까지 23년간 재위했다. 「현명전」의 '초장번희楚莊樊姬'는 장왕과 번희를 주인공으로 한 이야기다.

6 成公(성공): 춘추시대 진陳나라의 군주로 기원전 599~기원전 569년 재위했다.

7 申公巫臣(신공무신): 신공申公이란 초나라 신현申縣의 장관이었기 때문에 붙여진 이름이다. 그는 초 장왕과 자반이 하희를 취하려는 것을 공의公義를 들어 극구 말렸는데, 정작 자신은 하희를 데리고 진晉으로 망명했다. 하희의 일로 원한을 가진 자반과 자중이 초나라에 남아 있던 무신의 가족을 멸망시켰다. 그는 진晉에서 오吳로 가서 벼슬을 했는데, 오왕의 신임을 얻어 병법·전투 기술을 전수함으로써 오가 초를 쳐 강국이 되게 했다. 하희와의 사이에서 난 딸이 있다.

8 御叔(어숙): 춘추시대 노나라 어읍御邑의 대부이자 하희의 남편으로 일찍 죽었다.(『좌전』 성공 2년)

9 連尹襄老(연윤양로): 연윤連尹에 대해서는 활을 관장하는 초나라의 관직명이라는 설과 복성複姓으로 초나라 종실 굴씨屈氏의 후예라는 설이 있다. 양로는 이름이다.

10 邲(필): 춘추시대 정나라 땅(현재의 허난 성 정저우鄭州 서북에 위치)으로 기원전 579년에 초 장왕과 진 경공이 전쟁을 벌인 곳이다. 여기서 초나라가 압승을 거둠으로써 장왕의 시대가 열렸다. 필의 전투에 대해서는 『좌전』 선공 12년에 상세히 나와 있다.

11 恭王(공왕): 춘추시대 초나라 제23대 국군으로 기원전 591~기원전 560년에 재위했다. 「변통전」 '초강을모楚江乙母'에 나왔다.

12 子重(자중): 초나라 영윤으로 장왕의 동생이다. 자반과 함께 무신의 친족을 파멸시키고 가재를 빼앗았던 인물이다. 그 이유에 대해서는 『좌전』 성공 7년조에 나와 있다.

13 『시경』 「용풍鄘風」 '체동蝃蝀'에 나오는 구절이다.

10편

제나라 영공의 부인 성희 齊靈聲姬

성희聲姬는 노나라 제후의 딸로 제나라 영공의 부인이며 태자 광
光의 어머니다. 그녀는 맹자孟子라고도 불렸다. 제후의 부인이면서
대부 경극慶剋과 은밀히 정을 통하고 있었다. 경극이 부인과 함께
수레를 타고 갈 때는 여장을 하여 궁중의 문을 들락거렸다. 한번은
이 사실이 포견鮑牽에게 발각되었다. 포견은 다시 국좌國佐에게 이
사실을 고해바쳤다. 국좌는 경극을 불러 여장을 하고 궁문을 드나
드는 까닭을 알아보려고 했다. 그러자 경극은 일부러 한동안 출입을
삼가 성희의 궁금증을 부채질했다.

그런 후 자신이 오지 않았던 이유를 성희에게 말했다. "국좌가 나
를 의심하고 있어서 궁중에 들어오지 못했습니다." 경극의 말을 들
은 성희는 몹시 화가 났다. 이때 국좌는 제후들을 회합시키기 위한
가릉柯陵의 모임에 영공을 수행하고 나갔다. 국좌가 나라 밖으로 나
가고 없는 동안 제나라의 국사는 대부 고자高子와 포자鮑子가 처리
했다. 회맹을 마친 영공이 돌아올 날이 다가오자 영공의 신변을 보
호하기 위해 도성 문을 폐쇄하고 드나드는 사람들의 검문을 강화했다.

성희는 이 기회를 노려 영공에게 그들을 비방했다. "고자와 포자는 주군을 도성으로 들어오지 못하게 하려 합니다. 공자公子 각角을 주군 대신 세우려 하고 있습니다. 이 사실을 국좌도 알고 있습니다." 이에 크게 노한 영공은 포견을 잡아 발뒤꿈치를 자르고, 고자와 국좌를 나라 밖으로 추방했다. 국좌는 거莒 땅으로 달아났다. 영공은 최저崔杼를 대부로 임명하여 나랏일을 맡기고 경극이 그를 돕게 했다. 그리고 군사를 이끌고 거 땅을 포위했으나 승리를 거두지 못했다. 거 땅으로 달아났던 국좌는 사람을 시켜 경극을 죽이고 영공과 타협하여 다시 제나라로 돌아왔다. 그러나 성희는 국좌를 참소하여 죽였다. 영공이 세상을 떠난 뒤에 고자와 포자는 다시 제나라로 돌아와 원래의 지위를 되찾았다. 마침내 성희를 죽이니 비로소 제나라의 난리가 평정되었다.

『시경』에 "가르치지도 깨우치지도 않고 단지 이 여자만 총애하네"라고 한 것은 이를 두고 말한 것이다.

송을 지어 경계했다.
제나라 영공의 부인 성희. 그 행실이 난잡했네.
경극과 정을 통함에 포견이 질책하자
고자와 포자를 참소하여 모두 추방하고 말았네.
화를 부르고 거짓을 꾸미니 마침내 죽임을 당했네.

聲姬者, 魯侯之女, 齊靈公[1]之夫人, 太子光之母也. 號孟子. 淫通于大夫慶剋.[2] 與之蒙衣, 乘輦而入于閎. 鮑牽[3]見之, 以告國佐.[4] 國佐召慶剋, 將詢之. 慶剋久不出. 以告孟子曰, "國佐非我." 孟子怒. 時國佐相靈公, 會諸侯

于柯陵.⁵ 高子⁶鮑子處內守. 及還將至, 閉門而索客. 孟子訴之曰, "高鮑將
不內君, 而欲立公子角. 國佐知之." 公怒刖鮑牽而逐高子國佐. 佐遂奔莒.
更以崔杼⁷爲大夫, 使慶剋佐之. 乃帥師圍莒, 不勝. 國佐使人殺慶剋, 靈
公與佐盟而復之. 孟子又愬而殺之. 及靈公薨, 高鮑皆復. 遂殺孟子, 齊亂
乃息.

詩云, "匪敎匪誨, 時維婦寺."⁸ 此之謂也.

頌曰, "齊靈聲姬, 厥行亂失. 淫于慶剋, 鮑牽是疾. 譖愬高鮑, 遂以奔亡.
好禍用亡, 亦以事喪."

1 齊靈公(제 영공): 춘추시대 제나라 군주로 기원전 582~기원전 554년 재위했다.
그의 부인으로 소개된 「인지전」의 '제영중자齊靈仲子'는 여기서 소개하는 노나라
제후의 딸 성희가 죽임을 당한 후에 맞이한 부인이다.

2 慶剋(경극): 제나라의 대부로 경보라고도 한다. 기원전 574년에 죽었다.

3 鮑牽(포견): 제나라 대부로 제 환공을 패자로 만든 공로자 중 한 사람인 포숙아
鮑叔牙의 증손이다.

4 國佐(국좌): 제나라의 경으로 제나라 외교 및 대외전의 핵심 인물. 기원전
573년에 죽었다.

5 柯陵(가릉): 정나라 서쪽에 있던 땅 이름으로 정나라를 토벌하기 위해 제후들
이 회합을 가졌던 곳이다.

6 高子(고자): 제나라 대부로 고무구高無咎를 가리킨다.

7 崔杼(최저): 제나라 대부로 군주 장공을 시해하고 경공을 옹립하여 재상이 되었
다. 뒤에 경봉慶封의 공격을 받아 목을 매고 죽었다. 최저를 주인공으로 한 이야기
는 바로 다음 장인 '제동곽강齊東郭姜'에서 소개된다.

8 『시경』「대아」 '첨앙'에 나오는 구절이다.

【 11편 】
제나라 동곽강 齊東郭姜

제나라의 동곽강東郭姜은 당공棠公의 처로 최저崔杼의 가신 동곽 언東郭偃의 여동생이다. 용모가 아름다웠지만 색기를 띠고 있었다. 그녀의 남편 당공이 죽어 조문을 갔던 최저는 그만 강의 미모에 반해버렸다. 그리하여 자신의 가신이며 그녀의 오빠인 동곽언東郭偃과 짜고 강을 부인으로 맞이했다. 동곽강을 데려다가 살림을 차렸는데 그 규모가 왕궁에 비길 만큼 화려했다. 장공이 이것을 알고 자주 최씨의 집에 놀러 갔다. 최씨도 장공이 왜 자신의 집에 자주 오는지를 알고 있었다.

어느 날 장공이 최저의 관冠을 집어 곁에 있던 시종에게 줘버렸다. 최저가 몹시 분개하며 병을 핑계로 조정에 나가지 않았다. 그러던 어느 날에는 장공이 최저의 집과 가까운 누대에 올라갔다. 장공은 누대 위에서 최저의 집을 내려다보다가 밖에 나와 있던 동곽강과 눈이 맞았다. 장공이 누대에서 내려와 강을 따라 최저의 집으로 들어가려 했다. 그러나 동곽강은 문 안으로 들어가더니 문을 닫아걸었다.

장공이 문을 밀면서 말했다. "문을 여시오. 내가 왔소." 동곽강이 말했다. "남편이 안에 있긴 하지만 아직 자리에서 일어나지 않아 머리 손질도 하지 못했습니다." 이에 장공이 말했다. "나는 최저의 병문안을 온 것이오." 그래도 동곽강은 문을 열어주지 않았다. 그녀는 최저와 함께 옆문으로 나와서는 문을 걸어 잠그고 많은 사람이 모이게 하여 공격을 알리는 북을 울렸다. 장공이 놀라 두려워하며 기둥을 안고 동곽강을 불렀다.

장공이 다시 최씨에게 간청했다. "나에게 죄가 있다는 것을 알고 있소. 마음을 고쳐 그대를 받들겠소. 믿지 못하겠다면 맹세를 하겠소." 그러나 최저는 "신은 감히 주군의 명을 들을 수가 없습니다"라고 하고는 그 자리를 피해버렸다. 다급해진 장공은 또 최씨의 가신에게 간청했다. "부탁하니 선군先君의 사당에 가서 죽음을 맞이하게 해 달라." 그러자 최저의 가신은 이렇게 말했다.

"주군의 신하 최저는 병이 있어 여기 없기 때문에 그를 모시는 가신으로서 감히 주군의 명령을 들을 수가 없습니다." 장공은 담을 넘어 달아나는 수밖에 없었다. 최씨가 활을 쏘아 담을 넘는 장공의 발꿈치를 맞히니 장공은 고꾸라지며 떨어져 죽었다. 이렇게 하여 최저가 장공을 시해했다.

이에 앞서 동곽강이 최저의 집으로 들어올 때 당공의 아들 당무구棠毋咎를 데리고 왔다. 최저가 그를 사랑하여 재상의 자리에 앉혔다. 그런데 최저에게는 전처와의 사이에 난 두 아들이 있었다. 큰아들은 성成이고 둘째 아들은 강彊이다. 동곽강이 들어와 또 한 명의 아들 명明을 낳았다. 성에게 병이 있어 최저는 큰아들 성을 폐하고 명을 후계자로 삼았다. 후계자의 자리에서 밀려난 성이 최읍崔邑에서 여생을 보내고 싶다고 하자 최저는 아들을 가련히 여겨 허락했다. 그런데 당무구棠毋咎와 동곽언은 성을 최읍으로 보내는 것을 강력하게 반대했다. 분노한 성과 강 형제는 당무구와 동곽강을 죽이고자 하여 그 뜻을 경봉慶封에게 내비쳤다. 경봉은 제나라 대부로 은밀히 최씨와 권력 다툼을 하는 사이였다. 그 둘은 서로 상대를 제거하려 했다. 경봉은 좋은 기회라 생각하여 성과 강 형제에게 "그들을 죽여버리시오"라고 말했다. 경봉의 말에 용기를 얻은 최저의 두 아들은 아버지의 집 마당에서 당무구와 동곽언 두 사람을 죽였다.

최저는 분노에 차 경씨를 원망하며 말했다. "내가 못난 아들을 잘 가르치지 못해서 일이 여기까지 이르렀소. 내가 선생을 섬기는 것은 온 나라 사람들이 다 아는 바이오. 그러나 선생이 나에게 치욕을 당한다 해도 어쩔 수 없는 일이오." 이에 경봉은 부하 노포별盧蒲嫳에게 병사를 이끌고 그 나라 사람들과 함께 최저의 창고와 마구간을 불태우고 성과 강 형제를 죽이도록 했다. 이 광경을 본 동곽강은 "사는 것이 이와 같다면 죽는 것만 못하다"고 말했다. 최저의 처 동곽강도 결국 스스로 목숨을 끊어 죽었다. 밖에서 돌아온 최저가 창고와 마구간이 불타고 처자가 모두 죽은 것을 보고, 그 역시 스스로 목숨을 끊었다.

군자가 말했다. "동곽강은 한 나라의 군주를 죽이고 또 세 집안을 멸망시켰으며 자신 또한 죽었으니 상서롭지 못한 여자라고 할 수 있다." 『시경』에 "가지와 잎은 해가 없을 거라 하지만, 사실은 뿌리가 먼저 뽑히네"라고 한 것은 이를 두고 한 말이다.

송을 지어 경계했다.
제나라의 동곽강은 최저의 처이네.

장공을 미혹시켜 혼란에 빠뜨렸고, 무구는 이것에 의지했네.

재앙이 아들 성成과 명明에 미치고 읍을 다투며 서로를 죽였다네.

그 부모 의지할 데 없이 최씨 집안 결국 망하고 말았네.

齊東郭姜[1]者, 棠公[2]之妻, 齊崔杼[3]御, 東郭偃之娣也. 美而有色. 棠公死,
崔子弔而說姜, 遂與偃謀娶之. 旣居其室, 比于公宮. 莊公通焉, 驟如崔氏.
崔氏知之. 異日, 公以崔子之冠, 賜侍人. 崔子慍, 告有疾不出. 公登臺, 以
臨崔子之宮, 由臺上與東郭姜戲. 公下從之, 東郭姜奔入戶而閉之. 公推之
曰, “開. 余.” 東郭姜曰, “老夫在此, 未及收髮.” 公曰, “余聞崔子之疾也.”
不開. 崔子與姜, 自側戶出. 閉門聚衆鳴鼓. 公恐, 擁株而歌. 公請于崔氏曰,
“公知有罪矣. 請改心事吾子. 若不信請盟.” 崔子曰, “臣不敢聞命.” 乃避
之. 公又請于崔氏之宰曰, “請, 就先君之廟而死焉.” 崔氏之宰曰, “君之臣
杼, 有疾不在. 侍臣不敢聞命.” 公踰墻而逃. 崔氏射中公踵, 公反墮. 遂弑
公. 先是時, 東郭姜與前夫子棠毋咎, 俱入. 崔子愛之, 使爲相室. 崔子前妻
子二人, 大子成, 少子彊. 及姜入後生二子明. 成有疾, 崔子廢成而以明爲
後. 成使人請崔邑以老, 崔子哀而許之. 棠毋咎與東郭偃, 爭而不與. 成與
彊怒, 將欲殺之, 以告慶封. 慶封齊大夫也, 陰與崔氏爭權, 欲其相滅也.
謂二子曰, “殺之.” 于是二子歸殺棠毋咎東郭偃于崔子之庭. 崔子怒, 愬之于
慶氏曰, “吾不肖, 有子不能敎也, 以至于此. 吾事夫子國人所知也. 唯辱使
者, 不可以已.” 慶封乃使盧蒲嫳帥徒衆, 與國人焚其庫廐, 而殺成姜. 崔氏
之妻曰, “生若此, 不若死.” 遂自經而死. 崔子歸, 見庫廐皆焚, 妻子皆死,
又自經而死.

　　君子曰, “東郭姜, 殺一國君, 而滅三室.[4] 又殘其身, 可謂不祥矣.” 詩曰,
“枝葉未有害, 本實先撥.”[5] 此之謂也.

頌曰. "齊東郭姜, 崔杼之妻. 惑亂莊公, 毋咎是依. 禍及明成, 爭邑相殺.

父母無聊, 崔氏遂滅."

---

1 東郭姜(동곽강): 성이 동곽으로 전남편 당공棠公과의 사이에서 난 아들 당무구
를 데리고 최저와 재혼했다. 기원전 546년에 죽었다.

2 棠公(당공): 춘추시대 제나라 사람으로 당읍의 대부였다.

3 崔杼(최저): 제나라 대부로 동곽강과 함께 기원전 546년에 죽었다. 최저가 장공
을 시해한 사건은 역사적으로 중요하게 다뤄졌다. 바로 앞의 '제영성희齊靈聲姬'에
서도 나왔다.

4 三室(삼실): 당씨, 동곽씨, 최씨의 세 집안을 말한다.

5 『시경』「대아」'탕蕩'에 나오는 구절이다.

12편

위나라 왕실의 두 음란한 여자 衛二亂女

위衛나라의 음란한 두 여자란 남자南子와 위백희衛伯姬를 말한다. 남자는 송나라 여자로 위나라 영공靈公의 부인인데 송나라 출신의 자조子朝와 정을 통하는 사이였다. 남자와 자조의 관계를 알게 된 태자 괴외蒯聵가 남자를 미워했다. 그래서 남자는 영공에게 태자가 자기를 죽이려 한다고 참소했다. 남자의 말을 들은 영공은 괴외에게 몹시 화를 냈다. 이에 신변의 위협을 느낀 괴외는 송나라로 달아났다. 그 후 영공이 세상을 떠나자 괴외의 아들 첩輒이 영공의 뒤를 이어 왕위에 올랐다. 이 사람이 출공出公이다.

위나라 백희는 괴외의 누나로 공문자孔文子의 처이자, 공회孔悝의 어머니다. 공회는 출공의 재상이 되었다. 공문자가 죽자 그의 처 위백희는 죽은 남편이 부리던 혼양부渾良夫와 정을 통했다. 어느 날 백희는 혼양부를 망명 중이던 동생 괴외에게 심부름 보냈다. 그때 괴외가 혼양부에게 이렇게 말했다. "당신이 나를 내 나라로 돌아갈 수 있도록 해준다면 당신을 대부로 삼아 보답하겠소. 또 죽을죄를 저지르더라도 세 번은 용서해주겠소." 괴외와 혼양부는 서로 약속을 지키기로 했다. 또 혼양부에게 여동생 백희를 처로 삼아도 좋다고 허락했다. 이에 혼양부는 기뻐하며 괴외의 말을 백희에게 전했고, 말을 전해들은 백희 역시 매우 기뻐했다. 혼양부는 괴외와 함께 공 씨의 농장에 머물렀다가 날이 어두워지자 여장女裝을 하여 수레를 타고 백희가 있는 곳으로 들어갔다. 식사가 끝나자 백희가 창을 잡 아 앞장서고, 태자 괴외와 다섯 명의 무장한 병사가 백희의 아들 공 회를 협박하여 출공을 축출할 것을 강압적으로 약속했다. 괴외의 아들 출공은 노나라로 달아났고 이 정변으로 자로子路도 죽었다. 괴 외가 왕위에 오르니 바로 장공莊公이다.

장공은 왕위에 오르자 자신을 참소하여 나라 밖으로 추방시킨 부왕父王 영공의 부인 남자를 죽였다. 또 죽을죄를 세 번까지 용서 해주겠다고 약속했던 혼양부도 죽였다. 그 뒤 융주戎州에서 난이 일 어나 장공은 다시 나라밖으로 추방당했다. 4년 후에는 노나라로 추 방되었던 출공이 다시 들어왔다. 출공이 돌아오자 위나라 대부는 공회의 어머니 위백희를 죽였다. 남자와 백희 두 여자는 위나라를 5대 동안의 혼란에 빠뜨렸다. 위나라는 도공悼公에 이르러서야 평정 되었다.

『시경』에서 "쥐에게도 가죽이 있거늘 사람이면서 예의가 없구나. 사람으로서 예의가 없다면 죽지 않고 어찌 하겠는가"라고 한 것은 이를 말한 것이다.

송을 지어 경계했다.
음란한 남자南子, 송나라 자조와도 정을 통했네.
태자 괴외를 참소하여 내쫓았다네.

공회의 어머니도 음란한지라 두 남편에게 드나들었네.

두 난잡한 여자가 서로 얽히니 모두 이 때문에 죽게 되었네.

衛二亂女者, 南子[1] 及衛伯姬[2] 也. 南子者, 宋女, 衛靈公[3] 之夫人. 通于宋子朝,[4] 太子蒯聵,[5] 知而惡之. 南子讒太子于靈公曰, "太子欲殺我." 靈公大怒蒯聵. 蒯聵奔宋. 靈公薨, 蒯聵之子輒立. 是爲出公.[6] 衛伯姬者, 蒯聵之姊也, 孔文子[7] 之妻, 孔悝[8] 之母也. 悝相出公. 文子卒, 姬與孔氏之竪渾良夫淫. 姬使良夫于蒯聵, 蒯聵曰, "子苟能內我于國, 報子以乘軒, 免子三死." 與盟許以姬爲良夫妻. 良夫喜以告姬, 姬大悅. 良夫乃與蒯聵入, 舍孔氏之圃, 昏時二人蒙衣而乘, 遂入至姬所. 已食. 姬杖戈先, 太子與五介冑之士, 迫其子悝于厠, 强盟之. 出公奔魯, 子路[9] 死之. 蒯聵遂立. 是爲莊公. 殺夫人南子, 又殺渾良夫. 莊公以戎州之亂, 又出奔. 四年而出公復入. 將入, 大夫殺孔悝之母, 而迎公. 二女爲亂五世, 至悼公[10] 而後定.

詩云, "相鼠有皮, 人而無儀. 人而無儀, 不死何爲."[11] 此之謂也.

頌曰. "南子惑淫, 宋朝是親. 譖彼蒯聵, 使之出奔. 悝母亦孽, 出入兩君. 二亂交錯, 咸以滅身."

1 南子(남자): 『좌전』정공 14년조에는 송나라 출신의 음녀淫女라고 했다. 『논어』「옹야雍也」에는 공자가 남자의 초청에 응하려 하자 제자 자로가 반대했다는 내용이 있다.("子見南子, 子路不說. 夫子矢之曰, 予所否者, 天厭之, 天厭之.") 「인지전」의 '위영부인衛靈夫人'에서 소개된 영공의 부인과는 다른 사람이다.

2 衛伯姬(위백희): 위나라 대부 공어孔圉의 처이자 괴외의 누이다.

3 衛靈公(위 영공): 위나라 군주로 기원전 534~기원전 493년 재위했다. 「인지전」 '위영부인'에서 소개되었다.

4 宋子朝(송자조): 송나라 경공景公의 아들로 혼인 전의 남자와 정을 통하던 사이였다. 공자는 "축타의 변설은 없고 자조와 같은 미색만 있다면 오늘과 같은 난세를

벗어나기 어렵다"(『논어』「옹야」)고 했다. 축타는 구변이 좋았던 위나라 대부 자어子魚를 말하는데, 변설을 갖추고 있으면 위기를 모면하는 정도는 되지만 미색은 오히려 장애가 된다는 말이다. 송의 공자 자조는 남자의 도움으로 위나라 대부가 되었는데, 잘생긴 외모 덕분이었다고 한다.

5 蒯聵(괴외): 영공의 아들이자 위나라 장공莊公으로 기원전 480~기원전 478년 재위했다. 먼저 군주의 자리에 오른 자신의 아들 출공出公 첩輒을 축출하고 스스로 군주가 되었다.

6 出公(출공): 영공의 손자로 조부를 이어 군주가 되었다가(기원전 493~기원전 481 재위) 아버지 괴외에게 쫓겨났고, 4년 뒤에 다시 왕위에 올랐다.(기원전 476~기원전 456)

7 孔文子(공문자): 위나라 사람으로 영공과 출공을 모셨다. 동시대의 공자로부터 "민첩하게 배우기를 좋아하고 질문하는 것을 부끄럽게 여기지 않는다"(『논어』「공야장」)는 칭찬을 받은 바 있다.

8 孔悝(공회): 공문자의 아들로 출공 첩의 재상이었으나 괴외의 압박에 출공을 제대로 지키지 못했다. 그런 가운데 괴외가 즉위하자 추방당해 송나라로 망명했다.

9 子路(자로): 공자의 제자 중유仲由의 자. 위나라 대부가 되었는데, 당시는 공리孔悝의 읍재를 지내고 있었다. 『사기』「위강숙세가衛康叔世家」에 따르면 괴외의 정변 중에 자로가 죽자, 그의 스승 공자는 자로의 용맹 과감한 행동이 죽음을 부를지도 모른다는 예측을 했다고 한다. 이와 비슷한 맥락의 이야기가 『논어』에도 나오는데, 자로가 '용勇'이라는 덕목을 묻자 공자는 의에 근거하지 않은 용은 난亂이 된다고 했다.("子路曰, 君子尚勇乎. 子曰, 君子義以爲上. 君子有勇而無義爲亂, 小人有勇而無義爲盜."(『논어』「양화」)

10 悼公(도공): 장공 괴외의 서제庶弟로 기원전 455~기원전 451년 위나라 군주를 지냈다.

11 『시경』「용풍」'상서相鼠'에 나오는 구절이다.

13편

조나라 무령왕의 왕후 오씨 趙靈吳女

조나라 영오녀靈吳女는 맹요孟姚라 불렸다. 오광吳廣의 딸이자 조
나라 무령왕武靈王의 왕후다. 과거에 무령왕은 한韓나라 왕의 딸을
맞이하여 부인으로 맞이했다. 그녀가 아들 장章을 낳으니, 부인을
왕후로 삼고 아들 장을 태자로 세웠다. 어느 날 무령왕의 꿈에 어떤
처녀가 거문고를 뜯으며 노래를 했다. 그 노래 가사는 이러했다.

> 미인이 환하고 환하여, 능소화의 꽃 같구나
> 운명이지, 운명이로다.
> 천시天時를 만나 태어났건만
> 아무도 나를 아리땁다 하지 않는구나.

그런 꿈을 꾸고 난 다음부터 왕은 술자리에서 자주 그 꿈 얘기를
하며 꿈에 나온 그 처녀를 보고 싶어했다. 오광이 이 말을 듣고는
왕후의 도움을 얻어 자기 딸 맹요를 들여보냈다. 맹요는 아주 예뻤
다. 왕이 그녀를 총애하여 언제나 곁에 두었다. 그런 지 몇 년 후 맹

요가 아들 하何를 낳았다. 맹요는 자주 왕에게 "왕후에게 바람기가 있습니다. 태자는 어버이에게 효도할 자세가 아닙니다"하고 은밀히 말하곤 했다.

자주 이런 말을 듣게 된 왕은 마침내 왕후와 태자를 폐하고, 맹요를 세워 혜후惠后라 했다. 맹요의 아들 하를 왕으로 세우니 이 사람이 바로 혜문왕惠文王이다. 그리고 무령왕은 물러나 스스로를 주보主父라 했으며 이전의 태자였던 장을 대代 땅에 봉하여 안양군安陽君이라 불렀다.

4년이 지난 뒤 여러 신하가 조정에 모여 조회를 하는데 그때 안양군도 조회에 참석했다. 주보 무령왕이 곁에서 조회하고 있는 여러 신하와 종실 인척들을 살펴보았다. 그런데 안양군 장이 은근히 동생인 혜문왕을 흘겨보는 것이었다. 이 모습이 주보에게는 가슴 아프게 생각되었다. 이때 마침 혜후는 죽었고 그녀에 대한 오랜 은총도 시들해졌다. 주보 무령왕은 대 땅을 조나라에서 독립시켜 장을 대의 왕으로 세우려 했다. 그러나 계획은 결정되기도 전에 철회되었다.

어느 날 주보는 사구궁沙丘宮으로 휴양하러 갔다. 그때를 틈타 장이 그의 무리를 이끌고 난을 일으켰다. 이때 이태李兌가 네 읍의 군사를 동원하여 장을 공격했다. 공격을 받게 된 장은 아버지 주보가 있는 사구궁으로 달아났다. 주보가 문을 열어 장을 받아주었다. 이에 이태는 주보의 궁을 포위하여 장을 살해했다. 그리고 공격에 가담한 사람들에게 "우리는 장을 토벌하기 위해 주보의 궁을 포위한 것이다. 만약 포위를 풀게 되면 우리가 전멸당할 것이다"라고 말했다. 그들은 주보의 궁에 대한 포위를 풀지 않았다. 주보 무령왕은 궁에서 나오려고 했지만 나올 수 없었다. 먹을 것이 다 떨어졌지만 양식을 구할 수 없었다. 주보는 제비나 참새처럼 먹을 것을 주워 먹으면서 석 달을 견디다가 마침내 사구궁에서 굶어 죽었다.

『시경』에서 "뜬소문 상대하니 도적들이 안으로 들어오네"라고 했다. 이것은 불선不善은 안으로부터 나오는 것임을 말한 것이다.

> 송을 지어 경계했다.
> 능소화 같은 오광의 딸. 무령왕의 꿈에 나타나
> 이미 만나 가까이 두고 보니 미혹한 마음이 생기네.
> 왕후를 폐하고 전쟁을 치러 아들 하何를 왕좌에 앉혔지만
> 살아서 사구에 유폐되고 나라는 난으로 기울어졌네.

趙靈吳女[1]者, 號孟姚. 吳廣之女, 趙武靈王[2]之后也. 初武靈王娶韓王女, 爲夫人. 生子章立以爲后, 章爲太子. 王嘗夢見, 處女鼓瑟而歌曰, "美人熒熒兮, 顔若苕之榮. 命乎命乎, 逢天時而生, 曾莫我嬴嬴." 異日, 王飮酒樂, 數言所夢, 想見其人. 吳廣聞之, 乃因后而入 其女孟姚, 甚有色焉. 王愛幸之, 不能離. 數年生子何. 孟姚數微言, "后有淫意. 太子無慈孝之行." 王乃廢后與太子, 而立孟姚爲惠后. 以何爲王. 是爲惠文王.[3] 武靈王自號主父, 封章于代, 號安陽君. 四年朝羣臣 安陽君來朝. 主父從旁觀窺羣臣宗室, 見章驘然也反目于弟, 心憐之. 是時惠后死, 久恩衰. 乃欲分趙而王章于代, 計未決而輟. 主父遊沙丘宮.[4] 章以其徒作亂. 李兌乃起四邑之兵擊章. 章走主父. 主父開之. 兌因圍主父宮, 旣殺章. 乃相與謀曰, "以章圍主父. 卽解兵, 吾屬夷矣." 乃遂圍主父. 主父欲出不得, 又不得食. 乃探雀鷇而食之, 三月餘, 遂餓死沙丘宮.

詩曰, "流言以對, 寇攘式內."[5] 言不善之從內出也.

頌曰. "吳女苕顏, 神寤趙靈. 旣見嬖近, 惑心乃生. 廢后興戎, 子何是成. 生閉沙丘, 國以亂傾."

1 吳女(오녀): 『사기』「조세가趙世家」에는 성이 오吳이고 이름이 왜영娃嬴이라고 했다.
2 武靈王(무령왕): 전국시대 조나라 최초로 왕의 칭호를 썼던 군주로 기원전 326~기원전 299년 재위했다. 조나라를 강국으로 만든 명군이었지만 오녀로 인해 화를 입었다.
3 惠文王(혜문왕): 전국시대 조나라 군주로 기원전 299~기원전 266년 재위했다. 그는 염파廉頗, 인상여藺相如, 조사趙奢를 참모로 기용하여 강국 진秦과의 외교적 마찰을 해결해나갔다. 『한비자』「화씨和氏」편에 나오는 '화씨지벽和氏之璧' 고사의 주인공이다.
4 沙丘宮(사구궁): 사구는 허베이 성河北省 광종廣宗 서북에 있는 지명이다.
5 『시경』「대아」'탕'에 나오는 구절이다.

14편

초나라 고열왕의 왕후 이씨 楚考李后

초나라 고이후考李后란 조나라 사람 이원李園의 여동생이며 초나라 고열왕考烈王의 왕후다. 고열왕에게는 아들이 없었다. 초나라의 재상 춘신군春申君이 그것을 걱정했다. 이원은 춘신군의 식객이었는데, 그의 여동생을 춘신군에게 바쳤다. 춘신군의 사랑을 받게 된 이원의 여동생은 곧 임신을 했다. 아기를 가진 이원의 여동생은 아무도 모르게 춘신군에게만 이 사실을 알렸다.

"초나라 왕께서 대감께 베푸는 은총은 형제보다도 더합니다. 지금 대감께서는 초나라 재상이 된 지 30여 년이 되었습니다. 왕께는 뒤를 이을 후사가 없습니다. 세월이 지나면 형제 가운데 누군가가 왕으로 세워질 것입니다. 그들 역시 각자 그들이 친한 이를 귀하게 여길 것입니다. 그렇게 되면 대감께서는 어찌 긴 세월 동안 총애를 받을 수 있겠습니까? 그것만이 아닙니다. 대감께서는 지금까지 일을 처리하시는 가운데 왕의 형제들에게 많은 실례를 저질렀을지도 모릅니다. 왕의 형제들 가운데서 왕위를 계승하게 되면 대감에게 화가 미칠 것입니다. 그때는 무엇으로 재상의 자리를 지키고, 강동江

東의 봉토를 보존할 수 있겠습니까? 지금 저는 당신의 아기를 가졌습니다. 그 사실을 아직 아무도 모릅니다. 제가 당신의 사랑을 받은 지 그리 오래되지 않았습니다. 진실로 당신은 중신重臣이시니 당신의 권위로 저를 초왕에게 보내주신다면 초왕께서는 반드시 저를 총애하실 것입니다. 그러면 저는 아이를 낳게 될 것이고, 하늘의 도움으로 그 아이가 만일 아들이라면 그것은 곧 당신의 아들이 왕이 되는 것입니다. 그렇게 된다면 당신은 초나라를 거저 얻는 것이 됩니다. 감히 당신에게 죄를 씌울 자 그 누가 있겠습니까?"

춘신군은 이를 정말 그럴듯하다고 여겼다. 춘신군은 이원의 여동생을 자신과 아무런 관계가 없는 것처럼 하기 위해 자기 집에서 내보냈다. 다른 집에 조심스럽게 데려다놓고 왕에게 이 여자를 천거했다. 고열왕은 곧 이원의 여동생을 받아들여 총애했다. 여자는 드디어 아들 한悍을 낳았다. 한을 태자로 세우니 이원의 여동생은 왕후가 되었다. 여동생 덕분으로 신분이 상승한 이원은 신중하게 일을 처리하면서 병사를 양성했다. 그리고 태자의 출생 비밀을 알고 있는 춘신군을 죽여 입을 막으려 했다. 마침내 고열왕이 세상을 떠나자 이원은 비밀을 영원히 지키기 위해 춘신군을 죽이고 그 집안을 파멸시켰다.

한이 고열왕의 뒤를 이어 왕위에 오르니 바로 유왕幽王이다. 왕후에게는 고열왕의 유복자인 유猶가 있었다. 유는 유왕의 뒤를 이어 애왕哀王이 되었다. 고열왕의 동생 공자 부추負芻와 그의 측근들은 유왕이 고열왕의 아들이 아니라는 사실을 알게 되었고 애왕까지 의심했다. 급기야 부추는 애왕과 태후를 습격하여 죽였고, 태후의 오빠 이원의 집안을 멸족시켰다. 그리고 부추가 왕위에 올랐으나 5년 만에 초나라는 진秦나라에 의해 멸망당했다.

『시경』에 "속이는 말은 아주 달콤하여 어지러움이 더해만 가네"
라고 한 것은 이를 두고 한 말이다.

송을 지어 경계했다.

이원의 여동생은 춘신군의 힘을 빌려

아들 없는 고열왕의 여자로 들어갔네.

임신한 사실을 알고 왕궁에 들어가 왕의 후계자를 낳았네.

일이 잘되자 근본을 배반하니 왕족들은 그들을 멸망시켰다네.

楚考李后者, 趙人李園之女弟, 楚考烈王[1]之后也. 初考烈王無子. 春申君[2]
患之. 李園爲春申君舍人, 乃取其女弟, 與春申君. 知有身, 園女弟, 因間謂
春申君曰, "楚王之貴幸君, 雖兄弟不如. 今君相楚三十餘年. 而王無子, 卽
百歲後, 將立兄弟. 卽楚更立君後, 彼亦各貴其所親. 又安得長有寵乎. 非
徒然也. 君用事 又多失禮于王兄弟. 王兄弟誠立, 禍且及身. 何以保相印江
東之封乎. 今妾知有身矣. 而人莫知. 妾之幸君未久. 誠以君之重, 而進妾于
楚王, 楚王必變妾. 妾賴天有子, 男則是君之子爲王也. 楚國盡可得. 孰與身
臨不測之罪乎." 春申君大然之, 乃出園女弟. 謹舍之, 言之. 考烈王召而幸
之. 遂生子悍. 立爲太子, 園女弟爲后. 而李園貴用事, 養士, 欲殺春申君以
減口. 及考烈王死, 園乃殺春申君, 滅其家. 悍立, 是爲幽王.[3] 后有考烈王
遺腹子猶. 立是爲哀王.[4] 考烈王弟, 公子負芻[5]之徒, 聞知幽王非考烈王子.
疑哀王, 乃襲殺哀王及太后, 盡滅李園之家. 而立負芻爲王, 五年而秦滅之.

詩云, "盜言孔甘, 亂時用餤."[6] 此之謂也.

頌曰, "李園女弟, 發迹春申. 考烈無子, 果得納身. 知重而入, 遂得爲嗣.

既立畔本, 宗族滅弑."

---

1 考烈王(고열왕): 전국시대 초나라 제38대 국군으로 기원전 263~기원전 238년
재위했다. 경양왕의 아들로 태자 시절에는 진秦나라의 볼모가 되었지만, 초나라
로 돌아와 즉위하자 춘신군을 영윤으로 등용하여 수춘壽春(안후이 성)으로 천도
했다.

2 春申君(춘신군): 전국시대 초나라 재상으로 경양왕 때 대진외교對秦外交를 맡
아 활약했다. 태자와 함께 진나라에 인질로 갔다가 태자를 탈출시켜 국군에 오르
게 하고 자신은 재상이 되었다. 식객 3000여 명을 양성하며 초나라의 국정을 좌지
우지했는데, 제나라의 맹상군孟嘗君, 위魏나라의 신릉군信陵君, 조나라의 평원군
平原君과 함께 전국 사군자로 일컬어졌다. 그는 또 순경荀卿(순자)을 천거해 난릉
蘭陵(산둥성)의 수령으로 삼았다. 춘신군이 이원에게 피살된 후 초나라는 급격히
세력이 약해져 진나라에 멸망당했다.

3 幽王(유왕): 전국시대 초나라 제39대 국군으로 기원전 238~기원전 228년 재위
했다.

4 哀王(애왕): 전국시대 초나라 제40대 국군으로 기원전 228년 재위했는데, 곧바
로 시해되었다.

5 負芻(부추): 여기서는 고열왕의 동생이라고 했지만 실제로는 애왕의 서출 이모
형이다.

6 『시경』「소아」 '교언'에 나오는 구절이다.

15편

조나라 도양왕의 왕후 창씨 趙悼倡后

　　창후倡后는 조나라 도양왕悼襄王의 왕후다. 과거에 그녀는 한 집을 온통 뒤흔든 후 자신은 과부가 되었다. 그런데도 도양왕은 그녀의 미모에 반해 자신의 여자로 삼고자 했다. 무안군武安君 이목李牧이 간언했다. "안 됩니다. 여자의 행실이 바르지 못하면 그것 때문에 나라가 뒤집히고 불안해지는 것입니다. 이 여자는 이미 한 집안을 어지럽혀놓았습니다. 대왕께서는 그런 여자가 두렵지도 않으십니까?" 이에 도양왕은 다음과 같이 말했다. "나라가 다스려지고 다스려지지 않는 것은 내가 정치를 잘하느냐 잘하지 못하느냐에 달려 있을 뿐이오."

　　끝내 도양왕은 신하의 간언을 물리치고 그녀를 맞이했다. 애초에 도양왕의 왕후가 아들 가嘉를 낳았는데, 이미 태자로 세워져 있었다. 창후가 후궁으로 들어와 아들 천遷을 낳았다. 그리고 왕의 총애를 독점했다. 왕의 사랑을 독점하자 은밀히 왕후와 태자를 헐뜯었다. 사람을 시켜 태자가 죄에 걸려들도록 유혹하니, 태자는 그 함정에 빠졌다. 그리하여 왕은 태자 가를 폐하고 창후가 낳은 천을 태자로 세웠다. 또 왕후를 내쫓고 창후를 왕후로 삼았다. 얼마 후 도양왕이 세상을 떠나니 창후의 아들 천이 왕위에 올랐다. 이 사람이 바로 유민왕幽閔王이다.

창후는 음란하고 행실이 바르지 못했다. 춘평군春平君과 몰래 정을 통하고 있었으며, 진秦나라가 주는 뇌물을 많이 받아서 챙겼다. 그러고는 유민왕을 조종하여 훌륭한 장군인 무안군 이목을 죽이게 했다. 그 후 진秦나라의 군대가 갑자기 침범해 들어오니 막을 도리가 없었다. 유민왕 천이 진나라의 포로가 되어 잡혀감으로써 조나라는 멸망했다. 한 대부가 태자 가嘉를 참소하고 명장 이목을 죽게 한 창후를 죽이고 그녀의 가문을 멸했다. 그리고 힘을 합쳐 폐위되었던 가를 군주로 옹립했다. 정국을 다시 수습하여 진나라에 대항했지만 7년 만에 조나라는 결국 망하여 진나라의 일개 군으로 전락하고 말았다.

『시경』에서 "사람이 예가 없으면 죽지 않고 어찌하겠는가?"라고 했는데, 이를 두고 한 말이다.

　송을 지어 경계했다.
　조나라 도양왕의 창후, 탐욕스럽고도 잔인했네.
　왕후와 태자를 폐하기 위한 중상모략에 거리낌이 없었고
　춘평군과 음란하게 놀며 자신이 뜻한 바를 다했다네.
　뇌물 챙기다 조나라 멸망시키니 자신도 죽고 나라도 망했다네.

倡后者, 趙悼襄王[1]之后也. 前日而亂一宗之族, 旣寡. 悼襄王以其美而取之. 李牧[2]諫曰, "不可. 女之不正, 國家所以覆而不安也. 此女亂一宗, 大

王不畏乎." 王曰, "亂與不亂, 在寡人爲政." 遂娶之. 初悼襄王后生子嘉, 爲
太子. 倡后旣入爲姬 生子遷. 倡后旣嬖幸于王. 陰譖后及太子于王, 使人犯
太子而陷之于罪. 王遂廢嘉, 而立遷黜后, 而立倡姬爲后. 及悼襄王薨遷立.
是爲幽閔王.[3] 倡后淫佚不正. 通于春平君,[4] 多受秦賂. 而使王誅其良將武
安君李牧. 其後秦兵徑入, 莫能距. 遷遂見虜于秦趙亡. 大夫怨倡后之譖太
子, 及殺李牧, 乃殺倡后, 而滅其家. 共立嘉[5]于代. 七年不能勝秦, 趙遂滅
爲郡. 詩云, "人而無禮, 不死何俟."[6] 此之謂也.

頌曰. "趙悼倡后, 貪叨無足. 隳廢后適, 執詐不愨. 淫亂春平, 窮意所欲.
受賂亡趙, 自死滅國."

1 悼襄王(도양왕): 전국시대 조나라의 국군으로 기원전 245~기원전 236년 재위
했다.
2 李牧(이목): 전국시대 조나라의 명장으로 북방에 위치한 조나라를 흉노의 침입
으로부터 지켜내고 인근 여러 나라와의 전쟁을 승리로 이끌어 무안군에 봉해졌다.
유민왕 천遷에게 참살되었다.
3 幽閔王(유민왕): 이름은 천遷이며 기원전 236~기원전 228년 재위한 조나라의
군주로 창후가 낳은 아들이다. 유무왕幽繆王이라고도 하는데, 그것은 진왕秦王 정
政에게 멸망되면서 양쪽에서 사용한 칭호가 달랐던 데서 나온 것이다. 두 개의 왕호
에 대한 자세한 논의는 下見隆雄, 『劉向『列女伝』の硏究』 880쪽에 소개되어 있다.
4 春平君(춘평군): 조나라의 왕족으로 한때 진秦나라의 볼모로 있었다.
5 嘉(가): 도양왕의 태자였다가 창후의 참소로 폐위되었다. 창후의 아들 유민왕이
진나라에 항복하여 국도 한단邯鄲이 진나라에 점령당하자 종인宗人 수백 명을 이
끌고 대代(산시 성山西省)로 옮겨와 진나라에 저항했다. 대왕에 즉위하여 기원전
228~기원전 222년 재위했다.
6 『시경』 「용풍」 '상서'에 나오는 구절이다.

8부 | 속열녀전

續列女傳

【 1편 】
주나라 교외에서 만난 부인 周郊婦人

　　주교周郊 부인이란 주나라 대부 윤고尹固가 교외에서 우연히 만난 부인을 말한다. 주나라 난왕赧王 때 왕자 조朝가 왕의 총애를 믿고 난을 일으켜 경왕敬王과 왕위를 다투었다. 경왕이 왕실로 들어올 수 없게 되자, 윤고와 소백召伯 영盈, 원백原伯 노魯는 왕자 조에게 붙었다. 『춘추』 노魯 소공昭公 26년에 진晉나라가 망명 중인 왕을 주나라로 들여보내자 윤고와 자조는 주나라의 전적을 가지고 초나라로 달아났다.

　　며칠이 지나 윤고가 초나라에서 낙읍으로 되돌아오는 길에 교외에서 이 부인을 만난 것이다. 부인이 그를 힐책하며 말했다. "그대는 조정에 있을 때는 남에게 재앙을 짓도록 조장하더니, 떠나서는 며칠 만에 되돌아오는데 3년 정도만 살 작정입니까?" 그 후 노 소공 29년에 이르러 낙읍 사람이 윤고를 죽였다. 군자가 말하기를 "주나라 교외에 사는 부인은 윤씨가 난을 조장한 것을 미워하여 천도가 그를 돕지 않을 것임을 알고 운명의 한계를 보여주고자 이같이 말한 것이다"라고 했다. 『시경』에서 "내가 한 비유는 먼 것이 아니며, 하늘의 도리는 어긋남이 없도다"라고 한 것은 이를 두고 한 말이다.

周郊婦人者, 周大夫尹固,¹ 所遇於郊之婦人也. 周赧王²之時, 王子朝³怙
寵爲亂與敬王⁴爭立. 敬王不得入. 尹固與召伯盈⁵原伯魯⁶附於子朝. 春秋
魯昭二年六月,⁷ 晉師納王, 尹固與子朝奉周之典籍, 出奔楚.

數日道還, 周郊婦人遇郊, 尤之曰, "處則勸人爲禍, 行則數日而反, 是其
過三歲乎." 至昭公二十九年, 京師果殺尹固. 君子謂, "周郊婦人, 惡尹氏之
助亂, 知天道之不祐, 示以大期, 終如其言." 詩云, "取辟不遠, 昊天不忒."⁸
此之謂也.

---

1 尹固(윤고): 윤 문공尹文公(기원전 ?~기원전 513)을 가리키며 춘추시대 공작
인 윤국尹國의 군주로 희성姬姓이다. 윤국을 세운 이는 윤길보(기원전 852~기원전
775)다.
2 周赧王(주난왕): 경왕敬王의 오기임을 여러 주석본에서 제기했다. 난왕은 기원
전 314~기원전 256년 재위한 군주로 이 사건과 시기상 맞지 않는다.
3 王子朝(왕자조): 경왕景王의 서장자庶長子로 경왕과 왕위를 놓고 다투었는데,
경왕은 동왕東王이 되고 조朝는 서왕西王이 되었다. 그런데 왕위에 오른 지 5년 만
에 패망하여 주 왕실의 전적을 갖고 초나라로 달아났다. 『사기』 「주본기」에 왕자
조가 왕의 총애를 믿고 난을 일으킨 사건이 실려 있다.
4 敬王(경왕): 동주의 군주로 기원전 520~기원전 477년 재위했다. 경왕景王의
아들이다.
5 召伯盈(소백영): 춘추시대 소왕召國의 국군으로 소간공召簡公(기원전 ?~기원
전 513)을 가리킨다. 왕자 조의 반란에 가담한 후 경사의 사람들에 의해 죽임을 당
했다.
6 原伯魯(원백노): 춘추시대 주나라의 대부이자 원국原國의 국군이다.
7 二年六月(이년유월): 왕조원은 '26년二十六年'의 오기라고 했다. 춘추경전 노 소
공 26년조에 이 사건에 부합하는 내용이 나온다.
8 『시경』 「대아」 '억'에 나오는 구절이다.

2편

진나라의 변설 능한 여자 陳國辯女

변녀辯女란 진陳나라의 뽕을 따던 변설에 능한 여인을 말한다. 진晉나라 대부 해거보解居甫가 송나라에 사신으로 가면서 진나라를 지나던 길에 뽕을 따던 여자를 만나게 되었다. 가던 길을 멈추고 희롱하듯 "나를 위해 노래를 불러준다면 내 그대를 그냥 놓아주겠소"라고 말했다. 뽕을 따던 여인은 그를 위해 노래를 불렀다.

묘지 문에 우거진 가시나무는 도끼로 찍어 베어버리기라도 하지
저 사람의 나쁜 짓은 나라 사람들이 다 알고 있지
알아도 그치질 않으니 옛날 그대로라네.

대부는 다시 "2절을 불러보시오"라고 했다. 이에 뽕 따던 여인이 노래를 불렀다.

묘지 문 앞에 서 있는 매화나무는 올빼미가 앉기라도 하지
저 남자의 나쁜 짓은 노래로 만들어 그치게 했지만

들질 않으니 신세가 망가져야 내가 한 말 생각나겠지.

대부가 말하기를 "매화나무는 여기 있소만, 그 올빼미는 어디 있
소?"라고 물었다. 여자가 말했다. "진陳나라는 소국으로 대국 사이
에 끼어 있습니다. 기근이 든 데다 무력으로 짓누르니 나라 사람들
이 다 사라졌는데, 올빼미인들 남아 있겠습니까?" 이에 대부는 승
복하여 그녀를 놓아주었다. 군자가 말하기를 "변녀는 곧은 성품에
논변이 뛰어났고, 유순하면서도 지조가 있었다"고 했다. 『시경』에서
"군자님을 뵈오니 유쾌하고도 예의 바르네"라고 한 것은 이를 두고
한 말이다.

辯女者, 陳國採桑之女也. 晉大夫解居甫[1]使於宋, 道過陳, 遇採桑之女.
止而戲之曰, "女爲我歌, 我將舍汝." 採桑女乃爲之歌曰, "墓門[2]有棘, 斧以
斯之. 夫也不良, 國人知之. 知而不已, 誰昔然矣." 大夫又曰, "爲我歌其
二." 女曰, "墓門有梅, 有鴞萃止. 夫也不良, 歌以訊止. 訊予不顧, 顚倒思
予."[3] 大夫曰, "其梅則有, 其鴞安在." 女曰, "陳小國也, 攝乎大國之間, 因
之以饑餓, 加之以師旅, 其人且亡, 而況鴞乎." 大夫乃服而釋之. 君子謂,
"辯女貞正而有辭, 柔順而有守." 詩云, "既見君子, 樂且有儀."[4] 此之謂也.

---

1 解居甫(해거보): 진晉나라 대부로 인물에 대한 자세가 정보가 나와 있지 않다.
2 墓門(묘문): 진陳나라의 성문 이름. 통상 성의 북쪽에 묘지를 쓰는 것으로 보아
북문의 다른 이름일 수 있다.
3 『시경』 「진풍陳風」 '묘문墓門'에 나오는 구절이다. '묘문'이라는 시는 비행이 많
은 관리를 풍자한 것이라고 한다.
4 『시경』 「소아」 '청청자아菁菁者莪'에 나오는 구절이다.

3편

섭정의 누이 聶政姊

　　제나라의 협객 섭정聶政의 누나에 관한 이야기다. 섭정은 어머니가 돌아가시자 누나와 단 둘이 남게 되었다. 그는 복양濮陽 사람 엄중자嚴仲子를 위해 한韓나라 재상 협루俠累를 찔러 죽였는데, 그때 죽인 사람이 수십 명이었다. 섭정은 그 화가 누이에게 미칠까봐 자신의 낯가죽을 벗기고 눈을 도려내었으며, 또 창자를 끄집어내 찢어서 아무도 자신을 알아보지 못하게 해서 죽었다. 한나라에서는 섭정의 시신을 저잣거리에 내놓고 현상금 천금을 걸어 그가 누구인가를 물었지만 아무도 알지 못했다. 이에 누이가 말하기를 "내 동생은 매우 현명한 사람이다. 내 한 몸을 아끼려고 동생의 이름을 없앨 수가 없다. 이는 동생의 뜻도 아니다"라고 했다. 그리고 한나라로 가서 섭정의 시신 앞에서 곡을 하며 관리에게 말했다. "한나라 재상을 죽인 자는 지軹 땅 심정리深井里의 섭정으로 제 동생입니다." 그리고 시신 아래서 스스로 목숨을 끊었다.

　　이 소식을 들은 진晉·초楚·제齊·위衛 각 나라에서는 "섭정만 용감한 게 아니라 그 누이 또한 열녀로다"라고 말했다. 군자가 말했다.

"섭정의 누이는 인仁하고 용기가 있었다. 그녀는 죽음으로써 이름이 사라지는 것을 내버려두지 않았다."『시경』에서는 "죽을 고비에서도 형제를 제일 먼저 생각하네"라고 했다. 즉 죽음이란 두려운 일이지만 오로지 형제는 이 상황에서도 서로 사랑함을 말한 것인데, 바로 이 경우를 두고 한 말이다.

齊勇士聶政[1]之姊也. 聶政母旣終, 獨有姊[2]在. 及爲濮陽嚴仲子[3]刺韓相俠累,[4] 所殺者數十人. 恐禍及姊, 因自披其面, 抉其目, 自屠剔而死. 韓暴其尸於市, 購問以千金, 莫知爲誰. 姊曰, "弟至賢, 愛妾之軀, 滅吾之弟名, 非弟意也." 乃之韓, 哭聶政尸, 謂吏曰, "殺韓相者, 妾之弟, 軹深井里聶政也." 亦自殺於尸下.

晉楚齊衛聞之曰, "非獨聶政之勇, 乃其姊者, 烈女也." 君子謂, "聶政姊仁而有勇. 不去死以滅名." 詩云, "死喪之威, 兄弟孔懷."[5] 言死可畏之事, 唯兄弟甚相懷. 此之謂也.

---

1 聶政(섭정): 젊은 시절 실수로 살인을 하여 모친과 누이와 함께 제나라로 도망가서 소, 돼지를 도살하는 일을 하며 살았다. 용감하고 무공이 뛰어나다는 소문이 났다. 섭정은 어머니의 상사에 엄중자가 극진한 예를 보여준 것에 감동하여 그를 위해 죽음을 불사한 선택을 하게 되었다. 섭정과 누이의 일은 『사기』「자객열전刺客列傳」에 나온다.

2 姊(자): 손위 누이를 말한다. 섭정의 누이는 섭영聶榮이다. 조선의 제22대 왕 정조正祖(1776~1800 재위)는 민간에서 일어난 중범죄 사건은 직접 심리했다. 정조 15년 18세의 김은애가 자신을 부정不貞한 여자로 무함한 이웃 여인을 잔인하게 살해한 사건을 심리하는 과정에서 섭정의 누이를 인용했다. 정조는 김은애가 거짓 소문으로 사면초가에 놓인 상황에서 자신의 결백을 증명하는 방법으로 소견 좁은 여자들이 선택하는, 목매거나 물에 빠져 죽는 따위가 아니라 가해자를 직접 처단하고 그 죗값을 받고자 한 당당한 행위는 진실로 열혈 남성도 하기 어려운 용기 있는 처사라고 극찬했다. 이에 정조는 "그 생사를 초월하여 기절氣節을 숭상한 점"은

섭정의 자씨姉氏와 비교될 수 있는 것으로 태사공이 다시 『사기』를 쓴다면 김은애도 유협전游俠傳에 써넣었을 것이라고 했다.(『심리록』 제21권, 1790년 1월, '강진康津 김조이옥金召史獄')

3 嚴仲子(엄중자): 한韓나라 애후哀侯의 대신으로 재상인 협루와 의견이 충돌했다.

4 俠累(협루): 전국 초기 한나라의 귀족 한괴韓傀(기원전 ?~ 기원전 397)로 협루는 자字다. 한 경후韓景侯의 동생이자 열후烈侯의 숙부다.

5 『시경』「소아」'당체常棣'에 나오는 구절이다.

【 4편 】

왕손 씨의 어머니 王孫氏母

왕손 씨의 어머니는 제나라 대부 왕손가王孫賈의 어머니를 말한다. 가賈는 나이 15세부터 제나라 민왕閔王을 모셔왔는데, 나라에 난이 일어나 민왕이 피난하던 중 시해를 당하고 말았다. 그런데도 사람들은 임금을 시해한 적을 토벌하지 않고 있었다. 이에 왕손가의 어머니가 아들에게 말했다.

나는 네가 아침에 나가 저녁에 돌아올 때면 문에 기대어 너를 기다렸다. 또 네가 저녁에 나가 돌아오지 않으면 나는 동구 밖으로 나가 너를 기다렸다. 지금 너는 왕을 섬기는 사람으로서 왕이 도망 나간 곳이 어딘지를 알지도 못하면서 어찌 집으로 돌아올 수 있느냐?

이에 왕손가는 사람이 많이 모이는 저자로 들어가 백성에게 이렇게 말했다. "요치淖齒가 우리 제나라를 어지럽히고 임금을 죽였습니다. 그러니 나와 함께 요치 그자를 베고자 하는 자는 오른쪽 어깨

續列女傳
—
603

를 드러내시오!" 저자에 있던 사람 중에 그를 따르겠다는 사람이 400인이었다. 그들과 함께 요치를 토벌하여 칼로 찔러 죽였다.

군자가 말하기를 "왕손의 어머니는 의로우면서 자식을 잘 가르쳤다"고 했다. 『시경』에서는 "자식들을 가르치고 깨우쳐서 그처럼 선하게 만들어야지" 했으니 이를 두고 한 말이다.

王孫氏之母者, 齊大夫王孫¹之母也. 賈年十五, 事齊閔王. 國亂, 閔王出見弒,² 國人不討賊. 王孫母謂賈曰, "汝朝出而晚來, 則吾倚門而望汝. 汝暮出而不還, 則吾倚閭而望汝. 今汝事王, 王出走, 汝不知其處, 汝尙何歸乎." 王孫賈乃入市中, 而令百姓曰, "淖齒³亂齊國, 弒閔王, 欲與我誅之者, 袒右." 市人從者四百人, 與之誅淖齒, 刺而殺之. 君子謂, "王孫母義而能." 詩云, "敎誨爾子, 式穀似之."⁴ 此之謂也.

---

1 王孫賈(왕손가): 왕손王孫은 성이고 가賈는 이름이다. 전국시대 제나라의 대부로서 민왕을 섬겼는데, 초나라의 장수 요치淖齒가 왕을 시해하자 그를 잡아 죽였다. 『전국책』「제책」에 근거하여 『소학』「계고稽古」 '명륜明倫' 편에서는 왕손가를 '충忠'을 실천한 사람으로 조명했다. 『논어』「팔일」에는 위 영공의 현신賢臣으로 군사에 정통한 왕손가王孫賈가 나오는데, 이름은 같지만 다른 사람이다.
2 『전국책』「제책」에는 "王出走, 失王之處"라고 했다. 이때 민왕은 거莒나라로 달아났다가 요치에 의해 죽임을 당했는데, 기원전 284년 제 민왕 17년의 일이다.
3 淖齒(요치): 초나라 공족公族 출신의 장군이다. 연燕나라 장수 악의가 다섯 나라와 연합하여 제나라를 공격하여 70여 성을 함락시켰을 때, 초나라 경양왕은 요치를 파병하여 제나라를 구원해주었는데, 여기서 요치는 제 민왕을 살해했다.
4 『시경』「소아」 '소완'에 나오는 구절이다.

【 5편 】
진영의 어머니 陳嬰母

한漢나라 당읍후棠邑候 진영陳嬰의 어머니에 관한 이야기다. 과거에 진영은 동양현東陽縣의 영사令史로 근무하면서 신망을 얻어 사람들의 존경을 받았다. 진秦나라 2세 때에 동양현의 한 소년이 현령을 죽이고 무리 수천 명을 모으고 자신들을 통솔할 장수를 모시고자 했으나 적합한 사람이 없었다. 이에 진영을 초빙하고자 했는데, 그는 능력이 없음을 이유로 사양했다. 그런데 그들은 억지로 그를 세웠는데, 현에서 2만 명에 이르는 추종자가 생기자 다시 진영을 왕으로 세우고자 했다. 이에 진영의 어머니가 말했다.

내가 너의 집안에 며느리로 들어와서 듣기로 너의 집 조상 중에는 크게 귀하게 된 자가 없다고 했다. 지금 갑자기 큰 이름을 얻게 된 것은 상서롭지 못하니 너의 병력을 다른 사람에게 넘겨주는 것이 좋겠다. 일이 성공하면 제후에 봉해지겠지만 실패하면 망하게 된다. 그러니 군사를 넘겨준다면 적어도 사람들에게 이름이 거론되지 않아도 될 것이다.

진영은 어머니의 충고를 받아들여 자신의 병력을 항량項梁에게 넘겨주어 향량을 상주국上柱國으로 삼았다. 그 후 항씨가 패망하자 진영은 한漢으로 귀속했는데, 그 공으로 당읍후棠邑候에 봉해졌다. 군자가 말하기를 "진영의 어머니는 천명을 알았고 또 선조의 사업을 지켜내 그 복이 후세에까지 흐르게 했으니 지모와 사려가 깊었다"고 했다. 『시경』에서 "자손에게 좋은 계책 전하시어 편히 자손을 보호하셨으니"라고 했는데, 이를 두고 한 말이다.

漢棠邑侯[1]陳嬰[2]之母也. 始嬰爲東陽令,[3] 大居縣素信爲長者. 秦二世之時, 東陽少年殺縣令, 相聚數千人, 欲立長帥, 未有所用. 乃請陳嬰, 嬰謝不能. 遂强立之, 縣中從之得二萬人, 欲立嬰爲王.

嬰母曰, "我爲子家婦, 聞先故不甚貴. 今暴得大名不祥, 不如以兵有所屬. 事成猶得封候, 敗則易以亡. 可無爲人所指名也." 嬰從其言, 以兵屬項梁,[4] 梁以爲上柱國.[5] 後項氏敗, 嬰歸漢, 以功封棠邑候. 君子曰, "嬰母知天命, 又能守先故之業, 流祚後世, 謀慮深矣." 詩云, "貽厥孫謀, 以燕翼子."[6] 此之謂也.

---

1 棠邑侯(당읍후): 한나라 유방의 공신 진영을 가리킨다. 당시 당읍은 1800호의 후국侯國이었는데, 지금은 장쑤 성 루허 구六合區로 난징南京 지역의 가장 오래된 고성古城으로 알려져 있다.

2 陳嬰(진영): 진秦나라 동양현의 영사였는데, 한 고조에게 투항하여 당읍후에 봉해졌다. 그의 증손녀가 한 무제의 진황후陳皇后라고 한다.

3 東陽(동양): 진나라 때 설치된 현의 이름.

4 項梁(항량): 초나라 귀족으로 항연項燕의 아들이자 항우의 숙부다. 반진反秦 전쟁 중에 패하여 기원전 208년에 전사했다.

5 上柱國(상주국): 전국시대부터 사용된 관명으로 나라에 큰 공을 세운 사람에게

부여되는 직책이다. 고려에서도 가장 높은 훈위勳位에 이 명칭을 썼다.
6 『시경』「대아」'문왕유성文王有聲'에 나오는 구절이다.

【 6편 】
왕릉의 어머니 王陵母

　한漢나라 승상 안국후安國侯 왕릉王陵의 어머니에 관한 이야기다. 과거에 왕릉이 지역의 호걸이었을 때 평민이었던 고조 유방이 그를 형으로 섬겼다. 고조가 페이현에서 일어날 때 왕릉 역시 수천의 무리를 모아 그 병력을 한왕 유방에게 귀속시켰다.

　그런데 항우가 한을 적국으로 여겨 전쟁이 일어나자, 항우는 왕릉의 어머니를 인질로 잡아 군영에 두었다. 왕릉이 사자를 보냈을 때, 항우는 왕릉의 어머니를 귀하게 대접한다는 뜻으로 동쪽을 향해 앉도록 했고, 그것으로 왕릉의 마음을 얻어 그를 초빙하고자 했다. 왕릉의 어머니는 사사로이 사자를 보낸 것에 대해 울면서 말했다. "늙은 나는 아들에게 한왕을 잘 모시라는 말을 전하고 싶소. 한왕은 훌륭한 사람이오. 늙은 어미 때문에 아들이 두 마음을 품을 수는 없소. 그리고 나는 이미 죽었다고 하시오." 그러고는 칼을 품고 엎어져 죽음으로써 왕릉이 한왕에게 충실할 수 있도록 했다. 항우가 노하여 그 어머니를 삶아버리자 왕릉의 의지는 더욱 굳어졌다. 마침내 고조와 더불어 천하를 평정했는데, 왕릉은 승상의 자리에 오르고 후侯에 봉해져 그의 작위가 5세五世 동안 계속되었다.

군자가 말하기를 "왕릉의 어머니는 자신을 희생하여 의義를 세웠고, 그것으로 그 아들을 성공시켰다"고 했다. 『시경』에서 "내 몸 하나 지키기도 어렵거늘 어찌 내 후손까지 돌보랴"라고 했는데, 종신토록 인仁을 지켜내는 것의 어려움을 말한 것이다. 하지만 왕릉의 어머니는 그 덕이 5세에까지 미쳤다.

漢丞相安國侯王陵¹之母也. 陵始爲縣邑豪, 高祖微時兄事陵. 及高祖起沛,² 陵亦聚黨數千, 以兵屬漢王. 項羽³與漢爲敵國, 得陵母置軍中. 陵使至則東嚮坐陵母, 欲以招陵. 陵母旣而私送使者泣曰. "爲老妾語陵, 善事漢王. 漢王長者, 無以老妾故, 懷二心. 言妾已死也." 乃伏劍而死, 以固勉陵. 項羽怒烹之, 陵志益感. 終與高祖定天下, 位至丞相封侯, 專爵五世. 君子謂, "王陵母能棄身立義, 以成其子." 詩云, "我躬不閱, 遑恤我後."⁴ 終身之仁也. 陵母之仁及五世矣.

---

1 王陵(왕릉): 한 고조 유방의 고향인 페이현沛縣 출신으로 유방을 도와 천하를 평정한 공으로 안국후安國侯에 봉해졌다.(『한서』 「장진왕주전張陳王周傳」)

2 沛(패): 장쑤 성에 있는 페이는 한 고조 유방 및 한초漢初에 활동한 중신重臣을 많이 배출한 곳이라 하여 '제왕장상향帝王將相鄕'이라 불렸다. 오늘날에도 이곳은 상무상무尙武의 기풍이 넘쳐나는 '무술지향武術之鄕'으로 일컬어진다.

3 項羽(항우): 진秦나라 때 초나라 귀족 가문 출신으로 무인의 소질을 타고났다. 『사기』 「항우본기」에 따르면 진 말기 유방과 천하를 놓고 다투었는데, 8척의 키에 힘이 장사였고 재기가 뛰어났으며 중국 역사상 가장 용맹한 장수로 일컬어진다. 생몰년은 기원전 232~기원전 202년이다.

4 『시경』 「패풍」 '곡풍谷風' 편과 「소아」 '소변小弁' 편에 나오는 구절이다.

7편

장탕의 어머니 張湯母

한漢나라 어사대부御使大夫 장탕張湯의 어머니에 관한 이야기다. 장탕은 법을 제정하는 일로 한나라 무제武帝를 섬겨 어사대부가 되었다. 그러나 남을 이기고 무시하기를 좋아하는 습관이 있어 그 어머니가 여러 차례 꾸짖고 노했지만 그 성품은 고쳐지지 않았다. 뒤에 승상 엄청적嚴靑翟과 세 명의 장사長史에게 원한을 샀고, 마침 조왕趙王의 상서上書에 장탕의 죄가 언급되어 있어 정위廷尉에 체포되어 옥에 갇혔다. 이에 승상과 세 명의 장사가 함께 그의 죄를 다스리자 장탕은 자살하고 말았다.

그의 형제들과 아들들이 장탕의 장례를 후하게 치르려고 하자 어머니가 말했다. "탕은 천자의 대신으로 악언惡言을 하다 죽었는데, 어찌 후한 장례를 치르겠느냐?" 그러고는 시신을 우거牛車에 싣고 곽槨 없이 겨우 관棺만 쓰게 했다. 천자가 이 사실을 듣고 말하기를 "이 어머니가 아니고서는 그 자식이 있을 수 없다"라고 했다. 이에 장탕의 죽음과 관련된 안건을 다시 검토하여 세 장사를 죽여버렸다. 이 과정에서 승상 엄청적은 자살했다.

군자가 말하기를 "장탕의 어머니는 사적인 감정을 넘어섬으로써 임금을 깨우치게 했다"고 했다. 『시경』에서 "저 아름다운 맹강이여, 기리는 말 끊임없겠네"라고 했는데, 이를 두고 한 말이다.

漢御史大夫張湯[1]之母也. 湯以文法, 事漢孝武帝,[2] 爲御史大夫.[3] 好勝陵人, 母數責怒, 性不能悛改. 後果爲丞相嚴靑翟,[4] 及三長史[5]所怨, 會趙王上書言湯罪, 繫廷尉.[6] 丞相及三長史共致其罪, 遂自殺.

昆弟諸子欲厚葬之. 母曰, "湯爲天子大臣, 被惡言而死, 亦何厚葬." 載以牛車, 有棺而無槨.[7] 天子聞之曰, "非此母不生此子." 乃盡案誅三長史. 丞相嚴靑翟自殺. 君子謂, "張湯母, 能克己感悟時主." 詩云, "彼美孟姜, 德音不忘."[8] 此之謂也.

---

1 張湯(장탕): 한 무제 때의 행정가이며 법관으로 율령을 제정하고 법을 엄격히 적용하여 혹리酷吏로 유명해졌다. 기원전 115년에 자살했는데, 『사기』「혹리열전酷吏列傳」 및 『한서』「장탕전張湯傳」에 그에 대한 이야기가 실려 있다.

2 漢孝武帝(한효무제): 한나라 제7대 황제 무제 유철劉徹(기원전 156~기원전 87)이다. 한 고조의 증손이며 경제景帝의 아들이고 어머니는 효경황후孝景皇后 왕지王娡다. 16세 때인 기원전 141년에 제위에 올랐는데, 즉위 후 전대의 권신들을 퇴출시키고 능력 있는 관리를 등용했으며, 오경박사五經博士를 두어 유학을 장려했다. 동중서董仲舒를 기용하여 유학을 국가의 학문으로 삼아 그 이념대로 나라를 다스리려 했다. 유학의 역사에서 한 무제와 동중서는 중요한 역할을 한 사람들이다. 중국 역사상 가장 넓은 영토를 만들어 전한의 전성기를 열었고, 위만조선을 멸망시키고 한반도에 한 군현을 설치하기도 했다. 그는 진의 시황제, 청의 강희제 등과 더불어 중국의 가장 위대한 황제 중 한 사람으로 꼽힌다.

3 御史大夫(어사대부): 진대秦代에 신설된 관직명으로 백관을 감찰하고 황제를 대표하여 백관의 상서를 받으며 국가의 중요한 전적을 관리하고 조정에서 발표하는 조칙문서 등을 작성하던 막강한 권력을 가진 직책이었다.

4 嚴靑翟(엄청적): 패沛 출신으로 유방의 공신이다.

5 長史(장사): 한대에 신설된 관직으로 현재의 비서실장에 해당되는 직책이었다. 그 유명한 반초班超도 장병장사將兵長史를 지냈다.

6 廷尉(정위): 관직명으로 사법司法과 형옥刑獄을 담당하는 구경九卿의 하나다.

7 有棺而無槨(유관이무곽): 시신은 내관외곽內棺外槨으로 싸는 것인데, 외곽이 없는 장례는 간소한 형태로 서민의 장례를 말한다.

8 『시경』「정풍」'유녀동거有女同車'에 나오는 구절이다.

【 8편 】

준불의의 어머니 雋不疑母

　한漢나라 경조윤京兆尹 준불의雋不疑의 어머니에 관한 이야기다. 그녀는 성품이 어질면서 자식을 잘 가르쳤다. 준불의가 서울시장에 해당되는 경조윤이 되어 관할 현을 돌며 죄수들을 기록하고 돌아오면 그 어머니가 번번이 물었다. 판결을 가볍게 하여 돌려보냈다고 하면 어머니는 기뻐하며 식사나 말씀하시는 게 여느 때와 달랐다. 간혹 죄수를 내보지지 못했다고 하면 어머니는 노하면서 음식을 들지 않았다. 이 때문에 불의는 관리가 되어 엄하지만 잔혹하게 하지는 않았다. 군자가 말하기를 "불의의 어머니는 인仁으로 자식을 가르쳤다"고 했다. 『시경』에서 "높은 하늘은 형벌이 온 땅에 퍼지는 것을 미워하네"라고 했는데, 이것은 천도란 살리기를 좋아하며 포악한 형벌이 땅에 횡행하는 것을 미워함을 말한 것이다.

　漢京兆尹[1]雋不疑[2]之母也. 仁而善教. 爲京兆尹, 行縣錄囚徒還, 其母輒問. 所平反, 母喜笑, 飮食言語異於他時. 或無所出, 母怒, 爲之不食. 由是故不疑爲吏, 嚴不殘. 君子謂, "不疑母能以仁教." 詩云, "昊天疾威, 敷于

下土."³ 言天道好生, 疾威虐之行於下土也.

1 京兆尹(경조윤): 수도의 최고 행정 책임자를 말한다. 당시 장안長安(지금의 시안)을 관할하던 총책임자로서 재판관의 임무도 맡았다.

2 雋不疑(준불의): 발해인勃海人. 무제 때 청주靑州 자사刺史가 된 후 소제昭帝 때는 제왕손齋王孫 유택劉澤과 연왕燕王 유단劉旦의 모반을 평정하는 데 공이 있어 경조윤에 임명되었다.

3 『시경』「소아」 '소민小旻'에 나오는 구절이다.

【 9편 】

한나라 양창의 부인 楊夫人

양楊부인은 한漢나라 승상 안평후安平侯 양창楊敞의 아내다. 한나라 소제昭帝가 죽고 창읍왕昌邑王 유하劉賀가 즉위했는데, 그는 행동이 난잡했다. 대장군 곽광霍光이 거기장군車騎將軍 장안세張安世와 모의하여 하를 폐하고 다른 임금을 세우고자 했다. 모의가 결정나자 대사농大司農 전연년田延年으로 하여금 이를 양창에게 보고하도록 했다. 양창은 놀라고 두려워 무슨 말을 해야 할지 몰라 등에 땀을 줄줄 흘리면서 단지 "예, 예" 할 뿐이었다.

전연년이 잠시 측간에 간 사이 양창의 부인이 급히 동쪽 방에서 나와 남편에게 이렇게 말했다. "이 일은 나라의 대사입니다. 지금 대장군의 계획은 이미 정해졌고 그래서 구경의 자리에 있는 자를 당신에게 보내 보고하도록 한 것입니다. 당신이 대장군과 같은 뜻임을 빨리 응답하지 않은 채 머뭇거리기만 한다면 당신이 먼저 죽임을 당할 것입니다." 측간에 갔던 전연년이 돌아오자 양창과 그의 부인, 그리고 전연년은 함께 토론하여 허락하고 대장군의 명령을 받들기로 했다. 그리하여 힘을 합쳐 창읍왕을 폐하고 선제宣帝를 세웠다. 그

로부터 몇 달 뒤 양창이 죽었는데, 봉지封地로 3500호를 더 받았다. 군자가 말하기를 "양창의 부인은 일의 기미를 알았다"고 했다. 『시경』에서 "훌륭한 저 아가씨, 아름다운 덕을 가르쳐주네"라고 했는데, 이를 두고 한 말이다.

楊夫人者, 漢丞相安平侯, 楊敞[1]之妻也. 漢昭帝[2]崩, 昌邑王[3]賀即帝位淫亂. 大將軍霍光,[4] 與車騎將軍張安世謀, 欲廢賀更立帝. 議已定, 使大司農田延年[5]報敞. 敞驚懼, 不知所言, 汗出浹背, 徒曰唯唯而已.

延年出更衣, 夫人遽從東廂謂敞曰, "此國之大事. 今大將軍議已定, 使九卿來報君侯. 君侯不疾應, 與大將軍同心, 猶與無決, 先事誅." 延年從更衣還, 敞夫人與延年參語許諾, 請奉大將軍教令. 遂共廢昌邑王, 立宣帝.[6] 居月餘, 敞薨, 益封三千五百戶. 君子謂, "敞夫人可謂知事之機者矣." 詩云, "辰彼碩女, 令德來教."[7] 此之謂也.

1 楊敞(양창): 전한의 정치가로 사마천의 사위이기도 하다. 지위가 어사대부를 거쳐 승상에 이르렀고, 창읍왕을 폐하고 선제를 제위에 올린 거사를 치른 바로 그해 (기원전 74) 두려워하며 떠는 병을 얻어 죽었다.

2 漢昭帝(한 소제): 전한의 제8대 황제(재위 기원전 87~기원전 74) 유불릉劉弗陵 (기원전 94~기원전 74)으로 아버지는 한 무제이고 어머니는 구익부인鉤弋夫人이다.

3 昌邑王(창읍왕): 창읍昌邑은 한 무제의 제5자 유박劉髆이 기원전 97년에 받은 봉읍으로 지금의 산둥 성에 위치했다. 창읍애왕 유박이 재위 10년 만에 죽자 그의 아들 유하劉賀가 창읍왕이 되었다. 유하는 소제昭帝가 죽고 뒤를 이어 한나라 황제가 되었는데, 곽광 등에 의해 27일 만에 폐위되었다.

4 霍光(곽광): 전한의 정치가로 하동 평양현(지금의 산시 성山西省 린펀臨汾) 출신이다. 기원전 130년대에 나서 기원전 68년에 죽었다. 뒤에 나오는 '곽부인霍夫人'은 그의 후처다. 곽광의 전처에서 난 장녀는 상관上官씨 집안으로 시집갔는데, 그녀의 딸이 소제의 상관황후上官皇后(기원전 89~기원전 37)다. 또 후처에서 난 딸 곽성군霍成君은 선제의 곽황후다. 다시 말해 곽광은 소제 효소황후의 외조부이자 선제 곽 황후의 부친이다. 한의 무제·소제·선제의 3조三朝를 거치는 동안 절대 권

력을 누렸지만 그의 사후 곽씨 집안은 모반의 죄를 입어 가족들은 주살되고 집안이 패망하기에 이르렀다. 뒤의 '곽부인현'에 소개된다.

5 田延年(전연년): 지략이 뛰어나 곽광의 신임을 얻어 벼슬이 장사長史에서 하동태수河東太守를 거쳐 농업장관에 해당되는 대사농에 발탁되었다. 곽광의 뜻을 받들어 창읍왕 폐위를 주도함으로써 양성후陽成侯에 봉해졌다.

6 宣帝(선제): 한나라 제10대 황제(기원전 74~기원전 49 재위)로 무제의 증손으로 생모는 왕옹수王翁須다.

7 『시경』「소아」'거할車舝'에 나오는 구절이다.

【 10편 】

곽광의 부인 곽현 霍夫人顯

　　곽霍부인 현顯은 한나라 대장군 박륙후博陸侯 곽광霍光의 아내다. 사치스럽고 음란하며 포악하기까지 하여 법도를 따르는 일이 없었다. 곽광은 충성스럽고 신중하여 효무황제가 죽을 때 내린 조서를 받아 어린 군주 소제昭帝를 보필했다. 선제宣帝 때에는 보위에 오르게 해준 공로로 황제로부터 존경과 총애를 많이 받아 신하 가운데 최고였다. 곽광의 부인 현에게는 어린 딸이 있었는데 자字를 성군成君이라 했다. 현은 딸을 최고의 귀한 존재로 만들고 싶었으나 방법을 찾지 못하고 있었다. 그때 마침 선제의 허許 황후가 아이를 낳아야 하는데. 병이 나자 현은 여의사 순우연淳于衍에게 이렇게 제안했다. "부인이 아이를 낳는 일은 매우 위험한 것으로 열에 하나 정도 살아날 수 있을 것이오. 지금 황후가 아이를 낳으려 할 때 이 약을 넣어 없애줄 수 있겠소? 그렇게 해서 내 딸이 황후가 된다면 그대와 함께 부귀를 누릴 수 있을 것이오." 순우연은 그 제안을 따르기로 하고. 부자附子를 찧어 가루로 만들어 태의太醫가 지은 환약 속에 넣었다. 이것을 가지고 들어가 복용시킴으로써 허황후를 시해했다.

사태가 급박해지자 현은 그 사실을 곽광에게 알렸는데, 이에 남편 곽광은 경악을 금치 못했다. 일이 여의 순우연을 심문하기에 이르자 곽광은 더 이상 이 문제를 거론하지 말 것을 상주上奏했다. 드디어 곽부인 현은 딸 성군을 위해 옷과 궁안에서 사용할 물건을 갖추어 황후로 세우기에 이르렀다.

이때 허황후의 소생이 적자嫡子의 자격으로 태자에 봉해졌다. 현은 노하며 피를 토하고 식음을 전폐하며 말했다. "이 사람은 황제가 민간에 있을 때 낳은 자식인데 어찌 태자가 될 수 있겠는가? 황후인 내 딸이 아들을 낳더라도 황제가 아닌 왕에 머무를 뿐이란 말인가?" 이에 황후가 된 딸에게 태자를 독살하도록 다시 사주했다. 곽황후는 자주 태자를 불러 밥을 먹었는데, 그때마다 태자를 돌보는 보모가 태자보다 먼저 맛보는 바람에 일을 이루지 못했다.

곽광이 죽자 그의 아들 곽우霍禹가 뒤를 이어 박륙후가 되었다. 현은 곽광이 조성해놓은 묘지를 더욱 사치스럽고 크게 만들고, 신도神道를 만들고 연각輦閣를 만들고는 양인과 노비를 그곳에 가두어놓고 묘지를 지키도록 했다. 새로 살림집을 짓고 자신의 수레를 황후나 제후들의 수레처럼 만들어 온갖 수를 놓아 화려하게 꾸몄다. 좌석은 황금으로 도색하여 여종들에게 오색 실로 수레를 끌게 하면서, 자신은 그 위에서 웃고 즐겼다. 또 가노家奴 풍자도馮子都와 음란한 행각을 벌이기도 했다. 그녀의 아들 곽우 등도 방종함이 날로 심해졌다. 선제는 곽씨의 부도덕함을 이미 들어 알고 있었고, 게다가 허황후 시해 사건까지 누설되어 현은 두려워 떨면서 마침내 역모를 꾸미게 되었다. 천자를 폐위시키고 아들 곽우를 세우고자 했는데, 발각되어 곽씨의 집안 안팎이 모두 허리를 잘리는 형벌을 받았다. 곽부인 현은 주검이 저잣거리에 내걸리는 기시棄市의 형벌을 받았고, 그녀의 딸 곽황후는 폐위되어 소대궁昭臺宮에 유폐되었다.

『시경』에서는 "남을 해치면서도 무엇이 잘못인지를 알지 못하네"라고 했다. 거리낌 없이 악을 행하고도 그 잘못을 알지 못함을 말한 것인데, 곽부인 현에게 해당되는 것이다.

霍夫人顯¹者, 漢大將軍博陸侯,² 霍光³之妻也. 奢淫虐害, 不循軌度. 光以忠愼, 受孝武皇帝遺詔, 輔翼少主. 當孝宣帝時, 又以立帝之功, 甚見尊寵, 人臣無二. 顯有小女字成君, 欲貴之, 其道無由. 會宣帝許后⁴當産疾, 顯乃謂女監⁵淳于衍曰. "婦人娩乳大故, 十死一生. 今皇后當娩身, 可因投藥去之. 使我女得爲后, 富貴共之." 衍承其言, 擣附子⁶碎太醫大丸中. 持入, 遂藥弑許后. 事急, 顯以情告光, 光驚愕. 業已治衍, 奏因令上署勿論. 顯遂爲成君衣補, 治入宮具, 果立爲后. 是時, 許后之子, 以正適立爲太子. 顯怒, 嘔血不食曰, "此乃帝在民間時子, 安得爲太子. 卽我女有子, 反當爲王耶." 復敎皇后, 令毒殺太子. 皇后數召太子食, 保阿⁷輒先嘗之.

光旣薨, 子禹嗣爲博陸侯. 顯改更光時所造塋, 而侈大之, 築神道, 爲輦閣, 幽閉良人奴婢. 又治第宅. 作乘輿輦盡繡絪紺, 黃金塗爲薦輪, 侍婢以五采絲輓顯游戲. 又與監奴馮子都淫亂. 禹等縱弛日甚. 宣帝旣聞霍氏不道, 又弑許后事泄, 顯恐怖, 乃謀爲逆. 欲廢天子而立禹. 發覺, 霍氏中外皆腰斬, 而顯棄市, 后廢處昭臺宮. 詩云, "廢爲殘賊, 莫知其尤."⁸ 言肆於惡, 不知其爲過. 霍夫人顯之謂也.

1 霍顯(곽현): 곽현霍顯은 본래 곽씨가 아니며 남편의 성을 따른 것이다. 곽현은 곽광의 부인 동려씨東閭氏가 시집올 때 데리고 온 여종이었다. 곽광의 부인 동려씨가 아들을 낳지 못하자 자신의 여종을 남편의 첩으로 삼게 한 것이다. 곽광의 부인 동려씨가 죽자 현이 그의 부인이 되었다.

2 博陸侯(박륙후): 기원전 87년 한 무제가 죽으면서 대장군 곽광을 박륙후에 봉하게 했다. 현재 베이징 핑구 구平谷區에 곽광의 봉지였던 박륙성이 있다.

4 許后(허후): 한 선제의 황후 공애황후恭哀皇后 허평균許平君(기원전 89~기원전 71)을 말한다. 전한의 제11대 황제 원제元帝의 모친이다.

5 女監(여감): 청나라 왕조원王照圓은 감監은 의醫의 오기라 하고, 글자 모양이 비슷하여 실수한 것으로 보았다.

6 烏頭(오두): 미나릿과에 속하는 다년생 초본식물로 그 뿌리를 건조시켜 약재로 쓴다.

7 保阿(보아): 귀족 자녀를 돌보고 교육시키는 여성.

8 『시경』「소아」 '사월四月'에 나오는 구절이다.

【 11편 】

엄연년의 어머니 嚴延年母

동해東海 출신의 하남태수河南太守 엄연년의 어머니에 관한 이야기다. 다섯 아들을 두었는데, 모두 관리로서의 능력이 뛰어나 녹봉이 다들 2000석에 이르렀다. 그래서 동해 사람들은 그녀를 '만석엄구萬石嚴嫗'라고 불렀다.

엄연년이 하남태수로 일할 때 엄격하고 능력이 뛰어나기로 이름이 났다. 겨울에 그의 관할 현의 죄수를 심문하는데, 죄수들의 피가 몇 리를 흐를 정도였다. 하남 사람들은 그를 '사람 잡는 백정'이라 했다. 동해에 살던 그의 어머니는 섣달의 납제를 항상 연년이 사는 곳으로 와서 지냈다. 그녀가 낙양에 이르렀을 때 마침 아들 엄연년이 죄수를 다루는 것을 보게 되었다. 어머니는 크게 놀라며 입구에서 멈추고는 관부官府로 들어가지 않으려고 했다. 연년이 입구 문 앞에 나와 들어가기를 청했지만 어머니는 문을 막고 아들을 보려 하지 않았다. 엄연년이 관을 벗고 어머니가 계신 대문 입구에서 머리를 조아리자 이에 어머니가 그를 만나주었다. 그리고 연년을 심하게 꾸짖으며 말했다.

너는 운이 좋아 군수가 되어 천 리에 이르는 땅을 다스리고 있구나. 그런데 인의로 교화하여 어리석은 백성을 편안하게 해준다는 소문은 들리지 않고, 형벌을 써서 많은 사람을 죽이고 그것으로 위엄을 세우고자 하니 어찌 백성의 부모가 되려는 뜻이겠느냐?

연년은 죄를 인정하고 머리를 조아리며 사죄했다. 그러고는 어머니를 모시고 관사로 들어갔다. 납제臘祭를 마치자 어머니는 아들에게 이렇게 말했다.

천도와 신명은 사람들이 독단으로 누구를 죽일 수 없게 했다. 나는 뜻하지 않게도 늙은 나이에 장성한 사람들이 사형을 받아 죽는 모습을 보게 되었구나. 가겠다! 너를 떠나 동해로 가서 네 묏자리나 청소하고 기다리겠다.

그러고는 떠나와 고향 동해로 돌아왔다. 형제와 친척들을 보고 낙양에서 있었던 일을 말해주었다. 1년 남짓한 세월이 흘러 부승府丞이 문서를 올렸는데, 거기에 엄연년의 죄목이 열 가지나 걸려 있었다. 이에 어사御史에게 사실을 조사토록 하여 엄연년은 기시棄市의 형에 처해졌다. 동해에서는 어머니의 현명과 지혜를 일컫지 않은 자가 없었다. 군자가 말하기를 "엄연년의 어머니는 인자하면서 지혜롭고 신실하면서 도리가 있었다"고 했다. 『시경』에서 "마음의 시름이 지금 시작되었네"라고 했는데, 엄연년의 어머니를 두고 한 말이다.

河南太守東海嚴延年[1]之母也. 生五男, 皆有吏材, 至二千石. 東海號曰, 萬石嚴嫗.[2] 延年爲河南太守, 所在名爲嚴能. 冬月, 傳屬縣囚, 論府下, 流血數里. 河南號曰, 屠伯. 其母常從東海來, 欲就延年臘. 到洛陽, 適見報囚. 母大驚, 便止都亭, 不肯入府. 延年出至都亭謁, 母閉閣不見. 延年免冠頓首閤下, 母乃見之. 因責數延年曰, "幸備郡守, 專治千里. 不聞仁義敎化, 有以全安愚民, 顧乘刑罰多刑殺人, 欲以致威, 豈爲民父母之意哉." 延年服罪, 頓首謝, 因爲御歸府舍. 母畢正臘已, 謂延年曰. "天道神明, 人不可獨殺. 我不自意, 老當見壯子被刑戮也. 行矣. 去汝東海, 掃除墓地耳." 遂去歸郡. 見昆弟宗族, 復爲言之. 後歲餘, 爲府丞所章, 結延年罪名十事. 下御史案驗, 遂棄延年於市. 東海莫不稱母賢智. 君子謂, "嚴母仁智信道." 詩云, "心之憂矣, 寧自全矣."[3] 其嚴母之謂也.

---

1 嚴延年(엄연년): 동해 하비下邳(지금의 장쑤 성 피저우邳州)사람이다. 젊어서부터 법률을 공부했다. 소제 때 대장군 곽광을 탄핵하다가 조정의 미움을 샀고, 대사농 전연년을 탄핵하다가 사형을 당할 뻔했다. 선제 때에 사면되어 직책이 하남태수에 이르렀는데, 강직하고 혹독한 행정 처리가 화근이 되어 기원전 58년에 기시형에 처해졌다.

2 萬石嚴嫗(만석엄구): 다섯 아들 각각의 2000석 녹봉을 합하면 만 석이 되고, 그들의 어머니라는 뜻이다.

3 『시경』「대아」'첨앙'에 나오는 구절이다.

12편

한나라 원제의 비 풍소의 漢馮昭儀

한漢나라 풍소의馮昭儀는 효원제孝元帝의 비빈으로 우장군右將軍 광록훈光祿勳 풍봉세馮奉世의 딸이다. 원제 초원 2년(기원전 47)에 소의昭儀로 뽑혀 후궁으로 들어와 처음에는 장사長使가 되었다가 몇 달 만에 미인美人이 되었다. 그녀가 낳은 아들이 바로 중산효왕中山孝王이다. 풍소의는 또 미인에서 첩여婕妤로 승격되었다.

건소建昭 연간에 황제가 호랑이 우리 속에서 야수들이 싸움을 벌이는 것을 구경하기 위해 거둥하자 후궁들이 모두 따라갔다. 그때 곰이 갑자기 우리를 뛰쳐나와 난간을 타고 어전으로 올라가려 했다. 곁에 있던 귀인貴人들과 부소의傅昭儀 등은 모두 놀라 달아났으나 풍첩여는 곰과 마주하여 섰다. 이에 곁에 있던 호위병이 곰을 때려 죽였다. 천자가 풍첩여에게 "보통 사람이면 다 놀라고 두려워할 것인데 어떻게 곰과 마주할 수 있는가?"라고 물었다.

풍첩여가 대답했다. "저는 '맹수란 사람을 만나면 멈추어 선다'고 들었습니다. 제가 두려웠던 것은 곰이 임금님 계신 곳에 올라가는 것이었는데, 그래서 몸으로 막았을 뿐입니다." 이에 원제는 감탄하

며 그녀를 더욱 공경했다. 놀라서 먼저 달아났던 부소의 등은 모두 부끄러워했다. 이듬해 그녀의 아들이 중산왕에 봉해지고 그녀는 첩여에서 소의昭儀로 승격되었다. 원제는 소의에게 중산왕이 된 아들을 따라 봉국으로 가도록 허락하며 중산태후中山太后라는 칭호를 내렸다.

군자가 말하기를 "소의는 용감하면서 의義를 중히 여겼다"고 했다. 『시경』에서 "임금의 사랑하는 사람들도 임금을 따라 사냥 가네"라고 했고, 『논어』에서는 "의를 보고 행동하지 않는 것은 용기가 아니라"라고 했다. 소의는 이 둘을 다 갖추었다.

漢馮昭儀[1]者, 孝元帝[2]之昭儀, 右將軍光祿勳馮奉世[3]之女也. 元帝二年, 昭儀以選入後宮, 始爲長使,[4] 數月爲美人. 生男, 是爲中山孝王.[5] 美人爲婕妤. 建昭[6]中, 上幸虎圈鬥獸, 後宮皆從. 熊逸出圈, 攀檻欲上殿. 左右貴人傅昭儀[7]皆驚走, 而馮婕妤直當熊而立, 左右格殺熊. 天子問婕妤. "人情皆驚懼, 何故當熊." 對曰, "妾聞猛獸得人而止, 妾恐至御坐, 故以身當之." 元帝嗟嘆, 以此敬重焉. 傅昭儀等皆慚. 明年, 中山王封, 乃立婕妤爲昭儀. 隨王之國[8]號中山太后. 君子謂, "昭儀勇而慕義." 詩云, "公之媚子, 從公於狩."[9] 論語曰, "見義不爲, 無勇也."[10] 昭儀兼之矣.

---

1 馮昭儀(풍소의): 원제의 비妃이자 평제의 조모祖母 풍원馮媛이다. 원제가 즉위하자 후궁에 뽑혀 들어와 미인이 되었고, 5년 후에 아들을 낳자 첩여가 되었다. 소의의 봉호는 원제 때 창설되었는데 황후 다음가는 서열이다. 한대의 제도에서 소의의 지위는 승상과 비슷하고 작위는 왕후와 같았다. 성제成帝의 뒤를 이어 소의의 손자 정도왕定陶王이 황제의 자리에 오르자 태후가 된 부소의는 풍소의에 대한 묵은 원한을 갚아주는데, 이 과정에서 풍소의는 자살했다. 그녀가 죽은 지 5년 후

인 기원전 1년에 손자 유간劉衎이 황제에 올라 평제平帝가 되었다.

2 孝元帝(효원제): 전한의 제11대 황제 유석劉奭(기원전 76~기원전 33)이다. 선제宣帝의 장자이며 어머니는 공애황후恭哀皇后 허평군이다. 아버지 선제가 민간인 신분일 때 태어났다. 어머니 허 황후는 출산 중에 곽광 부인인 곽현의 사주로 죽었다. 원제의 황후 효원황후 왕정군王政君(기원전 71~기원후 13)은 중국 역사상 가장 장수한 황후 가운데 한 사람이다.

3 馮奉世(풍봉세): 상당上黨(지금의 산시 성山西省 창즈長治)의 대대로 장군을 배출한 집안에서 났다. 『춘추』를 공부하여 대의를 알았고, 특히 병법에 능했다. 흉노·강羌 등을 정벌하여 그 위엄이 서역을 진동시켰다고 한다. 『한서』 「풍봉세전馮奉世傳」이 전한다.

4 長使(장사): 진한 시기 황제를 모시는 후궁의 칭호. 후궁의 등급에 부인夫人·미인美人·양인良人·팔자八子·칠자七子·장사長使·소사少使가 있는데, 장사는 600석에 준하는 대우를 받았다.

5 中山孝王(중산효왕): 원제의 제3자 유흥劉興(기원전 ?~기원전 8)으로 어머니는 소의 풍원이다. 기원전 37년에 신도군信都王에 봉해졌다가 기원전 23년에 중산왕中山王으로 개봉改封되었다. 평제 유간劉衎의 아버지다. 시호가 '효孝'다.

6 建昭(건소): 한 원제의 연호로 기원전 38~기원전 34년에 사용되었다.

7 傅昭儀(부소의): 원제의 비이자 애제의 조모다. 부소의는 태후의 궁중 재인才人이었다. 원제는 태자 시절부터 부소의를 총애하여 기원전 49년 황제로 즉위하자 부씨를 첩여에 봉했다. 또한 원제는 첩여보다 높고 황후 바로 아래의 직위를 새로 만드는데, 소의가 그것이다.

8 隨王之國(수왕지국): 전한의 제도에 자식을 낳은 후궁과 비빈은 황제가 붕어하면 그 자식의 봉국으로 따라 가서 살도록 했다.

9 『시경』 「진풍秦風」 '사철駟驖'에 나오는 구절이다.

10 『논어』 「위정」 편에 나오는 구절이다.

【 13편 】

왕장의 아내와 딸 王章妻女

　왕장王章의 아내와 딸이란 한漢나라 때 경조윤京兆尹 왕중경王仲卿의 아내와 딸을 말한다. 중경이 장안에서 서생으로 공부하던 시절에 아내와 단둘이 살고 있었다. 그런데 병이 들어 누웠는데 이불도 없이 덕석을 깔고 있는 상황이었다. 이에 중경은 아내와 이별하기로 마음먹고는 눈물을 흘리며 울었다. 아내가 화를 내며 꾸짖었다. "여보세요 중경, 조정의 존귀한 사람들 중에 누가 당신보다 더 훌륭하겠소? 지금 병으로 액운에 처해 있는데, 스스로 힘을 내지는 못할망정 울고 있다니 어찌 이렇게 어리석지요?" 그 후 왕장은 벼슬이 서울시장에 해당되는 경조윤에 이르렀다.

　성제成帝의 외숙인 대장군 왕봉王鳳이 정권을 잡고 전권을 행사하고 있었는데, 왕장은 비록 왕봉의 천거로 벼슬길에 올랐지만 그에게 의지할 마음이 없었다. 마침 일식日蝕으로 인한 재변이 일어나자 왕장은 봉사封事를 올려 왕봉의 임용이 옳지 않음을 주장하려고 했다. 글이 완성되어 황제에게 막 올리려 하는데, 그의 아내가 말리면서 말했다. "사람이란 만족할 줄 알아야 합니다. 당신은 덕석을 깔

고 누워 눈물 흘리며 울던 때를 왜 생각하지 않으시지요?" 이에 왕
장은 "아녀자가 관여할 바 아니오"라고 말했다. 왕장의 글은 황제에
게 올려졌지만, 천자는 외숙 왕봉을 차마 내칠 수가 없었다. 오히
려 왕장이 왕봉의 모함을 받아 대역죄에 걸려 옥에 갇히는 신세가
되었다.

왕장에게는 나이 열두 살의 어린 딸이 있었다. 그 딸이 밤중에 목
놓아 슬피 울며 말했다. "평소에 옥에 갇힌 자는 아홉 명이라고 했
는데, 지금은 여덟 명밖에 없답니다. 우리 아버지는 본래 강직하신
분이어서 먼저 죽은 자가 틀림없이 우리 아버지일 것입니다." 다음
날 알아보니 과연 왕장은 죽어 있었다. 그러고는 왕장의 아내와 딸
은 모두 합포로 유배되었다. 왕봉이 죽은 후 성도후成都侯 왕상王商
이 대장군이 되었다. 왕상은 무죄였던 왕장을 안타깝게 여겨 사실
대로 고백하고 그 처자식의 재산과 전답에 더 많이 보태어 되돌려
주었다. 군자가 말하기를 "왕장의 처는 말고 펴는 것의 원리를 알았
다"고 했다. 『시경』에서는 "하늘이 두렵다지만 나는 진실로 죄가 없
다네"라고 했다. 이것은 왕이 학정을 행하더라도 죄가 없으면 재앙
에 걸려들지 않음을 말한 것이다.

王章[1]妻女, 漢京兆尹王仲卿之妻及其女也. 仲卿爲書生, 學於長安, 獨
與妻居. 疾病無被, 臥牛衣中, 與妻訣泣涕. 妻呵怒曰, "仲卿尊貴在朝廷,
誰愈於仲卿者. 今疾病困厄, 不自激昂, 乃反涕泣, 何鄙也." 後章仕宦至京
兆尹.

成帝[2]舅大將軍王鳳[3]秉政專權, 章雖爲鳳所擧, 意不肯附. 會有日食之
變, 章上封事, 言鳳不可任用. 事成當上, 妻止之曰, "人當知足. 獨不念牛衣

中流涕時耶." 章曰, "非女子所知." 書遂上, 天子不忍退鳳. 章猶是爲鳳所
陷, 事至大逆, 收繫下獄.

章有小女, 年十二. 夜號哭曰, "平日坐獄上, 聞呼囚數常至九, 今八而止.
我君素剛, 先死者必我君也." 明日問之, 果死. 妻子皆徙合浦. 鳳薨後, 成
都侯王商⁴爲大將軍. 閔章無罪白, 還其妻子財産田宅, 衆庶給之. 君子謂,
"王章妻知卷舒之節." 詩云, "昊天已威, 予愼無罪."⁵ 言王爲威虐之政, 則
無罪而遭咎也.

1 王章(왕장): 자字는 중경仲卿으로 태산泰山 거평巨平(지금의 산둥 성 타이안泰
安) 출신이다. 그 아내와의 고사가 『한서』 「왕장전」에 전한다.
2 成帝(성제): 전한의 제12대 황제 유오劉驁(기원전 51~기원전 7)다. 다음 편에
나오는 '반첩여班婕妤'와 '조비연자제趙飛燕姊娣'는 성제의 여인들이다. 성제에 대
한 상세한 내용은 '반첩여'에서 소개한다.
3 王鳳(왕봉): 성제의 외숙이자 원제의 황후 왕정군의 오빠다. 조카 유오가 황제
가 되자 대사마·대장군 등이 되어 정권을 장악함으로써 외척 중심의 세력을 구축
했다. 기원전 22년에 병으로 죽으면서 조카 왕망을 태후이자 누이인 왕정군에게
부탁했는데, 이후 왕망은 신新왕조를 창건하게 된다.
4 王商(왕상): 선제의 생모 왕옹수王翁須가 왕상王商의 고모다. 왕봉과는 정치적
으로 대립하는 입장이었다.
5 『시경』 「소아」 '교언'에 나오는 구절이다.

【 14편 】

한나라 성제의 비 반첩여 班婕妤

반첩여班婕妤는 좌조월기左曹越騎 반황班況의 딸로서 한漢나라 효성황제孝成皇帝의 후궁이다. 성품이 어질고 재능이 있으며 변론에 능통했다. 처음에 후궁으로 들어와 소사小使가 되었는데 곧이어 황제의 총애를 받아 첩여가 되었다. 성제는 궁궐의 후원을 노닐며 자신의 수레에 첩여를 태우고 싶어했다. 이에 첩여가 사절하면서 말했다.

옛날 그림을 보니 어진 임금은 모두 이름난 신하들을 곁에 두었지만, 망국의 삼대三代 군주들은 하나같이 여자를 곁에 두었습니다. 지금 황제께서 저를 같은 수레에 태우고 싶어하시는 것은 그들과 비슷하지 않습니까?

황제는 그의 말이 훌륭하다고 여겨 그만두었다. 태후가 이 이야기를 듣고 기뻐하면서 "옛날에 번희樊姬가 있었다면 지금은 반첩여가 있구나"라고 했다. 그녀는 매번 시를 암송하는데, 요조窈窕와 덕상德象, 여사女師 편에 이르면 반드시 세 번씩 반복했다. 그리고 매

續列女傳
—
645

번 임금을 뵐 때면 고례古禮에 의거하여 상주했다. 홍가鴻嘉 이후 성제는 조금씩 여자들에게 빠지기 시작했다. 이에 첩여는 시종하는 여인 이평李平을 바쳤다. 이평도 총애를 받아 첩여에 봉해졌다. 황제는 "처음에 위 황후도 미천한 집안 출신이었다"고 하고, 이평에게 위 성衛姓을 하사했다. 그래서 이평은 위첩여로 불리었다. 그 뒤 조비연趙飛燕 자매가 총애를 받게 되자 교만하게 투기하며 반첩여를 참소하기를 "사악한 의도를 갖고 저주의 주술을 행하고 있다"고 했다. 이에 황제가 사실을 확인하려고 반첩여를 불러 묻자 그녀가 말했다.

> 저는 '죽고 사는 것은 명命에 달렸고 부귀는 하늘에 달렸다'고 들었습니다. 자신을 갈고닦아 바르게 살아도 오히려 복을 받을 수 없거늘 사악한 욕심으로 무엇을 바라겠습니까? 또 귀신에게 앎이 있다면 신하답지 않은 하소연은 받아들이지 않을 것입니다. 귀신이 무지無知하다면 하소연한들 무슨 이익이 있겠습니까? 그래서 저는 그런 짓을 하지 않았습니다.

황제는 그녀의 답변이 훌륭하다고 여기면서 한편 가엾은 마음에 황금 100근을 하사했다. 이때 조비연이 교만하게 투기를 부리자 첩여는 그 위기가 오래갈 것이라 여겨 장신궁에서 태후를 봉양하는 일을 청하여 황제의 허락을 받았다. 이에 첩여는 물러나 동궁에 거처하며 부賦를 지어 자신의 슬픔을 드러냈다.

> 조상이 남긴 덕을 이어받아 성명의 맑은 영혼을 얻었네
> 미천한 신분으로 궁궐에 들어와 후궁의 반열에 섰네

성스런 황제의 극진한 사랑을 받아 해와 달처럼 빛났네

황실의 영광이 너무나 환했고

증성의 궁전에서는 총애 더욱 융성했네

총애는 이미 나를 떠났으니 몰래 물러나기 좋은 때를 도모했네

자나깨나 탄식하며 옛 시절을 그리워하네

현녀도를 펼쳐놓고 그들을 본받고자 하면서

여스승들에게 시의 뜻을 묻도다

달기가 준 교훈을 슬프게 여기고

포사의 허물을 불쌍하게 여기도다

아황과 여영이 순에게 시집간 것을 찬미하고

태임과 태사가 주나라의 어머니 됨을 영광스럽게 여기도다

내 비록 비루하여 그들에게 미칠 수는 없으나

감히 포기하여 이들을 잊겠는가

나이를 먹을수록 근심 더욱 쌓이고

화려한 꽃도 영원하지 못함을 슬퍼하도다

양록陽祿과 자관柘觀에서 슬퍼하는 사이

강보에 싸인 아이 재앙을 만났네

어찌 내가 만든 재앙이리오 천명이 그러니 어쩔 수 없는 것을

대낮의 해도 사그라져 빛을 잃어 저녁이 되면 어두워지네

여전히 크나큰 황제의 덕을 입어 죄를 짓지는 않으니

동궁에 들어와 태후를 봉양하며

장신궁 끝자락에 내 몸을 의탁했네

물 뿌리고 청소하는 일을 하며 죽을 때까지 계속될 것이네

원컨대 유골이라도 산으로 돌아가

송백의 그늘에 의지하고 싶네

깊은 궁궐에 잠겨 그윽하고 맑게 살았지만

궁궐 대문은 닫혀 있고 빗장이 쳐져 있네

화려한 궁전에 먼지 끼고 옥 계단엔 이끼 돋고

뜰에는 녹초가 우거졌네

큰 궁궐의 그늘에 가려 장막은 어둡고

방의 창살엔 냉랭한 바람이 부네

긴 치마를 날리고 붉은 비단을 감아올려 펄럭이며

스치는 흰 비단 소리

신묘하도다. 고요한 후궁에 임금은 오지 않으니

누가 영광을 누릴까

내려다보니 붉은색 돌계단이 발자국으로

임금이 오셨던 날을 생각하네

고개 들어 구름 같은 궁궐 보니

두 줄기 눈물이 어지럽게 흘러내리네

좌우를 돌아보니 모두가 환한 얼굴

술잔을 나누며 근심을 풀고 있네

사람의 한세상 홀연히 흘러 뜬구름 같구나

나 홀로 고명하게 백성 가운데서도 지극한 복을 누렸네

지금은 힘써 마음을 즐겁게 할 뿐

복록은 내가 바라는 바가 아님을.

녹의綠衣와 백화白華는

예로부터 이런 일이 있었음을 말해주는 것.

성제가 붕어하자 반첩여는 능원을 지키고 받드는 일에 충실했다. 그로 인해 그녀도 황제와 같은 능에 안장되었다. 군자가 말했다. "임금이 함께 수레를 타자고 했을 때 반첩여가 사양한 것은 주周나라 선왕宣王 왕후의 뜻과 같다. 또 시녀 이평을 천거하여 자신과 같은 반열에 서게 한 것은 초 장왕의 비 번희의 덕과 같다. 저주의 참소를 해석한 것은 정강定姜의 지혜와 같고, 동궁으로 물러나 태후를 받드는 일을 청한 것은 과부 이씨의 행위와 같다. 여기에 그녀가 지은 부는 슬프되 마음 상하지 않고, 명으로 귀의하되 원망하지 않은 것과 같다."『시경』에서는 "저 훌륭한 군자님, 깎고 다듬고 쪼고 간 듯 하시네. 묵직하고 위엄 있고 훤하고 의젓하시니, 저 훌륭한 군자님 끝내 잊을 수가 없네"라고 했는데, 반첩여 같은 이를 두고 한 말이다.

班婕妤者,[1] 左曹越騎班況[2]之女, 漢孝成皇帝之婕妤也. 賢才通辯. 始選入後宮爲小使, 俄而大幸, 爲婕妤. 成帝遊于後庭, 嘗欲與婕妤同輦,[3] 辭曰, "觀古圖畫, 賢聖之君, 皆有名臣在側, 三代之末主, 乃有女嬖. 今欲同輦, 得無似之乎?"上善其言而止. 太后[4]聞而喜曰, "古有樊姬,[5] 今有班婕妤."

每誦詩及窈窕德象女師之篇,[6] 必三復之. 每進見上疏, 依古禮. 自鴻嘉[7]之後, 成帝稍隆於女寵. 婕妤進侍者李平, 平得幸, 立爲婕妤. 帝曰, "始衛皇后,[8] 亦從微起."乃賜平姓曰衛, 所謂衛婕妤也.

其後, 趙飛燕姊妹有寵, 驕妒譖訴婕妤云, "挾邪詛祝."考問班婕妤, 曰, "妾聞, '死生有命, 富貴在天.'[9] 修正尚未蒙福, 爲邪欲以何望?且使鬼神有知, 不受不臣之訴. 如其無知, 訴之何益, 故弗爲也."上善其對而憐閔之, 賜黃金百斤. 時飛燕驕妒, 婕妤恐久見危, 求供養皇太后於長信宮.[10] 上許焉.

婕妤退處東宮, 作賦自傷曰.

"承祖考之遺德兮, 荷性命之淑靈. 登薄軀于宮闕兮, 充下陳于後庭.

蒙聖皇之渥惠兮, 當日月之盛明. 揚光烈之翕赫兮, 奉隆寵于增成.

既過幸于非位兮, 竊庶幾乎嘉時. 每寤寐而累息兮, 申佩離以自思.

陳女圖而鏡鑑兮, 顧女史而問詩. 悲晨婦[11]之作戒兮, 哀褒豔[12]之爲尤.

美皇英之女舜兮, 榮任姒之母周. 雖愚陋其靡及兮, 敢舍心而忘茲.

歷年歲而悼懼兮, 閔繁華之不滋. 痛陽祿與柘觀兮, 仍襁褓而離災.

豈一人之殃咎兮, 將天命之不可求. 白日忽以移光兮, 遂奄莫而昧幽.

猶被覆載之厚德兮, 不廢捐於罪尤. 奉供養於東宮兮, 託長信之末流.

供灑掃於帷幄兮, 永終死以爲期. 願歸骨於山足兮, 依松柏之餘休."

重曰.

"潛玄宮兮幽以清, 應門閉兮禁闥扃. 華殿塵兮玉階苔, 中庭萋兮綠草生.

廣屋蔭兮帷幄暗, 房櫳虛兮風泠泠. 感帷裳兮發紅羅, 紛悴緆兮紈素聲. 神

眇眇兮密靓處, 君不御兮誰爲榮?俯視兮丹墀, 思君兮履綦. 仰視兮雲屋,

雙涕下兮橫流. 顧左右兮和顏, 酌羽觴兮銷憂. 惟人生兮一世, 忽一過兮若

浮. 已獨嚮兮高明, 處生民兮極休. 勉娛精兮極樂, 與福祿兮無期. 綠衣兮

白華,[13] 自古兮有之."

至成帝崩, 婕妤充奉園陵[14]薨. 因葬園中. 君子謂, "班婕妤辭同輦之言,[15]

蓋宣后[16]之志也. 進李平于同列, 樊姬之德也. 釋詛祝之譖, 定姜[17]之知也.

求供養於東宮, 寡李[18]之行也. 及其作賦, 哀而不傷,[19] 歸命不怨." 詩云,

"有斐君子, 如切如磋. 如琢如磨, 瑟兮僴兮, 赫兮喧兮, 有斐君子, 終不可諼

兮."[20] 其班婕妤之謂也.

1　班婕妤(반첩여): 본명은 반념班恬으로 전한 12대 황제 성제의 비빈이다. 기원전 48년에 태어나 기원후 2년에 죽었다. 후한의 역사가 반표班彪의 고모이고, 『한서』의 저자 반고班固(32~92), 서역을 개척한 반초班超(33~102), 『여계』의 저자 반소班昭(45~117)의 고모할머니. 반씨는 처음에 입궁하여 비교적 지위가 낮은 소사에 머물다가 총애를 받아 금방 첩여에 책봉되었다.

2　左曹越騎(좌조월기): 한나라 무관武官의 직명.

3　同輦(동연): 임금의 수레 연輦을 임금과 함께 탄다는 뜻이다.

4　太后(태후): 성제의 모후이자 원제의 황후인 왕정군을 말한다. 황후·황태후·태황태후를 거치며 61년 동안 왕후의 자리에 있었다.

5　樊姬(번희): 초나라 장왕의 후궁으로 뛰어난 지모과 담대한 역량을 가지고 정치 참모로서의 역할을 수행한 여성이다. 「현명전」 '초장번희'에 소개되었다.

6　窈窕(요조)·德象(덕상)·女師(여사): 이 세 가지는 여성의 덕을 노래한 『시경』 각 편에 나오는 용어들이다. 요조와 여사는 「주남」의 '관저'와 '갈담葛覃'에 각각 나오고, 덕상은 부인의 덕을 노래한 「소남」의 '작소鵲巢'의 별칭으로 삼은 것 같다.

7　鴻嘉(홍가): 성제 시기의 연호로 기원전 20~기원전 17년에 사용했다.

8　衛皇后(위황후): 한 무제의 총희寵姬 위자부衛子夫를 말한다. 무제의 누이 평양공주의 집에 소속된 미천한 신분의 가희歌姬에서 무제의 총애를 입어 아들을 낳고 황후가 되었다.

9　死生有命 富貴在天(사생유명 부귀재천): 『논어』 「안연」 편에 나오는 말이다.

10　長信宮(장신궁): 한대 태후가 거처하는 궁으로 장락궁 안에 있었다. 한 왕조의 3대 황궁으로 장락궁·미앙궁未央宮·건장궁建章宮이 있다.

11　晨婦(신부): 새벽을 알린 부인, 즉 정치에 관여한 부인을 말함. 이 용어는 "암탉을 새벽에 울리지 마라. 암탉이 새벽에 울면 집안이 망한다"(『서경』 「주서·목서」)에서 유래한 것으로 은나라 주왕의 비 달기를 가리키는 것으로 보인다.

12　褒豔(포염): 서주西周의 마지막 왕 유왕의 왕비 포사를 가리킨다. 염豔은 외모가 뛰어나게 아름다운 것을 뜻한다. 포사에 대한 이야기는 「얼폐전」 '주유포사'에 자세하다.

13　綠衣(녹의)·白華(백화): 이 두 가지는 『시경』의 편명들이다. 녹의綠衣는 「패풍」의 편명으로 첩에게 밀려난 정실부인의 시름을 노래한 내용을 담고 있다. 또 백화白華는 「소아」에 편성된 시라고 하나 현재 전하지 않는다.

14　園陵(원릉): 한나라 성제의 연릉延陵을 말하는 것으로 오늘날 산시 성 셴양咸陽에 있다. 연릉에서 동북쪽 500미터 거리에 반첩여의 묘가 있다.

15　婕妤辭同輦(첩여사동연): 총애하는 여인에게 같은 수레를 타고 가자던 황제의 제안을 거절한 반첩여의 일화가 '반첩사연班妾辭輦'이라는 고사성어로 발전했다. '반첩사연'이란 비빈妃嬪의 덕을 의미하는 하나의 용어가 되었다.

16　宣后(선후): 주나라 제11대 선왕의 왕후를 말한다. 그녀에 대한 이야기는 「현명전」 '주선강후'에 소개되었다.

17 定姜(정강): 위衛나라 정공定公의 왕후 정강定姜이 점괘를 여러 상황과 중층적인 맥락 속에서 해석한 일화를 말하는 것 같다. 「모의전」 '위고정강'에 자세하다.

18 寡李(과리): 과부 이씨가 누구인지는 알 수 없다.

19 哀而不傷(애이불상): 공자가 남녀 애정시 '관저'를 읽은 느낌으로 "즐기되 음란하지 않고樂而不淫, 슬프되 마음 상하지 않는다哀而不傷"고 했는데, 『논어』「팔일」에 나오는 말이다.

20 『시경』「위풍衛風」 '기오淇奧'에 나오는 구절이다.

【 15편 】
한나라 성제의 황후 조비연 자매 趙飛燕姊娣

조비연趙飛燕 자매는 성양후成陽侯 조림趙臨의 딸들이며 한나라 효성황제가 사랑한 여자들이다. 조비연이 태어났을 때 그 부모가 키우지 않을 심산으로 내버려두었는데, 3일이 지나도록 죽지 않자 거둬서 길렀다. 성제는 미복 차림으로 바깥을 나다니곤 했는데, 하양 공주의 집에서 열린 음악회에서 비연을 보고는 기뻐했다. 황제는 조비연을 궁으로 불러들여 후궁으로 삼고는 매우 사랑했다. 조비연에게는 여동생이 있었는데 그녀 또한 불러들여 둘을 함께 첩여로 삼았다. 그들의 귀함은 궁궐을 기울일 정도였는데, 이에 그 아버지 조림은 성양후에 봉해졌다. 얼마 후 조비연은 황후에 세워졌고 그 동생은 소의昭儀가 되었다. 조비연에 대한 황제의 총애가 황후가 된 뒤부터는 시들해졌지만 소의에 대한 총애는 여전히 최고였다.

소양궁에 살았는데 그 안뜰을 붉은색으로 칠하고 전殿에는 옻칠을 했으며 섬돌은 모두 구리를 이어 붙이고 그 위에 황금을 발랐다. 계단은 백옥으로 만들고 벽에는 띄엄띄엄 황금못을 박고 가운데에 남전에서 캔 옥과 진주, 비취를 끼워넣어 장식했다. 후궁의 역사가 시작된 이래 이렇게 사치스러운 적은 없었다. 조비연 자매는 이렇게 황제의 총애를 독차지했으나 모두 아들을 낳지 못했다. 교태와 애교에 불손함을 더하여 후궁들을 질투했다.

황제가 허 미인許美人을 사랑하여 아들을 낳았다. 소식을 들은 조소의는 황제에게 말했다. "항상 나를 속여 중궁에서 온다고 했는데, 지금 허 미인의 아들은 어디에서 생겼지요?" 그리고 원망하면서 손으로 자신을 치고, 머리로 기둥을 찧고 침대 위에서 아래로 떨어져 뒹굴며 울고불고하면서 밥도 먹지 않았다. 또 말하기를 "지금 나를 어떻게 하시겠습니까? 나는 죽고만 싶습니다" 했다. 이에 황제가 말하기를 "내가 너에게 진작 말하려고 했는데, 도리어 화를 내다니" 라면서 황제 역시 식사를 하지 않았다. 소의가 말했다. "폐하께서 스스로 저지른 일에 먹지 않는 것은 무슨 일이죠? 폐하께선 항상 '너를 배반하지 않겠다고 약속하마'라고 했습니다. 그런데 지금 허 미인이 아들을 낳은 것은 결국 약속을 어긴 것이니 무슨 말을 하시겠습니까?"

황제가 말했다. "너 조씨와 약속하는데, 허씨를 황후로 세우지 않겠노라. 천하에 조씨보다 높은 자는 없도록 하겠으니 걱정을 거두어라." 그리고 허씨 부인에게 조서를 내려 그가 낳은 아이를 죽여 가죽 바구니에 담아 밀봉하도록 했다. 황제와 소의는 함께 그 밀봉을 확인하여 다시 봉하고 어사중승御史中丞의 봉인을 찍어 후궁 옥사의 담 밑에 묻었다. 중궁에 소속된 서기 조궁曹宮은 자字가 위능偉能인데 황제를 모시게 되어 아이를 낳았다. 성제는 다시 소의의 말을 따라 그가 낳은 아이가 아들이건 딸이건 묻지도 않은 채 죽여버리도록 했다. 조궁이 아이를 죽이지 못하자 소의가 노했다. 후궁의 옥승

적무籍武가 환관의 수장을 통해 이렇게 상주했다. "폐하께서는 후사가 없으시니 낳은 자식의 귀천에 관계없이 소중히 하셔야 합니다." 하지만 황제는 듣지 않고 도리어 태어난 지 여드레 아흐레 된 아이도 모두 거두어 죽여버렸다. 소의는 위능에게 편지와 약을 보내 스스로 목숨을 끊도록 했다. 위능이 편지를 받고 말했다. "과연 자매가 천하를 제멋대로 휘저으려 하는가? 내 아들은 이마에 긴 머리카락이 있어 선제인 원제元帝와 많이 닮았다. 지금 그 아이는 어디에 있는가? 이미 죽였는가?" 그러고는 보내온 약을 마시고 죽었다.

이 일이 있은 후, 황제의 사랑을 받아 아이를 낳은 자는 곧바로 죽이거나 임신이 되면 약을 먹고 낙태를 해버려 성제에게는 후손이 없었다. 성제가 죽자 멀리서 핏줄을 찾아 황제 자리에 앉혔지만 여전히 후손이 번성하지 못했다. 군자가 말했다. "조 소의의 흉악한 사랑은 포사와 비슷하고, 성제의 미혹된 어지러움은 주나라 유왕과 비슷하다." 『시경』에서는 "못이 마를 때는 가장자리에서 마른다 하지 않았는가? 샘이 줄어들 때는 가운데서 시작된다고 하지 않았는가?"라고 했다. 한나라 성제 때 밖에서는 외척이 날뛰고 안에서는 조씨가 전횡을 부려 자연스럽게 극한을 달린 것이다. 대체로 못과 샘이 말라가는 형세인 것이다.

趙飛燕姊娣者,[1] 成陽侯趙臨[2]之女, 孝成皇帝之寵姬也. 飛燕初生, 父母不擧, 三日不死, 乃收養之. 成帝常微行出, 過河陽主[3]樂作. 上見飛燕而悅之. 召入宮, 大幸. 有女弟, 復召入, 俱爲婕妤. 貴傾後宮, 乃封父臨爲成陽侯. 有頃, 立飛燕爲皇后, 其弟爲昭儀. 飛燕爲后而寵衰, 昭儀寵無比.

居昭陽舍,[4] 其中廷彤朱, 殿上漆, 砌皆銅沓黃金塗, 白玉階, 壁往往爲黃金釭, 函藍田壁玉, 明珠翠羽飾之. 後宮未嘗有焉. 姊娣專寵, 而悉無子. 嬌媚不遜, 嫉妬後宮.

帝幸許美人, 有子. 昭儀聞之, 謂帝曰: "常給我從中宮來, 今許美人子何從生." 懟以手自搗, 以頭擊柱, 從床上自投地, 涕泣不食, 曰: "今當安置我. 我欲歸爾." 帝曰: "我故語之, 反怒爲." 亦不食. 昭儀曰: "陛下自如是, 不食爲何. 陛下常言, '約不負汝.' 今許美人有子, 竟負約謂何." 帝曰: "約以趙氏, 故不立許氏, 使天下無出趙氏之上者. 無憂也." 乃詔許氏夫人, 令殺所生兒, 革篋盛緘之. 帝與昭儀共視, 復緘, 封以御史中丞印, 出埋獄垣下.

中宮史[5]曹宮, 字偉能, 御幸生子. 帝復用昭儀之言, 勿問男女殺之. 宮未殺, 昭儀怒. 掖庭[6]獄丞籍武, 因中黃門奏事曰: "陛下無繼嗣, 子無貴賤, 唯留意." 帝不聽. 時兒生八九日, 遂取去殺之. 昭儀與偉能書及藥, 令自死. 偉能得書曰: "果欲姊娣擅天下. 且我兒額上有壯髮, 似元帝. 今兒安在? 已殺之乎?" 乃飮藥死.

自後御幸有子者, 輒死, 或飮藥自墮. 由是使成帝無嗣. 成帝既崩, 援立外蕃, 仍不繁育. 君子謂, "趙昭儀之凶嬖, 與襃姒同行, 成帝之惑亂, 與周幽王惑亂惑亂同風." 詩云, "池之竭矣, 不云自濱. 泉之竭矣, 不云自中."[8] 成帝之時, 舅氏擅外, 趙氏專內, 其自竭極. 蓋亦池泉之勢也.

---

1 趙飛燕姊娣(조비연자제): 조비연은 양아공주陽阿公主 집의 무용수였는데, 얼굴은 교태스럽고 몸은 나는 제비처럼 가냘팠다고 한다. 그래서 '연수배비燕瘦环肥'라는 용어가 통용되기도 했는데, '깡마른 조비연 살찐 양귀비'라는 신체적 특징에 따른 미인의 두 부류를 말한 것이다. 자제姊娣는 언니와 여동생으로 자매와 같은 뜻이다. 조비연의 여동생은 이름이 합덕合德이라고 한다.

2 趙臨(조림): 조비연 자매의 아버지로 황후 부친의 자격으로 성양후가 되어 2000석의 봉록을 받았다.

3 河陽主(하양주): 양아陽阿공주를 말한다. 『사기』 「외척전」에는 '양아陽阿'로 되

어 있다. 당대唐代에는 양아陽阿를 하양河陽이라고 썼다.

4 昭陽舍(소양사): 조 자매가 거처한 궁전 이름이다.

5 中宮史(중궁사): 한대 황후에 소속된 관직으로 시詩와 역사 등으로 황후의 지적 부분을 담당했다.

6 掖庭(액정): 후궁의 다른 말이다.

7 褒姒(포사): 「얼폐전」 '주유포사'에 자세하다.

8 『시경』 「대아」 '소민召旻'에 나오는 구절이다.

16편

한나라 평제의 왕후 漢孝平王后

한漢나라 효평왕후孝平王后란 안한공安漢公 태부 대사마 왕망王莽의 딸이자 효평황제의 황후를 말한다. 사람됨이 온순하고 맑으며 행동에 절개가 있었다. 평제가 즉위했을 때 왕후의 나이는 아홉이었고 아버지 왕망은 정권을 쥐고 있었다. 왕망은 곽광의 사례를 좇아 딸을 황제의 배위로 삼고자 하여, 속임수를 써서 혼인을 성사시키게 되었다. 그리고 황태후를 부추겨 장락소부長樂少府, 종정宗政, 상서령尙書令을 보내 납채토록 하고, 태사太師, 대사도大司徒, 대사공大司空 이하 40명으로 하여금 사슴가죽 갓에 백색 하의를 입혀 제례의 복장을 갖추어 이 혼인을 종묘에 고하도록 했다.

이듬해 봄에 사도司徒와 사공司空, 좌우의 장군을 보내 황후가 탈 수레와 황제의 수레를 모시고 왕망의 저택으로 가서 황후를 영접하도록 했다. 사도가 옥새의 끈을 건네고 수레에 오르자 거리의 통행을 금지시켰다. 수레는 상림원上林苑으로부터 연수문延壽門을 지나 미앙궁未央宮 앞 본관에 이르렀다. 여러 신하가 도열하여 예를 치르는 행사가 끝나자 천하에 대사면을 내렸다. 공경으로부터 추재趨宰와 집사執事에 이르기까지 상을 내렸는데 모두 차등을 두었다.

황후가 된 지 1년여 만에 평제가 죽었다. 다시 그 몇 년 뒤에 왕망은 한나라를 찬탈했는데, 그때 황후의 나이 열여덟이었다. 유씨 왕조가 문을 닫자 황후는 항상 병을 평계로 조정 회의에 나가지 않았다. 아버지 왕망은 황후가 의젓해 보이면서 한편 가엾기도 하여 다시 시집보내려고 마음먹었다. 이에 입국장군立國將軍 손건孫建의 세자로 하여금 좋은 옷을 입고 의사를 대동하여 황후에게 병문안을 하도록 했다. 그러자 황후가 크게 노하며 곁에 있던 시종을 매질했다. 이 일로 병이 심해져 자리에서 일어나려 하지 않자 왕망은 다시는 강요할 수 없었다.

한나라 병사들이 왕망을 주살하고 미앙궁을 불태우자 황후는 "내 무슨 면목으로 한나라 왕실을 보겠는가?"라고 하고 불 속으로 몸을 던져 죽고 말았다. 군자가 말했다. "평제의 황후는 본래 정숙하여 그 행동이 자연스러웠다. 나라의 존망과 무관하게 자신의 절개를 지켰으니 그 절의 있는 행동에 조금도 흠이 없었다고 할 수 있다." 『시경』에서 "두 줄기 더벅머리 그래도 내 님일세. 죽어도 그를 따르기로 맹세하네" 했는데, 이를 두고 한 말이다.

漢孝平王后[1]者, 安漢公太傅大司馬王莽[2]之女, 孝平皇帝[3]之后也. 爲人婉淑有節行. 平帝即位, 后年九歲莽秉政, 欲只依霍光故事, 以女配帝. 設詐以成其禮. 諷皇太后遣長樂少府宗政尚書令納采. 太師大司徒大司空以下四十人, 皮弁素積[4]而告宗廟. 明年春, 遣司徒司空左右將軍奉乘輿法駕, 迎皇后于安漢公第. 司徒授璽綬, 登車稱警蹕,[5] 時自上林[6]延壽門, 入未央[7]前

殿. 群臣就位行禮畢, 大赦天下. 賜公卿下至趨宰執事, 皆有差.

后立歲餘, 平帝崩. 後數年, 莽簒漢位, 后年十八. 自劉氏廢, 常稱疾不朝會. 莽敬憚哀傷, 意欲嫁之. 令立國將軍孫建世子豫將醫往問疾. 后大怒, 笞鞭旁侍御. 因廢疾, 不肯起, 莽遂不敢強也. 及漢兵誅莽, 燔燒未央, 后曰, "何面目以見漢家." 自投火中而死. 君子謂, "平后體自然貞淑之行, 不爲存亡改意, 可謂節行不虧污者矣." 詩曰, "彼兩髦, 實惟我儀. 之死矢靡他."[8] 此之謂也.

1 孝平王后(효평왕후): 전한 평제의 황후 왕씨(기원전 4~기원후 23)로 왕망의 장녀다. 나이 7세이던 기원후 3년에 황후로 책봉되었다. 남편 평제가 자신의 아버지에 의해 독살됨으로써 9세의 나이에 과부가 되었다. 한 왕조를 패망시킨 아버지 왕망에 대한 원한을 안고 신新 왕조가 망하여 미앙궁이 불길에 휩싸이던 날 불에 몸을 던져 자결했다.

2 王莽(왕망): 신新 왕조를 창설하여 황제에 오른 사람으로 기원전 45년에 나서 기원후 23년에 죽었다. 전한 성제成帝 때의 외척 권력자 왕봉王鳳에게 발탁된 뒤 두루 요직을 거치며 권력을 쌓아나갔다. 9세의 평제를 옹립했고, 7세의 딸을 평제의 왕후로 삼았으며, 스스로 안한공安漢公이라는 칭호를 붙여 어린 황제의 보정자輔政者로서의 형식을 갖추었다. 기원후 5년에는 평제를 독살한 뒤 2세의 유영劉嬰(선제의 현손)을 세워, 당시 유행하던 오행참위설을 이용하여 인심을 모았다. 기원후 8년에는 유영을 몰아내고 한나라를 멸망시킨 뒤 국호를 신新이라 하여 황제가 되었다. 황제가 된 왕망은 유교를 중시했고, 주나라의 정전법井田法에 근거한 토지개혁 등 각종 개혁정치를 단행했으나 모두 실패했고, 대외정책까지 실패하여 한나라의 황족 유수劉秀에 의해 멸망했다.

3 孝平皇帝(효평황제): 전한의 제14대 황제 평제(기원전 1~기원후 6 재위) 유간劉衎이다. 부친은 원제의 아들 중산효왕 유흥劉興이다. 할머니가 앞에서 나온 소의 풍원이다. 왕망에 의해 옹립되었지만 성장함에 따라 왕망에 대한 불만을 표출하자 재위 6년에 왕망에 의해 독살되었는데 그때 나이 14세였다.

4 皮弁素積(피변소적): 사슴가죽 갓과 백색의 하의를 말하는데, 『예기』 「명당위明堂位」에 따르면 종묘에 제사지내는 임금의 복장이다.

5 警蹕(경필): 임금이 거동할 때 경호하기 위해 통행을 금하는 일을 말한다.

6 上林(상림): 궁중 정원 상림원을 말한다. 장안성 서쪽에 위치한 상림원은 진대秦代에 이미 있었지만 한 무제가 확장 개축했다고 한다. 사마상여의 「상림부上林賦」에 따르면 원내에는 수렵을 위한 각종 동물은 물론 '장안팔수長安八水'가 그

안에 다 있었다고 한다.

7 未央(미앙): 한대 3대 황궁으로 그 규모가 가장 컸다고 한다.

8 『시경』「용풍」'백주柏舟'에 나오는 구절이다.

【 17편 】

경시제의 부인 한씨 更始韓夫人

한漢나라 경시更始 한씨韓氏 부인은 경시황제 유성공劉聖公의 부인이다. 마음이 비뚤고 아첨을 잘하며, 술을 좋아하고 무례했다. 왕망의 왕조가 말기에 접어들었을 때, 경시제는 신시新市와 평림平林 그리고 하강下江의 무리를 모아 봉기하여 스스로 경시장군이 되었다. 군사들의 위세가 날로 왕성해져 드디어 스스로 제帝가 되어 한나라의 왕통을 이었다.

신도건申屠建이 왕망을 토벌하여 머리를 잘라 원宛으로 보내오자 경시제가 그것을 보고 말하기를 "이렇게 하지 않고는 곽광처럼 되리라"했다. 이에 그의 부인 한씨는 "이렇게 하지 않고서 어찌 황제 자리를 얻으리오!"라고 했다. 알랑거리고 아첨하여 경시제의 환심을 사는 것이 이와 같았다. 경시제가 정사에 태만해지자 한씨 부인은 주색을 밝히며 매일 경시제와 술에 취해 아예 헤어나지를 못했다. 그런데도 시중侍中에게는 장막 안에서 경시제가 신하들과 회의하는 것처럼 꾸미도록 했다.

이에 신하들은 경시제의 음성이 아님을 알고 원한을 갖지 않는 자가 없었다. 상서尚書가 상주하는 글을 올리자 한씨 부인은 이렇게 말했다. "황제께서는 지금 마침 나와 술을 즐기고 있소. 꼭 이럴 때 와서 일을 아뢰어야 하겠소?" 이로부터 기강을 잡을 수 없었고 제후들은 점점 떠나가기 시작했다. 그리하여 적미군赤眉軍이 관關으로 들어왔는데도 이를 막을 수가 없었다. 경시제는 처자와 함께 천자의 옥새를 받들어 적미군에게 항복했고, 결국은 적미군에게 죽임을 당했다. 『시경』에서 "저 어둡고 무지한 사람, 언제나 취하여 날로 교만해지네"라고 했는데, 이는 경시제와 한씨 부인을 가리키는 말이다.

漢更始韓夫人者, 更始皇帝[1]劉聖公之夫人也. 佞諂邪媚, 嗜酒無禮. 初王莽之末, 更始以新市平林下江[2]之衆起, 自立爲更始將軍, 兵威日盛, 遂自立爲帝, 以紹漢統. 及申屠建[3]討莽, 首詣宛,[4] 更始視之曰, "不如此, 當與霍光等." 韓夫人曰, "不如此, 帝那得之." 其佞巧得更始意如此.

更始既墮于政事, 而韓夫人嗜酒淫色, 日與更始醉飽沈湎. 乃令侍中于幃幕之內, 詐爲更始, 與群臣語. 群臣知非更始聲, 莫不怨恨. 尚書[5]奏事, 韓夫人曰, "帝方對我飲樂, 正用是時來奏事." 由是, 網紀不攝, 諸侯離畔. 赤眉[6]入關[7]不能制. 乃將妻子, 奉天子璽綬, 降於赤眉, 爲赤眉所殺. 詩曰, "彼昏不知, 一醉日富."[8] 其更始與韓夫人之謂也.

---

1 更始皇帝(경시황제): 전한의 황족으로 양한兩漢 사이에 잠시 황제가 되었던 회양왕淮陽王 유현劉玄(?~25)을 말한다. 후한 광무제光武帝 유수劉秀의 족형이기도 한 그는 처음에 신 왕조에 봉기를 든 녹림군綠林軍의 장군으로 추대되었다가 황제가 되었다. 연호를 경시更始로 정했는데, 경시 3년에 적미군赤眉軍의 공격을 받아 항복하고 교살되었다. 『후한서』「유현유분자전劉玄劉盆子傳」에 자세히 실려 있다.

2 新市(신시)·平林(평림)·下江(하강): 신 왕조 말에 봉기한 녹림군 소속의 세 부대를 말한다.

3 申屠建(신도건): 녹림군 대장군으로 경시 원년(23)에 왕망을 공격하여 장안을 점령했는데, 다음 해 경시제에 의해 평씨왕平氏王에 봉해졌다.

4 宛(원): 경시제의 첫 도읍지로 지금의 허난 성 난양을 일컫는다.

5 尙書(상서): 왕조원은 『후한서』에 근거하여 '상시常侍'의 오기誤記라고 했다.

6 赤眉(적미): 왕망의 신 왕조 말년에 산둥 동부 지역에서 일어난 농민 봉기군을 말한다. 정부군과 구별하기 위해 눈썹을 붉게 염색한 데서 유래한 이름이다.

7 關(관): 한구 관函谷關을 말한다. 허난 성 서북부에 위치했던 한구 관은 당시 장안으로 들어가는 중요한 관문이었다.

8 『시경』「소아」'소완'에 나오는 구절이다.

【 18편 】

양홍의 처 맹광 梁鴻妻

양홍梁鴻의 처는 우부풍右扶風 양백순梁伯淳의 처이며 같은 고을에 살던 맹孟씨의 딸이다. 그녀는 생긴 모습이 몹시 추했지만 덕행으로 잘 다듬어진 사람이었다. 그 고을에서 구혼해오는 자가 많았으나 그녀는 번번이 퇴짜를 놓았다. 맹씨의 나이 서른에 이르자 그 부모가 어떤 신랑감을 원하는지를 물었다. 그녀는 "절조가 양홍만한 자이면 됩니다"라고 대답했다.

당시 양홍은 장가를 들기 전이었다. 부풍의 세도가들이 그의 아내가 되기를 원했지만 그 역시 허락하지 않았다. 맹씨의 딸이 어질다는 소문을 듣고는 드디어 그녀에게 구혼했다. 이에 맹씨의 딸은 잘 차려입고서 양홍에게 시집을 갔다. 그런데 이레가 지나도록 양홍은 혼인의 예를 치르려 하지 않았다. 이에 맹씨의 딸이 무릎을 꿇고 물었다.

저는 당신이 고매한 의義를 갖추고 있고 또 구혼해온 많은 사람을 거절했다고 들었습니다. 저 역시 도도한 마음으로 많은 구혼자를 거절했습니다. 그런데 지금 와서 보니 제가 선택된 이유가 무엇일까 궁금합니다.

이에 홍이 말했다. "나는 검소하고 소박한 사람과 함께 복잡한 세상을 등지고 살아가기를 원했소. 지금 그대가 입은 화려한 비단옷과 짙게 칠한 눈썹 화장은 내가 원하는 바가 아니오." 다시 처가 말했다. "저는 당신이 나를 감당하지 못한다는 것이 두렵군요. 다행히 저에게는 숨어 사는 데 필요한 물품들이 있네요." 그러고는 곧 초라한 옷에 질끈 묶은 머리로 남편 앞에 다시 나타났다. 양홍은 "이제야 진짜 나의 처 같소!"라고 하며 기뻐했다.

양홍은 아내에게 덕요德曜라는 자를 지어주고 이름을 맹광孟光이라 했다. 자신은 이름을 운기運期라 하고, 자를 사광俟光이라고 지었다. 그들은 함께 패릉霸陵의 산속으로 숨어 들어갔다.

이때는 왕망의 신나라가 패망한 뒤였다. 양홍과 그의 처는 산속 깊숙한 곳에 숨어 살면서 밭 갈고 길쌈하여 먹고살았다. 글을 읽고 거문고를 타고 살아 부귀로 누리는 즐거움과는 달랐다. 나중에는 다시 회계會稽 땅으로 와서 남의 방아를 찧어주며 생업을 이어갔다. 비록 남의 집 잡일을 해주며 살았지만 그 아내가 남편의 밥상을 들일 때 눈썹 높이에 맞추어 감히 남편을 똑바로 보지 않았다. 이렇게 예로써 자신을 수양하며 남편에 대한 공경과 사모함을 표현했다. 군자가 말하기를 "양홍의 처는 도를 좋아하고 가난을 편안히 여겨 부귀영화에 초연했다"고 했다. 『논어』에서 "의롭지 못한 부富와 귀貴는 나에게 뜬구름 같은 것"이라고 했는데, 이를 두고 한 말이다.

梁鴻[1]妻者, 右扶風[2]梁伯淳之妻, 同郡孟氏之女也. 其姿貌甚醜, 而德行甚修. 鄉里多求者, 而女輒不肯. 行年三十, 父母問其所欲, 對曰, "欲節操如梁鴻者."

時鴻未娶. 扶風世家多願妻者, 亦不許. 聞孟氏女賢, 遂求納之. 孟氏盛飾入門, 七日而禮不成. 妻跪問曰, "竊聞夫子高義, 斥數妻. 妾亦已偃蹇數夫. 今來而見擇, 請問其故." 鴻曰, "吾欲得衣裘褐[3]之人, 與共遁世避時. 今若衣綺繡, 傅黛墨, 非鴻所願也." 妻曰, "竊恐夫子不堪. 妾幸有隱居之具矣." 乃更麤衣, 椎髻而前. 鴻喜曰, "如此者, 誠鴻妻也." 字之曰德曜, 名孟光. 自名曰運期, 字俟光. 共遯逃霸陵山中.

此時王莽新敗之後也. 鴻與妻深隱, 耕耘織作, 以供衣食. 誦書彈琴, 忘富貴之樂. 後復相將至會稽, 賃舂爲事. 雖雜庸保之中, 妻每進食, 擧案齊眉,[4] 不敢正視. 以禮修身, 所在敬而慕之. 君子謂, "梁鴻妻好道安貧, 不汲汲於榮樂." 論語曰, "不義而富且貴, 於我如浮雲."[5] 此之謂也.

---

1 梁鴻(양홍): 후한의 시인으로 부풍扶風(지금의 산시 성 바오지寶鷄) 사람이다. 장제章帝(58~88) 때 「오희가五噫歌」를 지어 세상을 풍자했다. 『후한서』 「일민전逸民傳」에 맹강과 양홍 부부에 관한 이야기가 자세하게 실려 있다.

2 右扶風(우부풍): 양한兩漢 시기 수도 지역을 관리하고 다스리던 벼슬로 경조윤 · 좌풍익左馮翊과 함께 삼보三輔라 했다.

3 裘褐(구갈): 갖옷과 털옷. 즉 가공하지 않은 검소하고 초라한 옷을 비유한 용어다.

4 擧案齊眉(거안제미): '밥상을 눈썹에 맞추어 든다'는 맹광과 양홍의 고사는 부부 상호 간의 존중과 신뢰를 실천한 모범 사례로 끊임없이 인용되어왔다.

5 『논어』 「술이述而」에 나오는 구절이다.

19편

명덕 마황후 明德馬后

명덕마후明德馬后는 후한後漢 명제明帝의 황후이며 복파伏波장군 신식충성후新息忠成侯 마원馬援의 딸이다. 어려서부터 지덕이 뛰어나 열세 살의 나이에 선발되어 태자의 궁으로 들어갔다. 여러 비빈과 함께 지존을 모셨다. 그녀는 항상 남을 먼저 하고 자신을 뒤로하는 태도로 지극한 정성을 폈는데, 이 때문에 총애를 받았다. 황제가 정사를 의논할 때면 황후는 자신의 마음을 미루어 응대했는데, 이치에 합당하지 않음이 없었다. 게다가 미심쩍다고 생각하면 곧 그 이유를 분명하게 설명해주었다. 당시에는 아직 임신을 한 후궁이 없었다. 그래서 그녀는 항상 후사를 제때 세워야 한다며 좌우의 후궁을 황제에게 추천하곤 하면서도 일이 성사되지 못할까봐 노심초사했다. 황제에게 나아갔던 후궁은 항상 존중해주고 보듬어주었다. 황제에게 총애를 받는 자에게는 더욱 융숭하게 대접했다.

이때 궁중에는 아직 일을 거들어줄 사람이 없어 모든 일을 스스로 했다. 무복舞服을 만들고 저고리를 마름질하느라 손이 모두 터지고 갈라졌지만 시종들에게 불평어린 말을 해본 적이 없었다. 동복과 시종들이 서로 말을 섞어 혹 황제에게 알려지면 만에 하나 자신을 불쌍하게 여기는 안색을 내비칠까 염려해서였다. 일이 번지는 것을 미리 막은 것이니 그 신중하고 섬세하기가 이와 같았다.

영평永平 3년 유사有司가 장추궁長秋宮에 황후를 세워 팔첩八妾을 통솔하도록 하자고 상주했다. 이에 황제가 아무런 말을 하지 않자 황태후는 "마 귀인의 덕행이 후궁 가운데 가장 으뜸이니 그를 세우도록 하라"고 했다. 그리하여 황후의 자리에 오르게 되었다. 자신은 거칠고 굵은 베옷을 입었고 시녀들도 수를 놓거나 장식이 없는 옷을 입었다. 부리는 자들은 모두 아무런 연고가 없는 강羌·호胡·왜倭·월越 먼 변방의 사람들이었다. 자신이 부리던 옛 사람들을 쓰겠다고 청해본 적도 없었다. 한번은 여러 제후의 왕들과 친척이 황제를 알현하기 위해 궁궐에 들어왔는데, 멀리서 황후의 옷을 보고 비단옷이라고 여겼다가 그게 아님을 알고 다들 웃었다. 그러면 황후는 "이 옷감은 염색이 잘되어서 입는답니다"라고 말했다. 나이든 사람들은 이를 알고 감탄하지 않는 자가 없었다. 그녀의 성품은 바깥 구경 다니는 것을 좋아하지 않았을 뿐 아니라 창가에서 밖을 구경하는 것마저도 하지 않았으며 음악을 좋아하지도 않았다. 황제는 종종 원유苑囿나 이궁離宮으로 나가는데, 마 황후가 함께 따라가는 경우란 매우 드물었다.

그리고 항상 황제로 하여금 닭이 울기 전에 일어나는 일이 없도록 했는데, 그것은 막힌 바람과 나쁜 기운, 안개와 이슬을 피하게 하기 위한 것이었다. 말과 뜻이 이렇게 완벽하니 황제도 그녀의 충고를 받아들였다. 그는 늘 『역경』을 외고 『시』를 익히며 『춘추』를 논하여 대략 그 대의를 논의할 수 있었다. 『초사楚辭』를 읽다가 중도에서 그

만두었는데, 부송賦誦이 지나치게 화려하다는 이유에서였다. 황후
는 실속 없이 화려한 것은 싫어했다. 말을 듣고 논의하는 것을 보고
서 즉시 그 요점을 파악했다.

한번은 『후한서』「광무제본기」를 읽다가 "천리마와 보검을 바친
자가 있었는데, 황제께서 말은 북을 싣고 다니는 말로 쓰고 보검은
기사에게 하사했다. 손에 주옥을 쥐어본 적이 없다"는 대목에 이르
러 감탄해 마지않았다. 또 당시에 초왕楚王 유영劉英의 역모사건으
로 관련자를 서로 끌어들이는 바람에 끌려온 자가 매우 많았다. 황
후는 그 사건이 단순히 한쪽 편의 말만 듣고 서로 죄를 뒤집어씌우
는 일이 있을 경우를 염려하여 황제에게 은밀히 의견을 올렸다. 황제
는 그들을 측은하게 여긴 나머지 자다가 일어나 고민할 정도였다. 황
후가 황제에게 알려준 정보들을 신하들은 알지도 못했다.

또한 황후는 자신을 절제하여 황제를 보좌하는 데 뜻을 두어 친
정 일을 조정에 끌고 들어오지 않았다. 그녀의 오빠는 호분중랑虎賁
中郎이었고, 동생은 황문시랑黃門侍郎이었지만 영평永平의 시대가 끝
날 때까지는 승진되지 못했다. 명제는 몸이 약해 황후의 남동생 황
문시랑을 불러 황제의 의약을 도맡게 했는데, 그는 밤낮을 가리지
않고 열심히 일했다. 황제가 죽고 황후가 『기거주起居注』를 쓰면서
자신의 동생이 의약을 담당한 일을 기록에서 삭제해버렸다. 공경公
卿과 제후들이 옛날 기록을 준수해야 한다고 하며 외숙을 그 공적
에 맞게 봉할 것을 주장하는 상서를 올렸다. 그러나 태후가 된 마
황후는 다음과 같은 조서를 내렸다.

외척이 방자하게 횡포를 부리는 것은 어느 시대나 있어온 일이

다. 영평 연간에는 항상 스스로를 잘 관리하여 외숙들도 방종하면 안 된다는 것을 알고 있었다. 그래서 그들은 요직을 차지하지 못하도록 했다. 지금 수해와 가뭄이 해마다 일어나 떠도는 백성이 길을 메우고 굶어 죽기에 이르렀다. 이런 마당에 외숙의 공을 높여 봉해주는 것은 마땅하지 않으므로 불가하다. 게다가 선제께서는 '여러 제후의 왕들에게 배정한 봉토는 초왕楚王이나 회양왕淮陽王의 절반 정도가 되게 하라. 내 아들이 광무제의 아들과 동등하게 가지는 것은 있을 수 없다'고 하셨다. 지금 나의 친정 마씨 집안이 광무제의 황후 음씨陰氏 집안과 어떻게 비교될 수 있겠는가? 나는 스스로 단속하여 행실을 삼가 위로는 선제의 뜻을 거역하지 않고 아래로는 선인先人의 뜻을 훼손함이 없도록 하고자 한다. 나는 거칠고 수수한 옷차림에 좋은 맛을 구해본 적이 없으며, 나의 좌우에 있는 시종들 또한 향기 나는 치장을 하지 못하도록 하여 모두 베옷을 입었다. 이와 같이 한 것은 내 몸으로 하여금 여러 사람의 표본이 되고자 한 것이며 외척들이 이를 보고 섭섭한 마음을 스스로 극복하기를 바란 것이다. 그런데 도리어 이런 태후에 대해 말들을 하지만 나는 원래 검소한 것을 좋아하는 사람이다.

지난날 탁용문濯龍門을 지날 때 외가의 문안을 받게 되었다. 그들이 타고 온 수레는 흐르는 물처럼 매끄럽고 수레를 끄는 말은 용처럼 화려했다. 노비들은 푸른색 모자 푸른색 옷을 입었는데, 옷깃과 소매는 흰색으로 둘러 멋을 내었다. 그런데 나의 시종들을 돌아보니 그들과는 도저히 비교할 수 없을 만큼 수수했다. 나는 그들을 문책하거나 화를 내지 않았지만, 그들에

게 지급되는 비용을 끊어서 자연스럽게 그런 사치를 없애기를
바랐다. 신하를 아는 자로서 임금만 한 사람이 없다는데, 하물
며 친속에 대해서랴? 사람들이 봉후封侯가 되고 싶어하는 것
은 녹읍을 받아 그 어버이를 봉양하고 제사를 받들며, 자신 또
한 따뜻하고 배부른 생활을 하기 위한 것이다.

그런데 지금 제사는 고관대작들이 보내온 제수용 고기와 각
지방관과 제후가 늘 보내온 진귀한 음식, 그리고 농사 장관이
보내온 나라 제사에 쓰는 곡식들로 지내고 있다. 또 임금의 물
품 창고에서 나온 비단으로 옷을 해 입는데도 오히려 부족하다
고 여기지 않는가? 반드시 한 현縣의 상령上令 정도의 부귀를
누려야 한다는 것인가? 장락궁의 내가 말한 것을 어겨 책임질
일이 있다면, 나부터 세상 사람들에게 부끄럽지 않겠는가?

이에 앞서 마황후의 남자 형제인 성문교위와 월기교위가 모친상
을 치르는데, 분묘를 조금 크게 만들었다. 뒤에 태후가 이를 거론하
자 몹시 두려워하며 즉시 봉분을 깎아내렸다. 이처럼 위아래가 그
의 뜻을 이어받아 모두 법도를 준수하며 왕족의 아들딸 모두 집에
서 감히 법을 범할 수 없었다. 광평왕廣平王·거록왕鉅鹿王·낙성왕樂
成王이 들어와 안부를 물을 때, 그들이 타고 온 말의 안장과 굴레가
모두 금은색의 장식이 없는 단순한 검은색이었고, 말은 6척을 넘지
않은 듯 그렇게 크지 않았다. 장제章帝는 태후의 뜻에 따라 그들에
게 500만 전錢을 하사했다. 그런데 신평공주新平公主는 감색의 좋은
비단에 깃을 세워 사치를 부렸다는 이유로 문책을 당하고 후한 하
사품을 받지 못했다. 이에 친척들의 복장은 하나같이 검소했고 교

화가 엄하지 않음에도 잘 따랐다. 이것은 자신부터 솔선했기 때문이다.

마황후는 탁룡濯龍의 정원에 옷 짜고 누에치는 작업실을 설치하고, 직접 왕래하며 그 안을 살피고 점검하는 것을 낙으로 삼았다. 여러 어린 왕을 가르치며 그들이 외운 것들을 시험쳐 확인하면서 기쁘고 즐거운 나날을 보냈다. 밤낮으로 도를 논하기를 평생 동안 했다. 장제를 기르고 돌보기를 자신의 소생보다 더 소중히 했고, 장제도 마황후를 받들어 모시며 효도를 극진히 했다. 군자가 말했다. "덕 있는 황후, 집에 있을 때는 여러 여인의 모범이 되었고, 조정에서는 모후로서의 의표가 되었다." 『시경』에서 "이처럼 은혜를 베푸시는 임금님, 백성이 우러러 모시네. 그 마음 간직하시고 널리 펼치시어 신중히 보좌할 신하 구하소서"라고 했는데, 이런 경우를 두고 한 말이다.

明德馬后者, 漢明帝[1]之后, 伏波將軍新息忠成侯馬援[2]之女也. 少有岐嶷之性, 年十三以選入太子家. 接待同列, 如承至尊. 先人後己, 發于至誠, 由此見寵. 時及政事, 后推心以對, 無不當理. 意有所未安, 則明陳其故. 是時, 後宮未有妊育者. 常言繼嗣當時而立, 薦達左右, 如恐弗及. 其後宮有進見者, 輒奉養慰納之. 其寵益進者, 與之愈隆. 是時宮中尙無人, 事皆自爲.

舞衣挂裁成, 手皆瘃裂, 終未嘗與侍御者私語. 防僮御雜繪,[3] 或因有所訴, 恐萬分見於顏色. 故預絶其漸, 其愼微如是. 永平[4]三年, 有司奏立長秋宮,[5] 以率八妾. 上未有所言, 皇太后曰, "馬貴人德冠後宮, 卽其人也." 遂登后位. 身衣大練, 御者禿裙不緣. 率皆羌胡倭越,[6] 未嘗請舊人僮使. 諸王親家朝請, 望見后袍極麤疏, 反以爲綺, 就視乃笑. 后曰, "此繒染色好, 故用之耳." 老人知者, 無不嗟息. 性不喜出入游觀, 未嘗臨御窗, 又不好音樂. 上時幸苑囿離宮, 以故希從. 輒戒言不宜晨起及禽, 因陳風邪霧露之戒. 辭意甚備, 上納焉.

誦易經習詩論春秋, 略說大義. 讀楚辭不竟,[7] 賦誦過耳, 疾浮華. 聽言觀論, 輒摘發其要. 讀光武皇帝本紀, 至於 "獻千里馬寶劍者, 上以馬駕鼓車, 劍賜騎士, 手不持珠玉." 后未嘗不嘆息. 時有楚獄,[8] 因證相引,[9] 繫者甚多. 后恐有單詞妄相覆冒, 承間爲上言之. 惻然感動, 于是上衣夜起徬徨. 思論所納, 非臣下得聞.

后志在克己輔佐, 不以私家干朝廷. 兄爲虎賁中郎, 弟黃門侍郎, 訖永平世不遷. 當明帝體不安, 召黃門侍郎奉參醫藥, 夙夜勤勞. 及帝崩, 后作起居注,[10] 省去防參醫藥事. 公卿諸侯上書言宜遵舊典, 封舅氏. 太后詔曰, "外戚橫恣, 爲世所傳, 永平中常自簡練, 知舅氏不可恣. 不令在樞機之位. 今水旱連年, 民流滿道, 至有飢餓. 而施封拜, 失宜不可. 且先帝言, '諸王財今半楚淮陽王,[11] 吾子不當與光武帝子等.' 今奈何欲以馬氏比陰氏[12]乎. 吾自束修, 冀欲上不負先帝, 下不虧先人之德. 身服大練縑裙, 食不求所甘, 左右旁人, 皆無香薰之飾, 但布帛耳. 如是者, 欲身帥眾也. 以爲外親見之, 當傷心自克. 但反共言太后素自喜儉. 前過濯龍門上, 見外家問起居. 車如流水, 馬如遊龍. 蒼頭衣綠褠, 領袖正白. 顧視旁御者, 遠不及也. 亦不譴怒, 但絕其歲用, 冀以默止讙耳. 知臣莫若君, 況親屬乎. 人之所以欲封侯者, 欲以祿食養其親, 奉修祭祀, 身溫飽. 祭祀則受大官之牲, 郡國既珍, 司農黍稷. 身則衣御府之餘繒, 尚未足耶. 必當得一縣上令. 長樂宮有負言之責, 內亦不愧于世俗乎."

先是時, 城門越騎校尉治母喪, 起墳微大. 後太后以爲言, 惶懼即時削減成墳. 上下相承, 俱奉法度, 王主諸家, 莫敢犯禁. 廣平, 鉅鹿樂成王[13]入

問起居, 見車騎鞍勒, 皆純黑無金銀采飾, 馬不踰六尺. 章帝[14]緣太后意,

白賜錢五百萬. 新平主[15]衣紺縞直領, 讁以不得厚賜. 于是親戚被服如一,

教化不嚴而從, 以躬親率先之故也. 置織室[16]蠶室濯龍[17]中, 后親往來, 占

視於內, 以爲娛樂. 敎諸小王, 試其誦論, 衎衎和樂. 日夕論道, 以終厥身.

其視養章帝過所生. 章帝奉之, 竭盡孝道. 君子謂, "德后在家則可爲眾女

師範, 在國則可爲母后表儀." 詩云, "惟此惠君, 民人所瞻. 秉心宣猷, 考愼

其相."[18] 此之謂也.

1　明帝(명제): 후한의 제2대 황제로 광무제 유수의 넷째 아들 유장劉莊(28~75)
이다. 어머니는 광렬음황후光烈陰皇后다. 재위 기간은 57~75년. 묘호는 현종顯宗
이며, 정식 시호는 효명황제孝明皇帝다. 유학에 대한 조예가 깊었고, 한족과 이민
족의 관계를 우호적으로 발전시켰다. 이때 활약한 사람이 반초班超다.

2　馬援(마원): 후한의 개국공신이자 가장 저명한 장군. 강강·흉노匈奴·교지交趾
등의 이민족을 토벌하여 광무제 때 복파장군이 되었고 신식후에 봉해졌다. 노년에
도 직접 남방 정벌에 나섰다가 열병을 얻어 죽었다. 기원전 14년에 나서 기원후
46년에 죽었다. 고려 때 어린이 학습용으로 만든 『명심보감明心寶鑑』에는 마원이
말했다고 하는 "終身爲善, 善猶不足. 一日行惡, 惡自有余"이 실려 있다.

3　雜繒(잡증): 다른 판본을 참고할 때 '잡착雜錯'이 맞는 것 같다.

4　永平(영평): 후한 명제의 연호로 58~75년까지 사용했다.

5　長秋宮(장추궁): 장락궁의 부속 건물로 황후의 궁전이다.

6　羌胡倭越(강호왜월): 한족漢族 이외의 이민족을 총칭하는 의미로 쓰인 것 같다.

7　讀楚辭不竟(독초사불경): 『열녀전』의 주석가들은 『후한서』의 "讀楚辭, 尤善賦
頌, 疾其浮華"라는 문장에 근거하여 본문의 내용을 고쳐 읽었다. 하지만 본문대로
해석해도 크게 어긋나지 않아서 본문을 그대로 따르고자 했다.

8　楚獄(초옥): 명제 13년(70)에 초왕 유영劉英이 모반을 꾀하여 그 연루된 사람
수천 명이 죽임을 당한 사건을 말한다.

9　因證相引(인증상인): 왕조원은 『후한서』에 근거하여 인因은 수囚의 오기라고
보았다.

10　起居注(기거주): 제왕의 언행 및 일상사를 기록한 문서.

11　楚淮陽王(초회양왕): 후한에서 회양왕은 광무제 원년(25)에 봉해진 경시제更
始帝 유현劉玄이 있는데 얼마 못 가 나라가 망했다. 광무제 15년에 회양국을 회복
시켰는데, 광무제의 아들 유연劉延이 봉해졌다. 회양국은 진陳(지금의 허난 성 화

이양淮陽)에 두었던 제후국이다.

12 陰氏(음씨): 광무제의 제2대 황후 음여화陰麗華(5~64)를 말한다. 시호는 광렬음황후다. 마황후에게는 시어머니가 된다.

13 廣平·鉅鹿·樂成王(광평·거록·낙성왕): 모두 명제의 아들로 광평왕 유선劉羨, 거록왕 유공劉恭, 낙성왕 유당劉黨을 말한다.

14 章帝(장제): 효장황제孝章皇帝(재위 75~88) 유달劉炟(58~88)이다. 명제의 제5자이며 어머니는 가귀인賈貴人이다.

15 新平主(신평주): 명제 소생의 공주로 보이나 황제의 자녀 계보에서 같은 이름을 찾을 수 없다.

16 織室(직실): 한대의 공관工官의 하나로 궁정용 직물을 짜던 곳이다.

17 濯龍(탁룡): 한대 궁실에 딸린 정원으로 여기서 마황후가 누에를 쳤다. 한편 왕대비의 처소를 가리키는 말로 쓰이기도 했다.

18 『시경』「대아」'상유桑柔'에 나오는 구절이다.

【 20편 】

양부인 예 梁夫人嫕

양梁부인 예嫕는 양송梁竦의 딸이자 번조樊調의 아내다. 그리고 한나라 효화황제孝和皇帝의 이모이자 공회황후恭懷皇后의 언니다. 과거에 공회황후가 후궁에 뽑혀 들어가 효장황제를 모시게 되었는데, 총애를 받고 화제를 낳았다. 그 아들이 태자가 되었을 때 두寶 태후가 친자식처럼 길렀다. 화제가 태어났을 때 양씨 집안에서는 기뻐하며 다들 축하했다. 이 사실이 두 태후에게 알려지니 교만하고 방자한 성격의 그녀는 오로지 태자의 외척을 해칠 뜻을 갖고서 양씨 집안을 무고하고 모함했다. 당시 태자의 외조부인 양송은 고향 안정군安定郡에 있었는데, 두 태후는 조서를 내어 그를 잡아 죽이고 그 가족은 구진九眞으로 유배를 보내버렸다.

그 후 화제가 즉위하고 두 태후는 죽었다. 이에 두씨 집안사람들도 죄를 받아 죽임을 당하거나 추방되었다. 그런데 민간에 살던 예嫕가 황제에게 글을 올려 자신의 억울함을 호소했다.

저의 친여동생 양귀인은 지난날 후궁으로 들어가 선제先帝의

깊은 은혜를 입었고 또 총애를 받게 되었습니다. 하늘이 명을 주시어 명철한 황제를 낳아 기르시니 폐하께 몸을 의탁하게 되었습니다. 그런데 두헌竇憲 형제에게 참소를 받아 집안이 파산되어 망했고, 저의 부친 송竦은 옥에서 억울하게 죽어 유체나 유골조차 거두지 못했습니다. 지금 노모와 혼자 남은 동생은 멀리 만 리나 되는 곳으로 유배 가 있습니다. 오직 저만 몸을 숨겨 초야에 숨어 지내왔습니다. 그마저도 목숨을 빼앗길까 두려워 아무것도 행할 수가 없었습니다. 지금은 폐하의 신성한 덕이 온 세상을 통섭하게 되자 두헌 형제의 간악함도 주벌되어 암울하던 세상이 각기 그 처소를 얻게 되었습니다. 저는 다행히 다시 살아나 제 눈으로 본 것을 감히 죽음을 무릅쓰고 진술합니다.

부친은 이미 돌아가셨으니 다시 살아날 수 없으나 모친은 지금 일흔의 나이에 동생 양당梁棠 등과 먼 곳에 위리안치되어 있어 그 생사조차 알 수가 없습니다. 원컨대 제 모친과 아우가 고향으로 돌아와 부친의 유골이라도 거두어 장례를 치를 수 있게 해주십시오. 저는 문제文帝께서 즉위하실 때 박씨薄氏가 누명을 벗었고, 선제宣帝가 제통을 이으시자 사씨史氏가 다시 일어나게 되었다고 들었습니다. 또한 저에게도 박씨와 사씨의 친척과 같은 분이 있음에도 외척으로서의 남은 은혜조차 입지 못함을 저는 슬피 여기고 있습니다.

상서가 올라가자 천자는 깊이 느껴 깨닫는 바가 있어 중상시中常侍와 액정령掖庭令으로 하여금 교차 신문케 하여 사건의 진상을 분

명하게 알게 되었다. 이에 양예를 인견하자 임금과 마주하게 된 그
녀는 눈물을 흘렸다. 황제는 그녀에게 의로운 자매라고 칭찬하고 물
품을 내려주었다. 양예는 이미 아름다운 마음씨에 절행이 있었는
데, 이런 글을 올리게 되었으니 황제는 그를 매우 훌륭하게 여겨 양
부인梁夫人이라 칭했다.

그리고 양예의 남편 번조樊調를 낭중으로 삼았다가 다시 우림랑
장羽林郞將으로 승격시켜주었다. 공회황후의 빈소를 승광궁承光宮에
다시 차리고 서릉에 장례를 치렀다. 다음으로 부친 양송에게는 포
친민후褒親愍候라는 시호를 추서했고, 예의 모친과 동생들을 귀양
지에서 불러들였다. 그리고 그들을 후로 봉하여 식읍 3000호를 줬
다. 군자가 말했다. "양부인은 애절한 글哀辭로 집안의 일을 잘 설명
하여 군주를 깨닫게 했다. 부친의 영혼을 영광스럽게 하고, 모친을
만 리 길 유배지로부터 귀환시켰다. 그리고 자신의 가문이 세 제후
국으로 다시 일어난 것을 계기로 천자에게 어머니의 대한 예를 이루
도록 했다." 『시경』에서 "대대로 나타나지 않았던가. 그 꾀하는 일은
조심스러웠다. 그리고 훌륭한. 많은 선비가 이 왕국에서 났다"라고
한 것은 이를 두고 한 말이다.

梁夫人嫕者, 梁竦[1]之女, 樊調[2]之妻. 漢孝和皇帝[3]之姨, 恭懷皇后[4]之同
産姊也. 初, 恭懷后以選入掖庭, 進御于孝章皇帝, 有寵生和帝. 立爲太子,
竇后[5]母養焉. 和帝之生, 梁氏喜相慶賀. 聞竇后. 竇后驕恣, 欲專恣害外家,
乃誣陷梁氏. 時竦在本郡安定, 詔書收殺之, 家屬移九眞.[6]

後和帝立, 竇后崩. 諸竇以罪誅放. 嫕從民間上書自訟曰, "妾同産女弟貴
人, 前充後宮, 蒙先帝厚恩, 得見龍乘. 皇天授命, 育生明聖, 託體陛下. 爲

竇憲[7]兄弟所譖訴而破亡, 父竦冤死牢獄, 體骨不掩耳. 今老母孤弟, 遠徙萬

里. 獨妾脫身, 竄伏草野. 嘗恐歿命, 無由自達. 今遭陛下神聖之德, 攬統萬

里, 憲兄弟奸惡伏誅, 海內黯然, 各得其所. 妾幸蘇息, 我目更視, 敢昧死自

陳. 父既湮沒, 不可復生, 母垂年七十, 弟棠等遠在絕域, 不知死生. 願乞母

弟還本郡, 收葬竦枯骨. 妾聞文帝即位, 薄氏[8]蒙達, 宣帝紀統, 史氏[9]復興.

妾自悲既有薄史之親, 獨不得蒙外戚餘恩."

　　章疏上, 天子感悟, 使中常侍掖庭令雜訊問, 知事明審. 引見應, 對上泣

涕. 賞賜義姊媤. 既美有節行, 又首追此事, 上甚善之, 稱梁夫人. 擢媤夫樊

調爲郎中, 遷羽林郎將. 恭懷后喪乃改殯於承光宮, 葬爲陵. 追諡竦爲褒親

愍侯, 徵還母及弟等. 及旣到乃封侯食邑三千戶. 君子謂, "梁夫人以哀辭發

家, 開悟時主, 榮父之魂, 還母萬里. 爲家門興三國之祚,[10] 使天子成母子之

禮." 詩云, "世之不顯, 厥猶翼翼. 恩皇多士, 生此王國."[11] 此之謂也.

---

1 梁竦(양송): 후한 귀족 출신의 학자(?~83)다. 형 양송의 범법으로 인해 형제가
구진에 유배되었다가 환향한 뒤 두문불출하며 독서하여 『칠서七序』수 편을 지었
다. 반고는 공자가 『춘추』를 지은 뜻을 상기시키면서 양송의 『칠서』는 무위도식하
는 권력자들을 부끄럽게 할 것이라며 극찬했다. 두 딸을 장제의 후궁 귀인으로 들
여보냈는데, 작은딸이 화제를 낳았다. 그러나 두 태후의 시기로 두 딸은 피살되었
고 양송은 옥에 갇혔다가 옥중에서 죽었다.

2 樊調(번조): 광무제의 외숙 번굉樊宏의 증손이다.

3 孝和皇帝(효화황제): 후한의 제4대 황제 화제和帝(재위 88~106) 유조劉肇
(79~106)다. 장제章帝의 넷째 아들로 어머니는 공회황후 양씨梁氏이다.

4 恭懷皇后(공회황후): 양송의 딸로 자매가 함께 장제의 귀인으로 입궐했다. 아들
유조劉肇를 낳았는데, 두 태후가 자기 아들처럼 길렀다. 두 태후의 음해로 아버지
양송과 귀인인 두 자매가 죽임을 당했다. 생몰연대는 61~83년이다.

5 竇后(두후): 후한 장제章帝의 황후 장덕황후章德皇后를 말한다.

6 九眞(구진): 한대의 행정구역으로 지금의 월남越南 중부에 위치했다.

7 竇憲(두헌): 두 황후의 오빠로 후한의 외척 권신이자 명장군이다. 두융竇融의
증손인 그는 화제和帝 때 두씨 일족이 주살되자 92년에 자살했다. 역사가이자 『한

서』를 저술한 반고도 이 사건에 연루되어 옥중에서 죽었다. 『후한서』 「두융전竇融傳」에 두씨 일족에 대한 이야기가 자세하게 나와 있다.

8 薄氏(박씨): 한 문제의 어머니를 말한다. 문제는 즉위하자 곧 어머니를 황태후로 추존하고, 어머니의 탕약을 손수 달일 정도로 효심이 각별했다고 한다.

9 史氏(사씨): 사량제史良娣(기원전 ?~기원전 91)로 누태자戾太子 유거劉据의 후궁이자 서한 제10대 황제 선제의 조모다. 무제 정화 2년(기원전 91)에 일어난 '무고지화巫蠱之禍'로 증조모 위자부를 비롯해 조부 유거, 조모 사량제, 부친 유진, 모친 왕옹수가 모두 죽임을 당했다. 이때 태어난 지 몇 개월밖에 안 된 유병기를 조모인 사량제史良娣의 모친 정군貞君이 길렀다. 선제는 즉위하자 조모 사씨를 여후戾后에 추봉하고 조모의 오빠인 사공史恭의 세 아들을 제후로 봉하여 은혜를 갚았다. 『한서』 「선제기宣帝紀」에 자세히 실려 있다.

10 三國之祚(삼국지조): 양송의 세 아들이 각각 낙평후樂平侯·승씨후乘氏侯·단보후單父侯에 봉해진 일을 말한다.

11 『시경』 「대아」 '문왕'에 나오는 구절이다.

		관련 문헌	인용 『詩』
1. 母 儀 傳	① 有虞二妃	『尙書』「堯典」, 『孟子』「萬章上」, 『史記』「五齊本紀」	「周頌·烈文」
	② 棄母姜嫄	『毛詩』「大雅·生民」, 『史記』「周本紀」, 『尙書』「堯典」	「魯頌·悶宮」, 「周頌·思文」
	③ 契母簡狄	『史記』「五齊本紀」, 「殷本紀」, 『尙書』「堯典」, 『大戴禮』「帝繫」, 『淮南子』「墜形」, 『毛詩』「商頌·玄鳥」, 『呂氏春秋』「音初」	「商頌·長發」, 「商頌·玄鳥」
	④ 啓母塗山	『尙書』「皐陶謨」, 『大戴禮』「帝繫」, 『呂氏春秋』「音初」	「大雅·旣醉」
	⑤ 湯妃有㜪	『呂氏春秋』「本味」, 『史記』「殷本紀」, 『墨子』「尙賢中」, 『孟子』「萬章上」	「周南·關雎」
	⑥ 周室三母	『史記』「周本紀·管蔡世家」, 『國語』「周語·晉語四」, 『毛詩』「大雅·大明」, 「大雅·思齊」, 「大雅·緜」, 『大戴禮』「保傅」, 『新書』「胎教」	「大雅·大明」, 「大雅·思齊」
	⑦ 衛姑定姜	『毛詩』「邶風·燕燕」, 『左傳』「隱公」3년조·「成公」7·14년조·「襄公」10·26·27년조, 『史記』「衛世家」, 『穀梁傳』「襄公」27년조	「小雅·裳裳者華」
	⑧ 齊女傳母	『左傳』「隱公」3년조, 『史記』「衛世家」, 『毛詩』「衛風·矵人」	「小雅·角弓」
	⑨ 鄒孟軻母	『韓詩外傳』9, 『荀子』「解蔽」, 『孟子』「梁惠王下」, 「公孫丑下」, 「盡心上」, 「告子上」	「鄘風·干旄」, 「小雅·斯干」, 「魯頌·泮水」

		관련 문헌	인용 『詩』
	⑩ 魯季敬姜	『左傳』「文公」7년조, 『韓詩外傳』1, 『國語』「魯語下」, 『戰國策』「趙策」, 『禮記』「檀弓下」	「大雅·文王」, 「大雅·瞻卬」, 「小雅·鹿鳴」, 「魯頌·有駜」, 「衛風·氓」
	⑪ 楚子發母	『戰國策』「楚策」, 『淮南子』「道應」, 「人間」, 『荀子』「彊國」, 『毛詩』「唐風·蟋蟀」	「小雅·小宛」
	⑫ 魯之母師	『儀禮』「喪服」, 『穀梁傳』「隱公」3, 『禮記』「郊特牲」	「邶風·泉水」
	⑬ 魏芒慈母	『戰國策』「魏策」, 「西周策」, 「秦策」	「曹風·鳲鳩」
	⑭ 齊田稷母	『韓詩外傳』9	「魏風·伐檀」
	⑮ 魯師氏母	없음	없음
2. 賢明傳	① 周宣姜后	『國語』「魯語下」, 『尙書大傳』	「大雅·假樂」, 「小雅·隰桑」
	② 齊桓衛姬	『呂氏春秋』「精諭」, 「重言」, 『左傳』「僖公」17년조, 『韓詩外傳』4, 『管子』「小問」	「鄘風·君子偕老」
	③ 晉文齊姜	『史記』「晉世家」, 『國語』「晉語」4, 『左傳』「僖公」23년조, 『毛詩』「小雅·皇皇老華」	「陳風·東門之池」
	④ 秦穆公姬	『左傳』「僖公」5·9·13~15년조·「莊公」28년조, 『國語』「晉語」2~3, 『毛詩』「秦風·渭陽」, 『史記』「秦本記」, 「晉世家」	「大雅·抑」
	⑤ 楚莊樊姬	『韓詩外傳』2, 『史記』「楚世家」, 「滑稽列傳」, 『呂氏春秋』「喩老」	「衛風·硯人」, 「商頌·那」
	⑥ 周南之妻	『毛詩』「周南·汝墳」, 『韓詩外傳』1	없음
	⑦ 宋鮑女宗	『禮記』「郊特牲·昏義」, 『公羊傳』「莊公」19년조	「代雅·烝民」
	⑧ 晉趙衰妻	『左傳』「僖公」24년조·「宣公」2년조, 『史記』「趙衰家」, 「晉世家」, 『毛詩』「邶風·谷風」	「大雅·抑」
	⑨ 陶答子妻	『左傳』「莊公」30년조, 『國語』「楚語下」, 『戰國策』「楚策」	「鄘風·載馳」
	⑩ 柳下惠妻	『論語』「微子·衛靈公」, 『國語』「魯語上」, 『孟子』「萬章下」, 「公孫丑上」, 「盡心下」, 『左傳』「文公」2년조, 『荀子』「成相」	「小雅·小旻」
	⑪ 魯黔婁妻	『禮記』「檀弓下」	「陳風·東門之池」
	⑫ 齊相御妻	『晏子春秋』「內篇雜上」, 『史記』「管晏列傳」	「小雅·車舝」
	⑬ 楚接輿妻	『韓詩外傳』2, 『論語』「微子」, 「顏淵」, 『莊子』「逍遙遊」, 「人間世」, 「應帝王」, 『孟子』「離婁下」, 『荀子』「堯問」 등	「周南·免罝」

		관련 문헌	인용 『詩』
	⑭ 楚老萊妻	『史記』「老子列傳」	「陣風·衡門」
	⑮ 楚於陵妻	『韓詩外傳』 9, 『戰國策』「齊策」, 『晏子春秋』「內篇雜上」, 『孟子』「勝文公下」·「盡心上」, 『呂氏春秋』「士節」, 『韓非子』「外儲說左上」, 『史記』「鄒陽列傳」, 『荀子』「不苟」	「秦風·小戒」
3. 仁智傳	① 密康公母	『國語』「周語上」, 『史記』「周本紀」	「唐風·蟋蟀」
	② 楚武鄧曼	『左傳』「桓公」 3년조·「莊公」 4년조	(『易』)
	③ 許穆夫人	『毛詩』「鄘風」「載馳」, 『韓詩外傳』 2, 『左傳』「閔公」 2년조, 「僖公」 2년조	없음
	④ 曹僖氏妻	『國語』「晉語」 4, 『韓非子』「十過」, 『左傳』「僖公」 2~3년조, 『呂氏春秋』「上德」, 『史記』「晉世家」, 『淮南子』「人間」	「大雅·烝民」
	⑤ 孫叔敖母	『新書』「春秋」	「邶風·凱風」
	⑥ 晉伯宗妻	『國語』「晉語」 5, 『史記』「晉世家」, 『左傳』「成公」 15년조	「大雅·板」
	⑦ 衛靈夫人	『論語』「衛靈公」, 『左傳』「襄公」 14·26년조	「小雅·何人斯」
	⑧ 齊靈仲子	『左傳』「襄公」 19년조, 『史記』「齊世家」	「大雅·抑」
	⑨ 魯臧孫母	『左傳』「襄公」 23년조, 『國語』「魯語上」	「衛風·陟岵」
	⑩ 晉羊叔姬	『左傳』「襄公」 21년조·「昭公元」 3·14년조, 『國語』「晉語」 8~9	「大雅·桑柔」
	⑪ 晉范氏母	『左傳』「昭公」 29년조·「定公」 13~14년조	「大雅·瞻卬」
	⑫ 魯公乘姒	없음	「鄭風·蘀兮」, 「鄘風·載馳」
	⑬ 魯漆室女	『韓詩外傳』 2	「王風·黍離」
	⑭ 魏曲沃負	『史記』「魏世家」, 『禮記』「昏義」, 「郊特牲」, 『國語』「周語中」	「周頌·敬之」
	⑮ 趙將括母	『史記』「廉頗相如列傳」	「大雅·板」
4. 貞順傳	① 召南申女	『韓詩外傳』 1, 『穀梁傳』「莊公」 22년조, 『禮記』「昏義」, 『毛詩』「召南·行露」	「召南·行露」
	② 宋恭伯姬	『左傳』, 『公羊傳』, 『穀梁傳』「成公」 8~9년조·「襄公」 30년조, 『儀禮』「士昏禮」	「大雅·抑」

		관련 문헌	인용 『詩』
	③ 衛寡夫人	『毛詩』「邶風·柏舟」	「邶風·栢舟」
	④ 蔡人之妻	『毛詩』「周南·芣苢」,『韓詩外傳』(『御覽』引)	없음
	⑤ 黎莊夫人	『毛詩』「邶風·式微」	없음
	⑥ 齊孝孟姬	『儀禮』「士昏禮」	「小雅·都人士」
	⑦ 息君夫人	『毛詩』「王風·大車」,『左傳』「莊公」14년조	「邶風·谷風」
	⑧ 齊杞梁妻	『禮記』「檀弓下」,『左傳』「襄公」23년조,『孟子』「告子下」	「檜風·素冠」
	⑨ 楚平伯嬴	『公羊傳』「定公」4년조	「大雅·旱麓」
	⑩ 楚昭貞姜	없음	「曹風·鳲鳩」
	⑪ 楚白貞姬	『左傳』「襄公」16년조·「哀公」16년조,『論語』「秦伯」,『史記』「楚世家」,『禮記』「表記」	「鄭風·有女同車」
	⑫ 衛宗二順	없음	「邶風·伯舟」
	⑬ 魯寡陶嬰	없음	「魏風·園有桃」
	⑭ 梁寡高行	없음	「王風·大車」
	⑮ 陳寡孝婦	없음	「鄘風·定之方中」
5. 節義傳	① 魯孝義保	『公羊傳』「昭公」31년조,『國語』「周語上」,『史記』「魯世家」	(『論語』)
	② 楚成鄭瞀	『左傳』「文公元」·「僖公」33년조,『史記』「楚世家」	「鄭風·羔裘」
	③ 晉圉懷嬴	『國語』「晉語」4,『禮記』「檀弓上」,『史記』「晉世家」,『左傳』「僖公」22~23년조	없음
	④ 楚昭越姬	『左傳』「定公」4년조·「哀公」6년조,『戰國策』「楚策」,『史記』「楚世家」	「邶風·谷風」
	⑤ 蓋將之妻	『公羊傳』「隱公」2	「小雅·鼓鍾」
	⑥ 魯姑義姊	없음	「大雅·抑」
	⑦ 代趙夫人	『呂氏春秋』「長攻」,『戰國策』「燕策」,『史記』「趙世家」,「張儀列傳」	「大雅·抑」
	⑧ 齊義繼母	없음	「大雅·卷阿」
	⑨ 魯秋潔婦	없음	「魏風·葛屨」
	⑩ 周主忠妾	『戰國策』「燕策」,『史記』「蘇秦列傳」	「大雅·抑」
	⑪ 魏節乳母	『韓詩外傳』9,『史記』「魏世家」	「小雅·小弁」

		관련 문헌	인용『詩』
	⑫ 梁節姑姉	없음	「鄭風·羔裘」
	⑬ 珠崖二義	없음	(『論語』)
	⑭ 郃陽友娣	없음	「大雅·抑」
	⑮ 京師節女	없음	(『論語』)
6. 辯通傳	① 齊管妾婧	『管子』「小問」, 『呂氏春秋』「擧難」, 『晏子春秋』「問下」, 『淮南子』「道應」, 『韓詩外傳』4	「大雅·板」
	② 楚江乙母	『戰國策』「楚策」, 『史記』「循吏列傳」	「大雅·板」
	③ 晉弓工妻	『韓詩外傳』7~8·10, 『毛詩』「大雅·行葦」, 『史記』「秦本紀」, 『呂氏春秋』「愛士」, 『韓非子』「五蠹」	「大雅·行葦」
	④ 齊傷槐女	『晏子春秋』「諫下」, 『呂氏春秋』「制樂」	「小雅·常棣」
	⑤ 楚野辨女	『論語』「雍也」	「小雅·正月」
	⑥ 阿谷處女	『韓詩外傳』1	「周南·漢廣」
	⑦ 趙津女娟	없음	「大雅·卷阿」
	⑧ 趙佛肸母	『論語』「陽貨」, 『史記』「孔子世家」, 『淮南子』「道應」, 『韓詩外傳』6, 『左傳』「哀公」5년조	「小雅·蓼蕭」
	⑨ 齊威虞姬	『史記』「田敬仲完世家」, 「范雎列傳」, 『戰國策』「秦策」	「小雅·出車」
	⑩ 齊鍾離春	없음	「小雅·青青者莪」
	⑪ 齊宿瘤女	『史記』「田敬仲完世家」, 『戰國策』「齊策」	「小雅·青青者莪」
	⑫ 齊孤逐女	『韓詩外傳』3·8년조, 『史記』「燕世家」	「秦風·車鄰」
	⑬ 楚處莊姪	없음	「邶風·北風」
	⑭ 齊女徐吾	『戰國策』「秦策」, 『史記』「甘戊列傳」	「大雅·板」
	⑮ 齊太倉女	『史記』「孝文本紀」, 「倉公列傳」	「大雅·洞酌」, 「大雅·板」
7. 孽嬖傳	① 夏桀末喜	『韓詩外傳』4, 『淮南子』「本經·主術」, 『呂氏春秋』「愼大」, 『孟子』「告子下」, 『尙書大傳』「湯誓」, 『史記』「夏本紀」, 「殷本紀」	「大雅·瞻卬」
	② 殷紂妲己	『史記』「殷本紀」, 『呂氏春秋』「過離」, 『韓非子』「喩老」, 『尙書』「牧誓」, 『大戴禮』「保傳」, 『韓詩外傳』4, 『國語』「晉語」1, 『淮南子』「俶眞」	「小雅·巧言」
	③ 周幽褒姒	『國語』「鄭語」, 『呂氏春秋』「疑似」, 『史記』「周本紀」, 『大戴禮』「本命」, 『韓詩外傳』1	「小雅·正月」

	관련 문헌	인용 『詩』
④ 衛宣公姜	『左傳』「桓公」16년조·「閔公」2년조, 『史記』「衛世家」, 『毛詩』「邶風·柏舟」, 「王風·黍離」	「邶風·日月」
⑤ 魯桓文姜	『左傳』, 『公羊傳』「桓公」18, 『穀梁傳』「莊公」2·5·15·19~20년조, 『史記』「魯世家」	「大雅·瞻卬」
⑥ 魯莊哀姜	『國語』「魯語上」, 『史記』「魯世家」, 『左傳』「莊公」24·32년조, 「閔公」2년조, 『公羊傳』「莊公」27·32년조	「王風·中谷有蓷」
⑦ 晉獻驪姬	『左傳』「莊公」27년조·「僖公」4·6·9년조, 『國語』「晉語」1, 『公羊傳』, 『穀梁傳』「僖公」10, 『史記』「齊世家」	「大雅·瞻卬」
⑧ 魯宣繆姜	『左傳』「成公」16년조·「哀公」9년조	「衛風·氓」
⑨ 陳女夏姬	『國語』「周語中」, 「楚語」, 『史記』「陳杞世家」, 『左傳』「桓公」9~10년조·「成公」2년조, 『穀梁傳』「宣公」9년조	「鄘風·蝃蝀」
⑩ 齊靈聲姬	『左傳』「成公」17년조·「襄公」19년조	「大雅·瞻卬」
⑪ 齊東郭姜	『左傳』「襄公」25·27년조, 『呂氏春秋』「愼行」, 『史記』「齊世家」	「大雅·蕩」
⑫ 衛二亂女	『左傳』「定公」14년조·「哀公」2·15~18년조, 『史記』「衛世家」, 『論語』「雍也」	「鄘風·相鼠」
⑬ 趙靈吳女	『史記』「趙世家」	「大雅·蕩」
⑭ 楚考李后	『史記』「春申君列傳」, 「楚世家」, 『戰國策』「楚策」	「小雅·巧言」
⑮ 趙悼倡后	『史記』「趙世家」	「鄘風·相鼠」

열녀전
ⓒ 이숙인 2013

1판 1쇄   2013년 7월 1일
1판 2쇄   2023년 9월 1일

지은이   유 향
옮긴이   이숙인
펴낸이   강성민
편집장   이은혜
기 획   노승현
마케팅   정민호 박치우 한민아 이민경 박진희 정경주 정유선 김수인
브랜딩   함유지 함근아 박민재 김희숙 고보미 정승민
제 작   강신은 김동욱 이순호
독자모니터링   황치영

펴낸곳   (주)글항아리 | 출판등록 2009년 1월 19일 제406-2009-000002호

주소   10881 경기도 파주시 심학산로 10 3층
전자우편   bookpot@hanmail.net
전화번호   031-941-5159(편집부) 031-955-8869(마케팅)
팩스   031-941-5163

ISBN   978-89-6735-056-7 03900

www.geulhangari.com